ज्ञानयोग

ज्ञानयोग

स्वामी विवेकानंद

प्रभात
प्रकाशन

प्रकाशक

प्रभात प्रकाशन प्रा. लि.

4/19 आसफ अली रोड, नई दिल्ली–110002

फोन : 011–23289777 • हेल्पलाइन नं. : 7827007777

इ–मेल : prabhatbooks@gmail.com ❖ वेब ठिकाना : www.prabhatbooks.com

संस्करण

2026

पेपरबैक मूल्य

चार सौ रुपए

मुद्रक

श्री साई प्रिंटर्स, साहिबाबाद

———————— ★ ————————

GYANYOGA

by Swami Vivekanand

Published by **PRABHAT PRAKASHAN PVT. LTD.**

4/19 Asaf Ali Road, New Delhi-110002

ISBN 978-93-5048-609-2

₹ 400.00 (PB)

अनुक्रम

ज्ञानयोग

धर्म की आवश्यकता

(लंदन में दिया हुआ व्याख्यान)

मानव-जाति के भाग-निर्माण में जितनी शक्तियों ने योगदान दिया है और दे रही हैं, उन सब में धर्म के रूप में प्रगट होनेवाली शक्ति से अधिक महत्त्वपूर्ण कोई नहीं है। सभी सामाजिक संगठनों के मूल में कहीं-न-कहीं यही अद्‌भुत शक्ति काम करती रही है तथा अब तक मानवता की विविध इकाइयों को संगठित करनेवाली सर्वश्रेष्ठ प्रेरणा इसी शक्ति से प्राप्त हुई है। हम सभी जानते हैं कि धार्मिक एकता का संबंध प्राय: जातिगत, जलवायुगत तथा वंशानुगत एकता के संबंधों से भी दृढ़तर सिद्ध होता है। यह एक सर्वविदित तथ्य है कि एक ईश्वर को पूजनेवाले तथा एक धर्म में विश्वास करनेवाले लोग जिस दृढ़ता और शक्ति से एक-दूसरे का साथ देते हैं, वह एक ही वंश के लोगों की बात ही क्या, भाई-भाई में भी देखने को नहीं मिलता। धर्म के प्रादुर्भाव को समझने के लिए अनेक प्रयास किए गए हैं। अब तक हमें जितने प्राचीन धर्मों का ज्ञान है, वे सब एक यह दावा करते हैं कि वे सभी अलौकिक हैं, मानो उनका उद्‌भव मानव-मस्तिष्क से नहीं बल्कि उस स्रोत से हुआ है, जो उसके बाहर है।

आधुनिक विद्वान् दो सिद्धांतों के बारे में कुछ अंश तक सहमत हैं। एक है धर्म का आत्मामूलक सिद्धांत और दूसरा असीम की धारणा का विकासमूलक सिद्धांत। पहले सिद्धांत के अनुसार पूर्वजों की पूजा से ही धार्मिक भावना का विकास हुआ, दूसरे के अनुसार प्राकृतिक शक्तियों को वैयक्तिक स्वरूप देने से धर्म प्रारंभ हुआ। मनुष्य अपने दिवंगत संबंधियों की स्मृति सजीव रखना चाहता है, और सोचता है कि यद्यपि उनके शरीर नष्ट हो चुके, फिर भी वे जीवित हैं। इसी विश्वास पर वह उनके लिए खाद्य पदार्थ रखना तथा एक अर्थ में उनकी

पूजा करना चाहता है। मनुष्य की इसी भावना से धर्म का विकास हुआ।

मिस्र, बेबिलोन, चीन, अमेरिका आदि के प्राचीन धर्मों के अध्ययन से स्पष्ट पता चलता है कि पितर-पूजा से ही धर्म का आविर्भाव हुआ है। प्राचीन मिस्रवादियों की आत्मा-संबंधी धारणा द्वित्वमूलक थी। उनका विश्वास था कि प्रत्येक मानव-शरीर के भीतर एक और जीव रहता है, जो शरीर के ही समरूप होता है और मनुष्य के मर जाने पर भी उसका यह प्रतिरूप शरीर जीवित रहता है। किंतु यह प्रतिरूप शरीर तभी तक जीवित रहता है, जब तक मृत शरीर सुरक्षित रहता है। इसी कारण से हम मिस्रवासियों में मृत शरीर को सुरक्षित रखने की प्रथा पाते हैं और इसी के लिए उन्होंने विशाल पिरामिडों का निर्माण किया, जिसमें मृत शरीर को सुरक्षित ढंग से रखा जा सके। उनकी धारणा थी कि अगर इस शरीर को किसी तरह की क्षति पहुँची, तो उस प्रतिरूप शरीर को ठीक वैसी ही क्षति पहुँचेगी। यह स्पष्टत: पितर-पूजा है। बेबिलोन के प्राचीन निवासियों में भी प्रतिरूप शरीर की ऐसी ही धारणा देखने को मिलती है, यद्यपि वे कुछ अंश में इससे भिन्न हैं। वे मानते हैं कि प्रतिरूप शरीर में स्नेह का भाव नहीं रह जाता। उसकी प्रेतात्मा भोजन और पेय तथा अन्य सहायताओं के लिए जीवित लोगों को आतंकित करती है। अपने बच्चों तथा पत्नी तक के लिए उसमें कोई प्रेम नहीं रहता। प्राचीन हिंदुओं में भी इस पितर-पूजा के उदाहरण देखने को मिलते हैं। चीनवालों के संबंध में भी ऐसा कहा जा सकता है कि उनके धर्म का आधार पितर-पूजा ही है और यह अब भी समस्त देश के कोने-कोने में परिव्याप्त है। वस्तुत: चीन में यदि कोई धर्म प्रचलित माना जा सकता है, तो वह केवल यही है। इस तरह ऐसा प्रतीत होता है कि धर्म को पितर-पूजा से विकसित माननेवालों का आधार काफी सुदृढ़ है।

परंतु कुछ ऐसे भी विद्वान् हैं, जो प्राचीन आर्य-साहित्य के आधार पर सिद्ध करते हैं कि धर्म का आविर्भाव प्रकृति की पूजा से हुआ। यद्यपि भारत में पितर-पूजा के उदाहरण सर्वत्र देखने को मिलते हैं, तथापि प्राचीन ग्रंथों में इसकी किंचित् चर्चा भी नहीं मिलती। आर्य जाति के सबसे प्राचीन यंत्र ऋग्वेद-संहिता में इसका कोई उल्लेख नहीं है। आधुनिक विद्वान् उसमें प्रकृति-पूजा के ही चिह्न पाते हैं। जो प्रस्तुत दृश्य के परे है, उसकी एक झाँकी पाने के लिए मानव-मन आकुल प्रतीत होता है। उषा, सम्मा, चक्रवात, प्रकृति की विशाल और विराट् शक्तियाँ, उसका सौंदर्य—इन सब ने मानव-मन के ऊपर ऐसा प्रभाव डाला कि वह इन सब के परे जाने की और उनको समझ सकने की आकांक्षा करने लगा। इस प्रयास में मनुष्य ने इन दृश्यों में आत्मा तथा शरीर की प्रतिष्ठा की, उसने उनमें वैयक्तिक

गुणों का आरोपण करना शुरू किया, जो कभी सुंदर और कभी इंद्रियातीत होते थे। उनको समझने के हर प्रयास में उन्हें व्यक्तिरूप दिया गया या नहीं दिया गया, किंतु उनका अंत उनको अमूर्त कर देने में ही हुआ। ठीक ऐसी ही बात प्राचीन यूनानियों के संबंध में भी हुई, उनके तो संपूर्ण पुराणोपाख्यान अमूर्त प्रकृति-पूजा ही है। और ऐसा ही प्राचीन जर्मनी तथा स्कैंडिनेविया के निवासियों एवं शेष सभी आर्य जातियों के बारे में भी कहा जा सकता है। इस तरह प्रकृति की शक्तियों का मानवीकरण करने में धर्म का आदि स्रोत माननेवालों का भी पक्ष काफी प्रबल हो जाता है।

हालाँकि ये दोनों सिद्धांत परस्पर विरोधी लगते हैं, किंतु उनका समन्वय एक तीसरे आधार पर किया जा सकता है, जो मेरी समझ में धर्म का वास्तविक बीज है और जिसे मैं 'इंद्रियों की सीमा का अतिक्रमण करने के लिए संघर्ष' मानता हूँ। एक ओर मनुष्य अपने पितरों की आत्माओं की खोज करता है, मृतकों की प्रेतात्माओं को ढूँढ़ता है, अर्थात् शरीर के विनष्ट हो जाने पर भी वह जानना चाहता है कि उसके बाद क्या होता है। दूसरी ओर मनुष्य प्रकृति की विशाल दृश्यावली के पीछे काम करनेवाली शक्ति को समझना चाहता है। इन दोनों ही स्थितियों में इतना तो निश्चित है कि मनुष्य इंद्रियों की सीमा के बाहर जाना चाहता है। वह इंद्रियों से ही संतुष्ट नहीं है, वह इनसे परे भी जाना चाहता है। इस व्याख्या को रहस्यात्मक रूप देने की आवश्यकता नहीं। मुझे तो यह बिलकुल स्वाभाविक लगता है कि धर्म की पहली झाँकी स्वप्न में मिली होगी। मनुष्य अमरता की कल्पना स्वप्न के आधार पर कर सकता है। कैसी अद्भुत है स्वप्न की अवस्था! हम जानते हैं कि बच्चे तथा कोरे मस्तिष्कवाले लोग स्वप्न और जाग्रत् स्थिति में कोई भेद नहीं कर पाते। उनके लिए साधारण तर्क के रूप में इससे अधिक और क्या स्वाभाविक हो सकता है कि स्वभावस्था में भी, जब शरीर प्रायः मृत-सा हो जाता है, तब भी मन के सारे जटिल क्रियाकलाप चलते रहते हैं! अतः इसमें क्या आश्चर्य, यदि मनुष्य हठात् यह निष्कर्ष निकाल ले कि इस शरीर के विनष्ट हो जाने पर इसकी क्रियाएँ जारी रहेंगी? मेरे विचार से अलौकिकता की इससे अधिक स्वाभाविक व्याख्या और कोई नहीं हो सकती, और स्वप्न पर आधारित इस धारणा को क्रमशः विकसित करता हुआ ऊँचे से ऊँचे विचारों तक पहुँच सका होगा। हाँ, यह भी अवश्य ही सत्य है कि समय पाकर अधिकांश लोगों ने यह अनुभव किया कि ये स्वप्न हमारी जाग्रतावस्था में सत्य है सिद्ध नहीं होते और स्वभावस्था में मनुष्य का कोई नया अस्तित्व नहीं हो जाता, बल्कि वह

जाग्रतावस्था के अनुभवों का ही स्मरण करता है।

किंतु तब तक इस दिशा में अन्वेषण आरंभ हो गया था, अन्वेषण की धारा अंतर्मुखी हो गई और मनुष्य ने अपने अंदर अधिक गंभीरता से मन की विभिन्न अवस्थाओं का अन्वेषण करते-करते जाग्रतावस्था और स्वभावस्था से भी परे कई उच्च अवस्थाओं का आविष्कार किया। संसार के सभी संगठित धर्मों में इन अवस्थाओं की चर्चा परमानंद या 'अंतःस्फुरण' के रूप में मिलती है। सभी संगठित धर्मों में ऐसा माना जाता है कि उनके संस्थापक पैगंबरों एवं संदेशवाहकों ने मन की इन अवस्थाओं में प्रवेश किया था, और इनमें उन्हें एक ऐसी नवीन तथ्यमाला का साक्षात्कार हुआ था, जो आध्यात्मिक जगत् से संबद्ध है। उन अवस्थाओं में उन महापुरुषों को जो अनुभव हुए, वे हमारे जाग्रतावस्था के अनुभवों से कहीं अधिक ठोस साबित हुए। उदाहरण के लिए, तुम ब्राह्मण धर्म को लो। ऐसा कहा जाता है कि वेद ऋषियों द्वारा रचित हैं। ये ऋषि ऐसे संत थे, जिन्हें विशिष्ट तथ्यों का अनुभव हुआ था। संस्कृत शब्द 'ऋषि' की ठीक परिभाषा है—'मंत्रों का द्रष्टा'। ये मंत्र वेदों की ऋचाओं के भाव हैं। इन ऋषियों ने यह घोषित किया कि उन्होंने कुछ विशिष्ट तथ्यों का साक्षात्कार अनुभव किया है—अगर ' अनुभव' शब्द को इंद्रियातीत विषय में प्रयोग करना ठीक है तो और तब उन्होंने अपने अनुभवों को लिपिबद्ध किया। हम देखते हैं कि यहूदियों और ईसाइयों में भी इसी सत्य का उद्घोष हुआ था।

दक्षिण संप्रदाय के प्रतिनिधि बौद्धों का जहाँ तक प्रश्न है, इस सिद्धांत को अपवाद रूप में लिया जा सकता है। यह पूछा जा सकता है कि यदि बौद्ध लोग ईश्वर या आत्मा में विश्वास नहीं करते, तो यह कैसे माना जा सकता है कि उनका धर्म भी किसी अतींद्रिय स्तर पर आधारित है? इसका उत्तर यह है कि बौद्ध लोग भी एक शाश्वत नैतिक नियम-धर्म में विश्वास करते हैं और उस धर्म का ज्ञान सामान्य तर्कों के आधार पर नहीं हुआ था, वरन् बुद्ध ने अतींद्रियावस्था में इसका आविष्कार किया था। तुम लोगों में से जिन्होंने बुद्ध के जीवन-चरित्र का अध्ययन किया है, चाहे वह 'एशिया की ज्योति' (The light of Asia) जैसी ललित कविता के माध्यम से संक्षिप्त रूप में ही क्यों न हो, उन्हें याद होगा कि बुद्ध को अश्वत्थ वृक्ष के तले बैठा हुआ दिखाया गया है, जहाँ उन्हें निर्विकल्पावस्था की प्राप्ति हुई है। उनके सारे उपदेश इस अवस्था से ही प्रादुर्भूत हुए, न कि बौद्धिक चिंतन से। इस प्रकार सभी धर्मों ने यह एक अत्यंत महत्त्वपूर्ण सिद्धांत प्रतिपादित किया कि मनुष्य का मन कुछ खास क्षणों में इंद्रियों की सीमाओं के ही नहीं, बुद्धि की

शक्ति के भी परे पहुँच जाता है। उस अवस्था में वह उन तथ्यों का साक्षात्कार करता है, जिनका ज्ञान न कभी इंद्रियों से हो सकता था और न चिंतन से ही। ये तथ्य ही संसार के सभी धर्मों के आधार हैं। निश्चय ही हमें इन तथ्यों में संदेह करने और उन्हें बुद्धि की कसौटी पर कसने का अधिकार है। पर संसार के सभी वर्तमान धर्मों का दावा है कि मन को ऐसी कुछ अद्‌भुत शक्तियाँ प्राप्त हैं, जिनसे वह इंद्रिय तथा बौद्धिक अवस्था का अतिक्रमण कर जाता है। और उसकी इस शक्ति को वे तथ्य के रूप में मानते हैं।

धर्म के इन तथ्यों से संबंधित दावों की सत्यता पर विचार करने के अतिरिक्त हमें इन सारे तथ्यों में एक समानता मिलती है। ये सभी तथ्य भौतिक शास्त्र के स्थूल आविष्कारों की तुलना में अति सूक्ष्म हैं। सभी प्रतिष्ठित धर्मों में वे एक शुद्धतम अमूर्त तत्त्व का रूप ले लेते हैं, यह रूप या तो एक सर्वव्यापी सत्ता, ईश्वर कहा जानेवाला एक अमूर्त व्यक्तित्व, अथवा नैतिक विधान होता है, या समस्त भूतों में अंतर्व्याप्त किसी अमूर्त सार तत्त्व का रूप। आधुनिक युग में भी जब मन की अतींद्रियावस्था की सहायता लिये बिना ही, धर्मोपदेश देने का प्रयास किया गया, तो उसमें भी पुराने धर्मों के अमूर्त भावों की ही सहायता ली गई, भले ही उनको 'नैतिक विधान' (moral law), 'आदर्श एकत्व' (ideal unity) आदि नाम दिए गए हों, जिससे सिद्ध होता है कि यह अमूर्त भाव इंद्रियगोचर नहीं है। हममें से किसी ने कभी एक 'आदर्श मानव' (ideal human being) को देखा नहीं है, फिर भी हमसे कहा जाता है कि उसकी सत्ता में विश्वास करो।

हममें से किसी ने आदर्शतः पूर्ण मानव को देखा नहीं, फिर भी उस आदर्श में विश्वास किए बिना हम आगे नहीं बढ़ सकते। इस तरह इन सभी धर्मों का निर्णय यह है कि एक 'आदर्श अमूर्त सत्ता' है, जो हमारे सम्मुख एक व्यक्त अथवा अव्यक्त सत्ता, किसी विधान या सत् या सार-तत्त्व के रूप में प्रस्तुत किया जाता है, हम सतत उस आदर्श तक अपने को उठाने का प्रयास कर रहे हैं। प्रत्येक मनुष्य के सामने, वह जो भी हो, जहाँ भी हो, एक अपरिमित शक्तिवाला आदर्श रहता है। प्रत्येक मनुष्य के सामने सुख का प्रतीक कोई आदर्श रहता है। हमारे चारों ओर जो अनेकानेक कार्य हो रहे हैं, उनमें से अधिकांश अपरिमित शक्ति अथवा अपरिमित आनंद के आदर्श के निमित्त ही किए जा रहे हैं। पर कुछ लोग ऐसे होते हैं, जिन्हें शीघ्र ही यह पता चल जाता है कि असीम शील के लाभ के निमित्त ये प्रयास तो वे कर रहे हैं, किंतु उसको इंद्रियों के द्वारा कोई नहीं प्राप्त कर सकता।

दूसरे शब्दों में, उन्हें इंद्रियों की सीमाओं का ज्ञान हो जाता है। वे समझ जाते हैं कि ससीम शरीर से असीम की प्राप्ति नहीं हो सकती। माध्यम में असीम की अभिव्यक्ति असंभव है, और देर-सबेर मनुष्य को इस सत्य का ज्ञान हो ही जाता है और तब वह अपनी सीमाओं के भीतर असीम को पाने का प्रयास त्याग देता है। प्रयास का यह परित्याग ही नैतिकता की पृष्ठभूमि है। त्याग पर ही नैतिकता आधारित है। त्याग को आधारशिला माने बिना किसी नैतिक विधान का प्रचार कभी नहीं हो सका।

नीतिशास्त्र सदा कहता है—'मैं नहीं, तू।' इसका उद्देश्य है—'स्व नहीं, निः-स्व'। इसका कहना है कि असीम सामर्थ्य अथवा असीम आनंद को प्राप्त करने के क्रम में मनुष्य जिस निरर्थक व्यक्तित्व की धारणा से चिपटा रहता है, उसे छोड़ना पड़ेगा। तुमको दूसरी को आगे करना पड़ेगा और स्वयं को पीछे। हमारी इंद्रियाँ कहती हैं, 'अपने को आगे रखो', पर नीतिशास्त्र कहता है—'अपने को सबसे अंत में रखो।' इस तरह नीतिशास्त्र का संपूर्ण विधान त्याग पर ही आधारित है। उसकी पहली माँग है कि भौतिक स्तर पर अपने व्यक्तित्व का हनन करो, निर्माण नहीं। वह जो असीम है, उसकी अभिव्यक्ति इस भौतिक स्तर पर नहीं हो सकती; ऐसा असंभव है, अकल्पनीय है।

इसलिए मनुष्य को 'असीम' की गहनतर अभिव्यक्ति की प्राप्ति के लिए भौतिक स्तर को छोड़कर क्रमशः ऊपर अन्य स्तरों में जाना है। इस प्रकार विविध नैतिक नियमों की संरचना होती है, किंतु सभी का केंद्रीभूत आदर्श यह आत्मत्याग ही है। अहंता का पूर्ण उच्छेदन ही नीतिशास्त्र का आदर्श है। लोग आश्चर्यचकित रह जाते, यदि उनसे अहंता (व्यक्तित्व) की चिंता न करने के लिए कहा जाता है। जिसे वे अपना व्यक्तित्व कहते हैं, उसके विनष्ट हो जाने के प्रति अत्यंत भयभीत हो जाते हैं। पर साथ ही ऐसे ही लोग नीतिशास्त्र के उच्चतम आदर्शों को सत्य घोषित करते हैं। वे क्षण भर के लिए भी यह नहीं सोचते कि नैतिकता का समग्र क्षेत्र, ध्येय और विषय व्यक्ति का उच्छेदन है, न कि उसका निर्माण।

उपयोगितावाद मनुष्य के नैतिक संबंधों की व्याख्या नहीं कर सकता; क्योंकि पहली बात तो यह है कि उपयोगिता के आधार पर हम किसी भी नैतिक नियम पर नहीं पहुँच सकते। कोई भी नीतिशास्त्र तब तक नहीं टिक सकता, जब तक उसके नियमों का आधार अलौकिकता न हो, या जैसा मैं कहना अधिक ठीक समझता हूँ—जब तक उसके नियम अतींद्रिय ज्ञान पर आधारित न हों। असीम के प्रति संग्राम के बिना कोई आदर्श नहीं हो सकता। ऐसा कोई भी सिद्धांत नैतिक

नियमों की व्याख्या नहीं कर सकता, जो मनुष्य को सामाजिक स्तर तक ही सीमित रखना चाहता हों। उपयोगितावादी हमसे 'असीम' अतींद्रिय गंतव्य स्थल के प्रति संग्राम का त्याग चाहते हैं, क्योंकि अतींद्रियता अव्यावहारिक है, निरर्थक है। पर साथ ही वे यह भी कहते हैं कि नैतिक नियमों का पालन करो, समाज का कल्याण करो। आखिर हम क्यों किसी का कल्याण करें? भलाई करने की बात तो गौण है, प्रधान तो है—एक आदर्श। नीतिशास्त्र स्वयं साध्य नहीं है, प्रत्युत साध्य को पाने का साधन है। यदि उद्देश्य नहीं है, तो हम क्यों नैतिक बनें? हम क्यों दूसरों की भलाई करें? क्यों हम लोगों को सताएँ नहीं? अगर आनंद ही मानव-जीवन का चरम उद्देश्य है, तो क्यों न मैं दूसरों को कष्ट पहुँचाकर भी स्वयं सुखी रहूँ? ऐसा करने से मुझे रोकता कौन है? दूसरी बात यह है कि उपयोगिता का आधार अत्यंत संकीर्ण है। सारे प्रचलित, सामाजिक नियमों की रचना तो, समाज की तात्कालिक स्थिति को दृष्टि में रखकर की गई है। किंतु उपयोगितावादियों को यह सोचने का क्या अधिकार है कि यह समाज शाश्वत है? कभी ऐसा भी समय था, जब समाज नहीं था, और ऐसा भी समय आएगा, जब यह नहीं रहेगा। यह तो शायद मनुष्य की प्रगति के क्रम में एक ऐसा स्थल है, जिससे होकर उसे विकास के उच्चतर स्तरों तक जाना है। और इस तरह कोई भी नियम जो मात्र समाज पर आधारित है, शाश्वत नहीं हो सकता, मानव-प्रकृति को पूर्णरूपेण आच्छादित नहीं कर सकता।

अधिक-से-अधिक यह उपयोगितावादी नियम समाज की वर्तमान स्थिति में काम कर सकता है। इसके आगे इसकी कोई उपयोगिता नहीं रह जाती। किंतु धर्म तथा आध्यात्मिकता पर आधारित नीतिशास्त्र का क्षेत्र असीम मनुष्य है। वह व्यक्ति को लेता है, पर उसके संबंध असीम हैं। वह समाज को भी लेता है, क्योंकि समाज व्यक्तियों के समूह का ही नाम है, इसलिए जिस प्रकार यह नियम व्यक्ति और उसके शाश्वत संबंधों पर लागू होता है, ठीक उसी प्रकार समाज पर भी लागू होता है—समाज की स्थिति या दशा किसी समयविशेष में जो भी हो। इस तरह हम देखते हैं कि मनुष्य को सदैव आध्यात्मिक धर्म की आवश्यकता पड़ती रहेगी। वह हमेशा भौतिक जगत् में ही लिप्त नहीं रह सकता, वह उसे कितना भी आनंददायक क्यों न लगे।

ऐसा कहा जाता है कि अधिक आध्यात्मिक होने पर सांसारिक व्यवहारों में कठिनाइयाँ आ सकती हैं। कन्फ्यूशस के युग में ही कहा गया था कि 'पहले हम इस संसार की चिंता करें और जब इससे छुट्टी मिले, तो दूसरे लोकों की

चर्चा करें।' इस लोक की चिंता करना बड़ा अच्छा है। पर अगर अधिक आध्यात्मिकता से हमारे लोकाचार में थोड़ी गड़बड़ी होती है, तो सांसारिकता पर अत्यधिक ध्यान देने से तो इहलोक और परलोक दोनों बिगड़ जाएँगे। सांसारिकता हमें पूर्णतः भौतिकवादी बनाकर छोड़ेगी। मनुष्य का उद्‌देश्य 'प्रकृति' नहीं है, वरन् कुछ उससे ऊपर की वस्तु है।

'मनुष्य तभी तक मनुष्य कहा जा सकता है, जब तक वह प्रकृति से ऊपर उठने के लिए संघर्ष करता है।' और यह प्रकृति बाह्य और आंतरिक दोनों है। इस प्रकृति के भीतर केवल वे ही नियम नहीं हैं, जिनसे हमारे शरीर के तथा उसके बाहर के परमाणु नियंत्रित होते हैं, वरन् ऐसे सूक्ष्म नियम भी हैं, जो वस्तुतः बाह्य प्रकृति को संचालित करनेवाली अंतःस्थ प्रकृति का नियमन करते हैं। बाह्य प्रकृति को जीत लेना कितना अच्छा है, कितना भव्य है! पर उससे असंख्य गुना अच्छा और भव्य है आभ्यंतर प्रकृति पर विजय पाना। ग्रहों और नक्षत्रों का नियंत्रण करनेवाले नियमों को जान लेना बहुत अच्छा और गरिमामय है, परंतु उससे अनंत गुना अच्छा और भव्य है, उन नियमों को जानना, जिनसे मनुष्य के मनोवेग, भावनाएँ और इच्छाएँ नियंत्रित होती हैं। इस आंतरिक मनुष्य पर विजय पाना, मानव-मन की जटिल सूक्ष्म क्रियाओं के रहस्य को समझना पूर्णतया धर्म के अंतर्गत आता है। मनुष्य का स्वभाव साधारण मनुष्य-स्वभाव है कि वह वृहद् भौतिक तथ्यों का अवलोकन करना चाहता है। साधारण मनुष्य किसी सूक्ष्म वस्तु को नहीं समझ सकता। ठीक ही कहा गया है कि संसार तो उस सिंह का आदर करता है, जो हजारों मेमनों का वध करता है। लोगों को यह समझने का अवकाश कहाँ है कि सिंह की इस क्षणिक विजय का अर्थ है—हजारों मेमनों की मृत्यु!

इसका कारण यह है कि मनुष्य शारीरिक शक्ति की अभिव्यति से प्रसन्न होता है। मानव-जाति का यही सामान्य स्वभाव है। बाह्य वस्तुओं को ही लोग समझ सकते हैं, इन्हीं में उन्हें आनंद भी मिलता है। पर हर समाज में कुछ ऐसे लोग मिलते ही हैं, जिन्हें इंद्रिय विषयक वस्तुओं में कोई आनंद नहीं मिलता। वे इनसे ऊपर उठना चाहते हैं और यदाकदा सूक्ष्मतर तत्त्वों की झाँकी पाकर उन्हें ही पाने के लिए सदा प्रयत्नशील रहते हैं। और जब हम विश्व-इतिहास का मनन करते हैं, तो पाते हैं कि जब-जब किसी राष्ट्र में ऐसे लोगों की संख्या में वृद्धि हुई है, तब-तब उस राष्ट्र का अभ्युदय हुआ है, तथा जब भूमा या असीम की खोज—उसे उपयोगितावादी कितनी ही अर्थहीन कहें—समाप्त हो जाती है, तो उस राष्ट्र का पतन होने लगता है। तात्पर्य यह है कि आध्यात्मिकता ही किसी

भी राष्ट्र की शक्ति का प्रधान स्रोत है। जिस दिन से इसका ह्रास और भौतिकता का उत्थान होने लगता है, उसी दिन से उस राष्ट्र की मृत्यु प्रारंभ हो जाती है।

इस तरह धर्म से ठोस सत्यों और तथ्यों को पाने के अतिरिक्त, उससे मिलनेवाली सांत्वना के अतिरिक्त, एक विशुद्ध विज्ञान और एक अध्ययन के रूप में वह मानव-मन के लिए सर्वोत्कृष्ट और स्वस्थतम व्यायाम है। असीम की खोज करना, असीम को पाने के लिए उद्यम करना, इंद्रियों—मानो भौतिक द्रव्यों की सीमाओं से परे जाकर एक आध्यात्मिक मानव के रूप में विकसित होना—इन सारी चीजों के लिए दिन-रात जो प्रयत्न किया जाता है, वह अपने आप में ही मनुष्य के सभी प्रयत्नों में उदात्ततम और परम गौरवशाली है। कुछ ऐसे व्यक्ति मिलेंगे, जिन्हें भोजन में ही परमसुख मिलता है। हमें कोई अधिकार नहीं कि हम उन्हें वैसा करने से मना करें। फिर कुछ ऐसे भी व्यक्ति मिलेंगे, जिन्हें विशिष्ट वस्तुओं के स्वामित्व में आनंद मिलता है। और हमें कोई अधिकार नहीं है कि हम कहें कि उन्हें वैसा नहीं करना चाहिए। पर किसी को आध्यात्मिक चिंतन में ही परमानंद मिलता है, तो उसे मना करने का भी किसी को कोई अधिकार नहीं है। जो प्राणी जितना ही निम्न स्तर का होगा, उसे इंद्रियजनित सुखों में उतना ही आनंद मिलेगा। बहुत कम मनुष्य ऐसे मिलेंगे, जिन्हें भोजन करते समय वैसा ही उल्लास होता है, जैसा किसी कुत्ते या भेड़िए को। किंतु याद रहे कि कुत्ते और भेड़िए के सारे सुख इंद्रियों तक ही सीमित हैं। निम्न कोटि के मनुष्यों को इंद्रियजनित सुखों में ही आनंद मिलता है। किंतु जो लोग सुसंस्कृत एवं सुशिक्षित हैं, उन्हें चिंतन, दर्शन, कला और विज्ञान में आनंद मिलता है। आध्यात्मिकता उससे भी उच्चतर स्तर की है। विषय के असीम होने के कारण वह स्तर उच्चतम है, और जो इसे हृदयंगम कर सकते हैं, उनके लिए उस स्तर का आनंद सर्वोत्तम है। इसलिए अगर शुद्ध उपयोगितावादी दृष्टिकोण से भी आनंद की प्राप्ति ही मनुष्य का उद्देश्य है, तो भी धार्मिक चिंतन का अभ्यास करना चाहिए, क्योंकि उसी में सर्वोत्तम सुख है। इस तरह मुझे तो ऐसा लगता है कि एक अध्ययन के रूप में भी धर्म अत्यंत आवश्यक है।

अब हम इसके परिणामों पर विचार करें। मानव-मन के लिए यह सबसे बड़ी प्रेरक शक्ति है। जितनी शक्ति हममें आध्यात्मिक आदर्शों पर चलने से आती है, उतनी और किसी से नहीं। जहाँ तक मानव-इतिहास का प्रश्न है, हम लोगों के लिए सुस्पष्ट है कि बात ऐसी ही रही है और धर्म की शक्तियाँ मृत नहीं हैं। मैं यह नहीं कहता कि केवल उपयोगितावादी आधार पर मनुष्य नैतिक और अच्छा

नहीं हो सकता। केवल उपयोगिता के स्तर पर भी पूर्णतया स्वस्थ, नैतिक और अच्छे महान् पुरुष इस संसार में हुए हैं। किंतु वैसे संसार को हिला देनेवाले लोग, जो मानो विश्व में एक महान् चुंबकीय आकर्षण ला देते हैं, जिनकी आत्मा सैकड़ों और हजारों में कार्यशील है, जिनका जीवन आध्यात्मिक अग्नि से दूसरों को प्रज्वलित कर देता है, सदा आध्यात्मिकता की पृष्ठभूमि से ही आविर्भूत होते हैं। उनकी प्रेरक शक्ति का स्रोत सदा ही धर्म रहा है। जो असीम शक्ति प्रत्येक मनुष्य का स्वभाव तथा जन्मसिद्ध अधिकार है, उसके साक्षात् के लिए धर्म सर्वश्रेष्ठ प्रेरक शक्ति है। चरित्र-निर्माण, शिव और महत् की प्राप्ति, स्वयं तथा विश्व की शांति की प्राप्ति के लिए धर्म ही सर्वोपरि प्रेरक शक्ति है। अत: उसका अध्ययन इस दृष्टि से भी होना चाहिए। धर्म का अध्ययन अब पहले की अपेक्षा अधिक व्यापक आधार पर होना चाहिए। धर्म-संबंधी सभी संकीर्ण, सीमित, विवादास्पद धारणाओं को नष्ट होना चाहिए। संप्रदाय, जाति या राष्ट्र की भावना पर आधारित सारे धर्मों का परित्याग करना होगा। हर जाति या राष्ट्र का अपना-अपना अलग ईश्वर मानना और दूसरों को भ्रांत कहना, एक अंधविश्वास है, उसे अतीत की वस्तु हो जाना चाहिए। ऐसे सारे विचारों से मुक्ति पानी होगी।

जैसे-जैसे मानव-मन का विकास होता है, वैसे-वैसे आध्यात्मिक सोपान भी विस्तृत होते जाते हैं। वह समय तो आ ही गया है, जब कोई व्यक्ति पृथ्वी के किसी कोने में कोई बात कहे और सारे विश्व में वह गूँज उठे। मात्र भौतिक साधनों से हमने संपूर्ण जगत् को एक बना डाला है। इसलिए स्वभावत: ही आनेवाले धर्म को विश्वव्यापी होना पड़ेगा।

भविष्य के धार्मिक आदर्शों को संपूर्ण जगत् में जो कुछ भी सुंदर और महत्त्वपूर्ण है, उन सबों को समेटकर चलना पड़ेगा, साथ ही भावविकास के लिए अनंत क्षेत्र प्रदान करना पड़ेगा। अतीत में जो कुछ भी सुंदर रहा है, उसे जीवित रखना होगा। साथ ही वर्तमान के भंडार को और भी समृद्ध बनाने के लिए भविष्य का विकास-द्वार भी खुला रखना होगा। धर्म को ग्रहणशील होना चाहिए, और ईश्वर-संबंधी अपने आदर्शों में भिन्नता के कारण एक-दूसरे का तिरस्कार नहीं करना चाहिए। मैंने अपने जीवन में ऐसे अनेक महापुरुषों को देखा है, जो ईश्वर में एकदम विश्वास नहीं करते थे, अर्थात् हमारे और तुम्हारे ईश्वर में। किंतु वे लोग ईश्वर को हमारी अपेक्षा अधिक अच्छी तरह समझते थे। ईश्वर-संबंधी सभी सिद्धांत—सगुण, निर्गुण, अनंत, नैतिक नियम अथवा आदर्श मानव-धर्म की परिभाषा के अंतर्गत आने चाहिए। और जब धर्म इतने उदार बन जाएँगे, तब उनकी कल्याणकारिणी शक्ति सौ गुनी

अधिक हो जाएगी। धर्मों में अद्भुत शक्ति है; पर इनकी संकीर्णताओं के कारण इनसे कल्याण की अपेक्षा अधिक हानि ही हुई है।

यहाँ तक कि आज भी हम बहुत से संप्रदाय और समाज पाते हैं, जो प्रायः समान आदर्श के अनुगामी होते हुए भी परस्पर लड़ रहे हैं। इसका कारण यह है कि एक संप्रदाय आदर्शों को दूसरे के समान हूबहू प्रतिपादित नहीं करना चाहता। अतः धर्म के उदार होने की नितांत आवश्यकता है। धार्मिक विचारों को विस्तृत, विश्वव्यापक और असीम होना ही पड़ेगा, और तभी हम धर्म का पूर्ण रूप प्राप्त करेंगे, क्योंकि धर्म की शक्तियों की वास्तविक अभिव्यक्ति तो बस अब शुरू हुई है। लोग कहते हैं—धर्म मर रहा है, आध्यात्मिकता का ह्रास हो रहा है; पर मुझे तो लगता है कि अभी-अभी ये पनपने लगे हैं। एक सुसंस्कृत एवं उदार धर्म की शक्ति अभी ही तो संपूर्ण मानव-जीवन में प्रवेश करने जा रही है। जब तक धर्म कुछ इने-गिने पंडे-पादरियों के हाथों में रहा, तब तक इसका दायरा मंदिर, मसजिद, गिरजाघर और धर्मग्रंथों तथा धामिक नियमों, अनुष्ठानों और बाह्याचारों तक सीमित रहा। पर जब हम यथार्थ आध्यात्मिक और विश्वव्यापक धरातल पर आ पहुँचेंगे, तब और तभी धर्म यथार्थ हो उठेगा, सजीव हो उठेगा, हमारे जीवन का अंग बन जाएगा, हमारी हर गति में रहेगा, समाज के रोम-रोम में समा जाएगा, और तब इसकी शिवात्मक शक्ति पहले कभी भी की अपेक्षा अनंत गुनी अधिक हो जाएगी।

आज आवश्यकता इस बात की है कि सभी तरह के धर्म परस्पर बंधुत्व का भाव रखें, क्योंकि अगर उन्हें जीना है तो साथ-साथ और मरना है तो साथ-साथ। बंधुत्व की यह भावना पारस्परिक स्नेह और आदर पर आधारित होनी चाहिए। न कि संरक्षणशील, प्रसादस्वरूप किंचित् शुभेच्छा की कृपण अभिव्यक्ति पर, जिसे आज एक धर्म अनुग्रह के भाव से दूसरे पर दरशाते हुए पाया जाता है। एक ओर है मानसिक व्यापारों की अध्ययनजन्य धार्मिक अभिव्यक्तियाँ, जो अभाग्यवश आज भी धर्म पर एकाधिकार का पूरा दावा रखती हैं—और दूसरी ओर हैं धर्म की वे अभिव्यक्तियाँ, जिनके मस्तिष्क तो स्वर्ग के रहस्यों में अधिक व्यस्त हैं, किंतु जिनके चरण पृथ्वी से ही चिपके हैं—मेरा तात्पर्य है तथाकथित भौतिक विज्ञानों से। अब इन दोनों के मध्य इस बंधुत्व की भावना की सर्वोपरि आवश्यकता है।

इस सामंजस्य को लाने के लिए दोनों को ही आदान-प्रदान करना पड़ेगा, त्याग करना पड़ेगा, यही नहीं, कुछ दुःखद बातों को भी सहन करना पड़ेगा। पर

इसी त्याग के परिणामस्वरूप प्रत्येक व्यक्ति और भी निखर उठेगा और सत्य के संधान में अपने को और भी आगे पाएगा। अंत में देश-काल की सीमाओं में बद्ध ज्ञान का महामिलन उस ज्ञान से होगा, जो इन दोनों से परे है, जो मन तथा इंद्रियों की पहुँच से परे है—जो निरपेक्ष है, असीम है, अद्वितीय है।

❑

मनुष्य का यथार्थ स्वरूप

(लंदन में दिया हुआ भाषण)

इस पंचेंद्रिय-ग्राह्य जगत् में मनुष्य इतना अधिक आसक्त है कि वह उसे सहज में ही छोड़ना नहीं चाहता। किंतु वह इस बाह्य जगत् को चाहे जितना ही सत्य या साररूप क्यों न समझे, प्रत्येक व्यक्ति और जाति के जीवन में एक समय ऐसा अवश्य आता है कि जब उसे इच्छा न रहते हुए भी प्रश्न करना पड़ता है—'क्या यह जगत् सत्य है?' जिन व्यक्तियों को अपनी इंद्रियों की विश्वसनीयता पर शंका करने का तनिक भी समय नहीं मिलता, जिनके जीवन का प्रत्येक क्षण किसी-न-किसी प्रकार के विषय-भोग में ही बीतता है, मृत्यु एक दिन उनके भी सिरहाने आकर खड़ी हो जाती है और विवश होकर उन्हें भी कहना पड़ता है—'क्या यह जगत् सत्य है?' इसी एक प्रश्न से धर्म का आरंभ होता है और इसके उत्तर में ही धर्म की इति है। इतना ही क्यों, सुदूर अतीत काल में, जहाँ इतिहास की कोई पहुँच नहीं, उस रहस्यमय पौराणिक युग में, सभ्यता के उस अस्फुट उषाकाल में भी हम देखते हैं कि यही एक प्रश्न उस समय भी पूछा गया है—'इसका क्या होता है? क्या यह सत्य है?'

कवित्वमय कठोपनिषद् के प्रारंभ में हम यह प्रश्न देखते हैं—"कोई-कोई कहते हैं कि मनुष्य के मरने पर उसका अस्तित्व समाप्त हो जाता है, और कोई कहते हैं कि नहीं, उसका अस्तित्व फिर भी रहता है, इन दोनों बातों में कौन सी सत्य है? (येयं प्रेते विचिकित्सा मनुष्ये, अस्तीत्येके नायमस्तीति चैके।)" संसार में इस संबंध में अनेक प्रकार के उत्तर मिलते हैं। जितने प्रकार के दर्शन या धर्म संसार में हैं, वे सब वास्तव में इसी प्रश्न के विभिन्न उत्तरों से परिपूर्ण हैं। अनेक बार तो इन प्रश्नों को—'परे क्या है? सत्य क्या है?' प्राणों की इस महती अशांति को, संसार से अतीत परमार्थ सत्ता के इस अन्वेषण को—व्यर्थ कहकर उड़ा देने की चेष्टा की गई है।

किंतु जब तक मृत्यु नामक वस्तु जगत् में है, तब तक इस प्रश्न को योंही उड़ा देने की सारी चेष्टाएँ विफल रहेंगी। यह कहना सरल है कि हम जगदतीत सत्ता का अन्वेषण नहीं करेंगे, अपनी समस्त आशा और आकांक्षा को वर्तमान क्षण में ही सीमित रखेंगे; और हम इसके लिए भरपूर चेष्टा भी कर सकते हैं, बहिर्जगत् की सारी वस्तुएँ भी हमें इंद्रियों की सीमा के भीतर बंद करने में सहायता पहुँचाती हैं, सारा संसार भी एक हो हमें वर्तमान की क्षुद्र सीमा के बाहर दृष्टि डालने से रोक सकता है; पर जब तक जगत् में मृत्यु रहेगी, तब तक यह प्रश्न बार-बार उठेगा—'हम जो इन सब वस्तुओं को सत्य का भी सत्य, सार का भी सार समझकर इनमें भयानक रूप से आसक्त हैं, तो क्या मृत्यु ही इन सबका अंतिम परिणाम है?' जगत् तो एक क्षण में ही ध्वंस हो, न जाने कहाँ चला जाता है। ऊपर है, अत्युच्च गगनचुंबी पर्वत और नीचे गहरी खाई, मानो मुँह फैलाए जीव को निगलने के लिए आ रही हो। इस पर्वत के किनारे खड़े होने पर कितना ही कठोर अंत:करण क्यों न हो, निश्चित ही सिहर उठेगा और पूछेगा—'यह सब क्या सत्य है?' कोई तेजस्वी हृदय जीवन भर बड़े प्रयत्न के साथ जिस आशा को अपने हृदय में सँजोए रहा, वह एक मुहूर्त में ही उड़कर न जाने कहाँ चली गई, तो क्या हम इन सब आशा को सत्य कहेंगे? इस प्रश्न का उत्तर देना होगा। काल प्राणों की इस आकांक्षा की, हृदय के इस गंभीर प्रश्न की शक्ति का कभी भी ह्रास नहीं कर सकता, प्रत्युत काल का स्रोत ज्यों-ज्यों आगे बढ़ता जाता है, त्यों-त्यों इस प्रश्न की शक्ति भी बढ़ती जाती है और उतने ही अधिक प्रबल वेग से यह प्रश्न हृदय पर आघात करता रहता है।

मनुष्य को सुखी होने की इच्छा होती है। अपने को सुखी करने के लिए वह सभी ओर दौड़ता फिरता है—इंद्रियों के पीछे-पीछे भागता रहता है—पागल की भाँति बाह्य जगत् में कार्य करता जाता है। जो युवक जीवन-संग्राम में सफल हुए हैं, उनसे यदि पूछो, तो कहेंगे, 'यह जगत् सत्य है'—उन्हें सभी बातें सत्य प्रतीत होती हैं। ये ही व्यक्ति जब बूढ़े हो जाएँगे, जब सौभाग्य-लक्ष्मी उन्हें बारंबार धोखा देगी, तब उनसे यदि पूछो, तो शायद यही कहेंगे, 'अरे भाई, सब भाग्य का खेल है।' इतने दिनों बाद वे जान सके कि वासना की पूर्ति नहीं होती। वे जिधर जाते हैं, उधर ही मानो वज्र के समान दृढ़ दीवार उनके सामने खड़ी हो जाती है, जिसे लाँघना उनके बस की बात नहीं। प्रत्येक इंद्रिय-चंचलता के परिणामस्वरूप प्रतिक्रिया होती ही है। हर वस्तु क्षणस्थायी है। विलास, वैभव, शक्ति, दारिद्र्य, यहाँ तक कि जीवन भी क्षण-स्थायी है।

मनुष्य के लिए दो उत्तर रह जाते हैं। एक है—शून्यवादियों की भाँति विश्वास

करना कि सबकुछ शून्य है, हम कुछ भी नहीं जान सकते—भूत, भविष्य या वर्तमान के भी संबंध में कुछ नहीं जान सकते; क्योंकि जो व्यक्ति भूत-भविष्य को अस्वीकार कर केवल वर्तमान को स्वीकार करते हुए उसी में अपनी दृष्टि को सीमित रखना चाहता है, वह निरा पागल है। यह तो बस वैसा ही हुआ, जैसा माता-पिता के अस्तित्व को अस्वीकार करते हुए संतान के अस्तित्व को स्वीकार करना! दोनों समान रूप से युक्तिसंगत है। भूत और भविष्य को अस्वीकार करने का अर्थ है वर्तमान को भी अस्वीकार करना। यह एक भाव हुआ—यह शून्यवादियों का मत। पर मैंने ऐसा मनुष्य आज तक नहीं देखा, जो एक क्षण के लिए भी शून्यवादी हो सके—मुख से कहना अवश्य बड़ा सरल है।

दूसरा उत्तर यह है कि इस प्रश्न के वास्तविक उत्तर की खोज करो—सत्य की खोज करो—इस नित्य परिवर्तनशील नश्वर जगत् में क्या सत्य है, इसकी खोज करो। कुछ भौतिक परमाणुओं के समष्टिस्वरूप इस देह के भीतर क्या कोई ऐसी चीज है, जो सत्य हो? मानवजीवन के इतिहास में सदैव इस तत्त्व का अन्वेषण किया गया है। हम देखते हैं कि अति प्राचीन काल से ही मनुष्य के मन में इस तत्त्व का अस्पष्ट प्रकाश उद्भासित हो गया था। हम देखते हैं कि उसी समय से मनुष्य ने स्थूल देह से अतीत एक अन्य देह का भी पता पा लिया है, जो अनेक अंशों में इस स्थूल देह के ही समान होने पर भी पूर्ण रूप से वैसा नहीं है; वह स्थूल देह से श्रेष्ठ है—शरीर का नाश हो जाने पर भी उसका नाश नहीं होता। हम ऋग्वेद के एक सूक्त में, मृत शरीर को दग्ध करनेवाले अग्निदेव के प्रति यह मंत्र पाते हैं—"हे अग्नि! तुम इसे अपने हाथो में लेकर धीरे-धीरे ले जाओ—इसे सर्वांगसुन्दर, ज्योतिर्मय देह से संपन्न करो—इसे उसी स्थान में ले जाओ, जहाँ पितृगण वास करते हैं, जहाँ दुःख नहीं है, जहाँ मृत्यु नहीं है।" तुम देखोगे कि सभी धर्मों में यह भाव विद्यमान है, और इसके साथ ही हम और एक विचार पाते हैं। आश्चर्य की बात है कि सभी धर्म एक स्वर से घोषणा करते हैं कि मनुष्य पहले निष्पाप और पवित्र था, पर आज उसकी अवनति हो गई है। इस भाव को फिर वे रूपक की भाषा में या दर्शन की स्पष्ट भाषा में अथवा कविता की सुंदर भाषा में क्यों न प्रकाशित करें, पर वे सब के सब अवश्य इस एक तत्त्व की घोषणा करते हैं। सभी शास्त्रों और पुराणों में यही एक तत्त्व पाया जाता है कि मनुष्य जैसा पहले था, वैसा अब नहीं है—आज वह पहले से गिरी हुई दशा में है।

यहूदियों के धर्मग्रंथ में आदम के पतन की जो कथा है, उसका भी मर्म वास्तव में यही है। हिंदू शास्त्रों में इसका बार-बार उल्लेख हुआ है। हिंदुओं ने 'सतयुग'

कहकर जिस युग का वर्णन किया है—जब कि मनुष्य की मृत्यु उसकी इच्छानुसार होती थी, जब मनुष्य जितने दिन चाहे, अपने शरीर को धारण कर सकता था, जब मनुष्यों का मन शुद्ध और दृढ़ था, उसमें भी इसी सार्वभौमिक सत्य का संकेत मिलता है। वे कहते हैं कि उस समय मृत्यु नहीं थी, किसी प्रकार का अशुभ या दुःख नहीं था, और वर्तमान युग उसी उन्नत अवस्था का भ्रष्ट-भाव मात्र है। इस वर्णन के साथ-साथ हम सभी धर्मों में जल-प्लावन अर्थात् प्रलय का वर्णन भी पाते हैं। प्रलय की यह कथा ही इस बात को प्रमाणित करती है कि सभी धर्म वर्तमान युग को प्राचीन युग की भ्रष्ट अवस्था ही मानते हैं। जगत् की भ्रष्टता क्रमशः बढ़ती गई। इसके बाद जब प्रलय हुई, तो अधिकांश जगत् उसमें डूब गया। फिर उन्नति आरंभ हुई। और अब यह जगत् अपनी उसी प्राचीन, पवित्र अवस्था को प्राप्त करने के लिए धीरे-धीरे अग्रसर हो रहा है। तुम सब प्राचीन व्यवस्थान (Old Testament) के प्रलय की कथा जानते ही हो। ठीक इसी प्रकार की कथा प्राचीन बेबिलोन, मिस्त्र, चीन और हिंदुओं में भी प्रचलित थी। हिंदू शास्त्रों में प्रलय का इस प्रकार का वर्णन है—

महर्षि मनु जब एक दिन गंगातट पर संध्या-वंदन में लगे थे, तो एक छोटी सी मछली ने आकर उनसे कहा, 'मुझे आश्रय दीजिए।' मनु ने उसी क्षण पास रखे हुए पात्र में उसे रखकर उससे पूछा, 'तू क्या चाहती है?' मछली बोली, 'एक बड़ी मछली मुझे मार डालने के लिए मेरा पीछा कर रही है। आप मेरी रक्षा कीजिए।' मनु उसे घर ले गए। सबेरे देखा, वह बढ़कर पात्र के बराबर हो गई है। मछली बोली, 'मैं अब इस पात्र में नहीं रह सकती।' तब मनु ने उसे एक कुंड में रख दिया। दूसरे दिन वह कुंड के बराबर हो गई और कहने लगी, 'मैं इसमें भी नहीं रह सकती।' तब मनु ने उसे नदी में डाल दिया। सबेरे देखा कि उसका शरीर सारी नदी में फैल गया है। तब उन्होंने उसे समुद्र में डाल दिया। तब मछली कहने लगी, 'मनु, मैं जगत् का सृष्टिकर्ता हूँ! मैं प्रलय से जगत् का ध्वंस करूँगा। तुम्हें सावधान करने के लिए मैं मछली का रूप धारण करके आया था। तुम एक बहुत बड़ी नौका बनाकर उसमें सभी प्रकार के प्राणियों का एक-एक जोड़ा रखकर उनकी रक्षा करो और स्वयं भी सपरिवार उसमें जा बैठो। जब सारी पृथ्वी जल में डूब जाएगी, तब उस जल में तुम्हें मेरा एक सींग (काँटा) दिखेगा, तुम नौका को उससे बाँध देना। उसके बाद जल घट जाने पर नौका से उतरकर प्रजावृद्धि करना।' इस प्रकार भगवान् के कथनानुसार प्रलय हुआ और मनु ने अपने परिवार सहित प्रत्येक प्राणी के एक-एक जोड़े और उद्भिदों के बीजों की प्रलय से रक्षा की, और प्रलय समाप्त हो जाने पर इस नौका से उतरकर वे प्रजा उत्पन्न करने में लग गए—और हम लोग मनु के वंशज होने के

कारण मानव कहलाने लगे। (मन् धातु से मनु बनता है—मन् धातु का अर्थ है मनन अर्थात् चिंतन करना।)

अब देखो, मानवी भाषा उस आभ्यंतरिक सत्य को प्रकाशित करने का प्रयत्न मात्र है। मेरा तो स्थिर विश्वास है कि एक छोटा बच्चा भी अपनी अस्पष्ट, तोतली बोली में उच्चतम दार्शनिक सत्य को प्रकट करने की चेष्टा कर रहा है, पर हाँ, उसके पास उसे प्रकाशित करने के लिए कोई उपयुक्त इंद्रिय अथवा साधन नहीं है। उच्चतम दार्शनिक और शिशु की भाषा में जो भेद है, वह प्रकारगत नहीं है, वह केवल परिमाणगत है। आजकल की विशुद्ध, प्रणालीबद्ध, गणित के समान कटी-छँटी भाषा और प्राचीन ऋषियों की अस्फुट, रहस्यमय, पौराणिक भाषा में अंतर केवल मात्रा के तारतम्य में है।

इन सब कथाओं के पीछे एक महान् सत्य छिपा है, जिसे प्रकाशित करने का प्राचीन लोग मानो प्रयत्न कर रहे हैं। बहुधा इन सब प्राचीन, पौराणिक कथाओं के भीतर ही बहुमूल्य सत्य रहता है, और मुझे यह कहते दु:ख होता है कि आधुनिक लोगों की चटपटी भाषा में बहुधा भूसी ही रहती है, तत्त्व नहीं। अतएव रूपक में सत्य छिपा है, यह कहकर अथवा वह अमुक-तमुक के विचारों से मेल नहीं खाता, यह कहकर सभी प्राचीन बातों को एक किनारे कर देना उचित नहीं। 'अमुक महापुरुष ने ऐसा कहा है, अतएव इस पर विश्वास करो'—इस प्रकार घोषणा करने के कारण ही यदि सभी धर्म उपहासास्पद हो जाते हों, तब तो आजकल के लोग और भी अधिक उपहासास्पद हैं। आजकल यदि कोई मूसा, बुद्ध अथवा ईसा की उक्ति उद्धृत करता है, तो उसकी हँसी उड़ाई जाती है; किंतु हक्स्ले, टिंडल अथवा डारविन का नाम लेते ही बात एकदम अकाट्य और प्रामाणिक बन जाती है! 'हक्स्ले ने ऐसा कहा है', इतना कहना ही बहुतों के लिए पर्याप्त है! हम लोग सचमुच अंधविश्वास से मुक्त हैं? पहले था धर्म का अंधविश्वास, अब है विज्ञान का अंधविश्वास; फिर भी पहले के अंधविश्वास में से एक जीवनप्रद आध्यात्मिक भाव आता था, पर आधुनिक अंधविश्वास के भीतर से तो केवल काम और लोभ ही आ रहे हैं। वह अंधविश्वास था ईश्वर की उपासना को लेकर, और आजकल का अंधविश्वास है महाघृणित धन, यश और शक्ति की उपासना को लेकर। बस यही भेद है।

हाँ, तो पौराणिक कथाओं की बात चल रही थी। इन सब कथाओं में यही एक प्रधान भाव देखने में आता है कि मनुष्य जिस अवस्था में पहले था, अब उससे गिरी हुई दशा में है। आजकल के तत्त्वान्वेषी इस बात को एकदम अस्वीकार करते हैं। क्रमविकासवादी विद्वानों ने तो मानो इस सत्य का संपूर्ण रूप से खंडन ही कर दिया

है। उनके मत से मनुष्य एक विशेष प्रकार के क्षुद्र मांसल जंतु (Mollusc) का क्रमविकास मात्र है, अतएव पूर्वोक्त पौराणिक सिद्धांत सत्य नहीं हो सकता। पर भारतीय पुराण दोनों मतों का समन्वय करने में समर्थ है। भारतीय पुराण के मतानुसार सभी प्रकार की उन्नति तरंगाकार होती है। प्रत्येक तरंग एक बार उठती है, फिर गिरती है, गिरकर फिर उठती है और गिरती है। इसी प्रकार क्रम चलता रहता है। प्रत्येक गति चक्रों में होती है। आधुनिक विज्ञान की दृष्टि से देखने पर भी यह दिखेगा कि मनुष्य केवल क्रमविकास का परिणाम है, यह बात सिद्ध नहीं होती। क्रमविकास कहने के साथ ही साथ क्रमसंकोच की प्रक्रिया को भी मानना पड़ेगा। विज्ञानवेत्ता ही तुमसे कहते हैं? कि किसी यंत्र में तुम जितनी शक्ति का प्रयोग करोगे, उसमें से तुम्हें बस उतनी ही शक्ति मिल सकती है। असत् (कुछ नहीं) से कभी भी सत् (कुछ) की उत्पत्ति नहीं हो सकती। यदि मानव—पूर्ण मानव—बुद्ध-मानव, ईसा-मानव एक क्षुद्र मांसल जंतु का ही विकास हो, तब तो इस क्षुद्र जंतु को भी संकुचित या अव्यक्त बुद्ध कहना पड़ेगा। यदि ऐसा न हो, तो ये सब महापुरुष फिर कहाँ से उत्पन्न हुए? असत् से तो कभी सत् की उत्पत्ति नहीं होती।

इसी प्रकार हम शास्त्र के साथ आधुनिक विज्ञान का समन्वय कर सकते हैं। जो शक्ति धीरे-धीरे नाना सोपानों में से होती हुई पूर्ण मनुष्य के रूप में परिणत होती है, वह कभी भी शून्य से उत्पन्न नहीं हो सकती। वह कहीं-न-कहीं अवश्य वर्तमान थी; और यदि तुम विश्लेषण करते-करते इस प्रकार के क्षुद्र मांसल जंतुविशेष या जीविसार (Protoplasm) तक ही पहुँचकर, उसी को आदिकारण सिद्ध करते हों, तो यह निश्चित है कि इस जीविसार में ही यह शक्ति किसी-न-किसी रूप में विद्यमान थी। आजकल यह विवाद चल रहा है कि क्या पंचभूतों की समष्टि यह देह ही आत्मा, चिंतन-शक्ति या विचार आदि नामों से परिचित शक्तियों के विकास का कारण है अथवा चिंतन-शक्ति ही देहोत्पत्ति का कारण है? निश्चय ही संसार के सभी धर्म कहते हैं कि विचार नामक शक्ति ही शरीर की प्रकाशक है, और वे इसके विपरीत मत में आस्था नहीं रखते। अनेक आधुनिक विचारधाराएँ (Comte's Positivism) मानती हैं कि चिंतन-शक्ति केवल शरीर नामक यंत्र के विभिन्न अंशों के एक विशेष रूप के समायोजन से उत्पन्न होती है।

यदि इस द्वितीय मत को मान लिया जाए अर्थात् यह स्वीकार कर लिया जाए कि यह आत्मा या मन या इसे किसी भी नाम से क्यों न पुकारो, इस जड़ देहस्वरूप यंत्र का ही फलस्वरूप है—जिन सब जड़ परमाणुओं से मस्तिष्क और शरीर का गठन होता है, यह उन्हीं के रासायनिक अथवा भौतिक योग से उत्पन्न होनेवाली

वस्तु है, तब तो यह प्रश्न ही अमीमांसित रह जाएगा। शरीर की रचना कौन करता है? कौन सी शक्ति इन भौतिक अणुओं को शरीर के रूप में परिणत करती है? कौन सी शक्ति प्रकृति में पड़ी हुई जड़ वस्तु के ढेर में से कुछ अंश लेकर तुम्हारा शरीर एक प्रकार का और मेरा शरीर दूसरे प्रकार का बना डालती है? यह सब अनंत विभिन्नता कैसे होती है? यह कहना कि आत्मा नामक शक्ति शरीर के भौतिक परमाणुओं के विभिन्न संघातों से उत्पन्न होती है, ठीक वैसा ही है, जैसे बैल के आगे गाड़ी जोतना। यह संघात कैसे उत्पन्न हुआ? किस शक्ति ने ऐसा कर दिया? यदि तुम कहो कि अन्य किसी शक्ति ने यह संघात कर दिया है और आत्मा, जो इस समय एक विशेष जड़राशि के साथ संहत दिखाई दे रही है, इन्हीं सब जड़ परमाणुओं के संघात का फल है, तब तो यह कोई उत्तर न हुआ। जो मत अन्यान्य मतों का बिना खंडन किए, चाहे सब की न हो, पर अधिकतर घटनाओं की, अधिकतर विषयों की व्याख्या कर सकता है, वही ग्राह्य है।

अतएव यही बात अधिक युक्तिसंगत है कि जो शक्ति जड़तत्त्व को लेकर उससे शरीर का निर्माण करती है और जो शक्ति शरीर के भीतर व्यक्त है, वे दोनों एक ही हैं। अत: यह कहना कि 'जो चिंतन-शक्ति हमारे शरीर में व्यक्त है, वह केवल जड़ अणुओं के संयोग से उत्पन्न होती है और इसीलिए शरीर से पृथक् उसका कोई अस्तित्व नही' बिलकुल निरर्थक है—इस कथन में कोई तथ्य नहीं। फिर, शक्ति कभी जड़तत्त्व से उत्पन्न हो नहीं सकती। बल्कि यह प्रमाणित करना अधिक संभव है कि हम जिसे जड़ कहकर पुकारते हैं, उसका अस्तित्व ही नहीं है, वह केवल शक्ति की एक विशेष अवस्था है। यह सिद्ध किया जा सकता है कि ठोसपन, कठिनता आदि जो सब जड़ के गुण हैं, वे गति के फल हैं। द्रवों को प्रचुर शीर्षीय गति देने से वे ठोस हो जाएँगे। वायुपुंज में यदि अतिशय शीर्षीय गति उत्पन्न कर दी जाए, जैसे तूफान में, तो वह ठोस सा हो जाता है और अपने आघात से ठोस पदार्थों को तोड़ या काट सकता है। यदि मकड़ी के जाले के एक तंतु को अनंत वेग दिया जाए तो वह लोहे की जंजीर जैसा सशक्त हो जाएगा और बड़े पेड़ तक को काटकर पार हो जाएगा। इस प्रकार से विचार करने पर यह सिद्ध करना सहज है कि हम जिसे जड़तत्त्व कहते हैं, उसका कोई अस्तित्व ही नहीं है। किंतु दूसरा मत सिद्ध नहीं किया जा सकता।

शरीर के भीतर यह जो शक्ति की अभिव्यक्ति देखी जाती है, यह है क्या? हम सभी यह बात सरलता से समझ सकते हैं कि यही शक्ति, फिर वह चाहे जो हो, जड़ परमाणुओं को लेकर उनसे एक विशेष आकृति—मनुष्यदेह—तैयार कर रही है।

अन्य कोई आकर तुम्हारे या मेरे शरीर को नहीं बना देता। ऐसा मैंने कभी नहीं देखा कि दूसरा कोई मेरे लिए भोजन कर लेता हो। मुझे ही इस भोजन का सार शरीर में लेकर उससे रक्त, मांस, अस्थि आदि का गठन करना पड़ता है। यह अद्‌भुत शक्ति क्या है?

बहुतों को भूत और भविष्य संबंधी सिद्धांत भयावह प्रतीत होते हैं, बहुतों को तो वे केवल आनुमानिक व्यापार ही प्रतीत होते हैं। अतएव वर्तमान में क्या होता है, हम यही समझने की चेष्टा करेंगे। हम प्रस्तुत विषय को ही लेंगे। वह शक्ति क्या है, जो इस समय हममें काम कर रही है? हम देख चुके हैं कि सभी प्राचीन शास्त्रों में इस शक्ति को—इसी शक्ति की अभिव्यक्ति को—इसी शरीर की आकृतिवाला एक ऐसा ज्योतिर्मय पदार्थ माना है; जो इस शरीर के नष्ट हो जाने पर भी बचा रहता है। क्रमश: हम देखते हैं कि केवल ज्योतिर्मय देह कहने से संतोष नहीं होता—एक और भी उच्चतर भाव लोगों के मन पर अधिकार करता दिखाई देता है। वह यह है कि किसी भी प्रकार का शरीर शक्ति का स्थान नहीं ले सकता। जिस किसी वस्तु की आकृति है, वह बहुत से परमाणुओं की एक संहति मात्र है, अतएव उसको चलाने के लिए दूसरी कोई चीज चाहिए। यदि इस शरीर का गठन और परिचालन करने के लिए इस शरीर से भिन्न अन्य किसी वस्तु की आवश्यकता होती हो, तो इसी तर्क के बल पर, इस ज्योतिर्मय देह का गठन और परिचालन करने के लिए भी इससे भिन्न अन्य कोई वस्तु चाहिए। यह 'अन्य कोई वस्तु' ही संस्कृत भाषा में 'आत्मा' नाम से संबोधित हुई। यह आत्मा ही इस ज्योतिर्मय देह में से मानो स्थूल शरीर पर काम कर रही है। यह ज्योतिर्मय शरीर ही मन का आधार कहा जाता है, और आत्मा इससे अतीत है। आत्मा मन नहीं है, वह मन पर कार्य करती है और मन के माध्यम से शरीर पर। तुम्हारे एक आत्मा है, मेरे भी एक आत्मा है—सभी के अलग-अलग आत्मा हैं और एक-एक सूक्ष्म शरीर भी, इस सूक्ष्म शरीर की सहायता से हम स्थूल शरीर पर कार्य करते हैं। अब प्रश्न उठने लगा—आत्मा और उसके स्वरूप के संबंध में। शरीर और मन से पृथक् इस आत्मा का क्या स्वरूप है? बहुत से वाद-प्रतिवाद होने लगे, नाना प्रकार के सिद्धांत और अनुमान होने लगे, अनेकविध दार्शनिक अनुसंधान होने लगे। इस आत्मा के संबंध में वे जिन सिद्धांतों पर पहुँचे, मैं तुम्हारे समक्ष उनका वर्णन करने का प्रयत्न करूँगा।

भिन्न-भिन्न दर्शनों का इस विषय में मतैक्य देखा जाता है कि आत्मा का स्वरूप जो कुछ भी हो, उसकी कोई आकृति नहीं है, और जिसकी आकृति नहीं, वह अवश्य सर्वव्यापी होगा। काल का आरंभ मन से होता है—देश भी मन के अंतर्गत है। काल

को छोड़ कार्य-कारण-भाव नहीं रह सकता। क्रम की भावना के बिना कार्य-कारण-भाव नहीं रह सकता। अतएव, देश-काल-निमित्त मन के अंतर्गत है और यह आत्मा, मन से अतीत और निराकार होने के कारण, देश-काल-निमित्त से परे है। और जब वह देश-काल-निमित्त से अतीत है, तो अवश्य अनंत होगी। अब हमारे हिंदू दर्शन का उच्चतम विचार आता है। अनंत कभी दो नहीं हो सकता। यदि आत्मा अनंत है, तो केवल एक ही आत्मा हो सकती है, और यह जो अनेक आत्माओं की धारणा है—तुम्हारी एक आत्मा, मेरी दूसरी आत्मा—यह सत्य नहीं है। अतएव मनुष्य का प्रकृत स्वरूप एक ही है, वह अनंत और सर्वव्यापी है, और यह प्रातिभासिक जीव मनुष्य के इस वास्तविक स्वरूप का एक सीमाबद्ध भाव मात्र है। इसी अर्थ में पूर्वोक्त पौराणिक तत्त्व भी सत्य हो सकते हैं कि प्रातिभासिक जीव, चाहे वह कितना ही महान् क्यों न हो, मनुष्य के इस अतींद्रिय, प्रकृत स्वरूप का धुँधला प्रतिबिंब मात्र है। अतएव मनुष्य का प्रकृत स्वरूप-आत्मा-कार्य-कारण से अतीत होने के काराग देश-काल से अतीत होने के कारण, अवश्य मुक्त स्वभाव है। वह कभी बद्ध नहीं थी, न ही बद्ध हो सकती थी। यह प्रातिभासिक जीव, यह प्रतिबिंब, देश-काल-निमित्त के द्वारा सीमाबद्ध होने के कारण बद्ध है। अथवा हमारे कुछ दार्शनिकों की भाषा में, ''प्रतीत होता है मानो वह बद्ध हो गई है, पर वास्तव में वह बद्ध नहीं है।'' हमारी आत्मा के भीतर जो यथार्थ सत्य है, वह यही कि आत्मा सर्वव्यापी है, अनंत है, चैतन्य स्वभाव है; हम स्वभाव से ही वैसे हैं—हमें प्रयत्न करके वैसा नहीं बनना पड़ता। प्रत्येक आत्मा अनंत है, अत: जन्म और मृत्यु का प्रश्न उठ ही नहीं सकता। कुछ बालक परीक्षा दे रहे थे। परीक्षक कठिन-कठिन प्रश्न पूछ रहे थे। उनमें यह भी प्रश्न था—''पृथ्वी गिरती क्यों नहीं?'' वे गुरुत्वाकर्षण के नियम आदि संबंधी उत्तर की आशा कर रहे थे। अधिकांश बालक-बालिकाएँ कोई उत्तर न दे सके। कोई-कोई गुरुत्वाकर्षण या और कुछ कह-कहकर उत्तर देने लगे। उनमें से एक बुद्धिमती बालिका ने एक और प्रश्न करके इस प्रश्न का समाधान कर दिया—''पृथ्वी गिरेगी कहाँ पर?'' यह प्रश्न ही तो गलत है! पृथ्वी गिरे कहाँ? पृथ्वी के लिए गिरने और उठने का कोई अर्थ नहीं। अनंत देश में ऊपर और नीचे नहीं होता। ये दोनों सापेक्ष देश में हैं। जो अनंत है, वह कहाँ जाएगा और कहाँ से आएगा?

जब मनुष्य भूत और भविष्य की चिंता का—उसका क्या होगा, इस चिंता का—त्याग कर देता है, जब वह देह को सीमाबद्ध और इसलिए उत्पत्ति-विनाशशील जानकर देहाभिमान का त्याग कर देता है, तब वह एक उच्चतर आदर्श में पहुँच जाता है। देह भी आत्मा नहीं और मन भी आत्मा नही; क्योंकि इन दोनों में ह्रास और वृद्धि होती

है। जड़ जगत् से अतीत आत्मा ही अनंत काल तक रह सकती है। शरीर और मन सतत परिवर्तनशील हैं। वे दोनों परिवर्तनशील कुछ घटना-श्रेणियों के केवल नाम हैं। वे मानो एक नदी के समान हैं, जिसका प्रत्येक जल-परमाणु सतत चलायमान है। फिर भी वह नदी सदा एक अविच्छिन्न प्रवाह सी दिखती है। इस देह का प्रत्येक परमाणु सतत परिणामशील है, किसी भी व्यक्ति का शरीर कुछ क्षण के लिए भी एक समान नहीं रहता। फिर भी मन पर एक प्रकार का संस्कार बैठ गया है। जिसके कारण हम इसे एक ही शरीर समझते हैं। मन के संबंध में यही बात है; क्षण में सुखी, क्षण में दुःखी; क्षण में सबल और क्षण में दुर्बल! वह सतत परिणामशील भँवर के समान है! अतएव मन भी आत्मा नहीं हो सकता, आत्मा तो अनंत है। परिवर्तन केवल ससीम वस्तु में ही संभव है। अनंत में किसी प्रकार का परिवर्तन हो यह एक असंभव बात है। यह कभी हो नहीं सकता। शरीर की दृष्टि से तुम और मैं एक स्थान से दूसरे स्थान को जा सकते हैं, जगत् का प्रत्येक अणु-परमाणु नित्य परिणामशील है; पर जगत् को एक समष्टि के रूप में लेने पर उसमें गति या परिवर्तन असंभव है। गति सर्वत्र सापेक्ष है। मैं जब एक स्थान से दूसरे स्थान को जाता हूँ, तब किसी वस्तु के संदर्भ में ही। एक मेज अथवा अन्य किसी वस्तु के साथ तुलना करके ही मेरी वह गति समझ में आ सकती है। जगत् का कोई परमाणु किसी दूसरे परमाणु की तुलना में ही परिणाम को प्राप्त हो सकता है; किंतु संपूर्ण जगत् को एक समष्टि रूप में लेने पर किसकी तुलना में उसका स्थान परिवर्तन होगा? इस समष्टि के अतिरित और कुछ तो है नहीं। अतएव यह अनंत इकाई अपरिणामी, अचल 'और निरपेक्ष है और यही पारमार्थिक सत्ता है। अतः हमारा सत्य सर्वव्यापकता में है, सांतता में नहीं। यह धारणा कि मैं एक क्षुद्र सांत सतत परिणामी जीव हूँ, कितनी ही सुखद क्यों न हो, फिर भी यह एक पुराना भ्रम ही है। यदि किसी से कहो कि 'तुम सर्वव्यापी, अनंत पुरुष हो', तो वह डर जाएगा। सबके माध्यम से तुम कार्य कर रहे हो, सब पैरों द्वारा तुम चल रहे हो, सब मुखों से तुम बातचीत कर रहे हो, सब हृदयों से अनुभव कर रहे हो।

ऐसी बातें यदि तुम किसी से कहो, तो वह डर जाएगा। वह तुमसे बार-बार पूछेगा कि क्या फिर उसका अपना व्यक्तित्व नहीं रह जाएगा? क्या मैं नहीं रह जाऊँगा? यह व्यक्तित्व—मैं क्या है? यदि जान पाऊँ, तो अच्छा हो! छोटे बालक के मूँछें नहीं होतीं। बड़े होने पर उसके दाढ़ी-मूँछें निकल आती हैं। यदि 'अहं' या व्यक्तित्व शरीर में रहता होता, तब तो बालक का व्यक्तित्व नष्ट हो गया होता। यदि 'अहं' या व्यक्तित्व शरीरगत होता, तब तो हमारी एक आँख अथवा हाथ नष्ट हो

जाने पर वह नष्ट हो जाता। फिर शराबी का शराब छोड़ना ठीक नहीं, क्योंकि तब तो उसका व्यक्तित्व ही नष्ट हो जाएगा। चोर का साधु बनना भी ठीक नहीं, क्योंकि इससे वह अपना व्यक्तित्व खो बैठेगा! तब तो फिर कोई भी अपना व्यसन छोड़ना न चाहेगा। पर बात यह हैं कि अनंत को छोड़कर और किसी में व्यक्तित्व है ही नहीं। केवल इस अनंत का ही परिवर्तन नहीं होता और शेष सभी का सतत परिवर्तन होता रहता है। व्यक्तित्व-भाव स्मृति में भी नहीं है। स्मृति में याद व्यक्तित्व-भाव रहता, तो मस्तिष्क में गहरी चोट लगने से स्मृति-लोप हो जाने पर वह नष्ट हो जाता और हमारा बिलकुल लोप हो जाता! बचपन के पहले दो-तीन वर्षों का मुझे कोई स्मरण नहीं; यदि स्मृति पर मेरा अस्तित्व निर्भर होता, तो फिर कहना पड़ेगा कि इन दो-तीन वर्षों में मेरा अस्तित्व ही नहीं था। तब तो मेरे जीवन का जो अंश मुझे स्मरण नहीं, उस समय मैं जीवित ही नहीं था—यही कहना पड़ेगा। यह 'व्यक्तित्व' का बहुत संकीर्ण अर्थ है।

हम अभी तक 'व्यक्ति' या 'मैं' नहीं हैं। हम इसी 'व्यक्तित्व' को प्राप्त करने के लिए संघर्ष कर रहे हैं—और वह अनंत है, वही मनुष्य का प्रकृत स्वरूप है। जिनका जीवन संपूर्ण जगत् को व्याप्त किए हुए है, वे ही जीवित हैं, और हम जितना ही अपने जीवन को शरीर आदि छोटे-छोटे सांत पदार्थों में बद्ध करके रखेंगे, उतना ही हम मृत्यु की ओर अग्रसर होंगे। जितने क्षण हमारा जीवन समस्त जगत् में व्याप्त रहता है, दूसरों में व्याप्त रहता है, उतने ही क्षण हम जीवित रहते हैं। इस क्षुद्र जीवन में अपने को बद्ध कर रखना तो मृत्यु है और इसी कारण हमें मृत्युभय होता है। मृत्युभय तो तभी जीता जा सकता है, जब मनुष्य यह समझ ले कि जब तक जगत् में एक भी जीवन शेष है, तब तक वह भी जीवित है। जब वह कह सकता है कि 'मैं सब वस्तुओं में, सब देहों में, सब प्राणियों में वर्तमान हूँ। मैं ही जगत् हूँ, संपूर्ण जगत् ही मेरा शरीर है! जब तक एक भी परमाणु शेष है, तब तक मेरी मृत्यु कहाँ? कौन कहता है कि मेरी मृत्यु होगी?' तभी यह निर्भीक अवस्था आती है। सतत परिणामशील वस्तुओं में अविनाशित्व खोजना भारी भूल है।

एक प्राचीन भारतीय दार्शनिक ने कहा है कि आत्मा अनंत है, इसलिए आत्मा ही 'अविभाज्य व्यक्तित्व' हो सकती है। अनंत का विभाजन नहीं किया जा सकता—अनंत को खंड-खंड नहीं किया जा सकता। वह सदा एक, अविभक्त, समष्टिस्वरूप, अनंत आत्मा ही है और वही मनुष्य का 'यथार्थ मैं' है, वही 'प्रकृत मनुष्य' है। 'मनुष्य' के नाम से जिसको हम जानते हैं, वह इस 'मैं' को व्यक्त जगत् में अभिव्यक्त करने के प्रयत्न का फल मात्र है। 'क्रमविकास' आत्मा में नहीं है। यह

जो सब परिवर्तन हो रहा है—बुरा व्यक्ति भला हो रहा है, पशु मनुष्य हो रहा है—यह सब कभी आत्मा में नहीं होता। कल्पना करो कि एक परदा मेरे सामने है और उसमें एक छोटा सा छिद्र है, जिसमें से मैं केवल कुछ चेहरे देख सकता हूँ। यह छिद्र जितना बड़ा होता जाता है, सामने का दृश्य उतना ही अधिक मेरे सम्मुख प्रकट होता जाता है, और जब यह छिद्र पूरे परदे को व्याप्त कर लेता है, तब मैं तुम सब को स्पष्ट देख लेता हूँ। यहाँ पर तुममें कोई परिवर्तन नहीं हुआ, तुम जो थे, वही रहे। केवल छिद्र का क्रमविकास होता रहा, और उसके साथ-साथ तुम्हारी अभिव्यक्ति क्रमशः अधिक होती रही। आत्मा के संबंध में भी यही बात है। तुम पहले से ही मुक्त स्वभाव और पूर्ण हो—पूर्णत्व को प्रयत्न करके मिलाना नहीं पड़ता। धर्म, ईश्वर या परलोक संबंधी ये सब धारणाएँ कहाँ से आईं? मनुष्य 'ईश्वर, ईश्वर' करता क्यों घूमता फिरता है?

सभी देशों में, सभी समाजों में मनुष्य क्यों पूर्ण आदर्श का अन्वेषण करता फिरता है—भले ही वह आदर्श मनुष्य में हो अथवा ईश्वर में या अन्य किसी वस्तु में? इसलिए कि वह भाव तुम्हारे ही भीतर वर्तमान है। वह थी तुम्हारे हृदय की धड़कन और तुम उसे नहीं जानते थे, तुम सोचते थे कि बाहर की कोई वस्तु यह ध्वनि कर रही है। तुम्हारी आत्मा में विराजमान ईश्वर ही तुम्हें अपना अनुसंधान करने को, अपनी उपलब्धि करने को प्रेरित कर रहा है। यहाँ, वहाँ, मंदिर में, गिरजाघर में, स्वर्ग में, मर्त्य में, विभिन्न स्थानों में अनेक उपायों से अन्वेषण करने के बाद अंत में हमने जहाँ से आरंभ किया था, वही अर्थात् अपनी आत्मा में ही हम एक चक्कर पूरा करके वापस आ जाते हैं और देखते हैं कि जिसकी हम समस्त जगत् में खोज करते फिर रहे थे, जिसके लिए हमने मंदिरों और गिरजाघरों में जा-जा कातर होकर प्रार्थनाएँ कीं, आँसू बहाए, जिसको हम सुदूर आकाश में मेघराशि के पीछे छिपा हुआ अव्यक्त और रहस्यमय समझते रहे, वह हमारे निकट से भी निकट है, प्राणों का प्राण है, हमारा शरीर है, हमारी आत्मा है—तुम ही 'मैं' हो, मैं ही 'तुम' हूँ। यही तुम्हारा स्वरूप है—इसी को अभिव्यक्त करो। तुम्हें पवित्र होना नहीं पड़ेगा—तुम तो स्वरूपतः पवित्र ही हो। तुम्हें पूर्ण होना नहीं पड़ेगा, तुम तो स्वरूपतः पूर्ण ही हो। सारी प्रकृति देश-कालातीत सत्य को परदे के समान ढाँकी हुई है। तुम जो कुछ भी अच्छा विचार या अच्छा कार्य करते हो, उससे मानो वह आवरण धीरे-धीरे छिन्न होता रहता है और देशकालातीत वह शुद्ध स्वरूप, अनंत स्वयं अभिव्यक्त होता रहता है।

यही मनुष्य का सारा इतिहास है। यह आवरण जितना ही सूक्ष्म होता जाता है, उतना ही प्रकृति के पीछे स्थित प्रकाश भी अपने स्वभाववश क्रमशः अधिकाधिक

दीप्त होता जाता है, क्योंकि उसका स्वभाव ही इस प्रकार दीप्त होना है। उसको जाना नहीं जा सकता, हम उसे जानने का वृथा ही प्रयत्न करते रहते हैं। यदि वह ज्ञेय होता, तो उसका स्वभाव ही बदल जाता, क्योंकि वह स्वयं नित्यज्ञाता है। ज्ञान एक सीमाबद्ध भाव है; ज्ञान-लाभ करने के लिए उसका चिंतन ज्ञेय वस्तु के रूप में, विषय के रूप में करना पड़ता है। जो सारी वस्तुओं का ज्ञातास्वरूप है, सब विषयों का विषयी स्वरूप है, इस विश्वब्रह्मांड का साक्षीस्वरूप है, वह तुम्हारी ही आत्मा है। ज्ञान तो मानो एक निम अवस्था है—एक भ्रष्ट भाव मात्र है। हम ही वह नित्यज्ञाता आत्मा है, फिर उसे हम किस प्रकार जानेंगे? प्रत्येक व्यक्ति वह आत्मा है और सब लोग विभिन्न उपायों से इसी आत्मा को जीवन में प्रकाशित करने का प्रयत्न कर रहे हैं! यदि ऐसा न होता तो ये सब नीति-संहिताएँ कहाँ से आतीं? सारी नीतिसंहिताओं का तात्पर्य क्या है? सभी नीतिसंहिताओं में एक ही भाव भिन्न-भिन्न रूप से प्रकाशित हुआ है और वह है—दूसरों का उपकार करना। मनुष्यों के प्रति, सारे प्राणियों के प्रति दया ही मानवजाति के समस्त सत्कर्मों का पथप्रदर्शक प्रेरक है, और ये सब 'मैं ही जगा हूँ, यह जगत् एक अखंडस्वरूप है' इसी सनातन सत्य के विभिन्न भाव मात्र हैं। यदि ऐसा न हो, तो दूसरो का हित करने में भला कौन सी युक्ति है? मैं क्यों दूसरा का उपकार करूँ? परोपकार करने को मुझे कौन बाध्य करता है? सर्वत्र समदर्शन से उत्पन्न जो सहानुभूति की भावना है, उसी से यह बात होती है। अत्यंत कठोर अंतःकरण भी कभी-कभी दूसरों के प्रति सहानुभूति से भर जाता है, और तो और, जो व्यक्ति "यह आपातप्रतीयमान 'व्यक्तित्व' वास्तव में भ्रम मात्र है, इस भ्रमात्मक 'व्यक्तित्व' में आसक्त रहना अत्यंत नीच कार्य है," ये सब बातें सुनकर भयभीत हो जाता है, वही व्यक्ति तुमसे कहेगा कि संपूर्ण आत्मत्याग ही सारी नैतिकता का केंद्र है। किंतु पूर्ण आत्मत्याग क्या है? संपूर्ण आत्मत्याग हो जाने पर क्या शेष रहता है? आत्मत्याग का अर्थ है इस मिथ्या 'अहं' या व्यक्तित्व का त्याग, सब प्रकार की स्वार्थपरता का त्याग। यह अहंकार और ममता पूर्व कुसंस्कारों के फल हैं और जितना ही इस 'व्यक्तित्व' का त्याग होता जाता है, उतनी ही आत्मा अपने नित्य स्वरूप में, अपनी पूर्ण महिमा में अभिव्यक्त होती है। यही वास्तविक आत्मत्याग है और यही समस्त नैतिक शिक्षा का आधार है, केंद्र है। मनुष्य इसे जाने या न जाने, समस्त जगत् धीरे-धीरे इसी दिशा में जा रहा है, अल्पाधिक परिमाण में इसी का अभ्यास कर रहा है। बात केवल इतनी ही है कि अधिकांश लोग इसे अज्ञात रूप से कर रहे हैं। वे इसे ज्ञात रूप से करे। यह 'मैं' और 'मेरा' प्रकृत आत्मा नहीं है किंतु केवल एक सीमाबद्ध भाव है, यह जानकर वे इस मिथ्या व्यक्तित्व को त्याग

दे। आज जो मनुष्य नाम से परिचित है, वह जगत् के अतीत उस अनंत सत्ता की एक झलक मात्र है, उस सर्वस्वरूप अनंत अग्नि का एक स्फुल्लिंग मात्र है। किंतु वह अनंत ही उसका यथार्थ स्वरूप है।

इस ज्ञान का फल—इस ज्ञान की उपयोगिता क्या है? आजकल सभी विषयों को उनकी उपयोगिता के मापदंड से नापा जाता है। अर्थात् संक्षेप में यह कि इससे कितने रुपए, कितने आने और कितने पैसों का लाभ होगा? लोगों को इस प्रकार प्रश्न करने का क्या अधिकार है? क्या सत्य को भी उपकार या धन के मापदंड से नापा जाएगा? मान लो कि उसकी कोई उपयोगिता नहीं है, तो क्या इससे सत्य घट जाएगा? उपयोगिता सत्य की कसौटी नहीं है। जो भी हो, इस ज्ञान में बड़ा उपकार तथा प्रयोजन भी है। हम देखते हैं, सब लोग सुख की खोज करते हैं; पर अधिकतर लोग नश्वर, मिथ्या वस्तुओं में उसको ढूँढ़ते फिरते हैं। इंद्रियों में कभी किसी को सुख नहीं मिलता। सुख तो केवल आत्मा में मिलता है। अतएव आत्मा में इस सुख की प्राप्ति ही मनुष्य का सबसे बड़ा प्रयोजन है। और एक बात यह है कि अज्ञान ही सब दु:खों का कारण है और मूलभूत अज्ञान तो यही है कि जो अनंतस्वरूप है, वह अपने को सांत मानकर रोता है, चिल्लाता है। समस्त अज्ञान का आधार यही है कि हम अविनाशी, नित्य शुद्ध पूर्ण आत्मा होते हुए भी सोचते हैं कि हम छोटे-छोटे मन हैं; हम छोटी-छोटी देह मात्र हैं; यही समस्त स्वार्थपरता की जड़ है। ज्योंही मैं अपने को एक क्षुद्र देह समझ बैठता हूँ, त्योंही मैं संसार के अन्यान्य शरीरों के सुख-दु:ख की कोई परवाह न करते हुए अपने शरीर की रक्षा में, उसे सुंदर बनाने के प्रयत्न में लग जाता हूँ। उस समय मैं तुमसे भिन्न हो जाता हूँ। ज्योंही यह भेद-ज्ञान आता है, त्योंही वह सब प्रकार के अमंगल के द्वार खोल देता है और सर्वविध दु:खों की उत्पत्ति करता है। अत: पूर्वोक्त ज्ञान की प्राप्ति से लाभ यह होगा कि यदि वर्तमान मानवजाति का एक बिलकुल छोटा सा अंश भी इस क्षुद्र संकीर्ण और स्वार्थी भाव का त्याग कर सके, तो कल ही यह संसार स्वर्ग में परिणत हो जाएगा; पर नाना प्रकार के यंत्र तथा बाह्य जगत्-संबंधी भौतिक ज्ञान की उन्नति से यह कभी संभव नहीं हो सकता। जिस प्रकार अग्नि में घी डालने से अग्निशिखा और भी वर्धित होती है, उसी प्रकार इन सब वस्तुओं से दु:खों की ही वृद्धि होती है। आत्मा के ज्ञान बिना जो कुछ भौतिक ज्ञान अर्जित किया जाता है, वह सब आग में घी डालने के समान है। उससे दूसरों के लिए प्राण उत्सर्ग कर देने की बात तो दूर ही रही, स्वार्थी लोगों को दूसरों की चीजें हर लेने के लिए, दूसरों के रक्त पर फलने-फूलने के लिए एक और यंत्र, एक और सुविधा मिल जाती है।

एक और प्रश्न है—क्या यह व्यवहार्य है? वर्तमान समाज में क्या इसे कार्य रूप में परिणत किया जा सकता है? इसका उत्तर यह है कि सत्य प्राचीन अथवा आधुनिक किसी समाज का सम्मान नहीं करता। समाज को ही सत्य का सम्मान करना पड़ेगा, अन्यथा समाज नष्ट हो जाए। समाजों को सत्य के अनुरूप ढाला जाना चाहिए, सत्य को समाज के अनुसार अपने को ढालना नहीं पड़ता। यदि निःस्वार्थता के समान महान् सत्य समाज में कार्य रूप में परिणत न किया जा सकता हो, तो ऐसे समाज को छोड़कर वन में चले जाना ही बेहतर है। इसी का नाम साहस है। साहस दो प्रकार का होता है। एक प्रकार का साहस है—तोप के मुँह में दौड़ जाना। दूसरे प्रकार का साहस है—आध्यात्मिक विश्वास।

एक बार एक दिग्विजयी सम्राट् भारतवर्ष में आया। उसके गुरु ने उसे भारतीय साधुओं से साक्षात्कार करने का आदेश दिया था। बहुत खोज करने के बाद उसने देखा कि एक वृद्ध साधु एक पत्थर पर बैठे हैं। सम्राट् ने उनके साथ कुछ देर बातचीत की और उनके ज्ञान से बड़ा प्रभावित हुआ। उसने साधु को अपने साथ देश ले जाने की इच्छा प्रकट की। साधु ने इसे स्वीकार नहीं किया और कहा, ''मैं इस वन में बड़े आनंद में हूँ।'' सम्राट् बोला, ''मैं समस्त पृथ्वी का सम्राट् हूँ। मैं आपको असीम ऐश्वर्य और उच्च पद-मर्यादा दूँगा।'' साधु बोले, ''ऐश्वर्य, पद-मर्यादा आदि किसी चीज की मेरी इच्छा नहीं।'' तब सम्राट् ने कहा, ''आप यदि मेरे साथ न चलेंगे, तो मैं आपको मार डालूँगा।'' इस पर साधु बहुत हँसे और बोले, ''राजन, आज तुमने अपने जीवन में सबसे मूर्खतापूर्ण बात कही। तुम्हारी क्या हस्ती कि मुझे मारो? सूर्य मुझे सुखा नहीं सकता, अग्नि मुझे जला नहीं सकती, तलवार मेरा संहार नहीं कर सकती, क्योंकि मैं तो जन्मरहित, अविनाशी, नित्यविद्यमान, सर्वव्यापी, सर्वशक्तिमान आत्मा हूँ।'' यह आध्यात्मिक साहस है और दूसरा है शेर या सिंह का साहस।

सन् 1857 ई. के गदर के समय एक मुसलमान सिपाही ने एक संन्यासी महात्मा को बुरी तरह घायल कर दिया। हिंदू विद्रोहियों ने उस मुसलमान को पकड़ लिया और उसे स्वामीजी के पास लाकर कहा, ''आप कहें तो इसकी खाल खींच लें।'' स्वामीजी ने उसकी ओर देखकर कहा, ''भाई, तुम्हीं वह हो, तुम्हीं वह हो—तत्त्वमसि।'' और यह कहते-कहते उन्होंने अपना शरीर छोड़ दिया। यह दूसरा उदाहरण है। यदि तुम ऐसा समाज नहीं गढ़ सकते, जिसमें सर्वोच्च सत्य को स्थान मिले, तो धिक्कार है अपने बाहुबल पर तुम्हारे मिथ्या अभिमान को, धिक्कार है अपनी पाश्चात्य संस्थाओं पर तुम्हारे वृथा घमंड को! अपनी महत्ता और श्रेष्ठता की

तुम क्यों व्यर्थ शेखी बघारते हो, यदि दिन-रात तुम यही कहते रहो कि "यह अव्यवहार्य है!" पैसे-कौड़ी को छोड़कर दया और कुछ भी व्यवहार्य नहीं है? यदि ऐसा ही हो, तो फिर अपने समाज पर इतना घमंड क्यों करते हो? वही समाज सबसे श्रेष्ठ है, जहाँ सर्वोच्च सत्य को कार्य में परिणत किया जा सकता है—यही मेरा मत है। और यदि समाज इस समय उच्चतम सत्य को स्थान देने में समर्थ नहीं है, तो उसे इस योग्य बनाओ। और जितना शीघ्र तुम ऐसा कर सको, उतना ही अच्छा! हे नर-नारियो! उठो, आत्मा के संबंध में जाग्रत् होओ, सत्य में विश्वास करने का साहस करो, सत्य के अभ्यास का साहस करो। संसार को कुछ साहसी नर-नारियों की आवश्यकता है। अपने में वह साहस लाओ, जो सत्य को जान सके, जो जीवन में निहित सत्य को दिखा सके, जो मृत्यु से न डरे, प्रत्युत उसका स्वागत करे, जो मनुष्य को यह ज्ञान करा दे कि वह आत्मा है और सारे जगत् में ऐसी कोई भी वस्तु नहीं, जो उसका विनाश कर सके। तब तुम मुक्त हो जाओगे। तब तुम अपनी यथार्थ आत्मा को जान लोगे। "इस आत्मा के संबंध में पहले श्रवण करना चाहिए, फिर मनन और तत्पश्चात् निदिध्यासन।"

आजकल के समाज में एक प्रवृत्ति देखी जा रही है और वह है—कार्य पर अधिक जोर देना तथा विचार की निंदा करना। कार्य अवश्य अच्छा है, पर वह भी तो विचार या चिंतन से उत्पन्न होता है। शरीर के माध्यम से शक्ति की जो छोटी-छोटी अभिव्यक्तियाँ होती हैं, उन्हीं को कार्य कहते हैं। बिना विचार या चिंतन के कोई कार्य नहीं हो सकता। अतः मस्तिष्क को ऊँचे-ऊँचे विचारों, ऊँचे-ऊँचे आदर्शों से भर लो, और उनको दिन-रात मन के सन्मुख रखो; ऐसा होने पर इन्हीं विचारों से बड़े-बड़े कार्य होंगे। अपवित्रता की कोई बात मन में न लाओ, प्रत्युत मन से कहो कि मैं शुद्ध, पवित्रस्वरूप हूँ। हम क्षुद्र हैं, हमने जन्म लिया है, हम मरेंगे, इन्हीं विचारों से हमने अपने आपको एकदम सम्मोहित कर रखा है, और इसीलिए हम सर्वदा एक प्रकार के भय से काँपते रहते हैं।

एक बार एक सिंहनी, जिसका प्रसवकाल निकट था, अपने शिकार की खोज में बाहर निकली। उसने दूर भेड़ों के एक झुंड को चरते हुए देख, उस पर आक्रमण करने के लिए ज्योंही छलाँग मारी, त्योंही उसके प्राणपखेरू उड़ गए और एक मातृहीन सिंहशावक ने जन्म लिया। भेड़ें उस सिंह-शावक की देखभाल करने लगीं और वह भेड़ों के बच्चों के साथ-साथ बड़ा होने लगा, भेड़ों की भाँति घास-पात खाकर रहने लगा और भेड़ों की ही भाँति 'में-में' करने लगा। यद्यपि वह कुछ समय बाद एक शक्तिशाली पूर्ण विकसित सिंह बन गया, फिर भी वह अपने को भेड़ ही

समझता था। इसी प्रकार दिन बीतते गए कि एक दिन एक बड़ा भारी सिंह शिकार के लिए उधर आ निकला। पर उसे यह देख बड़ा आश्चर्य हुआ कि भेड़ों के बीच में सिंह भी है और वह भेड़ों की ही भाँति डरकर भागा जा रहा है। तब सिंह उसकी ओर यह समझाने के लिए बढ़ा कि तू सिंह है, भेड़ नहीं। पर ज्योंही वह आगे बढ़ा, त्योंही भेड़ों का झुंड और भी भागा और उसके साथ वह 'भेड़-सिंह' भी। जो हो, उसने उस भेड़-सिंह को उसके अपने यथार्थ स्वरूप को समझा देने का संकल्प नहीं छोड़ा। वह देखने लगा कि वह भेड़-सिंह कहाँ रहता है, क्या करता है। एक दिन उसने देखा कि वह एक जगह पड़ा सो रहा है। देखते ही वह छलाँग मारकर उसके पास जा पहुँचा और बोला, "अरे, तू भेड़ों के साथ रहकर अपना स्वभाव कैसे भूल गया? तू भेड़ नहीं है, तू तो सिंह है।" भेड़-सिंह बोल उठा, "क्या कह रहे हो? मैं तो भेड़ हूँ? सिंह कैसे हो सकता हूँ?" उसे किसी प्रकार विश्वास नहीं हुआ कि वह सिंह है, और वह भेड़ों की भाँति मिमियाने लगा। तब सिंह उसे उठाकर एक सरोवर के किनारे ले गया और बोला, "यह देख अपना प्रतिबिंब और यह देख मेरा प्रतिबिंब।" और तब वह उन दोनों परछाइयों की तुलना करने लगा। वह एक बार सिंह की ओर, और एक बार अपने प्रतिबिंब की ओर ध्यान से देखने लगा। तब क्षण भर में ही वह जान गया कि "सचमुच मैं तो सिंह ही हूँ।" तब वह सिंह-गर्जना करने लगा और उसका भेड़ों का-सा मिमियाना न जाने कहाँ चला गया।

इस प्रकार तुम सब सिंह हो—तुम आत्मा हो, शुद्ध, अनंत और पूर्ण हो। विश्व की महाशक्ति तुम्हारे भीतर है। "हे सखे, तुम क्यों रोते हो? जन्म-मरण तुम्हारा भी नहीं है और मेरा भी नहीं। क्यों रोते हो? तुम्हें रोग-शोक कुछ भी नहीं है, तुम तो अनंत आकाश के समान हो; उस पर नाना प्रकार के मेघ आते हैं और कुछ देर खेलकर न जाने कहाँ अंतर्हित हो जाते हैं; पर वह आकाश जैसा पहले नीला था, वैसा ही नीला रह जाता है।" इसी प्रकार के ज्ञान का अभ्यास करना होगा। हम संसार में पाप-ताप क्यों देखते हैं? किसी मार्ग में एक ठूँठ खड़ा था। एक चोर उधर से जा रहा था, उसने समझा कि वह कोई पहरेवाला है। अपनी प्रेमिका की बाट जोहनेवाले प्रेमी ने समझा कि वह उसकी प्रेमिका है। एक बच्चे ने जब उसे देखा, तो भूत समझकर डर के मारे चिल्लाने लगा। इस प्रकार भिन्न-भिन्न व्यक्तियों ने यद्यपि उसे भिन्न-भिन्न रूपों में देखा, तथापि वह एक ठूँठ के अतिरिक्त और कुछ भी न था।

हम स्वयं जैसे होते हैं, जगत् को भी वैसा ही देखते हैं। मान लो, कमरे में मेज पर मोहर की एक थैली रखी है और एक छोटा बच्चा वहाँ खेल रहा है। इतने में एक

चोर वहाँ आता है और उस थैली को चुरा लेता है। तो क्या बच्चा यह समझेगा कि चोरी हो गई? हमारे भीतर जो है, वही हम बाहर भी देखते हैं। बच्चे के मन में चोर नहीं है, अतएव वह बाहर भी चोर नहीं देखता। सब प्रकार के ज्ञान के संबंध में ऐसा ही है। संसार के पाप-अत्याचार आदि की बात मन में न लाओ, पर रोओ कि तुम्हें जगत् में अब भी पाप दिखता है। रोओ कि तुम्हें अब भी सर्वत्र अत्याचार दिखाई पड़ता है। और यदि तुम जगत् का उपकार करना चाहते हो, तो जगत् पर दोषारोपण करना छोड़ दो। उसे और भी दुर्बल मत करो। आखिर यह सब पाप, दुःख आदि क्या है? ये सब तो दुर्बलता के ही फल हैं। लोग बचपन से ही शिक्षा पाते हैं कि वे दुर्बल हैं, पापी हैं। इस प्रकार की शिक्षा से संसार दिन पर दिन दुर्बल होता जा रहा है। उनको सिखाओ कि वे सब उसी अमृत की संतान हैं—और तो और, जिसके भीतर आत्मा का प्रकाश अत्यंत क्षीण है, उसे भी यही शिक्षा दो। बचपन से ही उनके मस्तिष्क में इस प्रकार के विचार प्रविष्ट हो जाएँ, जिनसे उनकी यथार्थ सहायता हो सके, जो उनको सबल बना दे, जिनसे उनका कुछ यथार्थ हित हो। दुर्बलता और अवसादकारक विचार उनके मस्तिष्क में प्रवेश ही न करें। सच्चिंतन के स्रोत में शरीर को बहा दो, अपने मन से सर्वदा कहते रहो, 'मैं ही वह हूँ, मैं ही वह हूँ,' तुम्हारे मन में दिन-रात यह बात संगीत की भाँति झंकृत होती रहे, और मृत्यु के समय भी तुम्हारे अधरों पर 'सोऽहम् सोऽहम् खेलता रहे। यही सत्य है—जगत् की अनंत शक्ति तुम्हारे भीतर है। जो कुसंस्कार और भ्रम तुम्हारे मन को ढके हुए हैं, उन्हें भगा दो। साहसी बनो। सत्य को जानो और उसे जीवन में परिणत करो। चरम लक्ष्य भले ही बहुत दूर हो, पर 'उत्तिष्ठत, जाग्रत, प्राप्य वरान्निबोधत।'—उठो, जागो, जब तक ध्येय तक न पहुँचो, तब तक मत रुको।

❑

माया और भ्रम

(लंदन में दिया हुआ भाषण)

'माया' शब्द प्राय: तुम सभी ने सुना होगा। इसका व्यवहार साधारणत: भ्रम, भ्रांति अथवा इसी प्रकार के अर्थ में किया जाता है, किंतु यह उसका वास्तविक अर्थ नहीं है। मायावाद उन स्तंभों में से एक है, जिन पर वेदांत की स्थापना हुई है, अत: उसका ठीक-ठीक अर्थ समझ लेना आवश्यक है। मैं तुम लोगों से तनिक धैर्यपूर्वक सुनने की प्रार्थना करता हूँ, क्योंकि मुझे भय है कि कहीं तुम माया के सिद्धांत को गलत न समझ बैठो। वैदिक साहित्य में 'माया' शब्द का प्रयोग भ्रांति के अर्थ में ही देखा जाता है। यही माया शब्द का सबसे प्राचीन अर्थ है। किंतु उस समय यथार्थ मायावाद-तत्त्व का उदय नहीं हुआ था। हम वेद में इस प्रकार के वाक्य पाते हैं—"इंद्र ने माया द्वारा नाना रूप धारण किए।"

यहाँ पर 'माया' शब्द इंद्रजाल अथवा उसी प्रकार के अर्थ में प्रयुक्त हुआ है। वेद के अनेक स्थलों में माया शब्द इसी अर्थ में प्रयुक्त देखा जाता है। इसके बाद कुछ समय तक माया शब्द का प्रयोग एकदम लुप्त हो गया। किंतु इसी बीच उस शब्द द्वारा प्रतिपादित जो अर्थ या भाव था, वह क्रमश: परिपुष्ट हो रहा था। बाद में हम देखते हैं कि एक प्रश्न उठाया गया है, "हम जगत् के इस रहस्य को क्यों नहीं जान पाते?" और उसका जो उत्तर दिया गया है, वह बड़ा ही अर्थपूर्ण है—"हम सभी थोथी बकवास करते हैं, इंद्रियसुख से ही संतुष्ट हैं और वासनाओं के पीछे दौड़ते रहते हैं, इसलिए इस सत्य को हमने मानो कुहरे से ढक रखा है।" यहाँ पर माया शब्द का प्रयोग बिलकुल नहीं हुआ है, पर उससे यही भाव प्रकट होता है कि हमारी अज्ञता का कारण कुछ कुहरे जैसा है, जो इस सत्य और हमारे बीच आ गया है। इसके बहुत समय बाद, एक अपेक्षाकृत आधुनिक उपनिषद् में माया शब्द पुन: दीख पड़ता है। पर इस बीच उसका रूप काफी बदल चुका है; उसके साथ कई नए

अर्थ संयोजित हो गए हैं। नाना प्रकार के मतवादों का प्रचार हुआ, उनकी पुनरुक्ति हुई और अंत में माया विषयक धारणा ने एक स्थिर रूप प्राप्त कर लिया। हम श्वेताश्वतर उपनिषद् में पढ़ते हैं—''माया को ही प्रकृति समझो और 'मायी', यानी माया के शासक को महेश्वर जानो।'' भगवान् शंकराचार्य के पूर्ववर्ती दार्शनिकों ने इस माया शब्द का विभिन्न अर्थों में प्रयोग किया है। बौद्धों ने भी मायावाद का उपयोग किया है। किंतु बौद्धों के हाथों यह बहुत कुछ विज्ञानवाद (Idealism) में परिणत हो गया था, और अब माया शब्द साधारणतः इसी अर्थ में प्रयुक्त हो रहा है। हिंदू जब कहते हैं कि 'संसार मायामय है,' तो साधारण मनुष्य की यही धारणा होती है कि 'संसार एक भ्रम है'। इस प्रकार की व्याख्या का कुछ आधार है; क्योंकि बौद्ध दार्शनिकों की एक श्रेणी के दार्शनिक बाह्य जगत् के अस्तित्व में विश्वास नहीं करते थे। किंतु वेदांत में माया का जो अंतिम विकसित रूप है, वह न तो विज्ञानवाद है, न यथार्थवाद (Realism) और न किसी प्रकार का सिद्धांत ही। वह तो तथ्यों का सहज वर्णन मात्र है—हम क्या हैं और अपने चारों ओर हम क्या देखते हैं।

मैं तुमसे पहले ही कह चुका हूँ कि जिन पुरुषों से वेद निकले, उनके मन मूल तत्त्वों के अनुसरण तथा आविष्कार में ही लगे हुए थे। इन तत्त्वों के ब्योरों के अनुशीलन के लिए मानो उन्हें समय ही नहीं मिला और उन्होंने प्रतीक्षा भी नहीं की। वे तो वस्तुओं के अंतस्तल में पहुँचने के लिए व्यग्र थे। इस जगत् के परे कोई वस्तु मानो उन्हें पुकार रही थी, वे मानो और अधिक प्रताक्षा नहीं कर सकते थे। उपनिषदों में यत्र-तत्र, आज जिन्हें हम आधुनिक विज्ञान कहते हैं, उन विषयों के ब्योरों का प्रतिपादन बहुधा बड़ा भ्रमात्मक मिलता है, पर तो भी उनके मूल सिद्धांत बिलकुल सही हैं—उनके मूल तत्त्वों के साथ विज्ञान के मूल तत्त्वों का कोई भेद नहीं। उदाहरणार्थ, आधुनिक विज्ञान का ईथर (Ether) अर्थात् आकाश विषयक नवीन सिद्धांत उपनिषदों में आधुनिक वैज्ञानिकों के ईथर सिद्धांत की अपेक्षा अधिक विकसित रूप में विद्यमान है। किंतु वह बस मूल सिद्धांत तक ही सीमित रहा। इस आकाशतत्त्व के कार्य की व्याख्या करने में उन्होंने अनेक भूलें कीं। वह सर्वव्यापी प्राण-तत्त्व, जगत् का समस्त जीवन जिसकी विविध अभिव्यक्ति मात्र है, वेदों में ब्राह्मण भाग में पाया जाता है। संहिता के एक लंबे मंत्र में समस्त जीवनी-शक्ति के विकासक प्राण की प्रशंसा की गई है। शायद तुम लोगों में से कुछ को यह जानकर आनंद हो कि इस पृथ्वी पर जीवों की उत्पत्ति के संबंध में कुछ आधुनिक यूरोपीय वैज्ञानिकों के जो सिद्धांत हैं—'बहुत कुछ वैसे ही सिद्धांत वैदिक दर्शन में भी पाए जाते हैं। तुम सभी निश्चित जानते हो कि जीव अन्य ग्रहों से संक्रमित होकर पृथ्वी

पर आता है, इस प्रकार का एक मत प्रचलित है। किन्हीं-किन्हीं वैदिक दार्शनिकों का यह निजी मत है कि जीव इसी प्रकार चंद्रलोक से पृथ्वी पर आता है।'

मूल तत्त्वों के संबंध में हम देखते हैं कि वैदिक विचारक व्यापक और सामान्यकृत सिद्धांतों की व्याख्या करने में अतिशय साहसी और आश्चर्यजनक निर्भीक थे। बाह्य जगत् से इस विश्व के रहस्य का समाधान उन्हें यथासंभव संतोषजनक मिला। इस प्रकार उन्होंने जितने मूल सिद्धांतों का आविष्कार किया था, उनसे जब जगत् के रहस्य की ठीक मीमांसा न हो सकी, तब आधुनिक विज्ञान के सविस्तर कार्य भी उसकी मीमांसा में कोई अधिक सहायक न हो सकेंगे, यह कहने की आवश्यकता नहीं। जब प्राचीन काल में आकाशतत्त्व विश्व-रहस्य का भेद खोलने में समर्थ नहीं हुआ, तब उसका सविस्तर अनुशीलन भी हमें सत्य की ओर कोई अधिक अग्रसर नहीं करा सकता। यदि यह सर्वव्यापी प्राणतत्त्व विश्व-रहस्य का भेद खोलने में असमर्थ रहा हो, तो उसका विष्कृत अनुशीलन निरर्थक है, क्योंकि ब्योरे मौलिक तत्त्व के संबंध में कोई परिवर्तन नहीं कर सकते। मेरे कहने का तात्पर्य यह है कि तत्त्वानुशीलन में हिंदू दार्शनिक आधुनिक विद्वानों की भाँति ही एवं कभी-कभी उनसे भी अधिक साहसी थे। उन्होंने अनेक व्यापक और भव्य सिद्धांतों का आविष्कार किया और उनके ग्रंथों में इस प्रकार के अनेक सिद्धांत विद्यमान हैं, जिन्हें वर्तमान विज्ञान अभी तक परिकल्पना के रूप में भी प्राप्त नहीं कर सका है। उदाहरणार्थ, वे केवल आकाशतत्त्व पर पहुँचकर ही नहीं रुक गए, वरन् और भी आगे बढ़कर मन को भी एक सूक्ष्मतर आकाश के रूप में वर्गीकृत किया। फिर उसके भी परे उन्होंने और भी अधिक सूक्ष्म आकाश की प्राप्ति की। पर वह भी समाधान नहीं था, उससे समस्या का समाधान नहीं हुआ।

बाह्य जगत् के बारे में कितना भी ज्ञान क्यों न हो जाए, पर उससे रहस्य का भेद नहीं खुल सकता। किंतु वैज्ञानिक कहता है, "अरे, हमने अभी ही तो कुछ जानना शुरू किया है। जरा कुछ हजार वर्ष ठहरो, देखोगे हमें समाधान मिल जाएगा।" किंतु वेदांतवादी ने तो निसंदिग्ध रूप से मन की ससीमता को प्रमाणित कर दिया है अतएव वह उत्तर देता है, "नहीं, सीमा से बाहर जाने की मन की शक्ति नहीं। मन देश, काल और निमित्त की चहारदीवारी के बाहर नहीं जा सकता।" जिस प्रकार कोई भी व्यक्ति अपनी सत्ता को नहीं लाँघ सकता, उसी प्रकार देश और काल के नियम ने जो सीमा खड़ी कर दी है, उसका अतिक्रमण करने की क्षमता किसी में नहीं। देश-काल निमित्त संबंधी रहस्य को खोलने का प्रयत्न ही व्यर्थ है, क्योंकि इसकी चेष्टा करते ही इन तीनों की सत्ता स्वीकार करनी होगी। तब भला यह किस प्रकार संभव है?

और ऐसा होने पर फिर जगत् के अस्तित्व के कथन का अर्थ भी क्या है? 'इस जगत् का अस्तित्व नहीं है,' 'जगत् मिथ्या है'—इसका अर्थ क्या है? इसका यही अर्थ है कि उसका निरपेक्ष अस्तित्व नहीं है। मेरे, तुम्हारे और अन्य सब के मन के संबंध में इसका केवल सापेक्ष अस्तित्व है। हम पाँच इंद्रियों द्वारा जगत् को जिस रूप में प्रत्यक्ष करते हैं, यदि हमारे एक इंद्रिय और होती, तो हम इसमें और भी कुछ अधिक प्रत्यक्ष करते तथा और अधिक इंद्रिय-संपन्न होने पर हमें इसे और भी भिन्न रूप में देख पाते। अतएव इसकी यथार्थ सत्ता नहीं है—इसकी अपरिवर्तनीय, अचल, अनंत सत्ता नहीं है। पर इसको अस्तित्व शून्य या असत् भी नहीं कहा जा सकता, क्योंकि यह तो वर्तमान है और इसमें तथा इसके माध्यम से हम कार्य करते हैं। यह सत् और असत् का मिश्रण है।

सूक्ष्म तत्त्वों से लेकर जीवन के साधारण दैनिक स्थूल कार्यों तक पर्यालोचना करने पर हम देखते हैं कि हमारा संपूर्ण जीवन एक विरोध है, सत् और असत् का मिश्रण है। ज्ञान के क्षेत्र में भी यह विरुद्ध भाव दिखाई पड़ता है। ऐसा प्रतीत होता है कि मनुष्य यदि जानना चाहे, तो समस्त ज्ञान प्राप्त कर सकता है; पर दो-चार पग चलने के बाद ही उसे एक ऐसी अभेद्य दीवार देखने में आती है, जिसको लाँघ जाना उसके वश के बाहर हो जाता है। उसके सभी कार्य एक परिधि के अंदर घूमते रहते हैं, और वह इस परिधि को कभी लाँघ नहीं सकता। उसके अंतरतम एवं प्रियतम रहस्य उसे समाधान के लिए दिन-रात उत्तेजित करते रहते हैं, उसका आह्वान करते रहते हैं, पर उनका समाधान करने मैं वह असमर्थ है, क्योंकि वह अपनी बुद्धि के परे नहीं जा सकता। फिर भी वह इच्छा उसके भीतर गहरी जड़ें जमाए हुए है। और इसका दमन व नियमन एकमात्र मंगलकर पथ है, यह भी हम अच्छी तरह जानते हैं। हमारे हृदय का प्रत्येक स्पंदन प्रत्येक निःश्वास के साथ हमें स्वार्थी होने का आदेश देता है। पर दूसरी ओर, एक अपार्थिव शक्ति कहती है कि एकमात्र निःस्वार्थता ही मंगल का साधन है। जन्म से ही प्रत्येक बालक आशावादी होता है, वह केवल सुनहले स्वप्न देखता है। यौवन में वह और भी अधिक आशावादी हो जाता है। मृत्यु, पराजय अथवा अधोगति नाम की भी कोई चीज है, यह बात किसी युवक की समझ में आना कठिन है। फिर बुढ़ापा आता है और जीवन एक ध्वंसावशेष मात्र रह जाता है, सुनहले स्वप्न हवा में उड़ जाते हैं और मनुष्य निराशावादी हो जाता है। प्रकृति के थपेड़े खाकर हम बस इसी प्रकार दिशाहीन व्यक्ति की भाँति एक छोर से दूसरे छोर तक दौड़ते रहते हैं।

इस संबंध में मुझे बुद्ध की जीवनी 'ललितविस्तर' का एक प्रसिद्ध गीत याद

आता है। वर्णन इस प्रकार है कि बुद्धदेव ने मनुष्यजाति के परित्राता के रूप में जन्म लिया, किंतु जब राजप्रासाद की विलासिता में वे अपने को भूल गए, तब उनको जगाने के लिए देवकन्याओं ने एक गीत गाया, जिसका मर्मार्थ इस प्रकार है—''हम एक प्रवाह में बहते चले जा रहे हैं, हम अविरत रूप से परिवर्तित हो रहे हैं—कहीं निवृत्ति नहीं है, कहीं विराम नहीं है।'' इसी प्रकार हमारा जीवन भी विराम नहीं जानता, अविरत चलता ही रहता है। तब फिर उपाय क्या है? जिसके पास खाने-पीने की प्रचुर सामग्री है, वह तो आशावादी हो जाता है। कहता है, ''भय उत्पन्न करनेवाली दुःख की बातें मत कहो, संसार के दुःख, कष्ट की बातें मत सुनाओ।'' उसके पास जाकर यदि कहो, ''सभी शुभ है,'' तो वह कहेगा, ''सचमुच, मैं मजे में हूँ, यह देखो, कितने सुंदर घर में मैं वास करता हूँ। मुझे भूख या शीत का कोई भय नहीं। अतएव मेरे सम्मुख ऐसे भयावह चित्र मत लाओ।'' पर दूसरी ओर कितने ही लोग ऐसे हैं, जो शीत और अनाहार से मर रहे हैं। उनके पास जाकर यदि कहो कि 'सभी शुभ है,' तो वे तुम्हारी बात नहीं सुनेंगे। वे सारा जीवन दुःख-कष्ट से पिसते आ रहे हैं, उनके लिए सुख, सौंदर्य और शुभ कहाँ? वे तो कहेंगे, ''नहीं, मैं यह सब विश्वास नहीं करता। जीवन में केवल रोना है—केवल दुःख है।'' बस हम इसी प्रकार आशावाद से निराशावाद में झूलते रहते हैं।

इसके बाद मृत्युरूपी भयावह तथ्य आता है—सारा संसार मृत्यु की ओर चला जा रहा है; सभी मरते हैं। हमारी सभी प्रगति, हमारे व्यर्थ के आडंबरपूर्ण कार्यकलाप, हमारे समाज-सुधार, हमारी विलासिता, हमारे ऐश्वर्य, हमारा ज्ञान—इन सबकी मृत्यु ही एकमात्र गति है। इससे अधिक निश्चित बात और कुछ नहीं। नगर पर नगर बनते हैं और नष्ट हो जाते हैं। साम्राज्य पर साम्राज्य उठते हैं और पतन के गर्त में समा जाते हैं, ग्रह आदि चूर-चूर होकर विभिन्न ग्रहों की वायु के झोंकों से इधर-उधर बिखरे जा रहे हैं। इसी प्रकार अनादि काल से चलता आ रहा है। इस सबका आखिर लक्ष्य क्या है? मृत्यु। मृत्यु ही सबका लक्ष्य है। वह जीवन का लक्ष्य है, सौंदर्य का लक्ष्य है, ऐश्वर्य का लक्ष्य है, शक्ति का लक्ष्य है, और तो और, धर्म का भी लक्ष्य है। साधु और पापी दोनों मरते हैं, राजा और भिक्षुक दोनों मरते हैं—सभी मृत्यु को प्राप्त होते हैं। फिर भी जीवन के प्रति यह प्रबल आसक्ति विद्यमान है। हम क्यों इस जीवन में आसक्त हैं? क्यों हम इसका परित्याग नहीं कर पाते? यह हम नहीं जानते और यही माया है।

माता बड़े यत्न से संतान का लालन-पालन करती है। उसका सारा मन-प्राण, सारा जीवन मानो उसी बच्चे में केंद्रित रहता है। बालक बड़ा हुआ, युवावस्था को

प्राप्त हुआ और शायद दुश्चरित्र एवं पशुवत् होकर प्रतिदिन अपनी माता को मारने-पीटने लगा, किंतु माता फिर भी पुत्र से चिपकी रहती है। जब उसकी विचारशक्ति जाग्रत् होती है, तब वह उसे अपने स्नेह के आवरण में ढक लेती है। किंतु वह नहीं जानती कि यह स्नेह नहीं है, एक अज्ञात शक्ति ने उसके स्नायुओं पर अधिकार कर रखा है। वह इसे दूर नहीं कर सकती। वह कितनी ही चेष्टा क्यों न करे, इस बंधन को तोड़ नहीं सकती। और यही माया है।

हम सब कल्पित सुवर्ण लोम की खोज में दौड़ते रहते हैं। सभी सोचते हैं कि वह हमें ही मिलेगा। प्रत्येक विचारशील व्यक्ति देखता है कि इस सुवर्ण लोम को प्राप्त करने की उसकी दो करोड़ में एक से अधिक संभावना नहीं है, तथापि प्रत्येक मनुष्य उसके लिए कठोर संघर्ष करता है। बस यही माया है।

इस संसार में मृत्यु रात-दिन गर्व से मस्तक ऊँचा किए घूम रही है; पर साथ ही हम सोचते हैं कि हम सदा जीवित रहेंगे। किसी समय राजा युधिष्ठिर से यह प्रश्न पूछा गया था, ''इस पृथ्वी पर सबसे आश्चर्य की बात क्या है?'' राजा ने उत्तर दिया, ''हमारे चारों ओर प्रतिदिन लोग मर रहे हैं, फिर भी जो जीवित हैं, वे समझते हैं कि वे कभी मरेंगे ही नहीं।'' बस यही माया है।

हमारी बुद्धि में, हमारे ज्ञान में, यही क्यों, हमारे जीवन की प्रत्येक घटना में ये प्रचंड विरुद्ध भाव दिखाई पड़ते हैं। सुख दुःख का पीछा करता है और दुःख सुख का। एक सुधारक उठता है और किसी राष्ट्र के दोषों को दूर करना चाहता है। पर इसके पहले कि वे दोष दूर हों, हजार नए दोष दूसरे स्थान में उत्पन्न हो जाते हैं। यह बस एक ढहते हुए पुराने मकान के समान है। तुम उस मकान के एक भाग की मरम्मत करते हो, तो उसका कोई दूसरा भाग ढह जाता है। भारत में हमारे समाज-सुधारक जीवन भर जबरन वैधव्य-धारणरूपी दोष के विरुद्ध आवाज उठाते हैं और उसे दूर करने का प्रयत्न करते हैं, तो पश्चिमी देशों में विवाह न होना ही सबसे बड़ा दोष है। एक ओर अविवाहिताओं का कष्ट दूर करने में सहायता करनी होगी, तो दूसरी ओर विधवाओं के आँसू पोंछने का प्रयत्न करना होगा। यह तो बस पुरानी गठिया की बीमारी के समान है—उसे सिर से भगाओ, तो कमर में आ जाती है; कमर से भागाओ, तो पैर में उतर जाती है। सुधारक उठते हैं और शिक्षा देते हैं कि विद्या, धन, संस्कृति कुछ इने-गिनों के हाथों ही नहीं रहनी चाहिए; और वे इनको सर्वसाधारण तक पहुँचा देने का भरसक प्रयत्न करते हैं। हो सकता है, इससे कुछ लोग अधिक सुखी हो जाएँ, पर जैसे-जैसे ज्ञानानुशीलन बढ़ता जाता है, वैसे-वैसे शारीरिक सुख भी कम होने लगता है। सुख का ज्ञान अपने साथ ही दुःख का ज्ञान

भी लाता है। तब हम फिर किस मार्ग का अवलंबन करें? हम लोग जो कुछ थोड़ा सा सुख भोगते हैं, दूसरे स्थान में उससे उतने ही परिमाण में दु:ख भी उत्पन्न होता है। बस यही नियम है—सब वस्तुओं पर यही नियम लागू होता है। जो युवक हैं, जिनका खून अभी गरम है, वे इस बात को शायद स्पष्ट रूप से समझ न पाएँ, पर जिन्होंने धूप में बाल पकाए हैं, अपने जीवन में आँधी और तूफान के दिन देखे हैं, वे इसे सहज ही समझ लेंगे और यही माया है। दिन-रात ये बातें घट रही हैं, पर इनका ठीक-ठीक समाधान करना असंभव है। ऐसा भला क्यों होता है? इस प्रश्न का उत्तर पाना संभव नहीं, क्योंकि प्रश्न ही तर्कसंगत नहीं है। जो बात घट रही है, उसमें न 'कैसे' है, न 'क्यों', हम बस इतना ही जानते हैं कि वह है और हमारा उसमें कोई हाथ नहीं। यहाँ तक कि उसकी धारणा करना, अपने मन में उसका ठीक-ठीक चित्र खींचना भी हमारी शक्ति के बाहर है। तब हम भला उसे कैसे सुलझाएँ?

अत: इस संसार की गति के तथ्यात्मक वर्णन का नाम माया है। साधारणतया लोग यह बात सुनकर भयभीत हो जाते हैं। हमें साहसी होना पड़ेगा। घटनाओं पर परदा डालना रोग का प्रतिकार नहीं है। कुत्तों से पीछा किए जाने पर जिस प्रकार खरगोश अपने मुँह को टाँगों में छिपाकर अपने को सुरक्षित समझ बैठता है, उसी प्रकार हम लोग भी आशावादी होकर ठीक उस खरगोश के समान आचरण करते हैं, पर यह कोई उपाय नहीं है।

दूसरी ओर, सांसारिक जीवन की प्रचुरता, सुख और स्वच्छंदता भोगनेवाले इस मायावाद के संबंध में बड़ी आपत्तियाँ उठाते हैं। इस देश (इंग्लैंड) में निराशावादी होना बहुत कठिन है। सभी मुझसे कहते हैं—संसार का कार्य कितने सुंदर रूप में चल रहा है, संसार कितना उन्नतिशील है। किंतु उनका अपना जीवन ही उनका संसार है। एक पुराना प्रश्न उठता है—ईसाई धर्म ही एकमात्र धर्म है। क्यों? इसलिए कि ईसाई धर्म को माननेवाले सभी राष्ट्र समृद्धशाली हैं। पर इस प्रकार की युक्ति से तो यह सिद्धांत स्वयं ही भ्रामक सिद्ध हो जाता है, क्योंकि अन्य राष्ट्रों का दुर्भाग्य ही तो ईसाई धर्मावलंबी राष्ट्रों की समृद्धि का कारण है, और एक का सौभाग्य बिना दूसरा का खून चूसे नहीं बनता। यदि सारी पृथ्वी ही ईसाई धर्म को मानने लग जाए, तब तो भक्षस्वरूप कोई अ-ईसाई राष्ट्र न रहने के कारण ईसाई राष्ट्र स्वयं दरिद्र हो जाएगा। अत: यह युक्ति अपना ही खंडन कर लेती है। पशु उद्‌भिज्ज पर जीवित रहते हैं, मनुष्य पशुओं पर, और सबसे खराब बात तो यह है कि मनुष्य एक-दूसरे पर भी जीवित रहते हैं—बलवान दुर्बल पर। बस ऐसा ही सर्वत्र हो रहा है। और यही माया है। इसका समाधान तुम क्या करते हो? हम प्रतिदिन नई-नई युक्तियाँ सुनते हैं।

कोई–कोई कहते हैं कि अंत में सब शुभ होगा। इस प्रकार की संभावना है तो अत्यंत संदेहास्पद, फिर भी मान लो कि हमने यह बात स्वीकार कर ली। तो अब प्रश्न यह है कि शुभ की साधना का क्या केवल पैशाचिक उपाय ही है? पैशाचिक रीति को छोड़कर क्या शुभ द्वारा शुभ नहीं हो सकता? वर्तमान मनुष्यों के वंशज सुखी होंगे; किंतु इस समय इस भीषण दुःखकष्ट का होना क्यों जरूरी है? इसका समाधान नहीं है। यही माया है।

फिर हम बहुधा सुनते हैं कि विकास की यह विशेषता है कि वह क्रमशः अशुभ को दूर करता जाएगा, और संसार से अशुभ के इस प्रकार क्रमशः दूर हो जाने पर अंत में केवल शुभ ही शुभ रह जाएगा। यह बात सुनने में तो बड़ी अच्छी लगती है। इस संसार में जिनके पास किसी बात का अभाव नहीं, जिन्हें रोज एड़ी–चोटी का पसीना एक करना नहीं पड़ता, जिन्हें क्रमविकास की चक्की में पिसना नहीं पड़ता, उन लोगों के दंभ को इस प्रकार के सिद्धांत बढ़ा सकते हैं, और उनके लिए ये सिद्धांत सचमुच अत्यंत हितकर और शांतिप्रद हैं। साधारण जनता दुःख-कष्ट भोगे, उससे उनका क्या? वे सब मर भी जाएँ, उसके लिए वे क्यों छटपटाएँ? ठीक है, पर यह युक्ति आदि से अंत तक भ्रमपूर्ण है। पहले तो इन लोगों ने बिना किसी प्रमाण के ही यह धारणा बना ली है कि संसार में अभिव्यक्त शुभ और अशुभ दोनों बिलकुल निरपेक्ष सत्य हैं। और दूसरे, इससे भी अधिक दोषयुक्त धारणा तो यह है कि शुभ का परिमाण क्रमशः बढ़ता जा रहा है और अशुभ क्रमशः घटता जा रहा है। अतएव एक समय ऐसा आएगा, जब अशुभ का अंश क्रमविकास द्वारा इस प्रकार घटते–घटते अंत में बिलकुल शून्य हो जाएगा और केवल शुभ ही बच रहेगा। ऐसा कहना है तो बड़ा सरल, पर क्या यह प्रमाणित किया जा सकता है कि अशुभ परिमाण में घटता जा रहा है? क्या अशुभ की भी क्रमशः वृद्धि नहीं हो रही है?

उदाहरणार्थ, एक जंगली मनुष्य को ले लो। वह मन का संस्कार करना नहीं जानता, एक अक्षर तक नहीं पढ़ सकता, लिखना किसे कहते हैं, उसने कभी सुना तक नहीं। यदि उसे कोई गहरी चोट लग जाए, तो वह शीघ्र ही चंगा हो उठता है। पर हम हैं, जो खरोंच लगते ही मर जाते हैं। मशीनों से चीजें सुलभ और सस्ती होती जा रही हैं, उनसे उन्नति और विकास के मार्ग की बाधाएँ दूर होती जा रही हैं, पर साथ ही, एक के धनी होने के लिए लाखों लोग पिसे जा रहे हैं—उधर एक के धनी होने के लिए इधर हजारों लोग दरिद्र से दरिद्रतर होते जा रहे हैं, और असंख्य मानवसमूह गुलाम बना जा रहा है। संसार की रीति ही ऐसी है। पाशवी प्रकृतिवाला मनुष्य इंद्रियों में जीवित रहता है—यदि उसे पर्याप्त भोजन न मिले, तो वह दुःखी हो

जाता है। यदि उसका शरीर अस्वस्थ हो जाए, तो वह अपने को अभागा समझता है। इंद्रियों में ही उसके सुख और दु:ख दोनों का आरंभ व अंत होता है। जैसै-जैसे वह उन्नति करता जाता है, जैसे-जैसे उसके सुख की सीमा-रेखा विस्तृत होती जाती है, वैसे-वैसे उसका दु:ख भी उसी अनुपात में बढ़ता जाता है। जंगल में रहनेवाला मनुष्य ईर्ष्या के वश में होना, कचहरी में जाना, नियमित रूप से कर अदा करना, समाज द्वारा निंदित होना नहीं जानता; पैशाचिक मानव-प्रकृति से उत्पन्न भीषण अत्याचार से अहर्निश शासित होना, जो एक-दूसरे के हृदय के गुप्त से गुप्त भावों का अन्वेषण करने में लगा हुआ है, वह नहीं जानता। वह नहीं जानता कि भ्रांत ज्ञान से संपन्न, गर्वीला मानव किस प्रकार किसी पशु की अपेक्षा सहस्रगुना पैशाचिक स्वभाववाला हो जाता है। बस इसी प्रकार हम ज्यों-ज्यों इंद्रियपरायणता से ऊपर उठते जाते हैं, त्यों-त्यों हमारी सुख अनुभव करने की शक्ति बढ़ती जाती है, और उसके साथ ही दु:ख अनुभव करने की शक्ति भी बढ़ती रहती है।

नाड़ियाँ और भी सूक्ष्म होकर अधिक यंत्रणा के अनुभव में समर्थ हो जाती हैं। सभी समाजों में हम देखते हैं कि एक साधारण, मूर्ख मनुष्य तिरष्कृत होने पर उतना दु:खी नहीं होता, पर पीटे जाने पर अवश्य दु:खी हो जाता है। किंतु सभ्य पुरुष एक साधारण सी बात भी सहन नहीं कर सकता। उसकी नाड़ियाँ इतनी सूक्ष्म हो गई हैं। उसकी सुखानुभुति की क्षमता बढ़ जाने के कारण उसका दु:ख भी बढ़ गया है। इससे तो दार्शनिकों के क्रमविकासवाद की कोई पुष्टि नहीं होती। हम अपना सुखी होने की शक्ति को जितना ही बढ़ाते हैं, हमारी दु:ख-भोग की शक्ति भी उसी परिमाण में बढ़ जाती है और मेरा तो विनीत मत यह है कि हमारी सुखी होने की शक्ति यदि 'गणितीय क्रम' (Arithmetical Progression) के नियम से बढ़ती है तो दु:खी होने की शक्ति 'ज्यामितीय क्रम' (Geometrical Progression) नियम से बढ़ेगी। जंगली मनुष्य समाज के संबंध में अधिक नहीं जानता। किंतु हम उन्नतिशील लोग जानते हैं कि हम जितने ही उन्नत होंगे, हमारी सुख और दु:ख अनुभव करने की शक्ति भी उतनी ही तीव्र होती जाएगी। और यही माया है। इस प्रकार हम देखते हैं कि माया संसार की व्याख्या करने के निमित्त कोई सिद्धांत नहीं है। यह संसार की वस्तुस्थिति का वर्णन मात्र है। विरोध ही हमारे अस्तित्व का आधार है; सर्वत्र इन्हीं प्रचंड विरोधों में से होकर हमें जाना होगा।

जहाँ शुभ है, वही अशुभ भी है; और जहाँ अशुभ है, वही अवश्य कुछ शुभ भी है। जहाँ जीवन है; वहीं मृत्यु छाया की भाँति उसका अनुसरण कर रही है। जो हँस रहा है, उसी को रोना पड़ेगा; और जो रो रहा है, वह भी हँसेगा। यह क्रम बदल

नहीं सकता। हम भले ही ऐसे स्थान की कल्पना करें, जहाँ केवल शुभ रहेगा, अशुभ नहीं, जहाँ हम केवल हँसेंगे, रोएँगे नहीं। पर वस्तुस्थिति के स्वभाव से इस प्रकार होना असंभव है, क्योंकि शर्त समान रूप से सर्वत्र विद्यमान है। जहाँ हमें हँसाने की शक्ति विद्यमान है, वहीं फिर रुलाने की भी शक्ति निहित है। जहाँ सुख उत्पन्न करनेवाली शक्ति विद्यमान है, दु:ख देनेवाली शक्ति भी वहीं छिपी हुई है।

अतएव वेदांत-दर्शन आशावादी भी नहीं है और निराशावादी भी नहीं। वह तो दोनों ही वादों का प्रचार करता है, सारी घटनाएँ जिस रूप में होती हैं, वह बस उन्हें उसी रूप में ग्रहण करता है। उसके मतानुसार यह संसार शुभ और अशुभ, सुख और दु:ख का मिश्रण है; एक को बढ़ाओ, तो दूसरा भी साथ-साथ अनिवार्य रूप से बढ़ेगा। केवल सुख का संसार अथवा केवल दु:ख का संसार हो नहीं सकता। इस प्रकार की धारणा ही स्वत:विरोधी है। किंतु इस प्रकार का मत व्यक्त करके और इस विश्लेषण के द्वारा वेदांत ने इस महान् रहस्य का भेद किया है कि शुभ और अशुभ ये दो एकदम विभिन्न सत्ताएँ नहीं हैं। इस संसार में ऐसी कोई भी वस्तु नहीं, जिसे केवल शुभ या केवल अशुभ कहा जा सके। एक ही घटना, जो आज शुभजनक मालूम पड़ती है, कल अशुभजनक मालूम पड़ सकती है। एक ही वस्तु, जो एक व्यक्ति को दु:खी करती है, दूसरे को सुखी बना सकती है। जो अग्नि बच्चे को जला देती है, वही भूख से मरते व्यक्ति के लिए स्वादिष्ट खाना भी पका सकती है। जिस स्नायुमंडल के द्वारा दु:ख का संवेदन हमारे अंदर पहुँचता है, सुख का संवेदन भी उसी के द्वारा भीतर जाता है। अशुभ को दूर करना चाहो तो साथ ही तुम्हें शुभ को भी दूर करना होगा। इसके अतिरिक्त और कोई उपाय नहीं है।

मृत्यु को दूर करने के लिए जीवन को भी दूर करना पड़ेगा। मृत्युहीन जीवन और दु:खहीन सुख ये बातें परस्पर-विरोधी हैं, इनमें कोई भी अकेला प्राप्त नहीं किया जा सकता, क्योंकि इनमें से प्रत्येक एक ही वस्तु की विभिन्न अभिव्यक्ति हैं। कल जो शुभप्रद लगता था, आज वह वैसा नहीं लगता। जब हम बीते जीवन पर नजर डालते हैं और भिन्न-भिन्न समय के अपने आदर्शों की आलोचना करते हैं, तो इस बात की सत्यता हमें तुरंत दीख पड़ती है। एक समय था, जब शक्तिशाली घोड़ों के जोड़े हाँकना ही मेरा आदर्श था। अब वैसी इच्छा नहीं होती। बचपन में सोचता था कि यदि मैं अमुक मिठाई बना सकूँ, तो मैं पूर्ण सुखी होऊँगा। बाद में सोचता था, पत्नी-पुत्र और पर्याप्त धन होने से मैं सुखी होऊँगा। अब लड़कपन की ये सब बातें सोचकर हँसी आती है।

वेदांत कहता है कि एक समय ऐसा अवश्य आएगा, जब हम पीछे नजर

डालेंगे और उन आदर्शों पर हँसेंगे, जिनके कारण अपने इस क्षुद्र व्यक्तित्व का त्याग करते हममें भय का संचार होता है। सभी अपनी-अपनी देह की रक्षा करने में व्यस्त हैं। कोई भी उसे छोड़ना नहीं चाहता। हम सोचते हैं कि इस देह की यथेच्छ समय तक रक्षा कर लेने से हम अत्यंत सुखी होंगे। पर समय आने पर हम इस बात पर भी हँसेंगे। अतएव, यदि हमारी वर्तमान अवस्था सत् भी न हो और असत् भी नहीं, पर दोनों का मिश्रण हो, दुःख भी न हो और सुख भी नहीं—पर दोनों का मिश्रण हो, अर्थात् हम यदि ऐसे निराशाजनक अंतर्विरोध की स्थिति में हों, तो फिर वेदांत तथा अन्य दर्शनशास्त्र और धर्म-मत आदि की क्या आवश्यकता है? और सर्वोपरि शुभ कर्म आदि करने का भी भला क्या प्रयोजन है? यही प्रश्न मन में उठता है। यदि यह सत्य है कि तुम अशुभ किए बिना शुभ नहीं कर सकते और सुख उत्पन्न करने का प्रयत्न करने पर भी घोर दुःख बना ही रहता हो, तो लोग तुमसे पूछेंगे, "शुभ करने की आवश्यकता ही क्या?" इसका उत्तर यह है कि पहले तो हमें दुःख को कम करने के लिए कर्म करना ही चाहिए, क्योंकि स्वयं सुखी होने का यही एकमात्र उपाय है। हममें से प्रत्येक अपने-अपने जीवन में, देर-सबेर इस बात की यथार्थता समझ लेते हैं। तीक्ष्ण बुद्धिवाले कुछ शीघ्र समझ जाते हैं और मंद बुद्धिवाले कुछ देरी से। मंद बुद्धिवाले कड़ी यातना भोगने के बाद इसे समझ पाते हैं, तो तीक्ष्ण बुद्धिवाले थोड़ी ही यातना भोगने के बाद। और दूसरे, यद्यपि हम जानते हैं कि ऐसा समय कभी न आएगा, जब यह केवल सुख से भरा रहेगा और दुःख बिलकुल न रहेगा, फिर भी हमें यही संसार कार्य करना होगा। अंतर्विरोध से बचने के लिए यही एकमात्र उपाय है। ये दोनों शक्तियाँ शुभ एवं अशुभ संसार को जीवित रखेंगी, और अंत में एक दिन ऐसा आएगा, जब हम स्वप्न से जाग जाएँगे और ये सब मिट्टी के घरौंदे बनाना बंद कर देंगे। सचमुच, हम चिरकाल घरौंदे बनाने में ही लगे हुए हैं। हमें यह शिक्षा लेनी ही होगी; और इसके लिए समय भी बहुत लग जाएगा।

जर्मनी में इस आधार पर कि असीम ही ससीम हो गया है, दर्शनशास्त्र रचने की चेष्टा की गई है। इंग्लैंड में अब भी इस प्रकार की चेष्टा चल रही है। पर इन सब दार्शनिकों के मत का विश्लेषण करने पर यही पाया जाता है कि असीम अपने को जगत् में व्यक्त करने की चेष्टा कर रहा है, और एक समय आएगा अब वह ऐसा करने में सफल हो जाएगा। बहुत ठीक है, और हमने 'असीम', 'विकास', 'अभिव्यक्ति' आदि दार्शनिक शब्दों का भी प्रयोग किया। किंतु ससीम किस प्रकार असीम को पूर्ण रूप से व्यक्त कर सकता है, इस कथन का न्यायसंगत मौलिक आधार क्या है, यह प्रश्न दार्शनिकगण स्वभावतः ही पूछ सकते हैं। निरपेक्ष और

असीम केवल उपाधि द्वारा ही यह जगत् हो सकता है। जो कुछ इंद्रिय, मन और बुद्धि के माध्यम से आएगा, उसे स्वत: ही सीमाबद्ध होना पड़ेगा, अतएव असीम का असीम होना नितांत असंगत है। ऐसा हो नहीं सकता।

दूसरी ओर, वेदांत कहता है, यह ठीक है कि निरपेक्ष या असीम अपने को ससीम रूप में व्यक्त करने की चेष्टा कर रहा है, किंतु एक समय ऐसा आएगा, जब इस प्रयत्न को असंभव जानकर उसे पीछे लौटना पड़ेगा। यह पीछे लौटना ही धर्म का यथार्थ आरंभ है, जिसका अर्थ है वैराग्य। आधुनिक मनुष्य से वैराग्य की बात कहना अत्यंत कठिन है। अमेरिका में मेरे बारे में लोग कहते थे कि मैं पाँच हजार वर्ष तक मृत और विस्मृत एक देश से आकर वैराग्य का उपदेश दे रहा हूँ। इंग्लैंड के दार्शनिक भी शायद ऐसा ही कहें। पर यह भी सत्य है कि धर्म का एकमात्र पथ यही है। त्याग दो और विरक्त बनो। ईसा ने क्या कहा है? 'जो मेरे निमित्त अपने जीवन का त्याग करेगा, वही जीवन को प्राप्त करेगा।' पूर्णता की प्राप्ति के लिए त्याग ही एकमात्र साधन है, इसकी शिक्षा उन्होंने बारंबार दी है। ऐसा समय आता है, जब अंतरात्मा इस लंबे विषादमय स्वप्न से जाग उठती है, बच्चा खेलकूद छोड़कर अपनी माता के निकट लौट जाने को अधीर हो उठता है। तब इस उक्ति की यथार्थता सिद्ध होती है—'काम्य वस्तु के उपभोग से कभी वासना की निवृत्ति नहीं होती, वरन् घृताहुति के द्वारा अग्नि के समान वह तो और भी बढ़ जाती है।'

इंद्रियविलास, बौद्धिक आनंद, और जहाँ तक हो सके मानवात्मा के उपभोग्य सब प्रकार के सुख के संबंध में यह लागू होता है। सभी मिथ्या है—सभी माया के अधीन है। सभी इस संसार के बंधन के अंतर्गत है, हम उसके परे नहीं जा सकते। हम उसके अंदर भले ही अनंत काल तक दौड़ते फिरें, पर उसका अंत नहीं पा सकते, और जब कभी हम थोड़ा सा सुख प्राप्त करने का प्रयत्न करते हैं, तभी दु:ख का ढेर हमारे सिर पर आ गिरता है। कितनी भयानक अवस्था है यह! जब मैं इस पर विचार करता हूँ, तो मैं निस्संदिग्ध रूप से यह अनुभव करता हूँ कि यह मायावाद, यह कथन कि सबकुछ माया है, इसकी एकमात्र ठीक-ठीक व्याख्या है। इस संसार में कितना दु:ख है! यदि तुम विभिन्न देशों में भ्रमण करो, तो तुम समझ सकोगे कि एक राष्ट्र अपने दोषों को एक उपाय के द्वारा दूर करने की चेष्टा कर रहा है, तो दूसरा राष्ट्र किसी अन्य उपाय द्वारा। एक ही दोष को विभिन्न राष्ट्रों ने विभिन्न उपायों से दूर करने का प्रयत्न किया है, पर कोई भी कृतकार्य न हो सका। यदि किसी स्थान पर दोष कुछ कम हो भी गया, तो किसी दूसरे स्थान पर दोषों का एक ढेर खड़ा हो जाता है। बस ऐसा ही चलता रहता है।

हिंदुओं ने अपने जातीय जीवन में सतीत्व-धर्म को पुष्ट करने के लिए बालविवाह के प्रचलन द्वारा अपनी संतान को, और धीरे-धीरे सारी जाति को, अधोगामी बना दिया है। पर यह बात भी मैं अस्वीकार नहीं कर सकता कि बालविवाह ने हिंदू जाति को सतीत्व-धर्म से विभूषित किया है। तुम क्या चाहते हो? यदि जाति को सतीत्व-धर्म से थोड़ा-बहुत विभूषित करना चाहो, तो इस भयानक बालविवाह द्वारा सारे स्त्री-पुरुषों को शारीरिक दृष्टि से दुर्बल करना पड़ेगा। दूसरी ओर, क्या तुम्हारी स्थिति इंग्लैंड में कुछ भी अच्छी है? नहीं, क्योंकि सतीत्व ही राष्ट्र का जीवन है। क्या तुमने इतिहास में नहीं पढ़ा है कि असतीत्व या व्यभिचार देश की मृत्यु का प्रथम चिह्न है? जब यह किसी राष्ट्र में प्रवेश कर जाता है, तो समझना कि उसका विनाश निकट आ गया है। इन सब दुःखजनक प्रश्नों का समाधान कहाँ मिलेगा? यदि माता-पिता अपनी संतान के लिए वर-वधू का निर्वाचन करें, तो यह दोष कम हो सकता है।

भारत की बेटियाँ भावुक होने की अपेक्षा अधिक व्यावहारिक होती हैं। उनके जीवन में फिर कविता बहुत कम रह जाती है। फिर यदि लोग स्वयं पति और पत्नी का निर्वाचन करते हैं, तो इससे भी उन्हें कोई अधिक सुख नहीं मिलता। भारतीय नारियाँ साधारणतः अधिक सुखी हैं। पत्नी और पति के बीच कलह अधिक नहीं होती। दूसरी ओर, अमेरिका में जहाँ स्वाधीनता की अधिकता है, सुखी परिवार बहुत कम देखने में आते हैं। दुःख यहाँ-वहाँ, सभी जगह है। इससे क्या सिद्ध होता है? यही कि इन सब आदर्शों के द्वारा अधिक सुख प्राप्त नहीं हो सकता। हम सभी सुख के लिए उत्कट संघर्ष कर रहे हैं, पर एक ओर कुछ प्राप्त होने के पहले ही दूसरी ओर दुःख आ उपस्थित होता है।

तब क्या हम कोई शुभ कर्म न करें? अवश्य करें, और पहले की अपेक्षा अधिक उत्साहित होकर ऐसा करें। इन बातों के ज्ञान से इतना होगा कि हमारी धर्मांधता, कट्टरता नष्ट हो जाएगी। तब अँगरेज लोग हठधर्मी नहीं होंगे और हिंदू की ओर उँगली नहीं उठाएँगे। तब वे विभिन्न देशों के रीति-रिवाजों का आदर करना सीखेंगे। धर्मांधता कम होगी, यथार्थ कार्य अधिक होगा। धर्मांध आदमी अधिक कार्य नहीं कर पाता। वह अपनी शक्ति का तीन-चौथाई व्यर्थ ही नष्ट कर देता है। जो धीर, प्रशांतचित्त, 'काम के आदमी' कहे जाते हैं, वे ही कर्म करते हैं। अतः इस धारणा से कार्य करने की शक्ति अधिक बढ़ जाएगी। यह जान लेने से कि वस्तुस्थिति ऐसी ही है, हमारी तितीक्षा अधिक होगी। दुःख और अशुभ के दृश्य हमें हमारे संतुलन से च्युत न कर सकेंगे और छाया के पीछे-पीछे दौड़ न सकेंगे। अतएव यह

जानकर कि संसार की गति ही अपने नियम के अनुसार ऐसी है, हम सहिष्णु बनेंगे। उदाहरणस्वरूप, हम कह सकते हैं कि यदि सभी मनुष्य सत् हो जाएँ, तो पशु भी क्रमश: मनुष्यत्व प्राप्त कर इन्हीं अवस्थाओं में से होकर गुजरेंगे, और वनस्पतियों की भी यही दशा होगी। पर यह एक बात निश्चित है—यह विशाल नदी प्रबल वेग से समुद्र की ओर बह रही है। और ऐसा समय आएगा, जब नदी के सभी जलकण उस अनंत सागर के वक्षस्थल में समा जाएँगे। अतएव यह निश्चित है कि जीवन सारे दु:ख और क्लेश, आनंद, हास्य और क्रंदन के साथ उस अनंत सागर की ओर प्रबल वेग से प्रवाहित हो रहा है, और यह केवल समय का प्रश्न है, जब तुम, मैं, जीव, उद्‌भिद और सामान्य जीवाणुकण तक, जो जहाँ पर है, सबकुछ उसी अनंत जीवन-समुद्र में मुक्ति और ईश्वर में आ पहुँचेगा।

मैं एक बार फिर कहता हूँ कि वेदांत का दृष्टिकोण न तो आशावादी है और न निराशावादी ही। वह ऐसा नहीं कहता कि संसार केवल शुभ ही शुभ है अथवा केवल अशुभ ही अशुभ। वह कहता है कि हमारे शुभ और अशुभ दोनों का मूल्य बराबर है। ये दोनों इसी प्रकार हिल-मिलकर रहते हैं। संसार ऐसा ही है, यह समझकर तुम धैर्यपूर्वक कर्म करो। पर क्यों? क्यों हम कर्म करें? यदि घटनाचक्र ही इस प्रकार का हो, तो हम क्या करें? हम अज्ञेयवादी क्यों न हो जाएँ? आजकल के अज्ञेयवादी भी तो कहते हैं कि इस समस्या का कोई समाधान नहीं है; वेदांत की भाषा में कहेंगे कि इस मायापाश से छुटकारा नहीं है। संतुष्ट रहो और जीवन का उपभोग करो। पर यहाँ भी फिर एक भूल, एक भयंकर भूल, एक अत्यंत असंगत भ्रम है। और वह यह है—जीवन से तुम क्या समझते हो? क्या 'जीवन' शब्द से तुम केवल पाँच इंद्रियों में आबद्ध जीवन को ही लेते हो? यदि ऐसा हो, तो हम पशुओं से कोई अधिक भिन्न नहीं है। किंतु मुझे विश्वास है कि यहाँ बैठे हुए लोगों में से एक भी ऐसा नहीं है, जिसका जीवन संपूर्ण रूप से केवल इंद्रियों में आबद्ध हो। अतएव हमारे वर्तमान जीवन का अर्थ इंद्रियों की अपेक्षा और भी कुछ अधिक है। हमारे सुख-दु:ख का अनुभव, हमारे विचार और हमारी आकांक्षाएँ भी तो हमारे जीवन के अंग हैं। और उस महान् आदर्श, उस पूर्णता की ओर अग्रसर होने का कठोर संघर्ष भी क्या हम जिसे जीवन कहते हैं, उसका एक अत्यंत महत्त्वपूर्ण उपादान नहीं है? अज्ञेयवादी कहते हैं कि जीवन जैसा है, बस वैसा ही उसका भोग करो। पर इस जीवन का अर्थ है सर्वोपरि, इस आदर्श की ओर यह अन्वेषण; जीवन का सार ही है पूर्णता की ओर जाना। हमें इसी को प्राप्त करना होगा। अतएव हम अज्ञेयवादी नहीं हो सकते और संसार जिस प्रकार प्रतीत हो रहा है, हम उसे ग्रहण

नहीं कर सकते। अज्ञेयवादी तो जीवन के आदर्शात्मक उपादान को छोड़कर अवशिष्ट अंश को ही सर्वस्व मानते हैं। और अज्ञेयवादी का दावा है कि इस आदर्श तक नहीं पहुँचा जा सकता, अत: अवश्य इसका अन्वेषण त्याग देना है। बस इस प्रकृति, इस जगत् को ही माया कहते हैं।

सभी धर्म इसी प्रकृति के बंधन को तोड़ने की कम-अधिक चेष्टा कर रहे हैं। चाहे देवोपासना द्वारा हो, चाहे प्रतीकोपासना द्वारा, चाहे दार्शनिक विचारों द्वारा हो, अथवा देव-चरित्र, प्रेत-चरित्र, साधु-चरित्र, ऋषि-चरित्र, महात्मा-चरित्र अथवा अवतार-चरित्र की सहायता से अनुष्ठित हो, सभी धर्मों का, चाहे वे विकसित हों चाहे अविकसित, उद्देश्य एक ही है—सभी सीमाओं के परे जाना। संक्षेप में, सभी धर्म मुक्ति की ओर अग्रसर होने का कठोर प्रयत्न कर रहे हैं। जाने या अनजाने मनुष्य समझ गया है कि वह बद्ध है। वह जो कुछ होने की इच्छा करता है, सो नहीं है। जिस क्षण से उसने अपने चारों ओर दृष्टि फेरी, उसी क्षण से उसे यह ज्ञान हो गया। उसी क्षण से उसे अनुभव हो गया कि वह बद्ध है और उसने यह भी जाना कि इस बंधन से जकड़ा हुआ कोई मानो उसके भीतर विद्यमान है, जो देह के भी परे किसी स्थान में उड़ जाना चाहता है।

संसार के उन निम्नतम धर्मों में भी, जहाँ दुर्दांत, नृशंस, आत्मीयों के घरों में लुक-छिपकर फिरनेवाले, हत्या और सुराप्रिय मृत पितरों या अन्य भूत-प्रेतों की पूजा की जाती है, हम मुक्ति का यह भाव पाते हैं। जो लोग देवताओं की उपासना करते हैं, वे उन देवताओं को अपनी अपेक्षा अधिक स्वाधीन देखते हैं। उनका ऐसा विश्वास रहता है कि द्वार बंद होने पर भी देवता लोग घर की दीवारों को भेदकर आ सकते हैं, दीवारें उनके मार्ग में बाधा नहीं डाल सकतीं। मुक्ति का यह भाव क्रमश: बढ़ते-बढ़ते अंत में सगुण ईश्वर के आदर्श में परिणत हो जाता है। इस आदर्श का केंद्रीय भाव यह है कि ईश्वर प्रकृति के बंधन के परे, माया के परे है। मैं मानो अपने मनश्चक्षु के सामने भारत के उन प्राचीन आचार्यों को अरण्यस्थित आश्रम में इन्हीं सब प्रश्नों पर विचार-विमर्श करते देख रहा हूँ; वयोवृद्ध और अत्यंत पवित्र महर्षि भी इन प्रश्नों का समाधान करने में असमर्थ हो रहे हैं, पर एक युवक उनके बीच खड़ा हो घोषणा करता है—"हे अमृत के पुत्रो! सुनो, हे दिव्यधाम के निवासी, सुनो! मुझे मार्ग मिल गया है। जो अंधकार या अज्ञान के परे है, उसे जान लेने पर हम मृत्यु के परे जा सकते हैं।"

यह माया हमें चारों ओर से घेरे हुए है और वह अति भयंकर है। फिर भी हमें माया में से होकर ही कार्य करना पड़ता है। जो कहता है, "संसार को पूर्ण शुभमय

हो जाने दो, तब मैं कार्य करूँगा और आनंद भोगूँगा।'' उसकी बात उसी व्यक्ति की तरह है, जो गंगातट पर बैठकर कहता है कि जब इसका सारा पानी समुद्र में पहुँच जाएगा, तब मैं इसके पार जाऊँगा। दोनों बाते असंभव हैं। रास्ता माया के साथ नहीं है, वह तो माया के विरुद्ध है—यह बात भी हमें जान लेनी होगी। हम प्रकृति के सहायक होकर नहीं जनमे हैं, वरन् हम तो प्रकृति के प्रतियोगी होकर जनमे हैं। हम बाँधनेवाले होकर भी स्वयं बँधे जा रहे हैं। यह मकान कहाँ से आया? प्रकृति ने तो दिया नहीं। प्रकृति कहती है, ''जाओ, जंगल मैं जाकर बसो।'' मनुष्य कहता है, ''नहीं, मैं मकान बनाऊँगा और प्रकृति के साथ लड़ूँगा।'' और वह ऐसा कर भी रहा है। मानवजाति का इतिहास तथाकथित प्राकृतिक नियमों के साथ लगातार संग्राम का इतिहास है और अंत में मनुष्य ही प्रकृति पर विजय प्राप्त करता है। अंतर्जगत् में आकर देखो, वहाँ भी यही युद्ध चल रहा है—पशुमानव और आध्यात्मिक मानव का, प्रकाश और अंधकार का यह संग्राम निरंतर जारी है और मानव यहाँ भी विजयी होता है। मुक्ति की प्राप्ति के लिए प्रकृति के बंधन को चीरकर मनुष्य अपने गंतव्य मार्ग को प्राप्त कर लेता है।

हमने अभी तक देखा कि वेदांती दार्शनिकों ने इस माया के परे ऐसी किसी वस्तु को जान लिया है, जो माया के अधीन नहीं है, और यदि हम उसके पास पहुँच सकें, तो हम भी माया से बँध नहीं जाएँगे। किसी-न-किसी रूप में यह भाव सभी धर्मों की सामान्य संपत्ति है। किंतु वेदांत के मत में यह धर्म का केवल प्रारंभ है, अंत नहीं। जो विश्व की सृष्टि तथा पालन करनेवाले हैं, जो मायाधिष्ठित हैं, जिन्हें माया या प्रकृति का कर्ता कहा जाता है, उन सगुण ईश्वर का ज्ञान ही वेदांत का अंत नहीं है, केवल आदि है। यह ज्ञान क्रमश: बढ़ता जाता है और अंत में वेदांती देखता है कि जिसे वह बाहर खड़ा हुआ समझता था, वह उसके अंदर ही है और वह स्वयं वस्तुत: वही है। जिसने अपने को अज्ञान के कारण बद्ध समझ रखा था, वह वास्तव में वही मुक्तस्वरूप है।

❑

माया और ईश्वर धारणा का क्रमविकास

(20 अक्तूबर, 1996 को लंदन में दिया हुआ व्याख्यान)

हमने देखा कि अद्वैत वेदांत का एक आधारभूत सिद्धांत मायावाद बीज रूप में संहिताओं में भी देखा जाता है, और जिन विचारों का विकास उपनिषदों में हुआ है, वे वस्तुतः किसी-न-किसी रूप में संहिताओं में विद्यमान हैं। तुममें से बहुत से लोग अब माया की धारणा से परिचित हो गए होंगे और यह भी जान गए होंगे कि प्रायः लोग शांतिवश माया को 'भ्रम' कहकर उसकी व्याख्या करते हैं। अतएव जब जगत् को माया कहते हैं, तब उसे भी भ्रम ही कहकर उसकी व्याख्या करनी पड़ती है। किंतु माया को 'भ्रम' के अर्थ में लेना ठीक नहीं। माया कोई विशेष सिद्धांत नहीं है, वह तो यह संसार जैसा है, केवल उसका तथ्यात्मक कथन है। इस माया को समझने के लिए हमें संहिताओं तक जाना होगा, और उसके मूल बीज का अर्थ समझना होगा।

हम यह देख चुके हैं कि लोगों में देवताओं का ज्ञान किस प्रकार आया। साथ ही हम यह भी जानते हैं कि ये देवता पहले केवल शक्तिशाली व्यक्तिमात्र थे। तुम लोगों में से अनेक ग्रीक, हिब्रू पारसी अथवा अन्य जातियों के प्राचीन शास्त्रों में यह पढ़कर भयभीत हो जाते हो कि देवता लोग कभी-कभी ऐसा कार्य करते थे, जो हमारी दृष्टि में अत्यंत घृणित हैं। पर हम यह भूल जाते हैं कि हम लोग उन्नीसवीं शताब्दी के हैं और देवतागण सहस्रों वर्ष पहले के जीव थे, और हम यह भी भूल जाते हैं कि इन सब देवताओं के उपासक लोग उनके चरित्र में कुछ भी असंगत बात नहीं देख पाते थे और वे जिस ढंग से अपने उन देवताओं का वर्णन करते थे, उससे उन्हें कुछ भी भय नहीं होता था, क्योंकि वे सब देवता उन्हीं

के अनुरूप थे। हम लोगों को आजीवन यह बात सीखनी होगी कि प्रत्येक व्यक्ति की परख उसके अपने आदर्शों के अनुसार करनी चाहिए, दूसरों के आदर्शों के अनुसार नहीं। ऐसा न करके हम दूसरों को अपने आदर्शों की दृष्टि से देखते हैं, यह ठीक नहीं। अपने आस-पास रहनेवाले लोगों के साथ व्यवहार करते समय हम सदा यही भूल करते हैं, और मेरे मतानुसार, दूसरों के साथ हमारी जो कुछ भी अनबन हो जाती है, वह अधिकतर इसी एक कारण से होती है कि हम दूसरों के देवता को अपने देवता के द्वारा, दूसरों के आदर्शों को अपने आदर्शों के द्वारा और दूसरों के उद्देश्य को अपने उद्देश्य के द्वारा परखने की चेष्टा करते हैं। कुछ विशेष परिस्थितियों से बाध्य हो, मान लो, मैंने कोई एक विशेष कार्य किया, और जब मैं देखता हूँ कि एक दूसरा व्यक्ति वही कार्य कर रहा है, तो मैं सोच लेता हूँ कि उसका भी वही उद्देश्य है, मेरे मन में यह बात एक बार भी नहीं उठती कि यद्यपि फल एक हो सकता है, तथापि उस एक फल के उत्पन्न करनेवाले भिन्न-भिन्न सहस्रों कारण हो सकते हैं। मैं जिस हेतु से उस कार्य को करने में प्रवृत्त होता हूँ, अन्य सब लोग उसी कार्य को अन्य हेतुओं से कर सकते हैं। अतएव इन सभी प्राचीन धर्मों पर विचार करते समय हम सामान्यतया जिस तरह दूसरों के संबंध में विचार करते हैं, वैसा न करके अपने को प्राचीन काल के लोगों के जीवन और विचार की स्थिति में रखकर विचार करना चाहिए।

प्राचीन व्यवस्थान (Old Testament) में क्रूर और निष्ठुर जिहोवा के वर्णन से बहुत से लोग भयभीत हो उठते हैं; पर क्यों? लोगों को यह कल्पना करने का क्या अधिकार है कि प्राचीन यहूदियों का जिहोवा आधुनिक रूढ़िगत कल्पना के ईश्वर के समान होगा? और साथ ही हमें यह भी न भूलना चाहिए कि हमारे बाद जो लोग आएँगे, वे उसी तरह हमारे धर्म और ईश्वर की धारणा पर हँसेंगे, जिस तरह हम प्राचीन लोगों के धर्म और ईश्वर की धारणा पर हँसते हैं। यह सब होने पर भी, इन सब विभिन्न ईश्वर-संबंधी धारणाओं का संयोग करनेवाला एक स्वर्णसूत्र है, और वेदांत का उद्देश्य है, इस सूत्र की खोज करना। भगवान् कृष्ण ने कहा है—''भिन्न-भिन्न मणियाँ जिस प्रकार एक सूत्र में पिरोई हुई रहती हैं, उसी प्रकार इन सब विभिन्न भावों के भीतर भी एक सूत्र विद्यमान है।'' और आजकल की धारणाओं की दृष्टि में वे सब प्राचीन धारणाएँ कितनी ही बीभत्स, भयानक अथवा घृणित क्यों न मालूम पड़ें, वेदांत का कर्तव्य उन सभी प्राचीन धारणाओं एवं सभी वर्तमान धारणाओं के भीतर इस संयोग-सूत्र की प्रतिष्ठा करनी है। प्राचीन काल की पीठिका में वे धारणाएँ संगत मालूम पड़ती हैं और ऐसा लगता है कि हमारी

वर्तमान धारणाओं से वे अधिक बीभत्स नहीं थीं। उनकी बीभत्सता हमारे सामने तभी प्रकट होती है, जब हम उनको उनकी पीठिका से अलग करके उन पर अपनी परिस्थितियाँ लागू करते हैं। जिस प्रकार प्राचीन यहूदी आज के तीक्ष्ण-बुद्धि यहूदी में परिणत हो गया है, और प्राचीन आर्य आज के बुद्धिमान हिंदू में विकसित हो गया है, उसी प्रकार जिहोवा का और अन्य देवताओं का भी विकास हुआ है।

हम यह महान् भूल करते हैं कि हम उपासक का क्रमविकास तो स्वीकार करते हैं, परंतु उपास्य का नहीं। हम उपासकों को जिस प्रकार उन्नति का श्रेय देते हैं, उसी प्रकार उपास्य को नहीं देना चाहते। तात्पर्य यह कि हम-तुम जिस प्रकार कुछ विशिष्ट भावों के प्रतीक होने के नाते, उन भावों के विकास के साथ-साथ विकसित हुए हैं, उसी प्रकार देवतागण भी विशेष-विशेष भावों के प्रतीक होने के कारण, उन भावों के विकास के साथ विकसित हुए हैं। तुम शायद यह आश्चर्य करो कि ईश्वर का भी कही विकास होता है? उसका विकास नहीं हो सकता; वह तो अपरिणामी है। इसी प्रकार यथार्थ मनुष्य का भी कभी विकास नहीं होता। किंतु मनुष्य की ईश्वर विषयक धारणाएँ नित्य परिवर्तित और विकसित हो रही हैं। आगे चलकर हम देखेंगे कि प्रत्येक मानवी अभिव्यक्ति के पीछे जो यथार्थ मनुष्य है, वह अचल, अपरिणामी, शुद्ध और नित्यमुक्त है। और उसी प्रकार हमारी ईश्वर संबंधी धारणा केवल एक अभिव्यक्ति है—हमारे मन की सृष्टि है। इन समस्त अभिव्यक्तियों के पीछे प्रकृत ईश्वर है, जो नित्यशुद्ध, अपरिणामी और अजर है। किंतु ये सब अभिव्यक्तियाँ सर्वदा ही परिणामशील हैं—ये अपने अंतरालस्थ सत्य को अधिकाधिक प्रकाशित करती हैं। वह सत्य जब अधिक परिमाण में अभिव्यक्त होता है, तब उसे उन्नति, और जब उसका अधिकांश ढका हुआ या अनभिव्यक्त रहता है, तब उसे अवनति कहते हैं। इस प्रकार जैसे-जैसे हमारा विकास होता है, वैसे-ही-वैसे देवताओं का भी होता है। सीधे-सादे शब्दों में, जैसे-जैसे हमारी उन्नति होती है, जैसे-जैसे हमारा स्वरूप प्रकाशित होता है, वैसे-वैसे देवता भी अपना स्वरूप प्रकाशित करते जाते हैं।

अब हम मायावाद को समझ सकेंगे। संसार के सभी धर्मों ने इस प्रश्न को उठाया है—संसार में यह असामंजस्य क्यों है? संसार में यह अशुभ क्यों है? आदिम धर्मभाव के आविर्भाव के समय हम इस प्रश्न को उठते नहीं देखते, इसका कारण यह है कि आदिम मनुष्य को संसार असामंजस्यपूर्ण नहीं प्रतीत हुआ। उसके लिए परिस्थितियो में कोई असामंजस्य नहीं था, किसी प्रकार का मत-विरोध नहीं था, भले-बुरे की कोई प्रतिद्वंद्विता नहीं थी। उसके हृदय में केवल दो

बातों का संग्राम हो रहा था। एक कहती थी—यह करो, और दूसरी उसको करने का निषेध करती थी। आदिम मानव संवेगों का दास था। उसके मन में जो आता था, वही शरीर से कर डालता था। वह इन संवेगों के संबंध में विचार करने अथवा उनका संयम करने का बिलकुल प्रयत्न नहीं करता था। इन सब देवताओं के संबंध में भी यही बात हैं; ये लोग भी अपने संवेगों के अधीन थे। इंद्र आया और उसने दैत्य-बल को छिन्न-भिन्न कर दिया। जिहोवा किसी के प्रति संतुष्ट था, तो किसी से रुष्ट; क्यों, यह कोई भी नहीं जानता, जानना भी नहीं चाहता। इसका कारण यह है कि उस समय लोगों में अनुसंधान की प्रवृत्ति ही नहीं जगी थी; इसलिए वे जो कुछ भी करते, वही ठीक था। उस समय भले-बुरे की कोई धारणा नहीं थी। हम जिन्हें बुरा कहते हैं, ऐसे बहुत से कार्य देवता लोग करते थे; हम वेदों में देखते हैं कि इंद्र और अन्यान्य देवताओं ने अनेक बुरे कार्य किए हैं, पर इंद्र के उपासकों की दृष्टि में पाप या बुरा काम कुछ भी न था, अतः वे इस संबंध में कोई प्रश्न ही नहीं करते थे।

नैतिक धारणाओं की उन्नति के साथ-साथ मनुष्य के मन में एक संग्राम प्रारंभ हुआ, मनुष्य में मानो एक नई इंद्रिय का आविर्भाव हुआ। भिन्न-भिन्न भाषाओं और भिन्न-भिन्न जातियों ने इसे भिन्न-भिन्न नाम दिए हैं; कोई कहता है—यह ईश्वर की वाणी है, और कोई यह कि वह पहले की शिक्षा का फल है। जो भी हो, उसने मनुष्य के स्वाभाविक संवेगों को दमन करनेवाली शक्ति के रूप में काम किया। हमारे मन का एक संवेग कहता है—करो; इसके पीछे एक दूसरा स्वर उठता है, जो कहता है, मत करो। हमारे मन में धारणाओं का एक समूह है, जो सर्वदा इंद्रियों के द्वारा बाहर जाने की चेष्टा करता रहता है। और उनके पीछे, चाहे कितना ही क्षीण क्यों न हो, एक स्वर कहता रहता है—बाहर मत जाना। इन दो बातों के संस्कृत नाम हैं—प्रवृत्ति और निवृत्ति। प्रवृत्ति ही हमारे समस्त कर्मों का मूल है। निवृत्ति से धर्म का आरंभ है। धर्म आरंभ होता है—इस 'मत करना' से; आध्यात्मिकता भी इस 'मत करना' से ही आरंभ होती है। जहाँ यह 'मत करना' नहीं है, वहाँ जानना कि धर्म का आरंभ ही नहीं हुआ। इस 'मत करना' से ही निवृत्ति का भाव आ गया, और जिससे परस्पर युद्ध में रत देवतागण आराधित होने के बावजूद मनुष्य की धारणाएँ विकसित होने लगीं।

अब मनुष्य के हृदय में कुछ प्रेम जाग्रत् हुआ। अवश्य उसकी मात्रा बहुत थोड़ी थी और आज भी वह मात्रा कोई अधिक नहीं है। पहले-पहल यह प्रेम कबीले तक सीमित रहा। ये सब देवता केवल अपने कबीले से प्रेम करते थे।

प्रत्येक देवता एक-एक कबीले का देवता था और उस विशिष्ट कबीले का रक्षक मात्र था। और जिस प्रकार भिन्न-भिन्न देशों के विभिन्न वंशीय लोग अपने को उस एक पुरुषविशेष का वंशज कहते हैं, जो उस वंश का प्रतिष्ठाता होता है, उसी प्रकार कभी-कभी किसी कबीले के लोग अपने को अपने देवता का वंशज समझते थे। प्राचीन काल में कुछ ऐसे लोग थे और आज भी हैं, जो अपने को न केवल इस कबीला-संबंधी देवताओं का वंशज होने का दावा करते, बल्कि चंद्र या सूर्य का भी वंशज कहते हैं। संस्कृत के प्राचीन ग्रंथों में तुमने बड़े-बड़े सूर्यवंशी और चंद्रवंशी वीर सम्राटों की कथाएँ पढ़ी होंगी। ये लोग पहले चंद्र या सूर्य के उपासक थे, बाद में ये अपने को चंद्र या सूर्य का वंशज कहने लगे। अतः जब यह कबीले का भाव आने लगा, तब किंचित् प्रेम जागा, एक-दूसरे के प्रति थोड़ा कर्तव्य-भाव आया, कुछ सामाजिक शृंखला की उत्पत्ति हुई, और इसके साथ-ही-साथ यह भावना भी आने लगी कि एक-दूसरे का दोष सहन या क्षमा किए बिना हम कैसे एक साथ रह सकेंगे? एक न एक समय अपनी प्रवृत्तियों का संयम किए बिना मनुष्य भला किस प्रकार दूसरों के साथ, यहाँ तक कि एक भी व्यक्ति साथ रह सकता है? यह असंभव है। बस इसी प्रकार संयम की भावना आई। इस संयम की भावना पर ही संपूर्ण सामाजिक रचना आधारित है, और हम जानते हैं कि जिन नर-नारियों ने इस सहिष्णुता या क्षमा-रूपी महान् पाठ को नहीं पढ़ा है, वे अत्यंत कष्ट में जीवन बिताते हैं।

अतएव जब इस प्रकार धर्म का भाव आया, तब मनुष्य के मन में एक अपेक्षाकृत उच्चतर एवं अधिक नीतिसंगत भाव की झलक उठी। तब वे अपने उन्हीं प्राचीन देवताओं में—चंचल, लड़ाकू, शराबी, गोमांसाहारी देवताओं में, जिनको जले मांस की गंध और तीव्र सुरा की आहुति से ही परम आनंद मिलता था—कुछ असंगति देखने लगे। कभी-कभी इंद्र इतना मद्यपान कर लेता था कि वह बेहोश होकर गिर पड़ता और अंड-बंड बकने लगता। इस प्रकार के देवताओं को अब सहन नहीं किया जा सकता। तब उद्देश्यों के संबंध में पूछताछ करने का भाव जाग्रत् हुआ और देवताओं के कार्यों के उद्देश्य भी पूछे जाने लगे। अमुक देवता के अमुक कार्य का क्या उद्देश्य है? कोई उद्देश्य नहीं मिला। अतएव लोगों ने उन सब देवताओं का त्याग कर दिया अथवा दूसरे शब्दों में, वे फिर देवताओं के विषय में और भी उच्च धारणाएँ बनाने लगे। उन्होंने देवताओं के समस्त कार्यों और गुणों का मानो परीक्षण किया और जिन कार्यों को वे संगत नहीं कर सके, उन्हें त्याग दिया तथा जो अच्छे थे, जिन्हें वे समझ सकते थे, एकत्र किया और

इन अच्छे-अच्छे भावों की समष्टि को उन्होंने एक नाम 'देवदेव' या 'देवताओं का देवता' दे दिया। तब उनके उपास्य देवता केवल शक्ति के परिचायक मात्र नहीं रहे; शक्ति से अधिक और भी कुछ उनके लिए आवश्यक हो गया। अब वे नीतिपरायण देवता हो गए; वे मनुष्यों से प्रेम करने लगे, मनुष्यों का हित करने लगे। पर देवता संबंधी धारणा फिर भी अक्षुण्ण रही। उन लोगों ने देवता की नैतिक सार्थकता तथा शक्ति को केवल बढ़ा भर दिया। अब वे देवता विश्व में सर्वश्रेष्ठ नीतिपरायण तथा एक प्रकार से सर्वशक्तिमान भी हो गए।

किंतु यह जोड़-गाँठ कब तक चल सकती थी? जैसे-जैसे व्याख्या सूक्ष्म से सूक्ष्मतर होती गई, वैसे-वैसे जगत्-रहस्य के समाधान करने में कठिनाई मानो और भी बढ़ती गई। देवता अथवा ईश्वर के गुण यदि गणितीय क्रम (Arithmetical Progression) के नियम से बढ़ने लगे, तो संदेह और कठिनाइयाँ ज्यामितीय क्रम (Geometrical Progression) के नियम से बढ़ने लगीं। निष्ठुर जिहोवा के साथ जगत् का सामंजस्य स्थापित करने में जो कठिनाई होती थी, उससे भी अधिक कठिनाई ईश्वर-संबंधी नवीन धारणा के साथ जगत् का सामंजस्य स्थापित करने में होने लगी। और यह कठिनाई आज तक बनी रही। सर्वशक्तिमान और प्रेममय ईश्वर के राज्य में ऐसी पैशाचिक घटनाएँ क्यों घटती हैं? सुख की अपेक्षा दुःख इतना अधिक क्यों है? साधु-भाव जितना है, असाधु-भाव उससे इतना अधिक क्यों है? संसार में कुछ भी अशुभ नहीं है, ऐसा समझकर भले ही हम आँखें बंद करके बैठे रहें, पर यह तथ्य तो बना ही रहता है कि यह संसार एक बीभत्स संसार है। बहुत हुआ तो यह संसार बस टैंटालस के नरक के समान है; उससे यह किसी अंश में अच्छा नहीं। यहाँ हम हैं प्रबल प्रवृत्तियाँ लिये, और इंद्रियों को चरितार्थ करने की प्रबलतर वासनाएँ लिये, पर उनकी पूर्ति का कोई उपाय नहीं। हमारी अपनी इच्छा के बावजूद हममें एक तरंग उठती है, जो हमें आगे बढ़ने को बाध्य करती है, परंतु जैसे ही हम एक पाँव आगे बढ़ाते हैं, वैसे ही एक धक्का लगता है।

हम सभी टैंटालस की भाँति इस जगत् में जीवित रहने को मानो विधि-विधान से अभिशप्त हैं! पंचेंद्रिय द्वारा सीमाबद्ध जगत् से अतीत के आदर्श हमारे मस्तिष्क में आते हैं, पर उन्हें हम कार्यरूप में परिणत नहीं कर सकते। दूसरी ओर हम अपने चारों ओर की परिस्थिति के चक्र में पिसते जाते हैं। फिर यदि मैं आदर्शप्राप्ति की चेष्टा का परित्याग कर केवल सांसारिक भाव को लेकर रहना चाहूँ, तो मुझे पशु-जीवन बिताना पड़ता है और मैं अपने को पतित तथा गर्हित

कर लेता हूँ। अतएव किसी भी ओर सुख नहीं। जो लोग इस संसार में जिस अवस्था में उत्पन्न हुए हैं, उसी अवस्था में रहना चाहते हैं, उनके भाग्य में भी दुःख है। और जो लोग सत्य तथा उच्चतर आदर्श के लिए, इस पाशविक जीवन की अपेक्षा कुछ उन्नत जीवन के लिए, आगे बढ़ने का साहस करते हैं, उनके लिए तो और भी सहस्र गुना अधिक दुःख है। यही वस्तुस्थिति है, पर इसकी कोई व्याख्या नहीं—व्याख्या हो भी नहीं सकती। पर वेदांत इससे बाहर निकलने का मार्ग बतलाता है। ये सब भाषण देते समय शायद मुझे कुछ ऐसी भी बातें कहनी पड़ें, जिनसे तुम भयभीत हो जाओ, पर जो कुछ मैं कह रहा हूँ, उसे यदि तुम याद रखो, भलीभाँति आत्मसात् कर लो और उसके संबंध में दिन-रात चिंतन करो, तो वह तुम्हारे अंदर बैठ जाएगी, तुम्हारी उन्नति करेगी और सत्य को समझने तथा सत्य में प्रतिष्ठित होने में तुमको समर्थ करेगी।

अब यह एक तथ्यात्मक वर्णन है कि यह संसार टैंटालस का नरक है, और हम इस जगत् के बारे में कुछ भी नहीं जानते; पर साथ ही हम यह भी तो नहीं कह सकते कि हम नहीं जानते। जब मैं सोचता हूँ कि मैं इस जगत्-शृंखला के बारे में नहीं जानता, तो मैं यह नहीं कह सकता कि इसका अस्तित्व है। वह मेरे मस्तिष्क का पूर्ण भ्रम हो सकता है। हो सकता है, मैं केवल स्वयं देख रहा हूँ। मैं स्वयं देख रहा हूँ कि मैं तुमसे बातें कर रहा हूँ और तुम मेरी बात सुन रहे हो। कोई भी यह सिद्ध नहीं कर सकता कि यह स्वयं नहीं है। 'मेरा मस्तिष्क' भी तो एक स्वयं हो सकता है, और सचमुच, अपना मस्तिष्क देखा किसने है? वह तो हमने केवल मान लिया है। सभी विषयों के संबंध में यही बात है। अपने शरीर को भी तो हम मान ही लेते हैं। फिर यह भी नहीं कह सकते कि हम नहीं जानते। ज्ञान और अज्ञान के बीच की यह अवस्था, यह रहस्यमय पहेली, यह सत्य और मिथ्या का मिश्रण—कहाँ जाकर इनका मिलन हुआ है, कौन जाने? हम स्वप्न में विचरण कर रहे हैं—अर्धनिद्रित, अर्धजाग्रत्—जीवन भर एक पहेली में आबद्ध, हममें से प्रत्येक की बस यही दशा है! सारे इंद्रिय ज्ञान की यही दशा है। सारे दर्शनों की, सारे विज्ञान की, सब प्रकार के मानवीय ज्ञान की, जिनको लेकर हमें इतना अहंकार है—सब की बस यही दशा है—यही परिणाम है। बस यही संसार है।

चाहे जड़ पदार्थ कहो, चाहे चेतन, चाहे आत्मा, चाहे किसी भी नाम से क्यों न पुकारो, बात एक ही है—हम यह नहीं कह सकते कि ये सब हैं, और यह भी नहीं कह सकते कि ये सब नहीं हैं। हम इन सब को एक भी नहीं कह सकते और अनेक भी नहीं। यह प्रकाश और अंधकार का खेल—यह अविविक्त, अपृथक्

और अविभाज्य मिश्रण, जिसमें सारी घटनाएँ कभी सत्य मालूम होती हैं, कभी मिथ्या—सदा से चल रहा है। इसके कारण कभी लगता है कि हम जाग्रत् हैं, कभी लगता है कि हम सोये हुए हैं। बस यही माया है, यही वस्तुस्थिति है। इसी माया में हमारा जन्म हुआ है, इसी में हम जीवित हैं; इसी में सोच-विचार करते हैं, इसी में स्वयं देखते हैं। इसी में हम दार्शनिक हैं, इसी में साधु हैं; यही नहीं, हम इस माया में ही कभी दानव और कभी देवता हो जाते हैं। विचार के रथ पर चढ़कर चाहे जितनी दूर जाओ, अपनी धारणा को ऊँचे से ऊँचा बनाओ, उसे अनंत या जो इच्छा हो नाम दो, पर तो भी यह सब माया के ही भीतर है। इसके विपरीत हो ही नहीं सकता; और मनुष्य का जो कुछ ज्ञान है, वह बस इस माया का ही साधारणीकरण है—इस माया के दिखनेवाले स्वरूप को ही जानने का प्रयत्न है। यह माया नाम-रूप का कार्य है। जिस किसी वस्तु का रूप है, जो भी कुछ तुम्हारे मन में किसी प्रकार के भाव का उद्दीपन कर देता है, वह सब माया के ही अंतर्गत है। जो कुछ देश-काल निमित्त के नियम के अधीन है, वही माया के अंतर्गत है।

अब हम पुनः यह विचार करें कि उस प्रारंभिक ईश्वर-धारणा का क्या हुआ। यह धारणा कि एक ईश्वर अनंत काल से हमें प्यार कर रहा है, अनंत सर्वशक्तिमान और निस्स्वार्थ पुरुष है और इस विश्व का शासन कर रहा है, स्पष्ट ही हमें संतुष्ट नहीं कर सकती। दार्शनिक साहस के साथ इस सगुण ईश्वर-धारणा के विरुद्ध खड़ा होता है। वह पूछता है—तुम्हारा न्यायशील, दयालु ईश्वर कहाँ है? क्या वह अपनी मनुष्य और पशु-रूप लाखों संतानों का विनाश नहीं देखता? कारण, ऐसा कौन है, जो एक क्षण भी दूसरों की हिंसा किए बिना जीवन धारण कर सकता है? क्या तुम सहस्रों जीवों का संहार किए बिना एक साँस भी ले सकते हो? लाखों जीव मर रहे हैं, इसी से तुम जीवित हो। तुम्हारे जीवन का प्रत्येक क्षण, तुम्हारा प्रत्येक निश्श्वास सहस्रों जीवों के लिए मृत्यु है; तुम्हारी प्रत्येक हलचल लाखों का काल है। तुम्हारा प्रत्येक ग्रास लाखों की मौत है। वे क्यों मरें? इस संबंध में एक प्राचीन कुतर्क है—"वे तो अति निम्न जीव हैं।" माना वे ऐसा हैं, पर यह तो एक संदिग्ध विषय है। कौन कह सकता है कि चींटी मनुष्य से श्रेष्ठ है, अथवा मनुष्य चींटी से? कौन सिद्ध कर सकता है कि यह ठीक है अथवा वह? यदि मान भी लिया जाए कि वे अति निम्न जीव हैं, तो भी वे मरें क्यों? यदि वे निम्नस्तर के हैं, तो उनको बचे रहने का तो और भी अधिकार है। वे क्यों न जीवित रहें? उनका जीवन इंद्रियों में ही अधिक आबद्ध है, अतः वे हमारी-तुम्हारी अपेक्षा सहस्र गुना अधिक सुख-दुःख का बोध करते हैं। कुत्ता या भेड़िया

जिस चाव के साथ भोजन करता है, उस तरह कौन मनुष्य कर सकता है? इसका कारण यह है कि हमारी समस्त कार्य-प्रवृत्ति इंद्रियों में नहीं है—वह बुद्धि में है, आत्मा में है। पर कुत्ते के प्राण इंद्रियों में ही पड़े रहते हैं, वह इंद्रिय-सुख के लिए पागल हो जाता है; वह जितने आनंद के साथ इंद्रिय-सुख का उपभोग करता है, हम मनुष्य उस प्रकार नहीं कर सकते। पर उसका दु:ख भी सुख के ही समान तीव्र होता है।

जितना सुख है, उतना ही दु:ख है। यदि पशु मनुष्य की अपेक्षा इतनी तीव्रता से सुख का अनुभव करते हैं, तो यह भी सत्य है कि उनको दु:ख का अनुभव भी उतना ही अधिक तीव्र होता है—मनुष्य की अपेक्षा तीव्रतर होता है। अतएव मनुष्य को मरने में जो कष्ट होता है, उसकी अपेक्षा सहस्रगुना अधिक कष्ट उन पशुओं को मरने में होता है। फिर भी हम उनके कष्ट की कोई चिंता न करते हुए उन्हें मार डालते हैं। यही माया है। और यदि हम मान लें कि मनुष्य के समान एक सगुण ईश्वर है, जिसने यह सृष्टि रची, तो ये सब तथाकथित सिद्धांत और व्याख्याएँ, जो यह सिद्ध करने का प्रयत्न करती हैं कि बुराई से ही भलाई होती है, पर्याप्त नहीं हैं। उपकार चाहे सहस्रों हों, पर वे अपकार से प्रसूत क्यों हों? इस सिद्धांत के अनुसार तो मैं अपनी पाँच इंद्रियों के सुख के लिए दूसरों का गला काट सकता हूँ! अतएव यह कोई युक्ति नहीं। बुराई में से भलाई क्या निकले? इस प्रश्न का उत्तर देना होगा। पर इस प्रश्न का कोई उत्तर नहीं। यह बात भारतीय दर्शन को बाध्य होकर स्वीकार करनी पड़ी।

वेदांत सभी धर्मों में सर्वाधिक साहसी था (और है)। सत्य का अन्वेषण करते हुए वह रुका कहीं भी नहीं। उसको अग्रसर होने में एक सुविधा भी थी। वह यह कि वेदांत-धर्म के विकास के समय पुरोहित-संप्रदाय ने सत्यान्वेषियों का मुँह बंद करने का प्रयत्न नहीं किया। धर्म में पूर्ण स्वाधीनता थी। उन लोगों की संकीर्णता थी सामाजिक रीति-रिवाजों में। यहाँ (इंग्लैंड में) समाज खूब स्वाधीन है। भारतवर्ष में सामाजिक स्वाधीनता नहीं थी, थी धार्मिक स्वाधीनता। इस देश में कोई चाहे जैसी पोशाक पहने, अथवा जो इच्छा हो करे, कोई कुछ न कहेगा; पर गिरजाघर में यदि कोई एक दिन न जाए, तो तरह-तरह की बातें उठ खड़ी होंगी। सत्य का विचार करते समय उसे पहले सोचना पड़ता है कि समाज धर्म पर क्या कहता है। दूसरी ओर, भारतवर्ष में यदि कोई व्यक्ति दूसरी जाति के हाथ का खाना खा ले, तो समाज उसे तुरंत जातिच्युत कर देगा। पुरखे जैसी पोशाक पहनते थे, उससे थोड़ा सा भी भिन्न रूप से पोशाक पहनते ही बस उसका सर्वनाश ही समझो। मैंने

तो यहाँ तक सुना है कि एक व्यक्ति पहली बार रेलगाड़ी देखने गया, इसलिए उसे जातिच्युत कर दिया गया! माना, यह बात सत्य न भी हो, परंतु हमारे समाज की गति ही ऐसी है। किंतु धर्म के विषय में देखता हूँ कि नास्तिक, बौद्ध, जड़वादी, सब प्रकार के धर्म, सब प्रकार के संप्रदाय, अद्‌भुत और बड़े विस्मयकारी मत-मतांतर साथ-साथ रह रहे हैं। सभी संप्रदायों के प्रचारक उपदेश देते फिरते हैं और सब को अनुयायी भी मिलते जाते हैं। और तो और, देवमंदिरों के द्वार पर ही ब्राह्मण लोग जड़वादियों को खड़ा होने और उनके मत का प्रचार करने की अनुमति देते हैं। यह बात उनकी उदारता और महत्ता की ही परिचायक है।

भगवान् बुद्ध ने परिपक्व वृद्धावस्था में शरीर त्यागा था। मेरे एक अमेरिकन वैज्ञानिक मित्र बुद्धदेव का चरित्र पढ़ना बड़ा पसंद करते थे; पर बुद्धदेव की मृत्यु उन्हें अच्छी नहीं लगती थी, क्योंकि उन्हें सूली पर नहीं चढ़ाया गया था। कैसी भ्रमात्मक धारणा है यह! बड़ा आदमी होने की कसौटी क्या? उसकी हत्या! भारत में इस प्रकार की धारणा कभी प्रचलित न थी। बुद्धदेव ने भारतीय देवताओं तथा जगत् का शासन करनेवाले ईश्वर तक की निंदा करते हुए 'भारत भर भ्रमण किया, और फिर भी वे वृद्धावस्था तक जीवित रहे। वे अस्सी वर्ष तक जीवित रहे और आधे देश को उन्होंने अपने धर्म का अनुयायी बना डाला।

चार्वाकों ने बड़े भयंकर मतों का प्रचार किया, जैसा कि आज उन्नीसवीं शताब्दी में भी लोग इस प्रकार खुल्लम-खुल्ला जड़वाद का प्रचार करने का साहस नहीं करते। इन चार्वाकों को स्वतंत्रतापूर्वक मंदिरों और नगरों में प्रचार करने दिया गया कि धर्म मिथ्या है, वह केवल पुरोहितों की स्वार्थपूर्ति का एक उपाय है, वेद केवल पाखंडी, धूर्त, निशाचरों की रचना है—न कोई ईश्वर है, न आत्मा। यदि आत्मा है, तो मृत्यु के बाद वह पत्नी-पुत्र आदि के प्रेम से आकृष्ट होकर लौट क्यों नहीं आती? इन लोगों की यह धारणा थी कि यदि आत्मा होती, तो मृत्यु के बाद भी उसमें प्रेम आदि की भावनाएँ रहतीं और वह अच्छा खाना और अच्छा पहनना चाहती। ऐसा होने पर भी चार्वाकों को किसी ने सताया नहीं।

भारत में धार्मिक स्वाधीनता का यह उदात्त भाव सदा से ही रहा है और तुम यह अवश्य स्मरण रखो कि विकास की पहली शर्त है—स्वाधीनता। जिसे तुम बंधन-मुक्त नहीं करोगे, वह कभी आगे नहीं बढ़ सकता। अपने लिए शिक्षक की स्वाधीनता रखते हुए यदि कोई सोचे कि वह दूसरों को उन्नत कर सकता है, उनकी उन्नति में सहायता दे सकता है और उनका पथ-प्रदर्शन कर सकता है, तो यह एक अर्थहीन विचार है, एक भयानक मिथ्या बात है, जिसने संसार के लाखों

मनुष्यों के विकास में अड़ंगे डाले हैं। तोड़ डालो मानव के बंधन, उन्हें स्वाधीनता के प्रकाश में आने दो। बस यही विकास की एकमात्र शर्त है।

हमने भारत में धर्म के विषय में स्वाधीनता दी थी, और उसके फलस्वरूप आज भी धर्मजगत् में हमें एक प्रबल आध्यात्मिक शक्ति मिली है। तुम लोगों ने सामाजिक स्वतंत्रता दी थी, इसीलिए तुम्हारा सामाजिक संगठन इतना सुंदर है। हमने सामाजिक बातों में बिलकुल स्वतंत्रता नहीं दी, इसलिए हमारे समाज में संकीर्णता है। तुम्हारे देश में धार्मिक स्वतंत्रता नहीं दी गई, अतः धार्मिक विश्वास दूसरों पर लादने के लिए तलवारों और बंदूकों का उपयोग किया गया। उसी का फल यह है कि आज यूरोप में धर्म इतना कुंठित और संकीर्ण है। भारत में समाज की बेड़ी को तोड़ना होगा और यूरोप में धर्म की बेड़ी को। तभी मनुष्य का आश्चर्यजनक विकास और उन्नति होगी। यदि हम लोग इस आध्यात्मिक, नैतिक या सामाजिक उन्नति में निहित एकत्व का पता लगा सकें, यदि हम जान लें कि वे सब एक ही वस्तु के विभिन्न विकास मात्र हैं, तो हम देखेंगे कि धर्म अपने पूर्ण अर्थ में हमारे समाज के भीतर अवश्य प्रवेश कर जाएगा, हमारे जीवन का प्रति मुहूर्त धर्म-भाव से परिपूर्ण हो जाएगा। वेदांत के प्रकाश में तुम समझोगे कि सारे विज्ञान धर्म की ही विभिन्न अभिव्यक्तियाँ हैं और जगत् की सारी वस्तुएँ भी उसी की अभिव्यक्ति हैं।

तो हमने देखा कि स्वाधीनता से ही इन सब विज्ञानों की उत्पत्ति और उन्नति हुई है; और हम उनमें दो प्रकार के मत पाते हैं—एक भौतिक और निंदा करनेवाला, और दूसरा सकारात्मक व निर्माण करनेवाला। एक विचित्र बात यह है कि वे सभी समाजों में पाए जाते हैं। मान लो, समाज में कोई दोष हैं, तो तुम देखोगे कि फौरन ही एक दल उठकर प्रतिहिंसात्मक रूप से गाली-गलौज करने लगता है। कभी-कभी तो ये लोग बड़े मतांध और कट्टर हो उठते हैं। सभी समाजों में तुम ऐसे मतांध लोग पाओगे; और अधिकतर स्त्रियाँ ही इस आवाज में भाग लेती हैं, क्योंकि वे स्वभाव से भावुक होती हैं। जो भी मतांध खड़ा होकर किसी विषय के विरुद्ध व्याख्यानबाजी कर सकता है, उसे अनुयायी मिल जाता है। तोड़ना सहज है; पागल आदमी जो चाहे तोड़-फोड़ सकता है, पर किसी वस्तु को गढ़ना उसके लिए बड़ा कठिन है। मान लो कि कोई दोष है, तो केवल गाली-गलौज से तो कुछ होगा नहीं; हमें उसकी जड़ तक जाकर कार्य करना पड़ेगा। पहले तो यह जानो कि दोष का कारण क्या है, फिर उस कारण को दूर करो और कार्य अपने आप ही चला जाएगा। केवल चिल्लाने से कोई लाभ नहीं होता, वरन् उससे हानि

की ही अधिक संभावना रहती है।

पर दूसरे दल के हृदय में सहानुभूति थी। वे समझ गए थे कि दोषों को दूर करने के लिए उनके कारणों में पहुँचना होगा। यह दल बड़े-बड़े साधु-महात्माओं का था। एक बात तुमको याद रखनी चाहिए कि जगत् के सभी बड़े-बड़े आचार्य कह गए हैं—'हम नाश करने नहीं आए, पहले जो था, उसी को पूर्ण करने आए हैं।' बहुधा लोग इस बात को समझ नहीं पाते और उनकी इस सहिष्णुता को तत्कालीन लोकप्रिय मतों से एक अशोभन समझौता कहते हैं। आज भी बहुत से लोग कहते हैं कि वे आचार्यगण जिस बात को सत्य समझते थे, उसे प्रकट रूप से कहने का साहस नहीं करते थे और वे कुछ अंश में कायर भी थे। पर बात यह नहीं थी। ये धर्मांध व्यक्ति उन महापुरुषों के हृदय से निःसृत प्रेम की अनंत शक्ति को नहीं समझ सकते। वे महापुरुष संसार के समस्त नर-नारियों को अपनी संतान के समान देखते थे। वे ही यथार्थ पिता थे, वे ही यथार्थ देवता थे, उनके हृदय में प्रत्येक के लिए अनंत सहानुभूति और क्षमा थी—वे सदा ही सहने और क्षमा करने को प्रस्तुत रहते थे। वे जानते थे कि किस प्रकार मानव-समाज का विकास होना चाहिए; अतएव वे अत्यंत धैर्य के साथ, धीरे-धीरे पर निश्चित रूप से अपनी संजीवनी ओषधि का प्रयोग करने लगे। उन्होंने किसी को गालियाँ नहीं दी, भय नहीं दिखलाया, पर बड़ी कृपा के साथ वे लोगों को एक-एक सोपान ऊपर उठाते गए। और ऐसे ही लोग उपनिषदों के रचयिता थे। वे अच्छी तरह जानते थे कि ईश्वर संबंधी प्राचीन धारणाएँ अन्य सब उन्नत, नीति-संगत धारणाओं के साथ मेल नहीं खातीं। वे पूरी तरह जानते थे कि नास्तिक लोग जो कुछ प्रचार करते हैं, उसमें अनेक महान् सत्य निहित हैं; पर साथ ही उन्हें यह भी ज्ञात था कि जो लोग पहले के मतों से कोई सरोकार न रखकर, जिस सूत्र में माला गुँथी हुई है, उसी को तोड़ डालना चाहते हैं और शून्य पर एक नए समाज का गठन करना चाहते हैं, वे बुरी तरह असफल होंगे।

हम कभी भी किसी नई वस्तु का निर्माण नहीं कर सकते। केवल पुरानी वस्तुओं का स्थान मात्र परिवर्तन कर दे सकते हैं। हमें कोई नई वस्तु नहीं उपलब्ध होती, हम सिर्फ वस्तुओं की स्थिति का परिवर्तन करते हैं। बीज ही धीरे-धीरे वृक्ष के रूप में परिणत होता है। अत: हमें धैर्य के साथ, शांतिपूर्वक सत्य की खोज में लगी हुई शक्ति को ठीक ढंग से चलाना होगा; जो सत्य पहले से ही विद्यमान है, उसी को संपूर्ण रूप से जानना होगा। नए सत्य के सृजन के लिए हमें प्रयत्न नहीं करना है। अतएव प्राचीन काल की इन ईश्वर-संबंधी धारणाओं को वर्तमान

काल के लिए अनुपयुक्त कहकर एकदम उड़ाए बिना ही, वे प्राचीन महापुरुष, उनमें जो कुछ सत्य है, उसका अन्वेषण करने लगे; और उसका फल है वेदांत-दर्शन। उन्हें समस्त प्राचीन देवताओं और जगत् के शासनकर्ता एक ईश्वर की धारणा से भी उच्चतर धारणाओं का पता मिला। इस प्रकार उन्होंने जिस उच्चतम सत्य की खोज की, उसी को निर्गुण, पूर्णब्रह्म' कहते हैं, और इस निर्गुण ब्रह्म की उपलब्धि में उन्हें विश्व-ब्रह्मांडव्यापी एक अखंड सत्ता प्राप्त हुई।

''जो इस बहुत्वपूर्ण जगत् में उस एक अखंडस्वरूप को देखते हैं, जो इस मर्त्य जगत् में उस एक अनंत जीवन को देखते हैं, जो इस जड़ता और अज्ञान से पूर्ण जगत् में उस एक प्रकाश और ज्ञानस्वरूप को देखते हैं, उन्हीं को चिरशांति मिलती है, अन्य किसी को नहीं।''

❑

माया और मुक्ति

(22 अक्तूबर, 1896 को लंदन में दिया गया व्याख्यान)

कवि कहता है, ''हम जगत् में अपने पीछे मानो एक हिरण्मय मेघजाल लेकर प्रवेश करते हैं।'' पर सच पूछो, तो हममें से सभी इस प्रकार महिमामंडित होकर संसार में प्रवेश नहीं करते; हममें से बहुत से तो अपने पीछे कुहरे की कालिमा लेकर ही जगत् में प्रवेश करते हैं; इसमें कोई संदेह नहीं। हम लोग—हममें से सभी—मानो युद्ध करने के लिए युद्धक्षेत्र में भेजे गए हैं। रोते-रोते हमें इस संसार में प्रवेश करना पड़ता है, यथासाध्य प्रयत्न करके अपना मार्ग बना लेना पड़ता है—इस अनंत जीवन-समुद्र में हम अपना मार्ग बनाते हैं। आगे हम बढ़ते जाते हैं और अगणित युग हमारे पीछे रहते हैं तथा असीम विस्तार हमारे परे। इसी प्रकार हम चलते रहते हैं और अंत में मृत्यु आकर हमें इस क्षेत्र से उठा ले जाती है—विजयी अथवा पराजित, कुछ भी निश्चित नहीं। और यही माया है।

बालक के हृदय में आशा बड़ी बलवती होती है। बालकों के विस्फारित नयनों के समक्ष समस्त जगत् मानो एक सुनहले चित्र के समान मालूम पड़ता है; वह समझता है कि मेरी जो इच्छा होगी, वही होगा। किंतु जैसे वह आगे बढ़ता है, वैसे ही प्रत्येक पद पर प्रकृति वज्रदृढ़ प्राचीर के रूप में उसकी भविष्य प्रगति रोध करके खड़ी हो जाती है। उस प्राचीर को भंग करने के लिए वह भले ही बारंबार वेग के साथ उस पर टक्कर मारता रहे। जीवन भर वह जैसे-जैसे अग्रसर होता जाता है, वैसे-वैसे उसका आदर्श उससे दूर होता जाता है—अंत में मृत्यु आ जाती है, और शायद इस सबसे छुटकारा मिल जाता है। और यही माया है!

एक वैज्ञानिक उठता है महाज्ञान की पिपासा लिये। उसके लिए ऐसा कुछ भी नहीं है, जिसका वह त्याग न कर सकता हो, कोई भी संघर्ष उसे निरुत्साह नहीं कर सकता। वह लगातार आगे बढ़ता हुआ प्रकृति के एक के बाद एक गुप्त तत्त्वों का

पता लगाता जाता है—प्रकृति के अंतस्तल में से आभ्यंतरिक गूढ़ रहस्यों का उद्घाटन करता जाता है, पर इस सबका उद्देश्य क्या है? यह सब करने का हेतु क्या है? हम इन वैज्ञानिकों को क्यों मान दें? उन्हें कीर्ति क्यों मिले? मनुष्य जितना कर सकता है, प्रकृति क्या उससे अनंत गुना अधिक नहीं करती? और प्रकृति तो जड़ है, अचेतन है। तो फिर जड़ के अनुकरण में कौन सा गौरव है? प्रकृति कितनी भी विद्युत्शक्ति-संपन्न वज्र को चाहे जितनी दूर फेंक दे सकती है। यदि कोई मनुष्य उसका शतांश भी कर दे, तो हम उसे आसमान पर चढ़ा देते हैं! यह सब क्यों? प्रकृति के अनुकरण के लिए, मृत्यु के, जड़त्व के, अचेतन के अनुकरण के लिए हम उसकी प्रशंसा क्यों करें? गुरुत्वाकर्षण-शक्ति भारी से भारी पदार्थ को क्षण भर में टुकड़े-टुकड़े कर फेंक सकती है, फिर भी वह जड़ है। जड़ के अनुकरण से क्या लाभ? फिर भी हम सारा जीवन उसी के लिए संघर्ष करते रहते हैं। और यही माया है!

इंद्रियाँ मनुष्य की आत्मा को बाहर खींच लाती हैं। मनुष्य ऐसे स्थानों में सुख और आनंद की खोज कर रहा है, जहाँ वह उन्हें कभी नहीं पा सकता। युगों से हम यह शिक्षा पाते आ रहे हैं कि यह निरर्थक और व्यर्थ है; यहाँ हमें सुख नहीं मिल सकता। परंतु हम सीख नहीं सकते! अपने अनुभव के अतिरिक्त और किसी उपाय से हम सीख नहीं सकते। हम प्रयत्न करते हैं और हमें एक धक्का लगता है; फिर भी क्या हम सीखते हैं? नहीं, फिर भी नहीं सीखते। पतिंगे जिस प्रकार दीपक की लौ पर टूट पड़ते हैं, उसी प्रकार हम इंद्रियों में सुख पाने की आशा से अपने को बारंबार झोंकते रहते हैं। पुनः-पुनः लौटकर हम फिर से नए उत्साह के साथ लग जाते हैं। बस इसी प्रकार चलता रहता है और अंत में लूले-लँगड़े होकर, धोखा खाकर हम मर जाते हैं। और यही माया है!

यही बात हमारी बुद्धि के संबंध में भी है। हम विश्व के रहस्य का हल करने की चेष्टा करते हैं—हम इस जिज्ञासा, इस अनुसंधान की प्रवृत्ति को बंद नहीं रख सकते। ऐसा लगता है कि यह सब हमें अवश्य जान लेना चाहिए और हम विश्वास ही नहीं कर सकते कि ज्ञान कोई प्राप्त की जानेवाली वस्तु नहीं है। हम कदम आगे जाते हैं कि अनादि, अनंत कालरूपी प्राचीर बीच में व्यवधान रूप में आ खड़ी होती है, जिसे हम लाँघ नहीं सकते। कुछ दूर बढ़ते ही असीम देश का व्यवधान आकर खड़ा हो जाता है, जिसके अतिक्रमण करने की हममें शक्ति नहीं। और फिर यह सब कार्य-कारण रूपी दीवार द्वारा सुदृढ़ रूप से सीमाबद्ध है। हम इस दीवार को नहीं लाँघ सकते। तो भी हम संघर्ष करते रहते हैं। हमें संघर्ष करना ही पड़ता है। और यही माया है!

प्रत्येक साँस के साथ, हृदय की प्रत्येक धड़कन के साथ, अपनी प्रत्येक हलचल के साथ हम समझते हैं कि हम स्वतंत्र हैं, और उसी क्षण हम देखते हैं कि हम स्वतंत्र नहीं हैं। बद्ध गुलाम—हम प्रकृति के गुलाम हैं! शरीर, मन, सर्वविध विचारों एवं समस्त भावों में हम प्रकृति के गुलाम हैं! और यही माया है!

ऐसी एक भी माता नहीं है, जो अपनी संतान को जन्मत: एक अद्भुत प्रतिभा-संपन्न महापुरुष न समझती हो। वह उस बालक को लेकर पागल सी हो जाती है, उस बालक में ही उसके प्राण पड़े रहते हैं। बालक बड़ा होता है—शायद घोर शराबी और पशुतुल्य हो जाता है, जननी के प्रति दुष्ट व्यवहार तक करने लगता है। जितना ही उसका दुर्व्यवहार बढ़ता है, उतना ही जननी का प्रेम भी बढ़ता है। लोग इसे जननी का निस्स्वार्थ प्रेम कहकर प्रशंसा करते हैं! उनके मन में यह प्रश्न तक नहीं उठता कि वह माता जन्मत: एक गुलाम है—वह इस प्रकार प्रेम किए बिना रह नहीं सकती। हजारों बार उसकी इच्छा होती है कि वह इस मोह का त्याग कर दे, पर वह कर नहीं पाती। अत: वह इसे पुष्प-राशि द्वारा आच्छादित कर लेती है और उसी को अद्भुत प्रेम कहती है। और यही माया है!

हम सबका भी बस यही हाल है। नारद ने एक दिन श्रीकृष्ण से पूछा, ''प्रभो, आपकी माया कैसी है, मैं देखना चाहता हूँ।'' एक दिन श्रीकृष्ण नारद को लेकर एक मरुस्थल की ओर चले। बहुत दूर जाने के बाद श्रीकृष्ण नारद से बोले, ''नारद, मुझे बड़ी प्यास लगी है। क्या कहीं से थोड़ा सा जल ला सकते हो?'' नारद बोले, ''प्रभो, ठहरिए, मैं अभी जल लिये आया।'' यह कहकर नारद चले गए। कुछ दूर पर एक गाँव था, नारद वहीं जल की खोज में गए। एक मकान में जाकर उन्होंने दरवाजा खटखटाया। द्वार खुला और एक परम सुंदरी कन्या उनके सम्मुख आकर खड़ी हुई। उसे देखते ही नारद सबकुछ भूल गए। भगवान् मेरी प्रतीक्षा कर रहे होंगे, वे प्यासे होंगे, हो सकता है प्यास से उनके प्राण भी निकल जाएँ—ये सारी बातें नारद भूल गए। सबकुछ भूलकर वे उस कन्या के साथ बातचीत करने लगे। उस दिन वे अपने प्रभु के पास लौटे ही नहीं। दूसरे दिन वे फिर से उस लड़की के घर आ उपस्थित हुए और उससे बातचीत करने लगे। धीरे-धीरे बातचीत ने प्रणय का रूप धारण कर लिया। तब नारद उस कन्या के पिता के पास जाकर उस कन्या के साथ विवाह करने की अनुमति माँगने लगे। विवाह हो गया। नवदंपती उसी गाँव में रहने लगे। धीरे-धीरे उनके संतानें भी हुईं। इस प्रकार बारह वर्ष बीत गए। इस बीच नारद के ससुर मर गए। और वे उनकी संपत्ति के उत्तराधिकारी हो गए। पुत्र-कलत्र, भूमि, पशु, संपत्ति, गृह आदि को लेकर नारद बड़े सुख-चैन से

दिन बिताने लगे। कम-से-कम उन्हें तो यही लगने लगा कि वे बड़े सुखी हैं। इतने में उस देश में बाढ़ आई। रात के समय नदी दोनों कगारों को तोड़कर बहने लगी और सारा गाँव डूब गया। मकान गिरने लगे, मनुष्य और पशु बह-बहकर डूबने लगे, नदी की धार में सबकुछ बहने लगा। नारद को भी भागना पड़ा। एक हाथ से उन्होंने स्त्री को पकड़ा, दूसरे हाथ से दो बच्चों को, और एक बालक को कंधे पर बिठाकर वे उस भयंकर बाढ़ से बचने का प्रयत्न करने लगे। कुछ ही दूर जाने के बाद उन्हें लहरों का वेग अत्यंत तीव्र प्रतीत होने लगा। कंधे पर बैठे हुए शिशु की नारद किसी प्रकार रक्षा न कर सके, वह गिरकर तरंगों में बह गया। उसकी रक्षा करने के प्रयास में एक और बालक, जिसका हाथ वे पकड़े हुए थे, छूटकर डूब गया। निराशा और दुःख से नारद आर्तनाद करने लगे। अपनी पत्नी को वे अपने शरीर की सारी शक्ति लगाकर पकड़े हुए थे, अंत में तरंगों के वेग से पत्नी भी उनके हाथ से छूट गई और वे स्वयं तट पर जा गिरे एवं मिट्टी में लोट-पोट हो बड़े कातर स्वर से विलाप करने सगे। इसी समय मानो किसी ने उनकी पीठ पर कोमल हाथ रखा और कहा, ''वत्स, जल कहाँ है? तुम जल लेने गए थे न, मैं तुम्हारी प्रतीक्षा में खड़ा हूँ। तुम्हें गए आधा घंटा बीत चुका।'' ''आधा घंटा!'' नारद चिल्ला पड़े। उनके लिए तो बारह वर्ष बीत चुके थे। और आधे घंटे के भीतर ही ये सब दृश्य उनके मन में से होकर निकल गए! और यही माया है!

किसी-न-किसी रूप में हम सभी इस माया के भीतर हैं। यह बात समझना बड़ा कठिन है—विषय भी बड़ा जटिल है। इसका तात्पर्य क्या? यही कि यह रात बड़ी भयानक है—सभी देशों में महापुरुषों ने इस तत्त्व का प्रचार किया है, सभी देश के लोगों ने इसकी शिक्षा प्राप्त की है, पर बहुत कम लोगों ने इस पर विश्वास किया है। इसका कारण यही है कि स्वयं बिना भोगे, स्वयं बिना ठोकर खाए हम इस पर विश्वास नहीं कर सकते। सच पूछो तो सभी वृथा है, सभी मिथ्या है। सर्वसंहारक काल आकर सब को डस लेता है, कुछ भी नहीं छोड़ता। वह पापी को खा जाता है, संत को खा जाता है, राजा, प्रजा, सुंदर, कुत्सित—सभी को खा डालता है, किसी को नहीं छोड़ता। सबकुछ उस चरम गति—विनाश—की ही ओर अग्रसर हो रहा है। हमारा ज्ञान, शिल्प, विज्ञान, सबकुछ उसी की ओर अग्रसर हो रहा है। कोई भी इस ज्वार की गति को नहीं रोक सकता। हम भले ही उसे भूले रहने की चेष्टा करें, जैसे किसी देश में महामारी फैलने पर लोग शराब, नाच, गान आदि व्यर्थ की चेष्टाओं में रत रहकर सबकुछ भूलने का प्रयत्न करते हुए पक्षाघातग्रस्त से हो जाते हैं। हम लोग भी उसी प्रकार इस मृत्यु की चिंता को भूलने का कठोर

प्रयत्न कर रहे हैं—सब प्रकार के इंद्रिय-सुखों में रत रहकर उसे भूल जाने की चेष्टा कर रहे हैं। और यही माया है!

लोगों के सामने दो मार्ग हैं। इनमें से एक को तो सभी जानते हैं। वह यह है—"संसार में दुःख है, कष्ट है—सब सत्य है, पर इस संबंध में बिलकुल मत सोचो। 'यावज्जीवेत् सुखं जीवेत् ऋणं कृत्वा घृतं पिबेत्।' दुःख है अवश्य, पर उधर नजर मत डालो। जो कुछ थोड़ा-बहुत सुख मिले, उसका भोग कर लो, इस संसार-चित्र के अंधकारमय भाग को मत देखो—केवल प्रकाशमय और आशाप्रद पक्ष की ओर दृष्टि रखो।" इस मत में कुछ सत्य तो अवश्य है, पर साथ ही एक खतरा भी है। इसमें सत्य इतना ही है कि यह हमें कार्य की प्रेरणा देता है। आशा एवं इसी प्रकार का एक प्रत्यक्ष आदर्श हमें कार्य में प्रवृत्त और उत्साहित करता है अवश्य, पर इसमें विपत्ति यह है कि अंत में हमें हताश होकर सब चेष्टाएँ छोड़ देनी पड़ती हैं। यही हाल होता है उन लोगों का, जो कहते हैं—"संसार को जैसा देखते हो, वैसा ही ग्रहण करो; जितना स्वच्छंद रह सकते हो रहो, दुःख, कष्ट आने पर भी संतुष्ट रहो, आघात होने पर भी कहो कि यह आघात नहीं, पुष्पवृष्टि है; दास के समान दुत्कारे जाने पर भी कहो, "मैं मुक्त हूँ; स्वाधीन हूँ;" दूसरों तथा अपनी आत्मा के सम्मुख दिन-रात झूठ बोलो, क्योंकि संसार में रहने का, जीवित रहने का यही एकमात्र उपाय है।" इसी को सांसारिक ज्ञान कहते हैं, और इस उन्नीसवीं शताब्दी में इसका जितना प्रभाव है, उतना और कभी नहीं रहा; क्योंकि लोग इस समय जो चोटें खा रहे हैं, वैसी उन्होंने पहले कभी नहीं खाईं; प्रतिद्वंद्विता भी इतनी तीव्र पहले कभी नहीं थी; मनुष्य अपने भाइयों के प्रति आज जितना निष्ठुर है, उतना पहले कभी नहीं था, और इसीलिए आजकल यह सांत्वना दी जाती है। आजकल इस उपदेश का ही जोर है, पर अब उससे कोई फल नहीं होता—कभी होता भी नहीं। सड़े-गले मुरदे को फूलों से ढककर नहीं रखा जा सकता—यह असंभव है। ऐसा अधिक दिन नहीं चलता। एक दिन ये सब फूल सूख जाएँगे, और तब वह शव पहले से भी अधिक बीभत्स दिखाई देगा। हमारा सारा जीवन भी ऐसा ही है। हम भले ही अपने पुराने, सड़े घाव को स्वर्ण के वस्त्र से ढक रखने की चेष्टा करें, पर एक दिन ऐसा आएगा, जब वह स्वर्णवस्त्र खिसक पड़ेगा और वह घाव अत्यंत बीभत्स रूप में आँखों के सामने प्रकट हो जाएगा।

तब क्या कोई आशा नहीं है? यह सत्य है कि हम सभी माया के दास हैं, हम सभी माया के अंदर ही जन्म लेते हैं और माया में ही जीवित रहते हैं। तब क्या कोई उपाय नहीं है? कोई आशा नहीं है? ये सब बातें तो सैकड़ों युगों से लोगों को

मालूम हैं कि हम सब अतीव दुर्दशा में पड़े हैं, यह जगत् वास्तव में एक कारागार है, हमारी पूर्वप्राप्त महिमा की छटा भी एक कारागार है, हमारी बुद्धि और मन भी एक कारागार के समान है। मनुष्य चाहे जो कुछ कहे, पर ऐसा कोई भी व्यक्ति नहीं है, जो किसी-न-किसी समय इस बात को हृदय से अनुभव न करता हो। वृद्ध लोग इसको और भी तीव्रता के साथ अनुभव करते हैं, क्योंकि उनकी जीवन भर की संचित अभिज्ञता रहती है। प्रकृति की मिथ्या भाषा उन्हें और अधिक नहीं ठगा सकती। इस बंधन को तोड़ने का क्या उपाय है? क्या कोई उपाय नहीं है? हम देखते हैं कि इस भयंकर व्यापार के बावजूद हमारे सामने पीछे चारों ओर यह बंधन रहने पर भी, इस दुःख और कष्ट के बीच, इस जगत् में ही, जहाँ जीवन और मृत्यु समानार्थी हैं, एक महावाणी समस्त युगों, समस्त देशों और समस्त व्यक्तियों के हृदय में गूँज रही है—

'दैवी ह्येषा गुणमयी मम माया दुरत्यया।
मामेव ये प्रपद्यन्ते मायामेतां तरन्ति ते॥'

''मेरी यह दैवी, त्रिगुणमयी माया बड़ी मुश्किल से पार की जाती है। जो मेरी शरण में आते हैं, वे इस माया से पार हो जाते हैं।''

''हे थके-माँदे, भार से लदे मनुष्यो, आओ, मैं तुम्हें आश्रय दूँगा।'' यह वाणी ही हम सब को बराबर अग्रसर कर रही है। मनुष्य ने इस वाणी को सुना है, और अनंत युगों से सुनता आ रहा है। जब मनुष्य को लगता है कि उसका सबकुछ चला जा रहा है, जब उसकी आशा टूटने लगती है, जब अपने बल में उसका विश्वास हटने लगता है, जब सबकुछ मानो उसकी उँगलियों में से खिसककर भागने लगता है और जीवन केवल एक भग्नावशेष में परिणत हो जाता है, तब वह इस वाणी को सुन पाता है—और यही धर्म है।

अतएव, एक ओर तो यह अभयवाणी है कि यह समस्त कुछ नहीं, केवल माया है, और साथ ही यह आशाप्रद वाक्य है कि माया के बाहर जाने का मार्ग भी है। दूसरी ओर, हमारे सांसारिक लोग कहते हैं, '' धर्म, दर्शन, ये सब व्यर्थ की वस्तुएँ लेकर दिमाग खराब मत करो। दुनिया में रहो; माना यह दुनिया बड़ी खराब है, पर जितना हो सके, इसका मजा ले लो।'' सीधे-सादे शब्दों में इसका अर्थ यही है कि दिन-रात पाखंडपूर्ण जीवन व्यतीत करो—अपने घाव को जब तक हो सके, ढके रखो। एक के बाद दूसरी जोड़-गाँठ करते जाओ, यहाँ तक कि सबकुछ नष्ट हो जाए और तुम केवल जोड़-गाँठ का एक समूह मात्र रह जाओ। इसी को कहते

हैं सांसारिक जीवन। जो इस जोड़-गाँठ से संतुष्ट हैं, वे कभी भी धर्मलाभ नहीं कर सकते। जब जीवन की वर्तमान अवस्था में भयानक अशांति उत्पन्न हो जाती है, जब अपने जीवन के प्रति भी ममता नहीं रह जाती, जब इस जोड़-गाँठ पर अपार घृणा उत्पन्न हो जाती है, जब मिथ्या और पाखंड के प्रति प्रबल वितृष्णा उत्पन्न हो जाती है, तभी धर्म का प्रारंभ होता है।

भगवान् बुद्ध ने बोधिवृक्ष के नीचे बैठकर दृढ़ स्वर में जो बात कही थी, उसे जो अपने रोम-रोम से बोल सकता है, वही वास्तविक धार्मिक होने योग्य है। संसारी होने की इच्छा उनके भी हृदय में एक बार उत्पन्न हुई थी। इधर वे स्पष्ट रूप से देख रहे थे कि उनकी यह अवस्था, यह सांसारिक जीवन एकदम व्यर्थ है; पर इसके बाहर जाने का उन्हें कोई मार्ग नहीं मिल रहा था। मार (= मोह) एक बार उनके निकट आया और कहने लगा—"छोड़ो भी सत्य की खोज, चलो, संसार में लौट चलो, और पहले जैसा पाखंडपूर्ण जीवन बिताओ, सब वस्तुओं को उनके मिथ्या नामों से पुकारो, अपने निकट और सबके निकट दिन-रात मिथ्या बोलते रहो।" पर उस महावीर ने अपने अतुल पराक्रम से उसे उसी क्षण परास्त कर दिया। उन्होंने कहा, "अज्ञानपूर्वक केवल खा-पीकर जीने की अपेक्षा मरना ही अच्छा है; पराजित होकर जीने की अपेक्षा युद्धक्षेत्र में मरना श्रेयस्कर है।" यही धर्म की नींव है। जब मनुष्य इस नींव पर खड़ा होता है, तब समझना चाहिए कि वह सत्य की प्राप्ति के पथ पर, ईश्वर की प्राप्ति के पथ पर चल रहा है।

धार्मिक होने के लिए भी पहले यह दृढ़ प्रतिभा आवश्यक है। मैं अपना रास्ता स्वयं ढूँढ़ लूँगा। सत्य को जानूँगा अथवा इस प्रयत्न में प्राण दे दूँगा। कारण, संसार की ओर से तो और कुछ पाने की आशा है ही नहीं, यह तो शून्यस्वरूप है—दिन-रात उड़ता जा रहा है। आज का सुंदर, आशापूर्ण तरुण कल का बूढ़ा है। आशा, आनंद, सुख—ये सब मुकुलों की भाँति कल के शिशिर-पात से नष्ट हो जाएँगे। यह हुई इस ओर की बात, और दूसरी ओर है विजय का प्रलोभन—जीवन के समस्त अशुभों पर विजय-प्राप्ति की संभावना। और तो और, स्वयं जीवन और जगत् पर भी और विजय-प्राप्ति की संभावना है। इसी उपाय से मनुष्य अपने पैरों पर खड़ा हो सकता है। अतएव जो लोग इस विजय-प्राप्ति के लिए, सत्य के लिए, धर्म के लिए चेष्टा कर रहे हैं, वे ही सत्यपथ पर हैं; और वेद भी यही उपदेश करते हैं, "निराश मत होओ; मार्ग बड़ा कठिन है—छुरे की धार पर चलने के समान दुर्गम; फिर भी निराश मत होओ; उठो, जागो और अपने परम आदर्श को प्राप्त करो।"

सारे धर्मों की, चाहे वे किसी भी रूप में मनुष्य के निकट अपनी अभिव्यक्ति करते हों, यही एक सामान्य केंद्रीय नींव है। और वह है संसार के बाहर जाने का अर्थात् मुक्ति का उपदेश। इन सब धर्मों का उद्देश्य संसार और धर्म के बीच सुलह कराना नहीं, पर धर्म को अपने आदर्श में दृढ़-प्रतिष्ठित करना है, संसार के साथ बिना समझौता किए ही उसकी जटिल समस्या का समाधान करना है। प्रत्येक धर्म इसका प्रचार करता है और वेदांत का कर्तव्य है—इन सभी महदाकांक्षाओं में सामंजस्य स्थापित करना, और संसार के सारे उच्चतम और निम्नतम धर्मों में विद्यमान सामान्य तत्त्व को अभिव्यक्त करना। हम जिसको अत्यंत भ्रांत अंधविश्वास कहते हैं, और जो सर्वोच्च दर्शन है, सभी की यही एक साधारण नींव है कि वे सभी इस प्रकार के संकट से निस्तार पाने का मार्ग दिखाते हैं, और अधिकांश में किसी प्रपंचातीत पुरुषविशेष की सहायता से अर्थात् प्राकृतिक नियमों से आबद्ध न रहनेवाले नित्यमुक्त पुरुषविशेष की सहायता से इस मुक्ति की प्राप्ति करनी पड़ती है। इस मुक्त पुरुष के स्वरूप के संबंध में नाना प्रकार की कठिनाइयाँ और मतभेद होने पर भी—वह ब्रह्म सगुण है या निर्गुण, मनुष्य की भाँति ज्ञानसंपन्न है अथवा नहीं, वह पुरुष है, स्त्री, या निर्लिंग—इस प्रकार के अनंत विचार तथा विभिन्न मतों के प्रबल विरोध होने पर भी मूलभूत तत्त्व एक ही है। विविध मतवादों के इस प्रचंड परस्पर विरोध के बावजूद, हमें उन सब में एकत्व का एक स्वर्ण-सूत्र मिलता है और इस दर्शन में ही इस स्वर्ण-सूत्र की खोज हुई है, जो हमारी दृष्टि के सामने थोड़ा-थोड़ा करके अभिव्यक्त हुआ है, और यह सामान्य तत्त्व ही इस अभिव्यक्ति का पहला सोपान है कि हम सभी मुक्ति की ही ओर अग्रसर हो रहे हैं।

अपने सुख, दुःख, विपत्ति और कष्ट—सभी अवस्थाओं में हम यह आश्चर्य की बात देखते हैं कि हम सभी धीरे-धीरे मुक्ति की ओर अग्रसर हो रहे हैं। प्रश्न उठा—यह जगत् वास्तव में क्या है? कहाँ से इसकी उत्पत्ति हुई और कहाँ इसका लय है? और इसका उत्तर था—मुक्ति से ही इसकी उत्पत्ति है, मुक्ति में यह विश्राम करता है और अंत में मुक्ति में ही इसका लय हो जाता है। यह जो मुक्ति की भावना है कि वास्तव में हम मुक्त हैं, इस आश्चर्यजनक भावना के बिना हम एक क्षण भी नहीं चल सकते, इस भाव के बिना तुम्हारे सभी कार्य, यहाँ तक कि तुम्हारा जीवन तक व्यर्थ है। प्रतिक्षण प्रकृति यह सिद्ध किए दे रही है कि हम दास हैं, पर उसके साथ ही यह दूसरा भाव भी हमारे मन में उत्पन्न होता रहता है कि हम मुक्त हैं। प्रतिक्षण हम माया से आहत होकर बद्ध से प्रतीत होते हैं, पर उसी क्षण, उस आघात के साथ ही 'हम बद्ध हैं' इस भावना के साथ ही और भी एक भाव हममें

आता है कि हम मुक्त हैं। मानो हमारे अंदर से कोई कह रहा है कि हम मुक्त हैं। इस मुक्ति की हृदय से उपलब्धि करने में, अपने मुक्त स्वभाव को प्रकट करने में जो बाधाएँ उपस्थित होती हैं, वे भी तो एक प्रकार से अनतिक्रमणीय हैं तो भी अंदर से, हमारे हृदय के अंतस्तल से मानो कोई सर्वदा कहता रहता है—मैं मुक्त हूँ, मैं मुक्त हूँ।

और यदि तुम संसार के विभिन्न धर्मों का अध्ययन करो तो देखोगे, उन सभी में किसी-न-किसी रूप में यह भाव प्रकाशित हुआ है। केवल धर्म नहीं—धर्म शब्द को तुम संकीर्ण अर्थ में मत लो—वरन् सारा सामाजिक जीवन इसी एक मूल भाव की अभिव्यक्ति है। सभी प्रकार की सामाजिक गतियाँ उसी एक मुक्त भाव की विभिन्न अभिव्यक्तियाँ हैं। मानो सभी ने जाने-अनजाने उस स्वर को सुना है, जो दिन-रात कह रहा है, "हे थके-माँदे और बोझ से लदे हुए मनुष्यो! मेरे पास आओ!" मुक्ति के लिए आह्वान करनेवाली यह वाणी भले ही एक ही प्रकार की भाषा अथवा एक ही ढंग से प्रकाशित न होती हो, पर किसी-न-किसी रूप में वह हमारे साथ सदैव विद्यमान है। हमारा यहाँ जो जन्म हुआ है, वह भी इसी वाणी के कारण; हमारी प्रत्येक गति इसी के लिए है। हम जानें या न जानें, पर हम सभी मुक्ति की ओर चल रहे हैं, उसी वाणी का अनुसरण कर रहे हैं। जिस प्रकार गाँव के बालक उस वंशीवादक के संगीत से खिंचकर चले जाते थे, उसी प्रकार हम भी बिना जाने ही, उस मधुर वाणी का अनुसरण कर रहे हैं।

जब हम उस वाणी का अनुसरण करते हैं तभी हम नीतिपरायण होते हैं। केवल जीवात्मा नहीं, वरन् छोटे-से-छोटे जड़ प्राणी से लेकर ऊँचे-से-ऊँचे मनुष्यों तक सभी ने वह स्वर सुना है, और सब उसी की दिशा में दौड़े जा रहे हैं। और चेष्टा में या तो हम परस्पर मिल जाते हैं या एक दूसरे को धक्का देते रहते हैं। इसी से प्रतिद्वंद्विता, हर्ष, संघर्ष, जीवन, सुख और मृत्यु उत्पन्न होते हैं और उस वाणी तक पहुँचने के लिए यह जो संघर्ष चल रहा है, समग्र विश्व उसी का परिणाम मात्र है। हम यही करते आ रहे हैं। यही व्यक्त प्रकृति का परिचय है।

इस वाणी के सुनने से क्या होता है? इससे हमारे सामने का दृश्य परिवर्तित होने लगता है। जैसे ही तुम इस स्वर को सुनते हो और समझते हो कि यह क्या है, वैसे ही तुम्हारे सामने का सारा दृश्य बदल जाता है। यही जगत्, जो पहले माया का बीभत्स युद्ध-क्षेत्र था, अब और कुछ—अपेक्षाकृत अधिक सुंदर—हो जाता है। तब फिर प्रकृति को कोसने की कोई आवश्यकता नहीं रह जाती। संसार बड़ा बीभत्स है अथवा यह सब वृथा है, यह कहने की भी आवश्यकता नहीं रह जाती; रोने-

चिल्लाने का भी प्रयोजन नहीं रह जाता। जैसे ही तुम इस स्वर का अर्थ समझते हो, वैसे ही तुम्हारी समझ में आ जाता है कि इस सब चेष्टा, इस युद्ध, इस प्रतिद्वंद्विता, इस कठिनाई, इस निष्ठुरता, इन सब छोटे-छोटे सुख एवं आनंद आदि का प्रयोजन क्या है! तब यह स्पष्ट समझ में आ जाता है कि यह सब प्रकृति के स्वभाव से ही होता है; हम सब जाने-अनजाने उसी स्वर की ओर अग्रसर हो रहे हैं, इसीलिए यह सब हो रहा है। अतएव समस्त मानव-जीवन, समस्त प्रकृति उसी मुक्तभाव को अभिव्यक्त करने की चेष्टा कर रही है, बस सूर्य भी उसी ओर जा रहा है, पृथ्वी भी इसीलिए सूर्य के चारों ओर परिक्रमा कर रही है, चंद्र भी इसीलिए पृथ्वी के चारों ओर घूम रहा है। उस स्थान पर पहुँचने के लिए ही समस्त ग्रह-नक्षत्र दौड़ रहे हैं और वायु बह रही है। उस मुक्ति के लिए ही बिजली तीव्र घोष करती है और मृत्यु भी उसी के लिए चारों ओर घूम-फिर रही है। सब कोई उसी दिशा में जाने का प्रयत्न कर रहे हैं। साधु भी उसी ओर जा रहे हैं, बिना गए वे रह ही नहीं सकते, उनके लिए यह कोई प्रशंसा की बात नहीं। पापियों की भी यही दशा है। बड़ा दानी व्यक्ति भी उसी को लक्ष्य बनाकर सरल भाव से चला जा रहा है, बिना गए वह रह ही नहीं सकता और एक भयानक कंजूस भी उसी को लत बनाकर चल रहा है। जो बड़े सत्कर्मशील हैं, उन्होंने भी उसी वाणी को सुना है, वे सत्कर्म किए बिना रह नहीं सकते; और एक घोर आलसी व्यक्ति का भी यही हाल है। हो सकता है, एक व्यक्ति दूसरे की अपेक्षा अधिक ठोकरें खाए। जो व्यक्ति अधिक ठोकरें खाता है, उसे हम बुरा कहते हैं और जो कम, उसे सज्जन या भला कहते हैं। भला और बुरा ये दो भिन्न चीजें नहीं हैं, दोनों एक ही हैं; उनके बीच का भेद प्रकारगत नहीं, परिमाणगत है।

अब देखो, यदि यह मुक्तभाव रूपी शक्ति वास्तव में समस्त जगत् में कार्य कर रही है, तो अपने विशेष आलोच्य विषय धर्म में उसका प्रयोग करने पर हम देखते हैं कि सभी धर्मों में इस एक भाव को स्वीकार किया गया है। अत्यंत निम्न कोटि के धर्म को लो, जिसमें किसी मृत पूर्वज अथवा निष्ठुर देवताओं की उपासना होती है। इन उपास्य देवताओं अथवा मृत पूर्वजों के बारे में क्या धारणा है? यही कि वे प्रकृति से उन्नत हैं, इस माया के द्वारा वे बद्ध नहीं हैं। पर हाँ, प्रकृति के बारे में उपासक की धारणा अवश्य बिलकुल सामान्य है। उपासक एक मूर्ख अज्ञानी व्यक्ति है, उसकी बिलकुल स्थूल धारणा है, वह घर की दीवार को भेदकर नहीं जा सकता अथवा आकाश में विचरण नहीं कर सकता। अत: इन सब बाधाओं का अतिक्रमण करना, बस इसके अतिरिक्त उसकी शक्ति की कोई उच्चतर धारणा है

ही नहीं; अतएव वह ऐसे देवता की उपासना करता है, जो दीवार भेदकर अथवा आकाश में उड़कर आ-जा सकते हैं, अथवा जो अपना रूप परिवर्तित कर सकते हैं। दार्शनिक भाव से देखने पर इस प्रकार की देवोपासना में कौन सा रहस्य है? यह कि यहाँ भी वह मुक्ति का भाव मौजूद है, उसकी देवता-संबंधी धारणा प्रकृतिसंबंधी अपनी धारणा से उन्नत है। और जो लोग तदपेक्षा उन्नत देवों के उपासक हैं, उनकी भी उस एक ही मुक्ति की दूसरे प्रकार की धारणा है। जैसे-जैसे प्रकृति के संबंध में हमारी धारणा उन्नत होती जाती है, वैसे ही वैसे प्रकृति की प्रभु आत्मा के संबंध में भी हमारी धारणा उन्नत होती जाती है; अंत में हम एकेश्वरवाद में पहुँच जाते हैं, जो माया या प्रकृति को स्वीकार करता है, और जिसके मतानुसार मायाधीश एक ईश्वर ही है।

जहाँ सर्वप्रथम इस एकेश्वरवाद-सूचक भाव का आरंभ होता है, वहीं वेदांत का आरंभ हो जाता है। वेदांत इससे भी अधिक गंभीर अन्वेषण करना चाहता है। वह कहता है कि इस माया-प्रपंच के पीछे जो एक आत्मा मौजूद है, जो माया का स्वामी है, पर जो माया के अधीन नहीं है, वह हमें अपनी ओर आकर्षित कर रहा है और हम भी धीरे-धीरे उसी की ओर जा रहे हैं—यह धारणा है तो ठीक, पर अभी भी यह धारणा शायद स्पष्ट नहीं हुई है, अब भी यह दर्शन मानो अस्पष्ट और अस्फुट है, यद्यपि वह स्पष्ट रूप से युक्ति-विरोधी नहीं है। जिस प्रकार तुम्हारे यहाँ प्रार्थना में कहा जाता है—'मेरे ईश्वर, तेरे अति निकट' (Nearer, my God to thee), वेदांती भी ऐसी ही प्रार्थना करता है, केवल एक शब्द बदलकर—'मेरे ईश्वर, मेरे अति निकट' (Nearer, My God to me)। हमारा चरम लक्ष्य बहुत दूर है, प्रकृति से अतीत प्रदेश में है। वह हमें अपनी ओर खींच रहा है, उसे धीरे-धीरे हमें अपने निकट लाना होगा; पर आदर्श की पवित्रता और उच्चता को अक्षुण्ण रखते हुए। मानो यह आदर्श क्रमश: हमारे निकटतर होता जाता है—अंत में स्वर्ग का ईश्वर मानो प्रकृतिस्थ ईश्वर बन जाता है, फिर प्रकृति और ईश्वर में कोई भेद नहीं रह जाता, वही मानो इस देहमंदिर के अधिष्ठातृ देवता के रूप में, और अंत में इसी देहमंदिर के रूप में जाना जाता है, और वही मानो अंत में जीवात्मा और मनुष्य के रूप में परिज्ञात होता है। बस यही वेदांत की शिक्षा का अंत है। जिसको ऋषिगण विभिन्न स्थानों में खोजा करते थे, वह हमारे अंदर ही है।

वेदांत कहता है—तुमने जो वाणी सुनी थी, वह ठीक सुनी थी, पर उसे सुनकर तुम ठीक मार्ग पर चले नहीं। जिस मुक्ति के महान् आदर्श का तुमने अनुभव किया था, वह सत्य है, पर उसे बाहर की ओर खोजकर तुमने भूल की।

इसी भाव को अपने निकट और निकटतर लाते चलो, जब तक कि तुम यह न जान लो कि यह मुक्ति, यह स्वाधीनता तुम्हारे अंदर ही है, वह तुम्हारी आत्मा की अंतरात्मा है। यह मुक्ति बराबर तुम्हारा स्वरूप ही थी, और माया ने तुम्हें कभी भी बद्ध नहीं किया। तुम पर अपना अधिकार जमाने की सामर्थ्य प्रकृति में कभी नहीं थी। डरे हुए बालक के समान तुम स्वप्न देख रहे थे कि प्रकृति तुम्हारा गला दबा रही है। इस भय से मुक्त होना ही लक्ष्य है। केवल इसे बुद्धि से जानना ही नहीं, वरन् प्रत्यक्ष करना होगा, अपरोक्ष करना होगा—हम इस जगत् को जितने स्पष्ट रूप से देखते हैं, उससे भी अधिक स्पष्ट रूप से देखना होगा। तभी हम मुक्त होंगे, तभी हमारी सारी कठिनाइयों का अंत होगा, तभी हृदय की सारी उलझनें नष्ट होंगी, सारी वक्रताएँ सरल हो जाएँगी। तब यह विविधता और प्रकृति का भ्रम चला जाएगा। तब यह माया, आज के समान भयानक अवसादकारक स्वप्न न होकर अति सुंदर रूप में दिखेगी, और यह जगत्, जो इस समय कारागार के समान प्रतीत हो रहा है, क्रीड़ा-क्षेत्र का रूप धारण कर लेगा। तब सारी विपत्तियाँ, जटिलताएँ, और तो और, हम जो सब यंत्रणाएँ भोग रहे हैं, वे भी ब्रह्मभाव में परिणत हो जाएँगी और हमारे सम्मुख अपना प्रकृत स्वरूप अभिव्यक्त करेंगी। तब हम देखेंगे कि सारी वस्तुओं के पीछे, सब के सारसत्तास्वरूप 'वही' विद्यमान है और हम जान लेंगे कि 'वही' हमारा वास्तविक अंतरात्मास्वरूप है।

❑

ब्रह्म एवं जगत्

(1896 में लंदन में दिया गया व्याख्यान)

अद्वैत वेदांत की इस एक बात की धारणा करना अत्यंत कठिन है कि जो ब्रह्म अनंत हैं, वह सांत अथवा ससीम किस प्रकार हुआ? यह प्रश्न मनुष्य सर्वदा करता रहेगा, पर जीवन भर इस प्रश्न पर विचार करते रहने पर भी उसके हृदय से यह प्रश्न कभी दूर न होगा और वह बारंबार पूछेगा—जो असीम है, वह सीमित कैसे हुआ? मैं अब इसी प्रश्न को लेकर आलोचना करूँगा। इसको ठीक प्रकार से समझाने के लिए मैं नीचे दिए हुए चित्र की सहायता लूँगा।

इस चित्र में (क) है ब्रह्म और (ख) है जगत्। ब्रह्म ही जगत् हो गया है। यहाँ पर जगत् शब्द से केवल जड़ जगत् ही नहीं; किंतु सूक्ष्म तथा आध्यात्मिक जगत् स्वर्ग, नरक और वास्तव में जो कुछ भी है, सब को इसके अंतर्गत लेना होगा। मन एक प्रकार के परिणाम का नाम है, शरीर एक दूसरे प्रकार के परिणाम का--इत्यादि, इत्यादि। इन सब को लेकर अपना यह जगत् निर्मित हुआ है। यह ब्रह्म (क) देश-काल-निमित्त (ग) में से होकर आने से जगत् (ख) बन गया है। यही अद्वैतवाद की मूल बात है। हम देश-काल निमित्तरूपी काँच में से ब्रह्म को देख रहे हैं, और इस प्रकार नीचे की ओर से देखने पर ब्रह्म हमें जगत् के रूप में दिखता है। इससे यह स्पष्ट है कि जहाँ ब्रह्म है, वहाँ देश-काल निमित्त नहीं है। काल वहाँ रह नहीं सकता, क्योंकि वहाँ न मन है, न विचार। देश भी वहाँ नहीं रह सकता, क्योंकि वहाँ कोई बाह्य परिणाम नहीं है। जहाँ सत्ता केवल एक है, वहाँ गति एवं निमित्त अथवा कार्य-कारण-भाव भी नहीं रह सकता। यह बात समझना और इसकी अच्छी तरह

धारणा कर लेना हमारे लिए अत्यावश्यक है कि जिसको हम कार्य-कारण-भाव कहते हैं, वह तो (यदि हम इन शब्दों का प्रयोग कर सकें) ब्रह्म के प्रपंच रूप में अवनत होने के बाद ही होता है, उससे पहले नहीं; और हमारी इच्छा, वासना आदि जो कुछ हैं, वे सब उसके बाद ही आरंभ होते हैं।

मेरी राय में शॉपेनहॉवर ने अपने दर्शन में वेदांत की व्याख्या करते समय यहीं पर भूल की; उन्होंने इस 'इच्छा' (Will) को ही सर्वस्व मान लिया। वे ब्रह्म के स्थान में इस 'इच्छा' को ही बैठाना चाहते हैं। किंतु पूर्ण ब्रह्म को कभी 'इच्छा' नहीं कहा जा सकता, क्योंकि इच्छा जगत्पंच के अंतर्गत है और इसलिए परिणामशील है, पर ब्रह्म में—(ग) के ऊपर अर्थात् देश-काल-निमित्त के ऊपर—किसी प्रकार की गति नहीं है, किसी प्रकार का परिणाम नहीं है, इस (ग) के नीचे ही गति है—बाह्य और आभ्यंतर सभी प्रकार की गति का आरंभ इसके नीचे ही होता है, और इस आभ्यंतरिक गति को ही विचार कहते हैं। अत: (ग) के ऊपर किसी प्रकार की इच्छा रह ही नहीं सकती। अतएव 'इच्छा' जगत् का कारण नहीं हो सकती। और भी निकट आकर देखो, हमारे शरीर की सभी गतियाँ इच्छा से प्रेरित नहीं होतीं। मैं इस कुरसी को उठाता हूँ। यहाँ पर अवश्य इच्छा ही उठाने का कारण है। यह इच्छा ही पेशियों की शक्ति के रूप में परिणत हो गई है। यह बात ठीक है। पर जो शक्ति कुरसी उठाने का कारण है, वही तो फेफड़ों को भी चला रही है, पर 'इच्छा' के रूप में नहीं। इन दोनों शक्तियों को एक मान लेने पर भी, जिस समय वह चेतना की भूमि में आती है, उसी समय 'इच्छा' कहलाती है, पर इस भूमि में आरोहण करने के पहले उसे 'इच्छा' नाम से पुकारना भूल होगी। इसी से शॉपेनहॉवर के दर्शन में बड़ी भ्रांतियों पैदा हो गई हैं।

एक पत्थर गिरा और हमने प्रश्न किया—इसके गिरने का क्या कारण है? यह प्रश्न केवल तभी किया जा सकता है, जब यह मान लिया जाए कि बिना कारण के कुछ घटित नहीं होता। मेरा अनुरोध है कि इस धारणा को तुम अपने मन में खूब स्पष्ट रेखो, क्योंकि जब हम प्रश्न करते हैं कि यह घटना क्यों हुई, तब हम यह मान लेते हैं कि सभी वस्तुओं का, सभी घटनाओ का एक 'क्यों' रहता ही है। अर्थात् उसके घटने के पहले और कुछ अवश्य हुआ होगा, जिसने कारण का कार्य किया। इस पूर्ववर्तिता और परवर्तिता के अनुक्रम को ही 'निमित' अथवा 'कार्य-कारण-भाव' कहते हैं। जो कुछ हम देखते, सुनते और अनुभव करते हैं, संक्षेप में, जगत् का सभी कुछ, एक बार कारण बनता है और फिर कार्य। एक वस्तु अपने बाद आनेवाली वस्तु का कारण बनती है और वह स्वयं अपनी पूर्ववर्ती किसी अन्य वस्तु का कार्य

भी है। इसी को कार्य-कारण का नियम कहते हैं। और यह हमारी समस्त विचार-प्रक्रिया का अनिवार्य अंग है। यह हमारा स्थिर विश्वास है कि जगत् का प्रत्येक अणु, वह फिर चाहे जो हो, अन्य सभी अणुओं के साथ संबद्ध है। हमारी यह धारणा किस प्रकार आई, इस बात को लेकर बहुत वाद-विवाद हो चुके हैं। यूरोप में अनेक अतींद्रियवादी (Intuitive) दार्शनिक हैं, जिनका विश्वास है कि यह धारणा मानव-जाति के स्वभाव में है, और बहुतों का विचार है कि वह अनुभवजनित है; पर इस प्रश्न का समाधान अभी तक नहीं हो सका। वेदांत इसका क्या समाधान करता है, यह हम बाद में देखेंगे। पहले तो हमें यह समझना है कि यह 'क्यों' का प्रश्न ही इस धारणा पर निर्भर रहता है कि इसके पूर्व कुछ हो चुका है और इसके बाद भी कुछ होगा। इस प्रश्न में दूसरा यह विश्वास निहित है कि जगत् का कोई भी पदार्थ स्वतंत्र नहीं, प्रत्येक पदार्थ पर उसके बाहर स्थित अन्य कोई भी पदार्थ कार्य कर सकता है। अन्योन्याश्रयता अथवा परस्पर-सापेक्षता समस्त विश्व का नियम है।

जब हम पूछते हैं, "ब्रह्म पर किस कारण ने कार्य किया?" तो हम कितनी बड़ी भूल करते हैं। यह प्रश्न करने का अर्थ है कि ब्रह्म भी अन्य किसी के अधीन है—वह निरपेक्ष ब्रह्मसत्ता भी अब किसी के द्वारा बद्ध है। अर्थात् 'ब्रह्म' अथवा 'निरपेक्ष सत्ता' शब्द को हम जगत् के समान समझते हैं—हम उसे जगत् के स्तर पर नीचे खींच लाते हैं; ब्रह्म में देश-काल निमित्त हैं, ही नहीं; क्योंकि वह एकमेवाद्वितीय है—अपनी सत्ता का जो स्वयं ही आधार है, उसका कोई कारण हो ही नहीं सकता। जो मुक्तस्वभाव है, स्वतंत्र है, उसका कोई कारण नहीं हो सकता, अन्यथा वह मुक्त नहीं रहेगा, बद्ध हो जाएगा। जिसमें सापेक्षभाव है, वह कभी मुक्त स्वभाव नहीं हो सकता। अत: हम देखते हैं कि अनंत सांत कैसे हुआ, यह प्रश्न ही भ्रमात्मक और स्वविरोधी है।

इन बारीकियों से उतरकर अपने सामान्य स्तर पर भी, जब हम यह जानना चाहते हैं कि निरपेक्ष सापेक्ष कैसे हुआ, इस प्रश्न को एक दूसरे ढंग से देखा जा सकता है। मान लो कि हमने इस प्रश्न का उत्तर जान लिया, तब क्या निरपेक्ष निरपेक्ष रह जाएगा? ऐसा होने पर तो वह सापेक्ष हो जाएगा। साधारण रूप से हम ज्ञान किसे कहते हैं? जो कोई विषय हमारे मन के विषयीभूत हो जाता है अर्थात् मन के द्वारा सीमाबद्ध हो जाता है, हम उसी को जान सकते हैं, और जब वह हमारे मन के बाहर रहता है अर्थात् मन का विषय नहीं रहता, तब हम उसे नहीं जान सकते। अत: यह स्पष्ट है कि यदि यह ब्रह्म मन के द्वारा सीमाबद्ध हो गया, तो फिर वह निरपेक्ष नहीं रह जाएगा, वह सापेक्ष हो जाएगा। मन के द्वारा जो कुछ सीमाबद्ध है, वह सभी

ससीम है। अतएव 'ब्रह्म को जानना' यह बात भी स्वविरोधी ही है। इसीलिए इस प्रश्न का उत्तर अब तक नहीं मिला; क्योंकि यदि उत्तर मिल जाए, तो वह ब्रह्म नहीं रहेगा; यदि ईश्वर 'ज्ञात' हो जाए तो उसका ईश्वरत्व फिर नहीं रहेगा—वह हमारे ही समान एक व्यक्ति हो जाएगा। उसको जाना नहीं जा सकता, वह सर्वदा ही अज्ञेय है।

पर अद्वैतवादी कहते हैं कि ईश्वर केवल 'ज्ञेय' से अधिक कुछ और भी है। अब हमें इस बात को समझ लेना है। तुम अज्ञेयवादियों के समान यह धारणा न बना लो कि ईश्वर अज्ञेय है। दृष्टांतस्वरूप देखो—सामने यह कुरसी है, इसे मैं जानता हूँ, यह मेरा ज्ञात पदार्थ है। और आकाशतत्त्व के परे क्या है, वहाँ लोग रहते हैं या नहीं, यह बात शायद बिलकुल अज्ञेय है। पर ईश्वर इन दोनों विषयों की भाँति ज्ञात और अज्ञेय नहीं है। प्रत्युत वह तो 'ज्ञात' से और भी कुछ अधिक है। ईश्वर को अज्ञात या अज्ञेय कहने का बस यही तात्पर्य है। उसका वह अर्थ नहीं, जिस अर्थ में लोग कुछ प्रश्नों को अज्ञात या अज्ञेय कहते हैं। ईश्वर ज्ञात से और भी कुछ अधिक है। यह कुरसी हमारे लिए ज्ञात है, पर ईश्वर तो इससे भी अधिक ज्ञात है, क्योंकि पहले उसे जानकर—उसी के माध्यम से—हमें कुरसी का ज्ञान प्राप्त करना होता है। वह साक्षीस्वरूप है, समस्त ज्ञान का वह शाश्वत साक्षीस्वरूप है। हम जो कुछ जानते हैं, वह सब पहले उसे जानकर—उसी के माध्यम से—जानते हैं। वही हमारी आत्मा का सारसत्तास्वरूप है। वही वास्तविक 'अहं' है, और वह 'अहं' ही हमारे इस 'अहं' का सारसत्तास्वरूप है; हम उस 'अहं' के माध्यम से जाने बिना कुछ भी नहीं जान सकते, अतएव सभी कुछ हमें ब्रह्म के माध्यम से ही जानना पड़ेगा। इस कुरसी को जानना हो, तो उसे ब्रह्म में और ब्रह्म के माध्यम से ही जानना होगा।

इस प्रकार ब्रह्म कुरसी की अपेक्षा हमारे अधिक निकट है, पर तो भी वह हमसे बहुत दूर है। वह ज्ञात भी नहीं, अज्ञात भी नहीं, पर दोनों की अपेक्षा अनंत गुना ऊँचा है। वह तुम्हारी आत्मा है। कौन इस जगत् में एक क्षण भी जीवन धारण कर सकता, एक क्षण भी साँस ले सकता, यदि वह आनंदस्वरूप इसमें रम न रहा होता? कारण, उसी की शक्ति से हम श्वास-प्रश्वास ले रहे हैं, उसी के अस्तित्व से हमारा अस्तित्व है। ऐसी बात नहीं कि वह कोई एक स्थान पर बैठकर हमारा रक्त-संचालन कर रहा है। तात्पर्य यह है कि वही समुदय जगत् का सत्तास्वरूप है—हमारी आत्मा की आत्मा है। तुम किसी प्रकार यह नहीं कह सकते कि तुम उसे जानते हो, क्योंकि तब तो उसे बहुत नीचे गिराना हो जाता है। तुम अपने से बाहर नहीं आ सकते, अतएव उसे जान भी नहीं सकते। ज्ञान शब्द का अर्थ है—विषयीकरण' (Objectification)—वस्तु को बाहर लाकर विषय की भाँति (ज्ञेय वस्तु की भाँति)

प्रत्यक्ष करना। उदाहरणस्वरूप देखो, स्मरण करने में तुम बहुत सी वस्तुओं को विषयीकृत करते हो—मानो उनको तुम अपने भीतर से बाहर प्रक्षिप्त करते हो। सभी प्रकार की स्मृति—जो कुछ मैंने देखा है और जो कुछ मैं जानता हूँ, सभी—मेरे मन में अवस्थित है। इन सभी वस्तुओं की छाप या चित्र मेरे भीतर मौजूद है। जब मैं उनके विषय में सोचने की इच्छा करता हूँ, उनको जानना चाहता हूँ, तो पहले इन सब को मानो बाहर प्रक्षिप्त करना पड़ता है। ईश्वर के संबंध में ऐसा करना असंभव है, क्योंकि वह हमारी आत्मा की आत्मा है, हम उसे बाहर प्रक्षिप्त नहीं कर सकते। इस संबंध में वेदांत का एक अन्यतम वचन है। छांदोग्य उपनिषद् में कहा है—'स य एषोऽणिमैतदात्म्यमिदं सर्वं तत् सत्यं स आत्मा तत्त्वमसि श्वेतकेतो,' जिसका अर्थ है, 'वह सारस्वरूप जगत् का कारण है, सकल वस्तुओं की आत्मा है, वही सत्यस्वरूप है, हे श्वेतकेतो, वही तू है' 'तत्त्वमसि'—'तू ईश्वर है'—का अर्थ यही है। इसके अतिरिक्त और किसी भी भाषा द्वारा तुम ईश्वर का वर्णन नहीं कर सकते। भगवान् को माता, पिता, भाई या प्रिय मित्र कहने से उसको 'विषयीकृत' करना पड़ता है, उसको बाहर लाकर देखना पड़ता है। पर ऐसा तो कभी हो नहीं सकता। वह तो सब विषयों का अनंत विषयी है। जिस प्रकार मैं जब इस कुरसी को देखता हूँ, तो मैं कुरसी का द्रष्टा हूँ, मैं उसका विषयी हूँ, उसी प्रकार ईश्वर मेरी आत्मा का नित्यद्रष्टा है—नित्यज्ञाता है—नित्यविषयी है। किस प्रकार तुम उसको—अपनी आत्मा की अंतरात्मा को—सब वस्तुओं की सारसत्ता को 'विषयीकृत' करोगे?

इसीलिए मैं तुमसे फिर कहता हूँ कि ईश्वर ज्ञेय भी नहीं और अज्ञेय भी नहीं, वह इन दोनों से अनंत गुना ऊँचा है। वह हमारे साथ अभिन्न है। और जो हमारे साथ एक है, वह हमारे लिए न ज्ञेय हो सकता है, न अज्ञेय, जैसी कि हमारी अपनी आत्मा। तुम अपनी आत्मा को नहीं जान सकते तुम उसे बाहर नहीं ला सकते और न उसे 'विषय' के रूप में दृष्टिगोचर कर सकते हो, क्योंकि तुम स्वयं वही हो, तुम अपने को उससे पृथक् नहीं कर सकते। उसको अज्ञेय भी नहीं कह सकते, क्योंकि अज्ञेय कहने से भी पहले उसे 'विषय' बनाना पड़ेगा—और यह हो नहीं सकता। तुम अपने निकट स्वयं जितने परिचित या ज्ञात हो, उससे अधिक कौन सी वस्तु तुमको ज्ञात है? वास्तव में वह हमारे ज्ञान का केंद्र है। ठीक इसी अर्थ में यह कहा जाता है कि ईश्वर ज्ञात भी नहीं है, अज्ञात भी नहीं, वह इन दोनों की अपेक्षा अनंत गुना ऊँचा है, क्योंकि वही हमारी यथार्थ आत्मा है।

अतएव हमने देखा कि पहले तो यह प्रश्न ही स्वविरोधी है कि पूर्ण ब्रह्मसत्ता से जगत् किस प्रकार उत्पन्न हुआ; और दूसरे हम देखते हैं कि अद्वैतवाद में ईश्वर

की धारणा इसी एकत्व की धारणा है—अतः हम उसको 'विषयीकृत' नहीं कर सकते, क्योंकि जाने-अनजाने हम सदैव उसी में जीवित हैं और उसी में रहकर समस्त कार्यकलाप करते हैं, हम जो कुछ करते हैं, सब उसके भीतर से ही करते हैं। अब प्रश्न यह है कि देश-काल निमित्त क्या है? अद्वैतवाद का मर्म तो यह है कि वस्तु एक ही है, दो नहीं। पर यहाँ पर तो यह कहा जा रहा है कि वह अनंत ब्रह्म देश-काल निमित्त के आवरण में से नाना रूपों में प्रकाशित हो रहा है। अतः ऐसा प्रतीत होता है कि यहाँ दो वस्तुएँ हैं, एक तो वह अनंत ब्रह्म और दूसरी, देश-काल निमित्त की समष्टि अर्थात् माया। ऊपर से तो यही प्रतीत होता है कि ये दो वस्तुएँ हैं। अद्वैतवादी इसका उत्तर देते हैं कि वास्तव में इस प्रकार दो नहीं हो सकते। यदि दो वस्तुएँ मानेंगे, तो ब्रह्म की भाँति, जिस पर कोई निमित्त कार्य नहीं कर सकता, दो स्वतंत्र सत्ताएँ माननी पड़ेंगी। पहले तो, यही नहीं कहा जा सकता कि काल, देश और निमित्त स्वतंत्र सत्ताएँ हैं। हमारे मन के प्रत्येक परिवर्तन के साथ काल का भी परिवर्तन होता रहता है, अतः उसका कोई स्वतंत्र अस्तित्व नहीं है। कभी-कभी हम स्वप्न में देखते हैं कि हम कई वर्ष जीवित रहे और कभी-कभी ऐसा बोध होता है कि कई मास एक ही क्षण में गुजर गए। अतएव काल हमारे मन की अवस्था पर ही निर्भर है। दूसरे, काल का ज्ञान कभी-कभी लुप्त हो जाता है। देश के संबंध में भी यही बात है। हम देश का स्वरूप नहीं जान सकते। उसका कोई निर्दिष्ट लक्षण करना असंभव होने पर भी, 'वह है' इस बात को अस्वीकार करने का कोई उपाय नहीं है। फिर वह अन्य किसी पदार्थ से पृथक् होकर नहीं रह सकता। निमित्त अथवा कार्य-कारण भाव के संबंध में भी यही बात है।

इस देश, काल और निमित्त में हम एक विशेषता यह देखते हैं कि ये अन्यान्य वस्तुओं से पृथक् होकर नहीं रह सकते। तुम शुद्ध 'देश' की कल्पना करो, जिसमें न कोई रंग है, न सीमा, और न चारों ओर की किसी भी वस्तु से कोई संसर्ग है। तो तुम देखोगे कि तुम इसकी कल्पना कर ही नहीं सकते। देश-संबंधी विचार करते ही तुमको दो सीमाओं के बीच अथवा तीन वस्तुओं के बीच स्थित देश की कल्पना करनी होगी। अतः हमने देखा कि देश का अस्तित्व अन्य किसी वस्तु पर निर्भर रहता है। काल के संबंध में भी यही बात है। शुद्ध काल के संबंध में तुम कोई धारणा नहीं कर सकते। काल की धारणा करने के लिए तुमको एक पूर्ववर्ती और एक परवर्ती घटना लेनी पड़ेगी और अनुक्रम की धारणा के द्वारा उन दोनों को मिलाना होगा। जिस प्रकार देश बाहर की दो वस्तुओं पर निर्भर रहता है, उसी प्रकार काल भी दो घटनाओं पर निर्भर रहता है। और 'निमित्त' अथवा 'कार्य-

कारण-भाव' की धारणा इस देश और काल पर निर्भर रहती है। 'देशकाल-निमित्त' के भीतर विशेषता यही है कि इनकी स्वतंत्र सत्ता नहीं है। इस कुरसी अथवा उस दीवार का जैसा अस्तित्व है, उनका वैसा भी नहीं है। वे जैसे भी वस्तुओं के पीछे लगी हुई छाया के समान है, तुम किसी भी प्रकाश उन्हें पकड़ नहीं सकते। उनकी कोई सत्ता नहीं है—हम देख चुके हैं कि सचमुच उनका अस्तित्व ही नहीं है—अधिक-से-अधिक वे छाया के समान हैं। फिर वे कुछ भी नहीं हैं, यह भी नहीं कहा जा सकता; क्योंकि उन्हीं में से जगत् का प्रकाश हो रहा है—वे तीनों मानो स्वभावत: मिलकर नाना रूपों की उत्पत्ति कर रहे हैं। अतएव पहले हमने देखा कि देश-काल-निमित्त की समष्टि का अस्तित्व भी नहीं है, फिर वे बिलकुल असत् (अस्तित्वशून्य) भी नहीं हैं। दूसरे, ये कभी-कभी बिलकुल अंतर्हित हो जाते हैं। उदाहरणार्थ, समुद्र की तरंगों को लो। तरंग अवश्य समुद्र के साथ अभिन्न है, फिर भी हम उसको तरंग कहकर समुद्र से पृथक् रूप में जानते हैं। इस विभिन्नता का कारण क्या है? नाम और रूप। नाम अर्थात् उस वस्तु के संबंध में हमारे मन में जो एक धारणा रहती है, वह और रूप अर्थात् आकार। पर क्या हम तरंग को समुद्र से बिलकुल पृथक् रूप में सोच सकते हैं? नहीं, कभी नहीं। वह तो सदैव इस समुद्र की धारणा पर ही निर्भर रहती है। यदि यह तरंग चली जाए, तो रूप भी अंतर्हित हो जाएगा। फिर भी ऐसी बात नहीं कि यह रूप बिलकुल भ्रमात्मक था। जब तक यह तरंग थी, तब तक यह रूप भी था और तुमको बाध्य होकर यह रूप देखना पड़ता था। यही माया है!

अतएव यह संपूर्ण जगत् मानो उस ब्रह्म का एक विशेष रूप है। ब्रह्म ही वह समुद्र है और तुम और मैं, सूर्य, तारे सभी उस समुद्र में विभिन्न तरंग मात्र हैं। तरंगों को समुद्र से पृथक् कौन करता है?—यह रूप। और यह रूप है केवल देश-काल-निमित्त। ये देश-काल-निमित्त भी संपूर्ण रूप से इन तरंगों पर निर्भर रहते हैं। ज्योंही तरंगें चली जाती हैं, त्योंही ये भी अंतर्हित हो जाते हैं। जीवात्मा ज्यों ही इस माया का परित्याग कर देता है, त्योंही वह उसके लिए अंतर्हित हो जाती है और वह मुक्त हो जाता है। हमारी सारी चेष्टाएँ इस देश-काल-निमित्त के चंगुल से बाहर होने के लिए होनी चाहिए। ये सर्वदा हमारी उन्नति के मार्ग में बाधा डालते रहते हैं। 'क्रमविकासवाद' क्या है? इसके दो अवयव हैं। एक है प्रबल अंतर्निहित शक्ति, जो अपने को प्रकट करने की चेष्टा कर रही है और दूसरा है बाहर की परिस्थितियाँ, जो उसे अवरुद्ध किए हुए हैं—परिवेश, जो उसे व्यक्त नहीं होने देता। अत: इन परिस्थितियों से युद्ध करने के लिए यह शक्ति नए-नए शरीर धारण कर रही है।

एक अमीबा इस संघर्ष में एक और शरीर धारण करता है और कुछ बाधाओं पर जयलाभ करता है, और इस प्रकार भिन्न-भिन्न शरीर धारण करते हुए अंत में मनुष्य रूप में परिणत हो जाता है। अब यदि इसी तत्त्व को उसके स्वाभाविक चरम सिद्धांत पर ले जाया जाए, तो यह अवश्य स्वीकार करना पड़ेगा कि एक समय ऐसा आएगा, जब अमीबा के भीतर क्रीड़ा करनेवाली शक्ति, जो अंत में मनुष्य रूप में परिणत हो गई, प्रकृति द्वारा प्रस्तुत सारी बाधाओं को पार कर जाएगी और अपने समस्त परिवेश को पार कर लेगी। इसी बात को दार्शनिक भाषा में इस प्रकार कहना होगा—प्रत्येक कार्य के दो अंश होते हैं, एक विषयी और दूसरा विषय; और जीवन का लक्ष्य है, विषयी को विषय का स्वामी बनाना।

मान लो, एक व्यक्ति ने मेरा तिरस्कार किया और मैंने अपने को दुःखी अनुभव किया। तो मेरी चेष्टा अपने मन को इतना सबल बना लेने की होगी, जिससे परिस्थितियों पर मैं विजय प्राप्त कर लूँ, जिससे अपना तिरस्कार होने पर भी मैं किसी कष्ट का अनुभव न करूँ। बस इसी प्रकार हम विजय प्राप्त करने की चेष्टा कर रहे हैं। नैतिकता का क्या अर्थ है? विषयी को ब्रह्म से समसुरित करके दृढ़ बनाना, जिससे ससीम प्रकृति का अधिकार हम पर न चल सके। हमारे दर्शन का यह तर्कसंगत निष्कर्ष है कि एक समय ऐसा आएगा, जब हम सभी परिस्थितियों पर विजय प्राप्त कर लेंगे; क्योंकि प्रकृति सीमित है।

हमें एक बात और समझनी होगी। हम कैसे जानते हैं कि प्रकृति ससीम है? दर्शन के द्वारा। प्रकृति उस अनंत का ही सीमाबद्ध भाव मात्र है। अतः वह सीमित है। अतएव एक समय ऐसा आएगा, जब हम बाहर की परिस्थितियों पर विजय प्राप्त कर लेंगे। उनको पराजित करने का उपाय क्या है? हम समस्त बाह्य परिवेश पर विजय प्राप्त नहीं कर सकते। यह असंभव है। छोटी मछली जल में रहनेवाले अपने शत्रुओं से अपनी रक्षा करना चाहती है। वह किस प्रकार यह कार्य करती है? पंख विकसित करके पक्षी बनकर। मछली ने जल अथवा वायु में कोई परिवर्तन नहीं किया, जो कुछ परिवर्तन हुआ, वह उसके अपने ही अंदर हुआ। परिवर्तन सदा 'अपने' ही अंदर होता है। समस्त क्रमविकास में तुम सर्वत्र देखते हो कि प्राणी में परिवर्तन होने से ही प्रकृति पर विजय प्राप्त होती है। इस तत्त्व का प्रयोग धर्म और नीति में करो तो देखोगे, यहाँ भी 'अशुभ पर जय' अपने भीतर परिवर्तन के द्वारा ही साधित होती है। सबकुछ 'अपने' ऊपर निर्भर रहता है। इस ' अपने' पर जोर देना ही अद्वैतवाद की वास्तविक दृढ़ भूमि है। 'अशुभ, दुःख' की बात कहना ही भूल है, क्योंकि बहिर्जगत् में इनका कोई अस्तित्व नहीं है। इन सब घटनाओं में स्थिर

भाव से रहने का यदि मुझे अभ्यास हो जाए, तो फिर क्रोधोत्पादक सैकड़ों कारण सामने आने पर भी मुझमें क्रोध का उद्रेक न होगा। इसी प्रकार, लोग मुझसे चाहे जितनी घृणा करें, पर यदि मैं उससे प्रभावित न होऊँ, तो मुझमें उनके प्रति घृणा भाव उत्पन्न ही न होगा।

इस विजय को प्राप्त करने की प्रक्रिया यही है—स्वयं के माध्यम से, स्वयं को ही पूर्ण बनाना। अतएव मैं यह कहने का साहस कर सकता हूँ कि अद्वैतवाद ही एकमात्र ऐसा धर्म है, जो आधुनिक वैज्ञानिकों के सिद्धांतों के साथ भौतिक और आध्यात्मिक दोनों दिशाओं में केवल मेल ही नहीं खाता, वरन् उनसे भी आगे जाता है, और इसी कारण वह आधुनिक वैज्ञानिकों को इतना भाता है। वे देखते हैं कि प्राचीन द्वैतवादी धर्म उनके लिए पर्याप्त नहीं है, उनसे उनकी आवश्यकता की पूर्ति नहीं होती। मनुष्य को केवल श्रद्धा नहीं चाहिए, बुद्धिनिष्ठ श्रद्धा भी चाहिए। अब इस उन्नीसवीं शताब्दी के उत्तरार्ध में भी इस प्रकार की धारणा है कि हमारे बाप-दादों से आया हुआ धर्म ही एकमात्र सत्य है और अन्य स्थानों में जिन सब दूसरे धर्मों का प्रचार हो रहा है, वे सभी मिथ्या हैं। इससे यही प्रमाणित होता है कि हमारे भीतर अभी भी दुर्बलताएँ हैं।

हमें ये दुर्बलताएँ दूर करनी होंगी। मैं यह नहीं कहता कि यह दुर्बलता केवल इसी देश में (इंग्लैंड में) है—नहीं, यह सभी देशों में है, और जैसी मेरे देश में है, वैसी तो कहीं भी नहीं। वहाँ यह बहुत ही भयानक रूप में है। वहाँ अद्वैतवाद का प्रचार साधारण लोगों में कभी होने नहीं दिया गया। संन्यासी लोग ही अरण्य में उसकी साधना करते थे, इसी कारण वेदांत का एक नाम 'आरण्यक' भी हो गया। अंत में भगवान् की कृपा से बुद्धदेव ने आकर सर्वसाधारण के बीच इसका प्रचार किया और सारा देश बौद्ध धर्म में दीक्षित हो गया। फिर बहुत समय बाद जब निरीश्वरवादियों और अज्ञेयवादियों ने सारे देश को ध्वंस करने की चेष्टा की, इस जड़वाद से भारत का परित्राण करने में अद्वैत फिर एकमात्र उपाय सिद्ध हुआ। इस प्रकार दो बार इसने जड़वाद से भारत की रक्षा की है। पहले, बुद्धदेव आने के पूर्व नास्तिकता अति प्रबल हो उठी थी—यूरोप, अमेरिका के विद्वानों में आजकल जैसी नास्तिकता है, वैसी नहीं, वरन् वह तो इससे भी भयंकर थी। मैं एक प्रकार का जड़वादी हूँ, क्योंकि मेरा विश्वास है कि केवल एक ही वस्तु का अस्तित्व है। आधुनिक वैज्ञानिक जड़वादी भी यही कहते हैं, पर वे उसे 'जड़' के नाम से पुकारते हैं और मैं उसे 'ब्रह्म' कहता हूँ। ये 'जड़वादी' कहते हैं कि इस 'जड़' से ही समस्त आशा, धर्म तथा सभी कुछ प्रसूत हुआ है। और मैं कहता हूँ, 'ब्रह्म' से

ही सबकुछ हुआ है। पर बुद्ध के आविर्भाव के पूर्व का जड़वाद असंस्कृत प्रकार का था, जो शिक्षा देता था—खाओ, पिओ और मौज उड़ाओ; ईश्वर, आत्मा या स्वर्ग कुछ भी नहीं है; धर्म कुछ धूर्त, दुष्ट पुरोहितों की कपोल-कल्पना मात्र है—'यावज्जीवेत् सुखं जीवेत् ऋणं कृत्वा घृतं पिबेत्।' और नास्तिकता उस समय इतनी बढ़ गई थी कि उसका एक नाम ही हो गया 'लोकायत दर्शन'। ऐसी अवस्था में बुद्धदेव ने आकर वेदांत को प्रकाशित किया, और उसका जनसाधारण में प्रचार करके भारतवर्ष की रक्षा की।

बुद्धदेव के तिरोभाव के ठीक एक हजार वर्ष पश्चात् फिर उसी प्रकार की परिस्थिति उत्पन्न हुई। भीड़ की भीड़ जनसाधारण तथा अनेक जातियों ने बौद्धधर्म ग्रहण कर लिया था। अत: जनता के घोर अज्ञानी होने के कारण बौद्धधर्म का अपक्षय होना स्वाभाविक था। बौद्धधर्म किसी ईश्वर या जगत् के शासक का उपदेश नहीं करता, अत: जनसाधारण शनै:-शनै: अपने देवी-देवता, भूत-प्रेत पुन: ले आए और अंत में भारतवर्ष में बौद्धधर्म नाना प्रकार के विषयों की खिचड़ी सा हो गया। तब फिर से भौतिकता के बादलों से भारत का आकाश ढक गया—अच्छे परिवार के लोग स्वेच्छाचारी और साधारण लोग अंधविश्वासी हो गए। ऐसे समय में शंकराचार्य ने उठकर फिर से वेदांत की ज्योति को जगाया। उन्होंने उसका एक युक्तिसंगत, विचारपूर्ण दर्शन के रूप में प्रचार किया। उपनिषदों में विचार-भाग बड़ा ही अस्कुट है। बुद्धदेव ने उपनिषदों के नीतिभाग पर विशेष बल दिया था, शंकराचार्य ने उनके ज्ञान-भाग पर अधिक जोर दिया। उन्होंने उपनिषदों के सिद्धांत युक्ति और विचार की कसौटी पर कसकर प्रणालीबद्ध रूप में लोगों के समक्ष रखे।

यूरोप में भी आजकल जड़वाद की पताका फहरा रही है। इन संदेहवादियों के उद्धार के लिए भले ही तुम प्रार्थना करो, पर ये विश्वास नहीं करने के; वे चाहते हैं युक्ति। यूरोप का उद्धार एक बुद्धिनिष्ठ धर्म पर निर्भर है, और द्वयतारहित, एकत्वप्रधान, निर्गुण ईश्वर का प्रतिपादन करनेवाला यह अद्वैतवाद ही एक ऐसा धर्म है, जो किसी बौद्धिक जाति को संतुष्ट कर सकता है। जब कभी धर्म लुप्त होने लगता है और अधर्म का अभ्युत्थान होता है, तभी इसका आविर्भाव होता है। इसीलिए यूरोप और अमेरिका में प्रवेश प्राप्त कर यह दृढ़मूल होता जा रहा है।

इस दर्शन के संबंध में मैं एक बात और कहना चाहूँगा। प्राचीन उपनिषदों में हमें उदात्त काव्य मिलता है। उनके रचयिता कवि थे। प्लेटो ने कहा है—कविता के द्वारा अंत:स्फुरण प्राप्त होता है। ऐसा लगता है, कविता के माध्यम से उच्चतम सत्यों को साक्षात् कराने के लिए ही मानो विधाता ने सत्यद्रष्टा इन प्राचीन ऋषियों

को मानवता से इतना ऊँचा उठा दिया था। वे न तो प्रचार करते हैं, न दार्शनिक ऊहापोह करते थे, और न कभी लिखते ही थे। उनके हृदय-निर्झर से संगीत का उद्‌गम हुआ था। बुद्धदेव में हम पाते हैं—हृदय, महान् विश्वव्यापी हृदय और अनंत धैर्य। उन्होंने धर्म को सर्वसाधारणोपयोगी बनाकर प्रचार किया।

शंकराचार्य में हम अद्‌भुत बौद्धिक प्रतिभा पाते हैं, उन्होंने हर विषय पर वृद्धि का प्रखर प्रकाश डाला। आज हमको बुद्धि के इस प्रखर सूर्य के साथ मृगदेव का अद्‌भुत प्रेम और दयायुक्त अद्‌भुत हृदय चाहिए। इसी सम्मिलन से हमें उच्चतम दर्शन की उपलब्धि होगी। विज्ञान और धर्म एक-दूसरे का आलिंगन करेंगे। कविता और विज्ञान मित्र हो जाएँगे। यही भविष्य का धर्म होगा। और यदि हम ऐसा ठीक-ठीक कर ले सकें, तो यह निश्चयपूर्वक कहा जा सकता है कि यह सभी काल और सभी अवस्थाओं के लिए उपयोगी होगा। यही पथ आधुनिक को ग्राह्य हो सकता है, क्योंकि वह लगभग वहाँ पहुँच गया है। जब विज्ञान का अध्यापक कहता है कि सबकुछ उस एक शक्ति का ही विकास है, तब क्या वह तुमको उपनिषदों में वर्णित उस ब्रह्म की याद नहीं दिलाता?—

अग्निर्यथैको भुवनं प्रविष्टो रूपं रूपं प्रतिरूपो बभूव।
एकस्तथा सर्वभूतान्तरात्मा रूपं रूपं प्रतिरूपो बहिश्च॥

''जिस प्रकार एक ही अग्नि जगत् में प्रविष्ट होकर नाना रूपों में प्रकट होती है, उसी प्रकार सारे जीवों की अंतरात्मा वह एक ब्रह्म नाना रूपों में प्रकाशित हो रहा है, फिर वह जगत् के बाहर भी है।'' विज्ञान किस ओर जा रहा है, यह क्या तुम नहीं देखते? हिंदू जाति मनस्तत्व की आलोचना करते-करते दर्शन और तर्क के द्वारा आगे बढ़ी थी। यूरोपीय जातियों ने बाह्य प्रकृति से आरंभ किया और अब दोनों एक स्थान पर पहुँच रही हैं। मनस्तत्त्व में से होकर हम उसी एक अनंत सार्वभौमिक सत्ता में पहुँच रहे हैं, जो सब वस्तुओं की अंतरात्मा है, जो सबका सार और सभी वस्तुओं का सत्य है, जो नित्यमुक्त, नित्यानंद और नित्यसत्ता है। बाह्य विज्ञान के द्वारा भी हम उसी एक तत्त्व पर पहुँच रहे हैं। यह जगत्पंच उसी एक का विकास है—जगत् में जो कुछ भी है, वह उस सबकी समष्टि है। और सारी मानवजाति मुक्ति की ओर अग्रसर हो रही है, बंधन की ओर वह कभी जा ही नहीं सकती। मनुष्य नीतिपरायण क्यों हो? इसलिए कि नैतिकता ही मुक्ति का मार्ग है और अनैतिकता बंधन का।

अद्वैतवाद की एक और विशेषता यह है कि अद्वैत सिद्धांत अपने आरंभकाल

से ही अविध्वंसात्मक रहा है। वह यह प्रचार करने का साहस करता है—

न बुद्धिभेदं जनयेदज्ञानां कर्मसंगिनाम्।
जोषयेत् सर्वकर्माणि विद्वान् युक्तः समाचरन्॥

"ज्ञानियों को चाहिए कि वे अज्ञानी, कर्म में आसक्त व्यक्तियों में बुद्धिभेद उत्पन्न न करें, विद्वान् व्यक्ति को स्वयं युक्त रहकर उन लोगों को सब प्रकार के कर्मों में नियुक्त करना चाहिए।" अद्वैतवाद यही कहता है—किसी की मति को विचलित मत करो, किंतु सभी को उच्च से उच्चतर मार्ग पर जाने में सहायता दो। अद्वैतवाद जिस ईश्वर का प्रचार करता है, वह समस्त जगत् का समष्टिस्वरूप है। यदि तुम कोई ऐसा सार्वजनीन धर्म चाहते हो, जो सब के लिए उपयोगी हो, तो उसे केवल कुछ विशिष्ट भावों की नहीं बल्कि सभी भावों की समष्टि होना चाहिए। धार्मिक विकास के सभी स्तरों को अपने में समाविष्ट करना चाहिए।

अन्य किसी धर्म में यह समष्टि का भाव उतना स्पष्ट नहीं है। वे सभी उस समष्टि की ही प्राप्ति की चेष्टा में समान रूप से रत विभिन्न अंश हैं। अंशों का अस्तित्व केवल इसीलिए होता है। इसीलिए आरंभ से ही अद्वैतवाद का भारतवर्ष के किसी भी संप्रदाय से कोई विरोध नहीं रहा है। भारत में आज अनेक द्वैतवादी हैं, उनकी संख्या भी सर्वाधिक है। इसका कारण यह है कि कम शिक्षित लोगों को द्वैतवाद स्वभावतः अधिक अच्छा लगता है। द्वैतवादी कहते हैं कि यह द्वैतवाद जगत् की एक बिलकुल स्वाभाविक व्याख्या है। पर इन द्वैतवादियों के साथ अद्वैतवादियों का कोई विवाद नहीं। द्वैतवादी कहते हैं, ईश्वर जगत् के बाहर है, वह स्वर्ग के बीच एक विशेष स्थान में रहता है। और अद्वैतवादी कहते हैं, जगत् का ईश्वर हमारा अपना ही अंतरात्मास्वरूप है, उसे दूरवर्ती कहना ही ईशनिंदा है। उससे पृथक् होने का भाव मन में लाना भी भयानक है। वह तो निकट से भी निकटतम है। 'तुम्ही बह हो'—इस एकत्वसूचक वाक्य को छोड़ किसी भी भाषा में ऐसा कोई शब्द नहीं है, जिसके द्वारा उसकी यह निकटता व्यक्त की जा सके। जिस प्रकार द्वैतवादी अद्वैतवादियों की बातों से डरते हैं और उसे नास्तिकता कहते हैं, अद्वैतवादी भी उसी प्रकार द्वैतवादियों की बातों से डरते हैं और कहते हैं कि मनुष्य किस प्रकार उसको (ईश्वर को) अपनी ज्ञेय वस्तु के समान सोचने का साहस करता है? ऐसा होने पर भी, वे जानते हैं कि इस प्रकार के विचारों का होना अनिवार्य है।

द्वैतवादी भी अपने दृष्टिकोण से ठीक ही बात कहते हैं, अतः उनसे उनका कोई विवाद नहीं। जब तक वे समष्टिभाव से न देखकर व्यष्टिभाव से देखते हैं, तब

तक उन्हें अवश्य 'अनेक' देखना पड़ेगा। यह उनके दृष्टिकोण से अनिवार्य ही है। फिर भी अद्वैतवादी जानते हैं कि द्वैतवादियों के मत में चाहे कितनी ही अपूर्णता क्यों न हो, वे सब उसी एक लक्ष्य की ओर जा रहे हैं। इसी स्थान पर उनका द्वैतवादियों के साथ संपूर्ण प्रभेद है, क्योंकि द्वैतवादी अपने से भिन्न सभी मतों को प्रांत मानने के लिए विवश हैं। संसार के सभी द्वैतवादी स्वभावत: एक ऐसे सगुण ईश्वर में विश्वास करते हैं, जो एक उच्च शक्तिसंपन्न मनुष्य मात्र है, और एक लौकिक शासक की भाँति कुछ से प्रसन्न तथा कुछ से अप्रसन्न होता है। वह बिना किसी कारण ही किसी जाति या राष्ट्र से प्रसन्न है और उन पर वरदानों की वृष्टि करता रहता है। अत: द्वैतवादी के लिए यह मानना स्वाभाविक हो जाता है कि ईश्वर के कुछ विशेष कृपापात्र होते हैं; और वह उनमें से एक होने की आशा करता है। तुम देखोगे कि सभी धर्मों में यह विचार पाया जाता है, ''हमीं ईश्वर के प्रिय पात्र हैं, हमारी ही तरह विश्वास करने से हमारा ईश्वर तुम पर कृपा करेगा।'' और कितने ही द्वैतवादी तो ऐसे हैं, जिनका मत और भी भयानक है। वे कहते हैं, ''ईश्वर पूर्वनियोजित रूप से जिनके प्रति दयालु है, केवल उन्हीं का उद्धार हो, और शेष सब सिर पटककर मर भी जाएँ, तो भी इस अंतरंग दल में प्रवेश नहीं पा सकते।''

तुम मुझे एक भी ऐसा द्वैतवादात्मक धर्म बता दो, जिसके भीतर यह संकीर्णता न हो। यही कारण है कि ये सब धर्म सदैव परस्पर युद्ध करते रहेंगे, और वे करते भी यही रहे हैं। फिर यह द्वैतवादियों का धर्म सर्वदा लोकप्रिय होता है, क्योंकि वह अशिक्षितों को तृप्त करता है। उसको यह सोचना अच्छा लगता है कि कुछ विशेषाधिकार उनके भी पास है, जो औरों के पास नहीं है। द्वैतवादी समझते हैं कि उनको मारने के लिए उद्यत एक दंडधारी ईश्वर के बिना किसी प्रकार की नैतिकता ठहर ही नहीं सकती। विचार करने में असमर्थ साधारण लोग सभी देशों में द्वैतवादी होते हैं! इन बेचारों पर सदा ही अत्याचार होता रहा है। अत: उनकी मुक्ति की धारणा है दंड से छुटकारा पाना। एक बार अमेरिका में एक पादरी ने मुझसे कहा, ''क्या! तुम्हारे धर्म में शैतान नहीं है? यह कैसे?'' किंतु हम देखते हैं कि सभी देशों के चिंतनशील महापुरुषों ने इस निर्गुण ब्रह्मभाव को लेकर ही कार्य किया है। इस भाव से अनुप्राणित होकर ही ईसा मसीह ने कहा है, 'मैं और मेरे पिता एक हैं।' इसी प्रकार का व्यक्ति लाखों व्यक्तियों में शक्तिसंचार करने में समर्थ होता है। और यह शक्ति सहस्रों वर्ष तक मनुष्यों के प्राणों में परित्राण देनेवाली शुभ-शक्ति का संचार करती है। हम यह भी जानते हैं कि ये महापुरुष अद्वैतवादी थे, इसीलिए दूसरों के प्रति दयाशील थे। उन्होंने सर्व-साधारण को 'हमारा स्वर्गस्थ पिता' की

शिक्षा दी थी। सगुण ईश्वर से उच्चतर अन्य किसी भाव की धारणा न कर सकनेवाले साधारण लोगों को उन्होंने स्वर्ग में रहनेवाले पिता से प्रार्थना करने का उपदेश दिया। जो कुछ अधिक सूक्ष्म भाव ग्रहण कर सकते थे, उनसे उन्होंने कहा, ''मैं लता हूँ, तुम शाखाएँ हो।'' किंतु अपने जिन शिष्यों के प्रति उन्होंने अपने स्वरूप को अधिक पूर्णता से प्रकट किया, उनसे उन्होंने सर्वोच्च सत्य की घोषणा की—'मैं और मेरे पिता एक हैं।'

बुद्धदेव ने द्वैती देवता, ईश्वर आदि की किंचित् भी चिंता नहीं की। उनको नास्तिक तथा जड़वादी कहा गया है, पर वे एक साधारण बकरी तक के लिए प्राण देने को प्रस्तुत थे! उन्होंने मानवजाति में सर्वोच्च नैतिकता का प्रचार किया। जहाँ कहीं तुम किसी प्रकार का नीति-विधान पाओगे, वही देखोगे कि उनका प्रभाव, उनका प्रकाश जगमगा रहा है। जगत् के इन सब विशाल हृदय व्यक्तियों को तुम किसी संकीर्ण दायरे में बाँधकर नहीं रख सकते, विशेषत: आज, जब कि मनुष्यजाति के इतिहास में एक ऐसा समय आ गया है और सब प्रकार के ज्ञान की ऐसी उन्नति हुई है, जिसकी किसी ने सौ वर्ष पूर्व स्वयं में भी कल्पना नहीं की थी, यहाँ तक कि पचास वर्ष पूर्व जो किसी ने स्वप्न में भी नहीं सोचा था, ऐसे वैज्ञानिक ज्ञान का स्रोत बह चला है। ऐसे समय में क्या लोगों को अब भी इस प्रकार के संकीर्ण भावों में आबद्ध करके रखा जा सकता है? हाँ, लोग यदि बिलकुल पशुतुत्य, विचारहीन जड़पदार्थ के समान हो जाएँ, तो भले ही यह संभव हो। इस समय आवश्यकता है उच्चतम ज्ञान के साथ उच्चतम हृदय की, अनंत ज्ञान के साथ अनंत प्रेम के योग की। अतएव वेदांती कहते हैं, उस अनंत सत्ता के साथ एकीभूत होना ही एकमात्र धर्म है। वे भगवान् के बस ये ही गुण बतलाते हैं—अनंत सत्ता, अनंत ज्ञान, अनंत आनंद और वे कहते हैं कि ये तीनों एक हैं। ज्ञान और प्रेम या आनंद के बिना सत्ता कभी रह ही नहीं सकती। ज्ञान भी बिना आनंद या प्रेम के नहीं रह सकता और आनंद भी कभी ज्ञान बिना नहीं रह सकता। हमें अनंत सत्ता, अनंत ज्ञान और अनंत आनंद का समन्वय चाहिए। यही हमारा लक्ष्य है। हमें समन्वय चाहिए, एकपक्षीय विकास नहीं। शंकराचार्य की बुद्धि के साथ बुद्धदेव का हृदय रखना संभव है। मैं आशा करता हूँ कि इस मंगलमय समन्वय की उपलब्धि के निमित्त हम सभी प्रयत्न करेंगे।

❑

सभी वस्तुओं में ब्रह्मदर्शन

(27 अक्तूबर, 1896 को लंदन में दिया हुआ भाषण)

हम अपने दु:खों को दूर करने की कितनी ही चेष्टा क्यों न करें, परंतु फिर भी हमारे जीवन का अधिकांश भाग अवश्य ही दु:खपूर्ण रहेगा। और यह दु:खराशि वास्तव में हमारे लिए एक प्रकार से अनंत है। हम अनादि काल से इस दु:ख के प्रतिकार की चेष्टाएँ करते आ रहे हैं, पर यह जैसा था, वैसा ही अब भी है। हम इस दु:ख को दूर करने लिए जितने ही उपाय निकालते हैं, उतना ही हम देखते हैं कि जगत् में और भी कितना दु:ख गुप्त भाव से विद्यमान है। हमने यह भी देखा कि सभी धर्म कहते हैं—इस दु:ख-चक्र से बाहर निकलने का एकमात्र उपाय है ईश्वर। सभी धर्म कहते हैं, जैसा इस युग में व्यावहारिक लोग हमें मानने की सलाह देते हैं, कि यदि संसार को उसके परिदृश्यमान रूप में ही ग्रहण कर लिया जाए, तो फिर दु:ख के सिवा और कुछ न रहेगा। वे यह भी कहते हैं—इस जगत् के अतीत और भी कुछ है। यह पंचेंद्रियग्राह्य जीवन, यह भौतिक जीवन ही सबकुछ नहीं है—यह तो केवल एक लघु अंश मात्र है, सतही मात्र है। इसके पीछे, इसके परे वह अनंत विद्यमान है, जहाँ दु:ख का लेशमात्र भी नहीं। उसे कोई गॉड, कोई अल्लाह, कोई जिहोवा, कोई जोव और कोई और कुछ कहता है। वेदांती उसे ब्रह्म कहते हैं।

सभी धर्मों के उपदेशों से साधारणत: मन में यही भावना उदित होती है कि शायद आत्महत्या करना ही श्रेयस्कर है। जीवन के दु:खों का प्रतिकार क्या है, इस प्रश्न का जो उत्तर दिया जाता है, उससे तो आपातत: यही बोध होता है कि जीवन का त्याग कर देना ही इसका एकमात्र उपाय है। इस उत्तर से मुझे एक प्राचीन कथा याद आती है। किसी के मुँह पर मच्छर बैठा था। उसके एक मित्र ने उस मच्छर को मारने के लिए इतने जोर से घूँसा मारा कि मच्छर के साथ ही वह मनुष्य भी मर गया! दु:ख के प्रतिकार का उपाय भी मानो ठीक इसी प्रकार का संकेत देता है।

जीवन और जगत् दु:खमय है, यह एक ऐसा तथ्य है, जिसे जगत् को जानने का साहस करनेवाला कोई व्यक्ति अस्वीकार नहीं कर सकता।

किंतु संसार के समस्त धर्म इसका क्या प्रतिकार बताते हैं? वे कहते हैं कि यह संसार कुछ नहीं है, इस संसार के बाहर ऐसा कुछ है, जो वास्तविक सत्य है। यहीं पर कठिनाई प्रारंभ होती है। यह उपाय तो मानो हमें अपना सबकुछ नष्ट करके फेंक देने का उपदेश देता है। तब फिर यह प्रतिकार का उपाय कैसे होगा? तब क्या कोई उपाय नहीं है? एक उपाय और भी बतलाया जाता है। वह यह है: वेदांत कहता है—विभिन्न धर्म जो कुछ कहते हैं, सब सत्य है, पर इसका ठीक-ठीक अर्थ समझ लेना होगा। बहुधा लोग धर्मों के उपदेशों को गलत समझ लेते हैं, और धर्म भी अपने अर्थ को स्पष्ट रूप से प्रकट नहीं करते। मस्तिष्क एवं हृदय दोनों की ही हमें आवश्यकता है। अवश्य हृदय बहुत श्रेष्ठ है—हृदय के माध्यम से ही जीवन को उच्च पथ पर ले जानेवाली महान् प्रेरणाएँ आती हैं। मस्तिष्कवान् पर हृदयशून्य होने की अपेक्षा मैं तो यह सौ बार पसंद करूँगा कि मेरे कुछ भी मस्तिष्क न हो, पर थोड़ा सा हृदय हो। जिसके हृदय है, उसी का जीवन संभव है, उसी की उन्नति संभव है; किंतु जिसके तनिक भी हृदय नहीं, केवल मस्तिष्क है, वह सूखकर मर जाता है।

परंतु हम यह भी जानते हैं कि जो केवल अपने हृदय के द्वारा परिचालित होते हैं, उन्हें अनेक कष्ट भोगने पड़ते हैं, क्योंकि प्राय: ही उनके भ्रम में पड़ने की संभावना रहती है। हमको चाहिए—हृदय और मस्तिष्क का समन्वय। मेरे कहने का अर्थ यह नहीं कि हृदय के लिए मस्तिष्क को और मस्तिष्क के लिए हृदय को हानि पहुँचाएँ। वरन् प्रत्येक व्यक्ति का हृदय अनंत हो और साथ ही साथ उसमें अनंत परिमाण में विचार-बुद्धि भी रहे। इस संसार में हम जो कुछ चाहते हैं, उसकी क्या कोई सीमा है? क्या संसार अनंत नहीं है? यहाँ तो अनंत परिमाण में भावना के (हृदय के) विकास के लिए और उसके साथ-साथ अनंत परिमाण में बुद्धि और संस्कृति के लिए अवकाश है। वे दोनों अनंत परिमाण में आए—वे दोनों समानांतर रेखा में साथ-साथ विस्तृत होते रहें।

अधिकांश धर्म तथ्य तो समझते हैं, पर ज्ञात होता है कि सभी एक भ्रम में पड़ जाते हैं—वे सभी हृदय के द्वारा, भावनाओं के द्वारा परिचालित होते हैं। संसार में दु:ख है, अतएव इसका त्याग कर दो, यह बहुत अच्छा उपदेश है—एकमात्र उपदेश है, इसमें संदेह नहीं। 'संसार का त्याग करो!' इस विषय में कोई दो मत नहीं हो सकते कि सत्य को जानने के लिए असत्य का त्याग करना होगा—अच्छी वस्तु पाने

के लिए बुरी वस्तु का त्याग करना होगा, जीवन प्राप्त करने के लिए मृत्यु का त्याग करना होगा।

पर यदि इस मतवाद का यही तात्पर्य हो कि हम जिसे जीवन समझते हैं, उस पंचेंद्रियगत जीवन का त्याग करना होगा, तब फिर हमारे पास क्या शेष रहा? और जीवन का अर्थ भी क्या है? यदि हम उसे त्याग दें, तो क्या बच रहता है? जब हम वेदांत के दार्शनिक अंश की आलोचना करेंगे, तो हम इस तत्त्व को और भी अच्छी तरह समझ सकेंगे, पर अभी मैं इतना ही कहना चाहता हूँ कि केवल वेदांत में इस समस्या की युक्तिसंगत मीमांसा मिलती है। यहाँ पर मैं वेदांत का वास्तविक उपदेश क्या है, यही कहूँगा। वेदांत शिक्षा देता है—'जगत् को ब्रह्मस्वरूप देखो।'

वेदांत वास्तव में जगत् को एकदम उड़ा नहीं देना चाहता। यह ठीक है कि वेदांत में जिस प्रकार चूड़ांत वैराग्य का उपदेश है, उस प्रकार और कहीं भी नहीं है, पर इस वैरल्य का अर्थ आत्महत्या नहीं है—अपने को सुखा डालना नहीं है। वेदांत में वैराग्य का अर्थ है जगत् को ब्रह्मरूप देखना—जगत् को हम जिस भाव से देखते हैं, उसे हम जैसा जानते हैं, वह जैसा हमारे सम्मुख प्रतिभात होता है, उसका त्याग करना और उसके वास्तविक स्वरूप को पहचानना। उसे ब्रह्मस्वरूप देखो—वास्तव में वह ब्रह्म के अतिरिक्त और कुछ भी नहीं है; इसी कारण सबसे प्राचीन उपनिषद् में हम देखते हैं, 'ईशावास्यमिदं सर्वं यत्किंच जगत्यां जगत्'—'जगत् में जो कुछ है, वह सब ईश्वर से ढक लेना होगा।'

समस्त जगत् को ईश्वर से ढक लेना होगा। यह किसी मिथ्या आशावादिता से नहीं, जगत् के अशुभ और दु:ख-कष्ट के प्रति आँखें मीचकर नहीं, वरन् वास्तविक रूप से प्रत्येक वस्तु के भीतर ईश्वर के दर्शन द्वारा करना होगा। इसी प्रकार हमें संसार का त्याग करना होगा। और जब संसार का त्याग कर दिया, तो शेष क्या रहा? ईश्वर। इस उपदेश का तात्पर्य क्या है? यही कि तुम्हारी पत्नी भी रहे, उससे कोई हानि नहीं, उसको छोड़कर जाना नहीं होगा, वरन् इसी पत्नी में तुम्हें ईश्वरदर्शन करना होगा। संतान का त्याग करो—इसका क्या अर्थ है? क्या बाल-बच्चों को लेकर रास्ते में फेंक देना होगा, जैसा कि सभी देशों में कुछ नर-पशु करते हैं? नहीं, कभी नहीं! वह तो पैशाचिक कांड है—वह धर्म नहीं है। तो फिर क्या? उनमें ईश्वर का दर्शन करो। इसी प्रकार सभी वस्तुओं के संबंध में जानो। जीवन में, मरण में, सुख में, दु:ख में—सभी अवस्थाओं में ईश्वर समान रूप से विद्यमान है। केवल आँखें खोलकर उसके दर्शन करो। वेदांत यही कहता है; तुमने जगत् की जिस रूप में कल्पना कर रखी है, उसे छोड़ो, क्योंकि तुम्हारी कल्पना अत्यंत आशिक अनुभूति

पर, क्षीण तर्क और युक्ति पर, तुम्हारी अपनी दुर्बलता पर आधारित है। उसे त्याग दो; हम इतने दिन जगत् को जैसा सोचते थे, इतने दिन जिसमें अत्यंत आसक्त थे, वह तो हमारे द्वारा रचित एक मिथ्या जगत् है—उसको छोड़ो। आँखें खोलकर देखो, हम अब तक जिस रूप में जगत् को देख रहे थे, वास्तव में उसका अस्तित्व वैसा कभी नहीं था—वह स्वप्न था, माया थी। जो था वह था एकमात्र प्रभु। वे ही संतान के भीतर, वे ही पत्नी में, वे ही पति में, वे ही अच्छे में, वे ही बुरे में, वे ही पाप में, वे ही पापी में, वे ही हत्याकारी में, वे ही जीवन में और वे ही मरण में वर्तमान है। यह कथन अवश्य ही भयानक है। किंतु वेदांत इसी को प्रमाणित करना इसी की शिक्षा देना और प्रचार करना चाहता है। इसी विषय को लेकर वेदांत का प्रारंभ होता है।

हम बस इसी प्रकार सर्वत्र ब्रह्मदर्शन करके ही जीवन की विपत्तियों और दुःखों को टाल सकते हैं। कुछ इच्छा मत करो। कौन हमें दुःखी करता है? हम जो कुछ दुःखभोग करते हैं, वह वासना से ही उत्पन्न होता है। मान लो, तुम्हें कुछ चाहिए। और जब वह पूरा नहीं होता, तो फल होता है—दुःख। यदि इच्छा न रहे, तो दुःख भी नहीं होगा। यहाँ भी मुझे गलत समझ लेने की आशंका है, अतः यह स्पष्ट कर देना आवश्यक है कि वासनाओं, इच्छाओं के त्याग तथा समस्त दुःख से मुक्त हो जाने से मेरा आशय क्या है। दीवार में कोई वासना नहीं है, वह कभी दुःख नहीं भोगती। ठीक है, पर वह कभी उन्नति भी तो नहीं करती। इस कुरसी में कोई वासना नहीं है, कोई कष्ट भी उसे नहीं हैं, परंतु यह कुरसी की कुरसी ही रहेगी। सुख-भोग के भीतर भी एक गरिमा है और दुःख-भोग के भीतर भी। यदि साहस करके कहा जाए, तो यह भी कह सकते हैं कि दुःख की उपयोगिता भी है। हम सभी जानते हैं कि दुःख से कितनी बड़ी शिक्षा मिलती है। हमने जीवन में ऐसे सैकड़ों कार्य किए हैं, जिनके बारे में बाद में हमें लगता है कि वे न किए जाते तो अच्छा होता, पर तो भी इन सबकार्यों ने हमारे लिए महान् शिक्षक का कार्य किया है। मैं अपने संबंध में कह सकता हूँ कि मैंने कुछ अच्छे कार्य किए हैं, यह सोचकर भी मैं आनंदित हूँ और अनेक बुरे कार्य किए हैं, यह सोचकर भी आनंदित हूँ—मैंने कुछ सत्कार्य किया है, इसलिए भी सुखी हूँ और अनेक भूलें की हैं, इसलिए भी सुखी हूँ, क्योंकि उनमें से प्रत्येक ने मुझे कुछ-न-कुछ उच्च शिक्षा दी है। मैं इस समय जो कुछ हूँ, वह अपने पूर्व-कर्मों और विचारों का फलस्वरूप हूँ। प्रत्येक कार्य और विचार का एक न एक फल हुआ है और ये फल ही मेरी उन्नति की समष्टि हैं।

अब यहाँ एक कठिन समस्या आती है। हम सभी जानते हैं कि वासना बड़ी बुरी चीज है, पर वासना-त्याग का अर्थ क्या है? फिर शरीर-रक्षा किस प्रकार होगी? इसका आत्मघाती उत्तर भी पहले की भाँति आपाततः यही मिलेगा कि वासना का संहार करो और उसके साथ ही वासनायुक्त मनुष्य को भी मार डालो। पर यथार्थ समाधान यह है—ऐसी बात नहीं कि तुम धन-संपत्ति न रखो, आवश्यक वस्तुएँ और विलास की सामग्री न रखो। तुम जो-जो आवश्यक समझते हो, सब रखो, यहाँ तक कि उससे अतिरिक्त वस्तुएँ भी रखो। इससे कोई हानि नहीं। पर तुम्हारा प्रथम और प्रधान कर्तव्य है—सत्य को जान लेना, उसको प्रत्यक्ष कर लेना। यह धन किसी का नहीं है। किसी भी पदार्थ में स्वामित्व का भाव रखो। तुम भी कोई नहीं हो, मैं भी कोई नहीं हूँ, कोई भी कोई नहीं है। सब उस प्रभु की ही वस्तुएँ हैं; क्योंकि ईशोपनिषद् के प्रथम श्लोक में ही ईश्वर को सर्वत्र स्थापित करने के लिए कहा गया है। ईश्वर तुम्हारे भोग्य धन में है, तुम्हारे मन में जो सब वासनाएँ उठती हैं, उनमें है, अपनी वासना से प्रेरित हो, तुम जो-जो द्रव्य खरीदते हो, उनमें भी वही है, तुम्हारे सुंदर वस्त्रों में भी वह है, और तुम्हारे सुंदर अलंकारों में भी वही है। इसी प्रकार विचार करना पड़ेगा। इसी प्रकार सब वस्तुओं को देखने पर तुम्हारी दृष्टि में सबकुछ परिवर्तित हो जाएगा। यदि तुम अपनी प्रत्येक गति में, अपने वस्त्रों में, अपने वार्त्तालाप में, अपने शरीर में, अपने चेहरे में—सभी वस्तुओं में भगवान् की स्थापना कर लो, तो तुम्हारी आँखों में संपूर्ण दृश्य बदल जाएगा और जगत् दुःखमय प्रतीत न होकर स्वर्ग में परिणत हो जाएगा।

'स्वर्ग का राज्य तुम्हारे भीतर है', ईसा कहते हैं। वेदांत तथा सभी उपदेष्टा यही कहते हैं। 'जिसके पास देखने के लिए आँख है, वह देखे, जिसके पास सुनने के लिए कान हैं, वह सुने।' वह पहले से ही तुम्हारे अंदर मौजूद है। वेदांत यह सिद्ध करता है कि जिस सत्य को अज्ञान के कारण हम सोचते थे कि हमने उसे खो दिया है, और सारी दुनिया में उसको पाने के लिए रोते-रोते, कष्ट भोगते, घूमते-फिरते रहे, वह सदा ही हमारे हृदय के अंतस्तल में वर्तमान था। उसे हम वहीं पा सकते हैं।

यदि 'संसार का त्याग करो' इस उपदेश को उसके प्राचीन स्थूल अर्थ में ग्रहण किया जाए, तो निष्कर्ष यही निकलता है कि हमें कोई कार्य करने की आवश्यकता नहीं, आलसी होकर मिट्टी के ढेले की भाँति बैठे रहना ही ठीक होगा, कोई विचार या कार्य करने की तनिक भी आवश्यकता नहीं, अदृष्टवादी होकर, घटना-चक्र की लथाड़ें खाकर, प्राकृतिक नियमों द्वारा परिचालित होकर

इधर-उधर घूमते रहने से ही काम चल जाएगा। बस यही निष्कर्ष निकलता है। किंतु पूर्वोक्त उपदेश का अर्थ वास्तव में यह नहीं है। हम लोगों को कार्य अवश्य ही करना पड़ेगा। व्यर्थ की वासनाओं के चक्र में पड़कर इधर-उधर भटकते फिरनेवाले साधारण जन कार्य के संबंध में भला क्या जानें? जो व्यक्ति अपनी भावनाओं और इंद्रियों से परिचालित है, वह भला कार्य को क्या समझे। कार्य वही कर सकता है, जो किसी वासना के द्वारा, किसी स्वार्थ के द्वारा परिचालित नहीं होता। वे ही कार्य करते हैं, जिनकी कोई कामना नहीं है। वे ही कार्य करते हैं, जो बदले में किसी लाभ की आशा नहीं रखते।

एक चित्र से अधिक आनंद कौन प्राप्त करता है—चित्र को बेचनेवाला। अथवा देखनेवाला? विक्रेता तो अपने हिसाब-किताब में ही व्यस्त रहता है, मुझे कितना लाभ होगा इत्यादि चिंताओं में ही मग्न रहता है। उसके मस्तिष्क में यही सब घूमता रहता है। वह केवल नीलाम के हथौड़े की ओर लक्ष्य रखता है और क्या भाव पड़ा, यही सुनता रहता है। भाव किस तरह बढ़ता जा रहा है, यही सुनने में वह व्यस्त है। फिर चित्र का आनंद वह ले कब? वे ही चित्र का आनंद ले सकते हैं, जिनको उस चित्र की बिक्री-खरीद से कोई मतलब नहीं। वे चित्र की ओर ताकते रहते हैं और असीम आनंद का उपभोग करते हैं। इसी प्रकार यह समग्र ब्रह्मांड एक चित्र के समान है; जब वासना बिलकुल चली जाएगी, तभी लोग जगत् का आनंद ले सकेंगे; तब यह बेचने-खरीदने का भाव, यह भ्रमात्मक स्वामित्व का भाव नहीं रह जाएगा। उस समय न ऋण देनेवाला है, न खरीदनेवाला है, न बेचनेवाला है, उस समय जगत् एक सुंदर चित्र के समान हो जाता है। ईश्वर के संबंध में इतनी सुंदर बात मैंने और कहीं नहीं देखी—'वह महान् कवि है, प्राचीन कवि है—समस्त जगत् उसकी कविता है, वह अनंत आनंदोच्छ्वास में लिखी हुई है और नाना प्रकार के श्लोकों, छंदों और तालों में प्रकाशित है।' वासना का त्याग करने पर ही हम ईश्वर की इस विश्व-कविता का पाठ और उपभोग कर सकेंगे। उस समय सारी वस्तुएँ ब्रह्मभाव धारण कर लेंगी। संसार का प्रत्येक कोना, प्रत्येक अँधेरी गली, बीहड़ मार्ग और सभी गुप्त अंधकारमय स्थान, जिन्हें हमने पहले इतना अपवित्र समझा था, ब्रह्मभाव धारण कर लेंगे। वे सभी अपना प्रकृत स्वरूप प्रकाशित करेंगे। तब हम अपने आप पर हँसेंगे और सोचेंगे, 'यह सब रोना-चिल्लाना केवल बच्चों का खेल था, और हम जननी के समान खड़े होकर यह खेल देख मात्र रहे थे।'

वेदांत कहता है कि इस प्रकार के भाव से कार्य करो। वेदांत हमें पहले इस आपाततः दिखनेवाले माया के जगत् का त्याग कर काम करने की शिक्षा देता है।

इस त्याग का क्या अर्थ है? पहले ही कहा जा चुका है कि त्याग का प्रकृत अर्थ है—सब जगह ईश्वर-दर्शन। सब जगह ईश्वर-बुद्धि कर लेने पर ही हम वास्तविक कार्य करने में समर्थ होंगे। यदि चाहो तो सौ वर्ष जीने की इच्छा करो; जितनी भी सांसारिक वासनाएँ हैं, सबका भोग कर लो, पर हाँ, उन सबको ब्रह्ममय देखो, उनको स्वर्गीय भाव में परिणत कर लो। यदि जीना चाहो, तो इस पृथ्वी पर दीर्घ काल तक सेवापूर्ण, आनंदपूर्ण और क्रियाशील जीवन बिताने की इच्छा करो। इस प्रकार कार्य करने पर तुम्हें वास्तविक मार्ग मिल जाएगा। इसको छोड़ अन्य कोई मार्ग नहीं है। जो व्यक्ति सत्य को न जानकर अबोध की भाँति संसार के भोग-विलास में निमग्न हो जाता है, समझ लो कि उसे ठीक मार्ग नहीं मिला। उसका पैर फिसल गया है। दूसरी ओर, जो व्यक्ति संसार को कोसता हुआ वन में चला जाता है, अपने शरीर को कष्ट देता रहता है, धीरे-धीरे सुखाकर अपने को मार डालता है, अपने हृदय को शुष्क मरुभूमि बना डालता है, अपने सभी भावों को कुचल डालता है और कठोर, बीभत्स और रूखा हो जाता है, समझ लो कि वह भी मार्ग भूल गया है। ये दोनों दो छोर की बातें हैं—दोनों ही भ्रम में हैं—एक इस ओर और दूसरा उस ओर। दोनों ही पथभ्रष्ट हैं—दोनों ही लक्ष्यभ्रष्ट हैं।

वेदांत कहता है, इसी प्रकार कार्य करो—सभी वस्तुओं में ईश्वर-बुद्धि करो, समझो कि ईश्वर सब में है, अपने जीवन को भी ईश्वर से अनुप्राणित, यहाँ तक कि ईश्वररूप ही समझो। यह जान लो कि यही हमारा एकमात्र कर्तव्य है, यही हमारे लिए जानने की एकमात्र वस्तु है। ईश्वर सभी वस्तुओं में विद्यमान है, उसे प्राप्त करने के लिए और कहाँ जाओगे? प्रत्येक कार्य में, प्रत्येक भाव में, प्रत्येक विचार में वह पहले से ही अवस्थित है। इस प्रकार समझकर हमें कार्य करते जाना होगा। यही एकमात्र पथ है, अन्य नहीं। इस प्रकार करने पर कर्मफल तुमको लिप्त न कर सकेगा। फिर कर्मफल तुम्हारा कोई अनिष्ट नहीं कर पाएगा। हम देख चुके हैं कि हम जो कुछ दु:ख-कष्ट देते हैं, उसका कारण है—ये सब व्यर्थ की वासनाएँ। परंतु जब ये वासनाएँ ईश्वर-बुद्धि के द्वारा पवित्र भाव धारण कर लेती हैं, ईश्वरस्वरूप हो जाती हैं, तब उनके आने से भी फिर कोई अनिष्ट नहीं होता। जिन्होंने इस रहस्य को नहीं जाना है, वे जब तक इसे नहीं जान लेते, तब तक उन्हें इसी आसुरी जगत् में रहना पड़ेगा। लोग नहीं जानते कि यहाँ उनके चारों ओर, सर्वत्र कैसी अनंत आनंद की खान पड़ी हुई है; वे उसे अभी तक खोज निकाल नहीं पाए। आसुरी जगत् का अर्थ क्या है? वेदांत कहता है—अज्ञान। हम अनंत जल से भरी हुई नदी के तट पर बैठकर भी प्यासे मर रहे हैं। ढेरों खाद्य सामने रखा है, फिर भी हम भूखों

मर रहे हैं। यह तो रहा आनंदमय जगत् पर हम उसे खोज नहीं पाते। हम उसी में रह रहे हैं। वह सर्वदा ही हमारे चारों ओर है, पर हम उसे सदैव और कुछ समझकर भ्रम में पड़ जाते हैं। धर्म हमें उस आनंदमय जगत्, को दिखा देना चाहता है। सभी हृदय इस आनंद की खोज कर रहे हैं। सभी जातियों ने इसकी खोज की है, धर्म का यही एकमात्र लक्ष्य है, और यह आदर्श ही विभिन्न धर्मों में भिन्न-भिन्न भाषाओं में प्रकाशित हुआ है। भिन्न-भिन्न धर्मों में जो मतभेद हैं, वे सब केवल बोलने के दाँव-पेंच हैं, वास्तव में वे कुछ भी नहीं हैं। एक व्यक्ति एक भाव को एक प्रकार से प्रकट करता है, दूसरा दूसरे प्रकार से। एक जो कुछ कहता है, दूसरा भी दूसरी भाषा में शायद वही बात कहता है।

इस संबंध में अब और भी प्रश्न उठते हैं। जो ऊपर कहा गया है, उसे मुँह से कह देना तो अत्यंत सरल है। बचपन से ही सुनता आ रहा हूँ—'सर्वत्र ब्रह्मबुद्धि करो, सब ब्रह्ममय हो जाएगा और तब तुम दुनिया का ठीक-ठीक आनंद उठा सकोगे', पर ज्योंही हम संसारक्षेत्र में उतरकर कुछ धक्के खाते हैं, त्योंही हमारी मारी ब्रह्मबुद्धि उड़ जाती है। मैं मार्ग में सोचता जा रहा हूँ कि सभी मनुष्यों में ईश्वर विराजमान है—इतने में एक बलवान् मनुष्य मुझे धक्का दे जाता है और मैं चारों खाने चित्त हो जाता हूँ। बस, झट मैं उठता हूँ। सिर में खून चढ़ जाता है, मुट्ठियाँ बँध जाती हैं और मैं विचारशक्ति खो बैठता हूँ। मैं बिलकुल पागल सा हो जाता हूँ। स्मृति का भ्रंश हो जाता है और बस मैं उस व्यक्ति में ईश्वर को न देख, शैतान देखने लगता हूँ। जन्म से ही उपदेश मिलता है, सर्वत्र ईश्वर-दर्शन करो; सभी धर्म यही सिखाते हैं—सभी वस्तुओं में, सब प्राणियों के अंदर, सर्वत्र ईश्वर-दर्शन करो। 'नव व्यवस्थान' में ईसा मसीह ने भी इस विषय में स्पष्ट उपदेश दिया है। हम सभी ने यह उपदेश पाया है; पर काम के समय ही हमारी सारी अड़चनें आरंभ हो जाती हैं। ईसप की कहानियों में एक कथा है। एक विशालकाय सुंदर हरिण तालाब में अपना प्रतिबिंब देखकर अपने बच्चे से कहने लगा, "देखो, मैं कितना बलवान् हूँ, मेरा मस्तक कैसा भव्य है, मेरे हाथ-पाँव कैसे दृढ़ और मांसल हैं, और मैं कितना तेज दौड़ सकता हूँ!" यह कहते न कहते उसने दूर से कुत्तों के भौंकने की आवाज सुनी। सुनते ही वह जोर से भागा। बहुत दूर दौड़ने के बाद हाँफते-हाँफते फिर बच्चे के पास आया। बच्चा बोला, "अभी तो तुम कह रहे थे, मैं बड़ा बलवान् हूँ, फिर कुत्तों के भौंकने का शब्द सुनकर भागे क्यों?" हरिण बोला, "यही तो बात है, कुत्तों की भों-भों सुनते ही मेरा सारा ज्ञान लुप्त हो जाता है।" हम लोग भी जीवन भर यही करते रहते हैं। हम इस दुर्बल मनुष्यजाति के संबंध में कितनी

आशाएँ क्यों न बाँधे, हम अपने को कितने साहसी और बलवान् क्यों न समझें, हम कितने भव्य संकल्प क्यों न करें, पर जब संकट और प्रलोभन के 'कुत्ते' भौंकते हैं, हम कथा के हरिण की भाँति भाग खड़े होते हैं। यदि ऐसा ही है, तो फिर यह सब शिक्षा देने का क्या लाभ? नहीं, अत्यधिक लाभ है। लाभ यह है कि अंत में अध्यवसाय की ही जय होगी। एक ही दिन में कुछ नहीं हो सकता।

'आत्मा वा अरे द्रष्टव्य: श्रोतव्यो मंतव्यो निदिध्यासितव्य:।' आत्मा के संबंध में पहले सुनना होगा, उसके बाद मनन अर्थात् चिंतन करना होगा, और फिर लगातार ध्यान करना होगा। सभी लोग आकाश को देख पाते हैं, भूमि पर रेंगनेवाले छोटे कीड़े भी ऊपर की ओर दृष्टि करने पर नीलवर्ण आकाश को देखते हैं, पर वह हमसे कितनी दूर है! हमारे आदर्शों के संबंध में भी यही बात है। आदर्श हमसे बहुत दूर है, और हम उनसे बहुत नीचे पड़े हुए हैं, तथापि हम जानते हैं कि हमें एक आदर्श अपने सामने रखना आवश्यक है। इतना ही नहीं, हमें सर्वोच्च आदर्श रखना आवश्यक है। अधिकांश व्यक्ति इस जगत् में बिना किसी आदर्श के ही जीवन के इस अंधकारमय पथ पर भटकते फिरते हैं। जिसका एक निर्दिष्ट आदर्श है, वह यदि एक हजार भूलें करता है, तो यह निश्चित है कि जिसका कोई भी आदर्श नहीं है, वह पचास हजार भूलें करेगा। अतएव एक आदर्श रखना अच्छा है। इस आदर्श के संबंध में जितना हो सके, सुनना होगा; तब तक सुनना होगा, जब तक वह हमारे अंतर में प्रवेश नहीं कर जाता, हमारे मस्तिष्क में पैठ नहीं जाता, जब तक वह हमारे रक्त में प्रवेश कर उसकी एक-एक बूँद में घुल-मिल नहीं जाता, जब तक हमारे शरीर के अणु-परमाणु में व्याप्त नहीं हो जाता। अतएव पहले हमें यह आत्मतत्त्व सुनना होगा। कहा है, "हृदय पूर्ण होने पर मुख बोलने लगता है," और हृदय के इस प्रकार पूर्ण होने पर हाथ भी कार्य करने लगते हैं।

विचार ही हमारी कार्य-प्रवृत्ति का नियामक है। मन को सर्वोच्च विचारों से भर लो, दिन पर दिन यही सब भाव सुनते रहो, मास पर मास इसी का चिंतन करो। पहले-पहल सफलता न भी मिले; पर कोई हानि नहीं, यह असफलता तो बिलकुल स्वाभाविक है, यह मानव-जीवन का सौंदर्य है। इन असफलताओं के बिना जीवन क्या होता? यदि जीवन में इस असफलता को जय करने की चेष्टा न रहती, तो जीवन-धारण करने का कोई प्रयोजन ही न रह जाता। उसके न रहने पर जीवन का कवित्व कहाँ रहता? यह असफलता, यह भूल रहने से हर्ज भी क्या? मैंने गाय को कभी झूठ बोलते नहीं सुना, पर वह सदा गाय ही रहती है, मनुष्य कभी नहीं हो जाती। अतएव यदि बार-बार असफल हो जाओ, तो भी क्या? कोई हानि नहीं,

सहस्त्र बार इस आदर्श को हृदय में धारण करो, और यदि सहस्त्र बार भी असफल हो जाओ, तो एक बार फिर प्रयत्न करो। सब जीवों में ब्रह्मदर्शन ही मनुष्य का आदर्श है। यदि सब वस्तुओं में उसको देखने में तुम सफल न होओ, तो कम-से-कम एक ऐसे व्यक्ति में, जिसे तुम सबसे अधिक प्रेम करते हो, उसके दर्शन करने का प्रयत्न करो, उसके बाद दूसरे व्यक्ति में दर्शन करने की चेष्टा करो। इसी प्रकार तुम आगे बढ़ सकते हो। आत्मा के सम्मुख तो अनंत जीवन पड़ा हुआ है—अध्यवसाय के साथ लगे रहने पर तुम्हारी मनोकामना अवश्य पूर्ण होगी।

"वह अचल है, एक है, मन से भी अधिक द्रुतस्पंदनशील है। इसे इंद्रियाँ प्राप्त नहीं कर सकीं, क्योंकि यह उन सबसे पहले गया हुआ है। वह स्थिर रहकर भी अन्यान्य द्रुतगामी पदार्थों से आगे जानेवाला है। उसमें रहकर ही हिरण्यगर्भ सब कर्मफलों का विधान करते हैं। वह चंचल है, स्थिर है, दूर है, निकट है, वह इस सब के भीतर है, फिर इस सबके बाहर भी है। जो आत्मा में सब भूतों का दर्शन करते हैं, और सब भूतों में आत्मा का दर्शन करते हैं, वे कुछ भी छिपाने की इच्छा नहीं करते। जिस अवस्था में ज्ञानी के लिए समस्त भूत आत्मस्वरूप हो जाते हैं, उस अवस्था में उस एकत्वदर्शी पुरुष को शोक अथवा मोह कहाँ रह सकता है?"

सब पदार्थों का यह एकत्व वेदांत का और एक प्रधान विषय है। हम आगे चलकर देखेंगे कि किस प्रकार वेदांत सिद्ध करता है कि हमारा समस्त दुःख अज्ञान से उत्पन्न हुआ है। यह अज्ञान और कुछ नहीं, बल्कि यही बहुत्व की धारणा है—यह धारणा कि मनुष्य मनुष्य से भिन्न है, पुरुष और स्त्री भिन्न है, युवा और शिशु भिन्न हैं, राष्ट्र राष्ट्र से भिन्न है, पृथ्वी चंद्र से पृथक् है, चंद्र सूर्य से पृथक् है, एक परमाणु दूसरे परमाणु से पृथक् है। ऐसा बोध ही वास्तव में सब दुःखों का कारण है। वेदांत कहता है कि यह भेद वास्तविक नहीं है। यह भेद केवल भासित होता है, ऊपर से दीख पड़ता है। वस्तुओं के अंतस्तल में वही एकत्व विराजमान है। यदि तुम भीतर जाकर देखो, तो इस एकत्व को देखोगे—मनुष्य-मनुष्य में एकत्व, नर-नारी में एकत्व, जाति-जाति में एकत्व, ऊँच-नीच में एकत्व, धनी और दरिद्र में एकत्व, देवता और मनुष्य में एकत्व, मनुष्य और पशु में एकत्व। सभी तो एक हैं। और यदि और भी भीतर प्रवेश करो, तो देखोगे, अन्य प्राणी भी एक ही हैं। जो इस प्रकार एकत्वदर्शी हो चुके हैं, उनको फिर मोह नहीं रहता। वे अब उसी एकत्व में पहुँच गए हैं, जिसको धर्मविज्ञान में ईश्वर कहते हैं। उनको अब मोह कैसे रह सकता है? मोह उनको होगा ही कैसे? उन्होंने सभी वस्तुओं का आभ्यंतरिक सत्य जान लिया है, सभी वस्तुओं का रहस्य जान लिया है। उनके लिए अब दुःख कैसे

रह सकता है? वे अब किसकी कामना-वासना करेंगे? वे सारी वस्तुओं के अंदर वास्तविक सत्य की खोज करके ईश्वर तक पहुँच गए हैं, जो जगत् का केंद्रस्वरूप है, जो सभी वस्तुओं का एकत्व-स्वरूप है। यही अनंत सत्ता है, यही अनंत ज्ञान है, यही अनंत आनंद है। वहाँ मृत्यु नहीं, रोग नहीं, दुःख नहीं, शोक नहीं, अशांति नहीं। है केवल पूर्ण एकत्व—पूर्ण आनंद। तब वे किसके लिए शोक करेंगे? वास्तव में उस केंद्र में, उस परम सत्य में मृत्यु नहीं है, दुःख नहीं है, किसी के लिए शोक करना नहीं है, किसी के लिए दुःख करना नहीं है।

''वह चारों ओर से घेरे हुए है, वह उज्ज्वल है, देहशून्य है, व्रणशून्य है, स्नायुशून्य है, वह पवित्र और निष्पाप है, वह कवि है, मन का नियामक है, सबसे श्रेष्ठ और स्वयंभू है, वह सर्वदा ही यथायोग्य सभी की काम्य वस्तुओं का विधान करता है।'' जो इस अविद्यामय जगत् की उपासना करता है, वह अंधकार में प्रवेश करता है। जो इस जगत् को ब्रह्म के समान सत्य समझकर उसकी उपासना करता है, वह अंधकार में भटकता है। और जो आजीवन इस संसार की ही उपासना करता है, उससे ऊपर और कुछ भी नहीं पाता, वह तो और भी घने अंधकार में भटकता है। किंतु जिन्होंने इस परम सुंदर प्रकृति का रहस्य जान लिया है, जो प्रकृति की सहायता से प्रकृति के परे ब्रह्म का दर्शन करते हैं, वे मृत्यु का अतिक्रमण करते हैं एवं प्रकृति के परे ब्रह्म की कृपा से अमरत्व का लाभ करते हैं।

''हे सूर्य, स्वर्ण के पात्र द्वारा तुमने सत्य का मुख ढक रखा है। उसे तुम हटा दो, जिससे मुझ सत्यधर्मा को उसका दर्शन हो सके। तुम्हारे भीतर जो सत्य है, उसे मैंने जान लिया; तुम्हारी किरण और तुम्हारी महिमा का यथार्थ अर्थ मैंने समझ लिया, और तुममें जो चमकता है, उसका भी मैंने दर्शन किया; मैं तुम्हारा परम रमणीय रूप देखता हूँ। तुम्हारे अंदर जो यह पुरुष है, वही मैं हूँ।''

❑

अपरोक्षानुभूति

(21 अक्तूबर, 1896 को लंदन में दिया गया व्याख्यान)

मैं तुम लोगों को एक दूसरी उपनिषद् से कुछ अंश पढ़कर सुनाऊँगा। यह अत्यंत सरल एवं अतिशय कवित्वपूर्ण है। इसका नाम है कठोपनिषद्। सर एडविन अर्नाल्ड कृत इसका अनुवाद शायद तुममें से कुछ ने पढ़ा होगा। हम लोगों ने पहले देखा ही है कि 'जगत् की सृष्टि कहाँ से हुई?' इस प्रश्न का उत्तर बाह्य जगत् से नहीं मिला; अत: इस प्रश्न के समाधान के लिए लोगों की दृष्टि अंतर्जगत् की ओर आकृष्ट हुई। यह पुस्तक इस संकेत को मनोवैज्ञानिक दृष्टि से विकसित करती है, और मनुष्य के आंतरिक स्वरूप के संबंध में जिज्ञासा करती है। पहले यह प्रश्न होता था कि इस बाह्य जगत् की सृष्टि किसने की? इसकी उत्पत्ति कैसी हुई? इत्यादि। किंतु अब यह प्रश्न उठा कि मनुष्य के अंदर ऐसी कौन सी वस्तु है, जो उसे जीवित रखती और चलाती है, और मृत्यु के बाद मनुष्य का क्या होता है? प्रारंभिक दार्शनिकों ने इस जड़ जगत् को लेकर क्रमश: इसके माध्यम से परमतत्त्व में पहुँचने की चेष्टा की थी, और इससे उसने अधिक-से-अधिक पाया तो यही कि इस जगत् का एक व्यक्तित्व युक्त शासनकर्ता है, एक अतिशय प्रवर्धित मनुष्य, किंतु जो कुल मिलाकर है, एक व्यक्ति, एक मनुष्य ही हो सकता है, मानवी गुणों को अनंत परिमाण में बढ़ाकर उसके नाम के साथ जोड़ दिया गया हो, पर कार्यत: वह एक मनुष्य मात्र है। पर यह कभी पूर्ण सत्य नहीं हो सकता। अधिक-से-अधिक इसे आंशिक सत्य कह सकते हैं। हम लोग इस जगत् को मानवी दृष्टि से देखते हैं, और हम लोगों का ईश्वर इस जगत् की मानवी व्याख्या मात्र है।

कल्पना करो, एक गाय दार्शनिक और धर्मज्ञ है—तब तो वह जगत् को अपनी गो-दृष्टि से देखेगी। वह जब इस समस्या का समाधान करेगी, तो गाय के भाव से ही करेगी और वह हमारे ईश्वर को देखने में समर्थ न होगी। इस प्रकार यदि बिल्ली

दार्शनिक बने, तो वह बिल्ली-जगत् को ही देखेगी, विश्व समस्या का उसका समाधान बिल्ली-उचित ही होगा और उसका यही सिद्धांत होगा कि कोई बिल्ली ही इस जगत् का शासन कर रही है। अतएव हम देखते हैं कि जगत् के संबंध में हम लोगों की व्याख्या पूर्ण नहीं है, और हम लोगों की धारणा भी जगत् के सर्वांश को स्पर्श करनेवाली नहीं है। मनुष्य जिस तरह से जगत् के संबंध में भयानक स्वार्थपरक मीमांसा करता है, उसे ग्रहण करना एक भीषण भूल होगी। बाह्य जगत् से जगत् के संबंध में जो समाधान प्राप्त होता है, उसमें दोष यही है कि जिस जगत् को हम देखते हैं, वह हमारा अपना ही जगत् है—हम सत्य को जिस रूप में देखते हैं, वह बस वैसा ही है। वह प्रकृत सत्य, वह परमार्थ वस्तु कभी इंद्रियग्राह्य नहीं हो सकती, उसे हम समझ नहीं सकते। किंतु हम जगत् को पंचेंद्रिय विशिष्ट प्राणियों की दृष्टि से ही जानते हैं। कल्पना करो, हमारे एक इंद्रिय और हो जाए; तब तो समस्त ब्रह्मांड हमारी दृष्टि में अन्य रूप धारण कर लेगा। कल्पना करो, हमें एक चुंबक (Magnetic) इंद्रिय प्राप्त हुई; तब यह बिलकुल संभव है कि हम ऐसी लाखों शक्तियों का अस्तित्व अनुभव करने लगें, जिनका हमें आज पता नहीं है और जिनका अस्तित्व अनुभव करने के लिए हमारे पास आज कोई इंद्रिय नहीं है। हमारी इंद्रियाँ सीमाबद्ध हैं—अत्यंत सीमाबद्ध हैं—और इन सीमाओं के भीतर ही हमारा यह अपना जगत् अवस्थित है तथा हमारा ईश्वर हमारे इसी जगत् का समाधान है। पर वह पूर्ण समस्या का समाधान नहीं हो सकता। किंतु मनुष्य चुप होकर नहीं रह सकता, वह चिंतनशील प्राणी है, वह ऐसा एक समाधान करना चाहता है, जिससे जगत् की सारी समस्याओं का समाधान हो जाए। वह एक ऐसा जगत् देखना चाहता है, जो एक ही साथ मनुष्यों, देवताओं तथा सभी संभाव्य प्राणियों का जगत् है, और एक ऐसा समाधान पाना चाहता है, जिससे समस्त विश्व की व्याख्या हो जाए।

अतएव स्पष्ट है कि पहले हमें एक ऐसे जगत् की खोज करनी चाहिए, जिसमें अन्य सभी जगत् समाविष्ट हों; एक ऐसे पदार्थ का अन्वेषण करना चाहिए, जो सत्ता के सभी स्तरों में विद्यमान उपादान हो, चाहे वह इंद्रियों से प्रत्यक्ष हो या न हो। यदि हम निम्न और उच्च लोकों के सामान्य लक्षणस्वरूप इस प्रकार के एक पदार्थ का आविष्कार कर सकें, तभी हमारी समस्या का समाधान हो सकेगा। यदि हम केवल तार्किक विचारणा से ही विवश होकर यह समझ लें कि समस्त अस्तित्व का आधार एक है, तो भी हमारी समस्या कुछ समाधान पा लेगी। पर यह समाधान हमारे इस दृष्टिगोचर, ज्ञात जगत् से कभी प्राप्त नहीं हो सकता, क्योंकि यह तो पूर्ण का खंड ज्ञान मात्र है।

अत: और भी गहराई में प्रवेश करना ही इस समस्या के समाधान का एकमात्र उपाय है। प्रारंभिक विचारकों ने देखा था कि वे केंद्र से जितनी दूर जाते हैं, वैचित्र्य और विभिन्नताएँ उतनी ही अधिक होती जाती हैं, और वे केंद्र के जितने निकट आते हैं, उतने ही वे एकत्व के निकट आते हैं। हम वृत्त के केंद्र के जितने निकट जाएँगे, हम सारी त्रिज्याओं के मिलनबिंदु के उतने ही निकट पहुँचेंगे और हम उससे जितनी दूर जाएँगे, हमारी त्रिज्या दूसरी त्रिज्याओं से उतनी ही दूर होती जाएगी। यह बाह्य जगत् उस केंद्र से बहुत दूर है, अतएव इसमें कोई ऐसी साधारण मिलन-भूमि नहीं हो सकती, जहाँ पर संपूर्ण अस्तित्व—समष्टि का एक सर्व—साधारण समाधान हो सके। यह जगत् समूचे अस्तित्व का, अधिक-से-अधिक, एक अंश मात्र है। और भी कितने व्यापार हैं; जैसे मनोजगत् के व्यापार, नैतिक जगत् के व्यापार, बुद्धिराज्य के व्यापार, आदि-आदि। इन सब में से केवल एक को लेकर उससे समस्त जगत्-समस्या का समाधान करना असंभव है। अत: हमें प्रथमत: कहीं एक ऐसे केंद्र का पता लगाना होगा, जिससे सत्ता के अन्य सभी स्तरों की उत्पत्ति हुई है; और फिर उसी केंद्र में खड़े होकर हम इस प्रश्न के समाधान की चेष्टा करेंगे। यही इस समय प्रस्तावित विषय है। वह केंद्र कहाँ है? वह हमारे भीतर है—इस मनुष्य के भीतर जो मनुष्य रहता है, वही यह केंद्र है। लगातार भीतर की ओर अग्रसर होते-होते महापुरुषों ने देखा कि जीवात्मा का गंभीरतम प्रदेश ही समुदय ब्रह्मांड का केंद्र है। जितने प्रकार के अस्तित्व हैं, सभी आकर उसी एक केंद्र में एकीभूत होते हैं। वस्तुत: यही स्थान सब की एक साधारण मिलन-भूमि है। इस स्थान पर आकर हम एक सार्वभौमिक सिद्धांत पर पहुँच सकते हैं। अतएव 'किसने इस जगत् की सृष्टि की है?' यह प्रश्न विशेष दार्शनिक नहीं है, और न उसका समाधान किसी काम का है।

कठोपनिषद् में यह भाव बड़ी अलंकारपूर्ण भाषा में दरशाया गया है। प्राचीन काल में एक बड़ा ही धनी व्यक्ति था। एक समय उसने एक यज्ञ किया। उस यज्ञ में सर्वस्व दान करने का नियम था। यह यज्ञकर्ता हृदय का सच्चा नहीं था। वह यज्ञ करके बहुत मान और यश पाने की इच्छा रखता था, पर यज्ञ में उसने ऐसी वस्तुएँ दान में दीं, जो उपयोग के लायक नहीं थीं। उसने जराजीर्ण, अर्धमृत, वंध्या, कानी और लँगड़ी गाएँ ब्राह्मणों को दान में दीं। उसका एक छोटा पुत्र था, जिसका नाम था नचिकेता। उसने देखा, मेरे पिता ठीक-ठीक अपना व्रत-पालन नहीं कर रहे हैं, अपितु वे व्रत को भंग कर रहे हैं, अतएव वह निश्चय नहीं कर पाया कि वह उनसे क्या कहे। भारतवर्ष में माता-पिता प्रत्यक्ष जीवंत देवता माने जाते हैं। उनके सामने

पुत्र कुछ कहने या करने का साहस नहीं करता, केवल चुप होकर खड़ा रहता है। अतः उस बालक ने पिता का प्रकट विरोध करने में असमर्थ हो, उनसे केवल यही पूछा, ''पिताजी, आप मुझे किसको देंगे? आपने तो यज्ञ में सर्वस्व-दान का संकल्प किया है!'' यह सुनकर पिता चिढ़ से गए और बोले, ''अरे, यह तू क्या कह रहा है। भला पिता अपने पुत्र का दान करेगा, यह कैसी बात है?'' पर बालक ने दूसरी बार, तीसरी बार पिता से यही प्रश्न किया, तब पिता क्रुद्ध होकर बोले, ''जा तुझे यम को देता हूँ।'' उसके बाद आख्यायिका ऐसी है कि वह बालक यम के घर गया। यमदेवता आदि-मृतक हैं, वे स्वर्ग में पितरों के शासनकर्ता हैं। अच्छे व्यक्ति मृत्यु के बाद यम के निकट अनेक दिनों तक रहते हैं। ये यम एक अत्यंत शुद्ध स्वभाव साधुपुरुष हैं, जैसा कि उनके नाम (यम) से ही पता चलता है। वह बालक नचिकेता यमलोक को गया। देवता भी समय-समय पर अपने घर में नहीं रहते। यमराज उस समय घर पर नहीं थे, इसलिए उस बालक को तीन दिन तक उनकी प्रतीक्षा करनी पड़ी। चौथे दिन यम अपने घर आए।

यम बोले, ''हे विद्वन्! तुम पूजनीय अतिथि होकर भी तीन दिन तक बिना कुछ खाए-पिए प्रतीक्षा करते रहे। हे ब्रह्मन्! तुम्हें प्रणाम है, हमारा कल्याण हो। मैं घर पर नहीं था, इसका मुझे बहुत दुःख है। किंतु मैं इस अपराध के प्रायश्चित्त-स्वरूप तुम्हें प्रत्येक दिन के लिए एक-एक करके तीन वर देने को प्रस्तुत हूँ, तुम वर माँग लो।'' बालक ने कहा, ''आप मुझे पहला वर यह दीजिए कि मेरे प्रति पिताजी का क्रोध दूर हो जाए, वे मेरे प्रति प्रसन्न हों, और आपसे प्रस्थान की आज्ञा लेकर जब मैं पिता के निकट जाऊँ, तो वे मुझे पहचान लें।'' यम ने कहा, ''तथास्तु!'' नचिकेता ने द्वितीय वर में स्वर्ग पहुँचानेवाले यज्ञविशेष के विषय में जानने की इच्छा व्यक्त की। हमने पहले ही देखा है कि वेद के संहिता भाग में केवल स्वर्ग की बातें हैं। वहाँ सबका शरीर ज्योतिर्मय होता है और वे अपने पितरों के साथ वहाँ वास करते हैं। क्रमशः अन्यान्य भाव आए, पर इन सबसे लोगों को पूरी तृप्ति नहीं हुई। इस स्वर्ग से और भी कुछ उच्चतर उन्हें आवश्यक प्रतीत होने लगा।

स्वर्ग में रहना इस जगत् में रहने से कोई अधिक भिन्न नहीं है। जिस प्रकार एक स्वस्थ, धनिक नवयुवक का जीवन होता है, उसी प्रकार स्वर्गीय जीवों का भी जीवन होता है, भेद केवल इतना है कि उनकी भोग-सामग्री अपरिमित होती है और उनका शरीर नीरोग, स्वस्थ एवं अधिक बलशाली होता है। वह सब तो जड़-जगत् की ही वस्तु ठहरी; हाँ, इससे कुछ अच्छी अवश्य है, बस इतना ही। और जब हमने देखा है कि यह जड़-जगत् पूर्वोक्त समस्या का कोई समाधान नहीं कर

सकता, तो स्वर्ग से भी भला उसका क्या समाधान हो सकता है? इसलिए कितने भी स्वर्गों की कल्पना क्यों न करो, पर उससे समस्या का ठीक समाधान नहीं हो सकता। यदि यह जगत् इस समस्या का कोई समाधान नहीं कर सकता, तो इस तरह के चाहे कितने भी जगत् हों, वे भला किस तरह इसका समाधान करेंगे? कारण, हमें स्मरण रखना उचित है कि स्थूल-भूत समस्त प्राकृतिक व्यापारों का एक अत्यंत सामान्य अंश मात्र है। हम जिन असंख्य घटनाओं को सचमुच देखते हैं, उनका अधिकांश भौतिक नहीं है।

अपने जीवन के प्रत्येक क्षण को ही देखो—इसमें मानसिक घटनाएँ बाहर की भौतिक घटनाओं की तुलना में कितनी अधिक हैं! यह अंतर्जगत् प्रबल वेगशील है और इसका कार्यक्षेत्र भी कितना विस्तृत है; इंद्रिय-ग्राह्य व्यापार तुलना में बिलकुल अल्प है। स्वर्गवाद के समाधान की भूल यह है कि वह कहता है कि हम लोगों का जीवन और जीवन की घटनावली केवल रूप, रस, गंध, स्पर्श और शब्द में ही आबद्ध है। अतएव स्वर्ग की इस धारणा से अधिकांश लोगों को तृप्ति नहीं हुई। तो भी इस जगह नचिकेता ने द्वितीय वर में स्वर्ग प्राप्त करानेवाले यज्ञ-संबंधी ज्ञान की प्रार्थना की है। वेद के प्राचीन भाग में वर्णित है कि देवगण यज्ञ द्वारा संतुष्ट हो लोगों को स्वर्ग ले जाते हैं। सभी धर्मों का अध्ययन करने पर हमें यह तथ्य प्राप्त होता है कि जो कुछ प्राचीन होता है, वही कालांतर में पवित्र हो जाता है। हमारे पुरखे भोज-पत्र पर लिखते थे, बाद में उन्होंने कागज बनाने की प्रणाली सीखी, परंतु इस समय भी भोज-पत्र पवित्र माना जाता है। प्राय: नौ-दस हजार वर्ष पूर्व हमारे पूर्वज दो लकड़ियाँ घिसकर आग पैदा करते थे, वह प्रणाली आज भी वर्तमान है। यज्ञ के समय किसी दूसरी प्रणाली द्वारा अग्नि पैदा करने से काम नहीं चलेगा। एशियावासी आर्यों की अन्य एक शाखा के संबंध में भी ऐसा ही है। आज भी उनके वर्तमान वंशधर विद्युत् से अग्नि प्राप्त कर उसकी रक्षा करना पसंद करते हैं। इससे प्रमाणित होता है कि ये लोग पहले इस तरह से अग्नि प्राप्त करते थे; बाद में उन्होंने दो लकड़ियों को घिसकर अग्नि उत्पादन करना सीखा, फिर जब अग्नि उत्पादन करने के अन्यान्य उपाय उन्होंने सीखे, तब भी पहले के उपायों का परित्याग नहीं किया। वे प्राचीन उपाय पवित्र आचारों में परिणत हो गए। यहूदियों के संबंध में भी यही सत्य है। उनके पूर्वज पार्चमेंट (parchment) पर लिखते थे। इस समय वे लोग कागज पर लिखते हैं, किंतु पार्चमेंट पर लिखना उनकी दृष्टि में परम पवित्र है। इसी तरह सभी जातियों के संबंध में है। इस समय जो आचार शुद्धाचार कहे जाते हैं, वे प्राचीन प्रथा मात्र हैं। यज्ञ भी इसी तरह प्राचीन प्रथा मात्र थे। कालक्रम से जब लोग

पहले की अपेक्षा उत्तम रीति से जीवन-निर्वाह करने लगे, तब उनकी धारणाएँ भी पहले की अपेक्षा अधिक उन्नत हुईं, पर ये प्राचीन प्रथाएँ रह गईं। समय-समय पर इनका अनुष्ठान होने लगा और वे पवित्र आचार माने जाने लगे। उसके बाद कुछ व्यक्तियों ने इस यज्ञ-कार्य के संपादन का भार अपने ऊपर ले लिया। ये ही पुरोहित हुए। ये यज्ञ के संबंध में गंभीर गवेषणा करने लगे—यज्ञ ही इन लोगों का सर्वस्व हो गया। उन लोगों में इस धारणा ने तब जड़ें जमा लीं कि देवता लोग यज्ञ की गंध लेने के लिए आते हैं, और यज्ञ की शक्ति से संसार में सबकुछ हो सकता है। यदि निर्दिष्ट संख्या में आहुतियाँ दी जाएँ, कुछ विशेष विशेष स्तोत्रों का पाठ हो, विशेष आकारवाली कुछ वेदियों का निर्माण हो, तो देवता सबकुछ कर सकते हैं, इस प्रकार के मतवादों की सृष्टि हुई। नचिकेता इसीलिए दूसरे वर द्वारा पूछता है कि किस तरह के यज्ञ से स्वर्ग-प्राप्ति हो सकती है। यम ने यह वर भी तत्काल दे दिया और यह आदेश दिया कि भविष्य में इस यज्ञ का नाम 'नाचिकेत यज्ञ' होगा।

इसके बाद नचिकेता ने तीसरे वर की प्रार्थना की और यहीं से यथार्थ उपनिषद् का आरंभ है। नचिकेता बोला, "कोई-कोई कहते हैं, मृत्यु के बाद आत्मा रहती है, कोई-कोई कहते हैं, आत्मा मृत्यु के बाद नहीं रहती। आप मुझे इस विषय का यथार्थ तत्त्व समझा दें।"

यम भयभीत हो गए। उन्होंने परम आनंद के साथ नचिकेता के प्रथमोक्त दोनों वरों को पूर्ण किया था। इस समय वे बोले, "प्राचीन काल में देवताओं को भी इस विषय में संदेह था। यह सूक्ष्म धर्म सुविज्ञेय नहीं है। हे नचिकेता! तुम कोई दूसरा वर माँगो। मुझसे इस विषय में और अधिक अनुरोध न करो—मुझे छोड़ दो।"

नचिकेता दृढ़मति था, वह बोला, "हे मृत्यो! आप जो कहते हैं कि देवताओं को भी इस विषय में संदेह था और इसे समझना भी कोई सरल बात नहीं है, यह सत्य है। किंतु मैं इस विषय पर आपके सदृश कोई दूसरा वक्ता भी नहीं पा सकता, और इस वर के समान दूसरा कोई वर भी नहीं है।"

यम बोले, "हे नचिकेता! शतायु पुत्र, पौत्र, पशु, हाथी, सोना, घोड़ा आदि माँग लो। इस पृथ्वी पर राज्य करो एवं जितने दिन तुम जीने की इच्छा करो, उतने दिन तक जीवित रहो। इसके समान और भी कोई दूसरा वर यदि तुम्हारे मन में हो, तो वह भी माँग लो अथवा धन और दीर्घ जीवन की प्रार्थना कर लो। अथवा हे नचिकेता! तुम इस विशाल धरणी पर राज्य करो, मैं तुम्हें सभी प्रकार की काम्य वस्तुओं से पूर्ण कर दूँगा। पृथ्वी में जो-जो काम्य वस्तुएँ दुर्लभ हैं, उनकी प्रार्थना

करो। गीत और वाद्य में विशारद इन रथारूढ़ रमणियों को मनुष्य नहीं पा सकता। हे नचिकेता! इन सभी रमणियों को मैं तुम्हें देता हूँ, ये तुम्हारी सेवा करेंगी; पर तुम मृत्यु के संबंध में मत पूछो।''

नचिकेता ने कहा, ''ये सभी वस्तुएँ केवल दो दिन के लिए हैं, ये इंद्रियों के तेज को हर लेती हैं। अतिदीर्घ जीवन भी अनंत काल की तुलना में वस्तुत: अत्यंत अल्प है। इसीलिए ये हाथी, घोड़े, रथ, गीत, वाद्य आदि आपके ही पास रहें। मनुष्य धन से कभी तृप्त नहीं हो सकता। जब मैं आपके पाश में आऊँगा तो इस वित्त की फिर किस प्रकार रक्षा कर सकूँगा? आप जब तक इच्छा करेंगे, मैं तभी तक जीवित रह सकूँगा। अत: मैंने जिस वर की प्रार्थना की है, बस वही वर मैं चाहता हूँ।''

यम इस उत्तर से प्रसन्न हो गए। वे बोले, ''श्रेय (परमकल्याण) और प्रेय (आपातरम्य भोग) इन दोनों के उद्देश्य भिन्न हैं—ये दोनों मनुष्यों को विभिन्न दिशा में ले जाते हैं। जो इनमें से श्रेय को ग्रहण करते हैं, उनका कल्याण होता है, और जो प्रेय को ग्रहण करते हैं, वे लक्ष्यभ्रष्ट हो जाते हैं। ये श्रेय और प्रेय दोनों मनुष्य के समक्ष उपस्थित होते हैं। ज्ञानी दोनों पर विचार कर एक को दूसरे से पृथक् जानते हैं। वे श्रेय को प्रेय से श्रेष्ठ समझकर स्वीकार करते हैं, किंतु अज्ञानी पुरुष अपने शारीरिक सुख के लिए प्रेय को ही ग्रहण करते हैं। हे नचिकेता! तुमने आपातरम्य समग्र विषयों की नश्वरता समझकर उन सभी को बुद्धिमानी से छोड़ दिया है।'' इन वचनों से नचिकेता की प्रशंसा कर अंत में यम ने उसे परम तत्त्व का उपदेश देना आरंभ किया।

यहाँ पर हमें वैराग्य और वैदिक नीति की अत्युन्नत धारणा प्राप्त होती है कि जब तक मनुष्य की भोग-वासना का त्याग नहीं होता, तब तक उसके हृदय में सत्य-ज्योति का प्रकाश नहीं हो सकता। जब तक ये तुच्छ विषय-वासनाएँ हृदय में मचलती रहती हैं, जब तक प्रतिमुहूर्त वे हमें बाहर खींच ले जाकर प्रत्येक बाह्य वस्तु का—एक बिंदु रूप का, एक बिंदु रस का, एक बिंदु स्पर्श का—दास बनाती रहती हैं, तब तक, फिर हम अपने ज्ञान का कितना ही दंभ क्यों न करें, हमारे हृदय में सत्य किस तरह प्रकाशित हो सकता है?

यम बोले, ''जिस आत्मा के संबंध में, जिस परलोक तत्त्व के संबंध में तुमने प्रश्न किया है, वह वित्त-मोह से मूढ़ बालकों के हृदय में उदित नहीं हो सकता। 'इसी जगत् का अस्तित्व है, परलोक का नहीं', इस प्रकार चिंतन कर वे बारंबार मेरे वश में आते हैं। इस सत्य को समझना अत्यंत कठिन है। बहुत से लोग तो लगातार इस विषय को सुनकर भी समझ नहीं पाते, क्योंकि इस विषय का वक्ता भी विलक्षण

होना चाहिए और श्रोता भी। गुरु का भी अद्‌भुत शक्तिसंपन्न होना आवश्यक है और शिष्य का भी उसी तरह होना जरूरी है। फिर मन को वृथा तर्क के द्वारा चंचल करना उचित नहीं है। कारण, परमार्थतत्त्व तर्क का विषय नहीं है, वह तो प्रत्यक्ष अनुभूति का विषय है।''

हम लोग हमेशा सुनते आ रहे हैं कि प्रत्येक धर्म विश्वास करने पर बल देता है। हमने आँखें बंद करके विश्वास करने की शिक्षा पाई है। यह अंधविश्वास सचमुच ही बुरी वस्तु है, इसमें कोई संदेह नहीं। पर यदि इस अंधविश्वास का हम विश्लेषण करके देखें, तो ज्ञात होगा कि इसके पीछे एक महान् सत्य है। उसका वास्तविक अर्थ क्या है, उसी के विषय में हम इस समय पढ़ रहे हैं। मन को व्यर्थ ही तर्क के द्वारा चंचल करने से काम नहीं चलेगा, क्योंकि तर्क से कभी ईश्वर की प्राप्ति नहीं हो सकती। यह प्रत्यक्ष का विषय है, तर्क का नहीं। समस्त तर्क कुछ प्रत्यक्षों पर स्थापित रहते हैं। इनको छोड़कर तर्क हो ही नहीं सकता। हमारी प्रत्यक्ष की हुई अनुभूतियों के बीच तुलना की प्रणाली को तर्क कहते हैं। यदि ये अनुभूतियाँ पहले से न हों तो तर्क हो ही नहीं सकता। बाह्य जगत् के संबंध में यदि यह सत्य है, तो अंतर्जगत् के संबंध में भी ऐसा क्यों न होगा? रसायनवेत्ता कुछ द्रव्य लेते हैं, उनसे और कुछ परिणाम द्रव्य उत्पन्न होते हैं। यह एक तथ्य है।

हम उसे स्पष्ट देखते हैं, प्रत्यक्ष करते हैं एवं उसे नींव बनाकर हम रसायनशास्त्र का विचार करते हैं। पदार्थतत्त्ववेत्ता भी वैसा ही करते हैं—सभी विज्ञानों के विषय में यही बात है। सभी प्रकार का ज्ञान प्रत्यक्ष अनुभव पर स्थापित होना चाहिए और उसके आधार पर ही हमें तर्क और विचार करना चाहिए। किंतु आश्चर्य की बात है कि अधिकांश लोग, विशेषत: वर्तमान काल में, सोचते हैं कि धर्मतत्त्व में इस प्रकार की प्रत्यक्ष अनुभुति संभव नहीं है, धर्म का तत्त्व केवल युक्ति-तर्क द्वारा समझा जा सकता है। इसीलिए यहाँ पर यम सावधान कर रहे हैं कि मन को वृथा तर्कों से चंचल नहीं करना चाहिए। धर्म बातों का विषय नहीं है—वह तो प्रत्यक्ष अनुभूति का विषय है। हमें अपनी आत्मा में अन्वेषण करके रखना होगा कि वहाँ क्या है। हमें उसे समझना होगा और समझकर उसका साक्षात्कार करना होगा। यही धर्म है। लंबी-चौड़ी बातों में धर्म नहीं रखा है। अतएव, कोई ईश्वर है या नहीं, यह तर्क से प्रमाणित नहीं हो सकता, क्योंकि युक्ति दोनों ओर समान है। किंतु यदि कोई ईश्वर है, तो वह हमारे अंतर में ही है। क्या तुमने कभी उसे देखा है? यही प्रश्न है।

जगत् का अस्तित्व है या नहीं, इस प्रश्न की मीमांसा अभी तक नहीं हो सकी है और प्रत्यक्षवादियों (realists) एवं विज्ञानवादियों (idealists) का विवाद कभी

समाप्त नहीं होने का। फिर भी हम जानते हैं कि जगत् है और वह चल रहा है। हम केवल शब्दों के तात्पर्य में हेर-फेर कर देते हैं। अत: जीवन के इन सारे प्रश्नों के बावजूद हमें प्रत्यक्ष घटनाओं में आना ही पड़ेगा। बाह्य-विज्ञान के ही समान परमार्थ-विज्ञान में भी हमें कुछ पारमार्थिक व्यापारों को प्रत्यक्ष करना होगा। उन्हीं पर धर्म स्थापित होगा। हाँ, यह सत्य है कि धर्म की प्रत्येक बात पर विश्वास करना—यह एक युक्तिहीन दावा है और इसमें कोई आस्था नहीं रखी जा सकती। उससे मनुष्य के मन की अवनति होती है। जो व्यक्ति तुमसे सभी विषयों में विश्वास करने को कहता है, वह अपने को नीचे गिराता है और यदि तुम उसके वचनों पर विश्वास करते हो, तो वह तुम्हें भी नीचे गिराता है। संसार के साधु-महापुरुषों को हम से बस यही कहने का अधिकार है कि हमने अपने मन का विश्लेषण किया है और ये सत्य पाए हैं। और यदि तुम भी वैसा करो, तो तुम भी उन पर विश्वास करोगे, उसके पहले नहीं। बस, यही धर्म का सार है। एक बात तुम सदैव ध्यान में रखो कि जो लोग धर्म के विरुद्ध तर्क करते हैं, उनमें से 99.9 प्रतिशत व्यक्तियों ने कभी अपने मन का विश्लेषण करके नहीं देखा है, सत्य को पाने की कभी चेष्टा नहीं की है। इसीलिए धर्म के विरोध में उनकी युक्ति का कोई मूल्य नहीं है। यदि कोई अंधा मनुष्य चिल्लाकर कहे, ''सूर्य के अस्तित्व में विश्वास करनेवाले तुम सभी भ्रांत हों तो उसके इस वाक्य का जितना मूल्य होगा, बस उतना ही उनकी युक्ति का है।

अत: अपरोक्षानुभूति के इस भाव को मन में सर्वदा जागरूक रखना और उसे पकड़े रहना चाहिए। धर्म को लेकर ये सब झगड़े, मारामारी, तर्क-वितर्क तभी जाएँगे, जब हम समझ लेंगे कि धर्म ग्रंथों या मंदिरों में नहीं है। वह अतींद्रिय तत्त्व की अपरोक्षानुभूति है—इंद्रियों से उसका अनुभव नहीं हो सकता। जिन व्यक्तियों ने वास्तव में ईश्वर एवं आत्मा की उपलब्धि की है, वे ही यथार्थ धार्मिक हैं। धर्म पर धाराप्रवाह भाषण देनेवाले एक प्रकांड पंडित यदि प्रत्यक्षानुभूति से रहित हों, तो उनमें और एक बिलकुल अज्ञ जड़वादी में कोई अंतर नहीं है। हम सब नास्तिक हैं, यह हम क्यों नहीं मान लेते? धर्म के सत्य में केवल बौद्धिक सम्मति देने मात्र से हम धार्मिक नहीं बन जाते। एक ईसाई या मुसलमान अथवा अन्य किसी दूसरे धर्म के अनुयायी की बात लो। 'ईसा के उस पर्वत पर के उपदेश' का स्मरण करो। जो कोई व्यक्ति इस उपदेश को कार्य रूप में परिणत करेगा, वह उसी क्षण देवता हो जाएगा। सुनते हैं कि पृथ्वी में इतने करोड़ ईसाई हैं, तो क्या तुम कहना चाहते हो, ये सभी ईसाई हैं? इसका वास्तविक अर्थ यह है कि ये किसी-न-किसी समय इस उपदेश के अनुसार कार्य करने की चेष्टा कर सकते हैं। दो करोड़ लोगों में एक भी

सच्चा ईसाई है या नहीं, इसमें संदेह है।

भारतवर्ष में भी, इसी तरह, सुनते हैं कि तीस कोटि वेदांती हैं। यदि प्रत्यक्षानुभूति-संपन्न व्यक्ति हजार में एक भी होता तो यह संसार पाँच मिनट में बदल जाता! हम सभी नास्तिक हैं, परंतु जो व्यक्ति उसे स्पष्ट स्वीकार करता है, उससे हम विवाद करने को प्रस्तुत हो जाते हैं। हम सभी अंधकार में पड़े हुए हैं। धर्म हम लोगों के समीप मानो कुछ नहीं है, केवल विचारलब्ध कुछ मतों का अनुमोदन मात्र है, केवल मुँह की बात है। जो व्यक्ति बहुत अच्छी तरह से बोल सकता है, हम बहुधा उसी को धार्मिक समझा करते हैं। पर यह धर्म नहीं है। ''शब्द-योजना करने के सुंदर कौशल, आलंकारिक शब्दों में वर्णन करने की रागता, शास्त्रों के श्लोकों की अनेक प्रकार से व्याख्या—ये सब केवल पंडितों कं आमोद की बातें हैं, धर्म नहीं।'' हमारी आत्मा में जब प्रत्यक्षानुभूति आरंभ होगी, तभी धर्म का प्रारंभ होगा। तभी तुम धार्मिक होंगे एवं तभी नैतिक जीवन का भी प्रारंभ होगा। इस समय हम पशुओं की अपेक्षा अधिक नीतिपरायण नहीं हैं। केवल समाज के अनुशासन के भय से हम कुछ गड़बड़ नहीं करते। यदि समाज आज कह दे कि चोरी करने से अब दंड नहीं मिलेगा, तो हम इसी समय दूसरे की संपत्ति लूटने को टूट पड़ेंगे। पुलिस ही हमें सच्चरित्र बनाती है। सामाजिक प्रतिष्ठा के लोप की आशंका ही हमें नीतिपरायण बनाती है, और वस्तुस्थिति तो यह है कि हम पशुओं से अधिक उन्नत नहीं हैं। हम जब अपने हृदय को टटोलेंगे, तभी समझ सकेंगे कि यह बात कितनी सत्य है। अतएव आओ, इस कपट का त्याग करें। आओ, स्वीकार करें कि हम धार्मिक नहीं हैं और दूसरों से घृणा करने का हमें कोई अधिकार नहीं है। हम सभी असल में भाई-भाई हैं, और जब हमें धर्म की प्रत्यक्षानुभूति होगी, तभी हम नीतिपरायण होने की आशा कर सकते हैं।

यदि तुमने कोई देश देखा है, तो फिर कोई व्यक्ति तुमसे चाहे कितना भी क्यों न कहे कि तुमने वह नहीं देखा है तो भी तुम अपने हृदय में यह अच्छी तरह जानते हो कि तुमने देखा है। इसी प्रकार जब तुम धर्म और ईश्वर को इस बाह्य जगत् की भी अपेक्षा अधिक तीव्र रूप से प्रत्यक्ष कर लेते हो, तब कुछ भी तुम्हारे विश्वास को नष्ट नहीं कर सकता। तभी सच्चा विश्वास आरंभ होता है। यही तात्पर्य है बाइबिल की इस बात का—''जिसे एक सरसों मात्र भी विश्वास है, वह यदि पहाड़ के पास जाकर कहे कि तुम हट जाओ, तो पहाड़ भी उसकी बात सुनेगा।'' तब तुम सत्य को जान लोगे, क्योंकि तुम स्वयं ही सत्यस्वरूप हो जाओगे।

वेदांत की मूल बात यही है—धर्म का साक्षात्कार करो, केवल बातें करने से कुछ न होगा। किंतु साक्षात्कार करना बहुत कठिन है। जो परमाणु के अंदर अति गुह्य रूप से रहता है, वही पुराणपुरुष प्रत्येक मानव-हृदय के गुह्यतम प्रदेश में निवास करता है। ऋषियों ने उसे अंतर्दृष्टि द्वारा उपलब्ध किया और सुख-दु:ख दोनों के पार हो गए—धर्म और अधर्म, शुभ और अशुभ कर्म, सत् और असत् इन सब के वे पार चले गए। जिसने उस पुराणपुरुष को देखा है, उसी ने यथार्थ सत्य का दर्शन किया है। तो फिर स्वर्ग का क्या हुआ? स्वर्ग के संबंध में धारणा थी कि वह दु:खशून्य सुख है; अर्थात् हम ऐसा स्थान चाहते हैं, जहाँ संसार के सभी सुख हों और उसके दु:ख बिलकुल न हों। यह है तो अत्यंत सुंदर धारणा और बिलकुल स्वाभाविक भी है, पर यह पूर्णत: भ्रमात्मक है; क्योंकि पूर्ण सुख या पूर्ण दु:ख नाम का कोई पदार्थ नहीं है।

रोम में एक बड़ा धनी व्यक्ति था। उसने एक दिन जाना कि उसके पास अब केवल दस लाख पौंड शेष रहे हैं। उसने कहा, ''तब मैं कल क्या करूँगा?'' और ऐसा कहकर उसने उसी समय आत्महत्या कर ली! दस लाख पौंड उसके लिए दारिद्र्य था! किंतु हम लोगों के लिए वैसा नहीं है। वह तो हमारे संपूर्ण जीवन की आवश्यकता से भी अधिक है। सचमुच में ये सुख और दु:ख हैं क्या? वे तो सतत परिवर्तनशील हैं, लगातार विभिन्न रूप धारण करते रहते हैं। मैं जब छोटा था, तो सोचता था—जब मैं गाड़ीवान बनूँगा तो सुख की पराकाष्ठा को प्राप्त करूँगा। इस समय मैं ऐसा नहीं समझता। अब तुम कौन से सुख को पकड़े रहोगे? हमें यही समझना है। प्रत्येक की सुख धारणा अलग-अलग है। मैंने एक ऐसा व्यक्ति देखा है, जो प्रतिदिन अफीम का गोला खाए बिना सुखी नहीं होता। वह ऐसे स्वर्ग की कल्पना करता है, जहाँ मिट्टी अफीम की ही बनी है। पर मेरे लिए तो वह स्वर्ग बड़ा दु:खदायी होगा। हम लोग बारंबार अरबी कविता में पढ़ते हैं कि स्वर्ग अनेक प्रकार के मनोहर उद्यानों से पूर्ण है, उसमें अनेक नदियाँ बहती हैं। मैंने अपना अधिकांश जीवन एक ऐसे स्थान में बिताया है, जहाँ जल प्रचुर मात्रा में है और जहाँ प्रतिवर्ष बाढ़ में सैकड़ों गाँव बह जाते हैं। अतएव मेरा स्वर्ग नदी और उद्यान से पूर्ण नहीं हो सकता; मेरा स्वर्ग तो ऐसा होगा, जहाँ अधिक वर्षा नहीं होती। हमारी सुख की धारणा हमेशा बदलती रहती है।

एक युवक यदि स्वर्ग की कल्पना करे, तो उसका स्वर्ग परम सुंदर रमणियों से परिपूर्ण होगा। उसी व्यक्ति के आगे चलकर वृद्ध हो जाने पर उसे स्त्री की आवश्यकता फिर न रहेगी। हमारे प्रयोजन ही हमारे स्वर्ग का निर्माण करते हैं, और

हमारे प्रयोजन के परिवर्तन के साथ-साथ हमारा स्वर्ग भी भिन्न-भिन्न रूप धारण करता है। यदि हम इस प्रकार के एक स्वर्ग में जाएँ, जहाँ अनंत इंद्रिय-सुख प्राप्त हो, तो उस जगह हमारी उन्नति नहीं हो सकती। जो विषयभोग को ही जीवन का एकमात्र उद्‌देश्य मानते हैं, वे ही इस प्रकार के स्वर्ग की प्रार्थना करते हैं। यह वास्तव में मंगलकारी न होकर महान् अमंगलकारी होगा। यही क्या हमारी अंतिम गति है? थोड़ा हँसना-रोना, उसके बाद कुत्ते के समान मृत्यु! जब तुम इन सब विषयभोगों की प्रार्थना करते हो, उस समय तुम यह नहीं जानते कि मानवजाति के लिए जो अत्यंत अमंगलकारक है, तुम उसी की कामना कर रहे हो। इसका कारण यह है कि तुम यथार्थ आनंद का स्वरूप नहीं जानते। वास्तव में, दर्शनशास्त्र में आनंद को त्यागने का उपदेश नहीं दिया गया है। उसमें तो यथार्थ आनंद क्या है, बस इसी का उपदेश दिया गया है। नॉर्वेवासियों की स्वर्ग के संबंध में ऐसी धारणा है कि वह एक भयानक युद्धक्षेत्र है—वहाँ सब लोग जाकर 'ओडिन' देवता के समुख बैठते हैं। कुछ समय के बाद जंगली सूअर का शिकार आरंभ होता है। बाद में वे आपस में ही युद्ध करते हैं और एक-दूसरे को खंड-खंड कर डालते हैं। किंतु इसके थोड़ी ही देर बाद किसी रूप से उन लोगों के घाव भर जाते हैं। तब वे एक बड़े कमरे में जाकर उस सूअर के मांस को पकाकर खाते तथा आमोद-प्रमोद करते हैं। उसके दूसरे दिन वह सूअर फिर से जीवित हो जाता है और फिर उसी तरह शिकार आदि होता है। यह भी हमारी ही धारणा के अनुरूप है, अंतर इतना ही है कि हमारी धारणा कुछ अधिक परिष्कृत है। हम भी नॉर्वेवासियों के ही समान सूअर का शिकार करना चाहते हैं—एक ऐसे स्थान में जाना चाहते हैं, जहाँ ये विषयभोग पूर्ण मात्रा में लगातार चलते रहें।

दर्शनशास्त्र के मत में एक ऐसा आनंद है, जो निरपेक्ष और अपरिणामी है। वह आनंद हमारे ऐहिक सुखोपभोग के समान नहीं है। तो भी वेदांत प्रमाणित करता है कि इस जगत् में जो कुछ आनंदकारी है, वह उसी यथार्थ आनंद का अंश मात्र है, क्योंकि एकमात्र उस आनंद का ही वास्तविक अस्तित्व है। हम प्रतिक्षण उसी ब्रह्मानंद का उपभोग कर रहे हैं, पर यह उसका आच्छन्न, प्रांत और विकृत रूप ही होता है। जहाँ कहीं किसी प्रकार का हर्ष, आनंद, सुख देखो, यहाँ तक कि चोरों को चोरी में जो आनंद मिलता है, वह भी वस्तुतः वही पूर्णानंद है, वह तरह-तरह की बाह्य वस्तुओं के संपर्क से मलिन और धुँधला हो गया है। उसकी प्राप्ति के लिए पहले हमें नेति नेति करते हुए समस्त ऐहिक सुखभोग का त्याग करना होगा, तभी प्रकृत आनंद का आरंभ होगा। पहले अज्ञान का—मिथ्या का—त्याग करना

होगा, तभी सत्य अपने को प्रकाशित करने लगेगा। जब हम सत्य को दृढ़तापूर्वक पकड़ सकेंगे, तब पहले हमने जो कुछ भी त्याग किया था, वह फिर एक नया रूप धारण कर लेगा, एक नए आलोक में प्रकट होगा और ब्रह्ममय हो जाएगा। सबकुछ एक उदात्त भाव धारण कर लेगा और तब हम सभी पदार्थों को नवीन आलोक में देख सकेंगे। किंतु पहले हमें उन सबका त्याग करना होगा; बाद में सत्य का आभास पाने पर हम पुनः उन सब को ग्रहण कर लेंगे, पर अब ब्रह्म के रूप में। अतएव हमें सुख-दुःख सभी का त्याग करना होगा।

''सभी वेद जिसकी घोषणा करते हैं, सभी प्रकार की तपस्याएँ जिसकी प्राप्ति के लिए की जाती हैं, जिसे पाने की इच्छा से लोग ब्रह्मचर्य का अनुष्ठान करते हैं, हम संक्षेप में उसी के संबंध में तुम्हें बताएँगे, वह 'ॐ' है।'' वेद में इस 'ॐ' शब्द की अतिशय महिमा और पवित्रता वर्णित है।

अब हम नचिकेता के प्रश्न का कि मृत्यु के बाद मनुष्य की क्या दशा होती है। उत्तर देते हैं—''सदा-चैतन्यवान आत्मा कभी नहीं मरती। यह न कभी जन्म लेती है और न किसी से उत्पन्न होती है। यह नित्य है, अज है, शाश्वत है, पुराण है। देह के नष्ट हो जाने पर भी वह नष्ट नहीं होती। मारनेवाला यदि सोचे कि मैं किसी को मार सकता हूँ अथवा मरनेवाला व्यक्ति यदि सोचे कि मैं मरा हूँ तो दोनों को ही सत्य से अनभिज्ञ समझना चाहिए—क्योंकि आत्मा न किसी को मारती है, न स्वयं मृत होती है।'' यह तो बड़ी भयानक बात हुई! प्रथम श्लोक में आत्मा का जो 'सदा-चैतन्यवान' विशेषण है, उस पर गौर करो। क्रमशः देखोगे, वेदांत का प्रकृत मत यह है कि आत्मा में पहले से ही पूर्ण ज्ञान, पूर्ण पवित्रता है। उसका कहीं पर अधिक प्रकाश होता है और कहीं पर कम, बस इतना ही भेद है। मनुष्य के साथ मनुष्य का का अथवा इस ब्रह्मांड के किसी भी पदार्थ का भेद प्रकारगत नहीं है, परिमाणगत है। प्रत्येक के भीतर अवस्थित सत्य तो वही एकमात्र, अनंत, नित्यानंदमय, नित्यशुद्ध, नित्यपूर्ण ब्रह्म है। वही यह आत्मा है। वह पुण्यशील, पापी, सुखी, दुःखी, सुंदर, कुरूप, पशु सब में समान रूप में वर्तमान है। वह ज्योतिर्मय है। उसके प्रकाश के तारतम्य से ही नाना प्रकार का भेद दीख पड़ता है। किसी के भीतर वह अधिक प्रकाशित है और किसी के भीतर कम, किंतु उस आत्मा में इस भेद का कोई अर्थ नहीं।

एक व्यक्ति के वस्त्रों में से उसके शरीर का अधिकांश दीख पड़ता है और दूसरे व्यक्ति के वस्त्रों में से उसके शरीर का अल्पांश ही, पर इससे शरीर में किसी प्रकार का भेद नहीं हो जाता। केवल शरीर के अधिकांश या अल्पांश को आवृत

करनेवाले वस्त्रों का ही भेद दीख पड़ता है। आवरण अर्थात् देह और मन के तारतम्यानुसार ही आत्मा की शक्ति और पवित्रता प्रकाशित होती है। अतएव यहाँ पर यह बात समझ लेनी है कि वेदांतदर्शन में शुभ और अशुभ नामक दो पृथक् वस्तुएँ नहीं हैं। वही एक पदार्थ शुभ और अशुभ दोनों होता है और उनके बीच की विभिन्नता केवल परिमाणगत है। आज जिस वस्तु को हम सुखकर कहते हैं, कल कुछ अच्छी परिस्थिति प्राप्त होने पर उसी को दु:खकर कह सकते हैं। जो अग्नि हमें सर्दी से बचाती है, वही हमें भस्म भी कर सकती है, तो यह क्या अग्नि का दोष हुआ? अतएव, यदि आत्मा शुद्धस्वरूप और पूर्ण हो, तो जो व्यक्ति असत्-कार्य करता है, वह अपने स्वरूप के विपरीत आचरण करता है—वह अपने स्वरूप को नहीं जानता। एक खूनी के भीतर भी वही शुद्धस्वरूप आत्मा है। उसकी मृत्यु नहीं होती। वह उसकी भूल थी, वह उसकी ज्योति को प्रकाशित नहीं कर सका, उसको उसने आच्छादित कर रखा है। फिर, जो व्यक्ति सोचता है कि वह हत हुआ, उसकी भी आत्मा हत नहीं होती। आत्मा नित्य है—उसका कभी भी नाश नहीं हो सकता। "अणु से भी अणु, बृहत् से भी बृहत् वह सबका प्रभु प्रत्येक मानवहृदय के गुह्य प्रदेश में वास करता है। निष्पाप व्यक्ति प्रभु की कृपा से उसे देखकर सभी प्रकार के शोक से रहित हो जाता है। जो देहशून्य होकर भी देह में रहता है, जो देशविहीन होकर भी देश में रहनेवाले के समान है, उस अनंत, सर्वव्यापी आत्मा को इस प्रकार जानकर ज्ञानी व्यक्ति का दु:ख संपूर्ण रूप से दूर हो जाता है।"

"इस आत्मा को वक्तृता-शक्ति, तीक्ष्ण मेधा अथवा वेदाध्ययन के द्वारा नहीं पाया जा सकता।" इस प्रकार कहना ऋषियों के लिए परम साहस का कार्य था। पहले ही कहा है, ऋषिगण चिंतन-जगत् में बड़े साहसी थे। वे कहीं पर रुक जानेवाले व्यक्ति नहीं थे। हिंदू लोग वेद को जिस सम्मान की दृष्टि से देखते हैं, उस भाव से ईसाई लोग भी बाइबिल को नहीं देखते। वेद के विषय में तुम लोगों की धारणा है कि किसी मनुष्य ने ईश्वरानुप्राणित होकर उसे लिखा है; किंतु हिंदुओं की धारणा है कि जितने पदार्थ जगत् में हैं, उनके अस्तित्व का कारण है वेद में उनका नाम उल्लिखित होना। उनका विश्वास है कि वेद द्वारा ही जगत् की सृष्टि हुई है। जो कुछ ज्ञान कहा जाता है, वह सब वेद में ही है। जिस प्रकार आत्मा अनादि-अनंत है, उसी प्रकार वेद का प्रत्येक शब्द भी पवित्र एवं अनंत है। सृष्टिकर्ता का संपूर्ण मन मानो इस ग्रंथ में प्रकाशित है। वे इसी भाव से वेद को देखते हैं। यह कार्य नीतिसंगत क्यों है? क्योंकि ऐसा वेद कहते हैं। यह कार्य अन्याय क्यों है? क्योंकि ऐसा वेद कहते हैं। वेद के प्रति लोगों की ऐसी श्रद्धा रहने पर भी इन

ऋषियों का सत्यानुसंधान में कितना साहस है, देखो! वे कहते हैं, 'नहीं, बारंबार वेद के अध्ययन से भी सत्य प्राप्त नहीं होने का।' "वह आत्मा जिसके प्रति प्रसन्न होती है, उसी को वह अपना स्वरूप दिखलाती है।" किंतु इससे एक आशंका उठ सकती है कि तब तो आत्मा पक्षपाती है। इसलिए यम कहते हैं, "जो असत्-कार्य करनेवाले हैं, जिनका मन शांत नहीं है, वे इसे कभी नहीं पा सकते। जिनका हृदय पवित्र है, जिनका कार्य पवित्र है और जिनकी इंद्रियाँ संयत हैं, उन्हीं के निकट यह आत्मा प्रकाशित होती है।"

आत्मा के संबंध में एक सुंदर उपमा दी गई है। आत्मा को रथी, शरीर को रथ, बुद्धि को सारथी, मन को लगाम और इंद्रियों को अश्वों की उपमा दी गई है। जिस रथ के घोड़े अच्छी तरह संयत हैं, जिस रथ की लगाम मजबूत है और सारथि के द्वारा दृढ़ रूप से पकड़ी हुई है, उसका रथी विष्णु के उस परमपद को पहुँच सकता है, किंतु जिस रथ के इंद्रियरूप घोड़े दृढ़भाव से संयत नहीं हैं तथा मनरूपी लगाम मजबूती से पकड़ी हुई नहीं है, वह रथ अंत में विनाश को प्राप्त होता है। सभी प्राणियों में अवस्थित आत्मा चक्षु अथवा किसी दूसरी इंद्रिय के समक्ष प्रकाशित नहीं होती, किंतु जिनका मन पवित्र हुआ है, वे ही उसे देख पाते हैं। जो शब्द, स्पर्श, रूप, रस और गंध से अतीत है, जो अव्यय है, जिसका आदि-अंत नहीं है, जो प्रकृति के अतीत है, अपरिणामी है, उसको जो प्राप्त करते हैं, वे मृत्युमुख से मुक्त हो जाते हैं। किंतु उसे पाना बहुत कठिन है; यह मार्ग तेज छुरे की धार पर चलने के समान अत्यंत दुर्गम है। मार्ग बहुत लंबा और जोखिम का है, किंतु निराश मत होओ, दृढ़तापूर्वक बढ़े चलो, 'उठो, जागो और उस चरम लक्ष्य पर पहुँचने तक रुको मत।'

हम देखते हैं, समस्त उपनिषदों का केंद्रीय भाव साक्षात्कार या अपरोक्षानुभूति ही है। इसके संबंध में मन में समय-समय पर अनेक प्रकार के प्रश्न उठेंगे; विशेषत: आधुनिक लोगों की ओर से। इसकी उपयोगिता के संबंध में प्रश्न उठेंगे एवं और भी अनेक प्रकार के संदेह आएँगे, पर ये प्रश्न करते समय हम यह देखेंगे कि प्रत्येक बार हम अपने पूर्व-संस्कारों द्वारा परिचालित होते हैं। हमारे मन पर इन पूर्व-संस्कारों का अतिशय प्रभाव है। जो बाल्यकाल से केवल सगुण ईश्वर और मन के व्यक्तित्व (the personality of the mind) की बात सुनते आए हैं, उनके लिए पूर्वोक्त बातें निश्चय ही अत्यंत कठोर और कर्कश मालूम पड़ेंगी, किंतु वे यदि उन्हें सुनें और उन पर मनन करें, तो वे बातें उनकी नस-नस में भिद जाएँगी, और फिर इस तरह की बातें सुनकर वे भयभीत न होंगे। मुख्य प्रश्न है, दर्शन की उपयोगिता अर्थात् व्यावहारिकता के

संबंध में। उसका केवल एक ही उत्तर दिया जा सकता है—यदि उपयोगितावादियों के मत में सुख का अन्वेषण करना ही मनुष्य का कर्तव्य है, तो जिन्हें आध्यात्मिक चिंतन में सुख मिलता है, वे क्यों न आध्यात्मिक चिंतन में सुख का अन्वेषण करें? अनेक लोग विषय-भोग में सुख पाने के कारण विषय-सुख का अन्वेषण करते हैं, किंतु ऐसे अनेक व्यक्ति हो सकते हैं, जो उच्चतर आनंद का अन्वेषण करते हों। कुत्ता खाने-पीने से ही सुखी हो जाता है। वैज्ञानिक कुछ तारों की स्थिति जानने के लिए ही विषय-सुख को तिलांजलि दे, शायद किसी पर्वत के शिखर पर वास करता है। वह जिस अपूर्व सुख का आस्वाद पाता है, कुत्ता उसे नहीं समझ सकता। कुत्ता उसे देखकर शायद हँसे और उसे पागल कहे। हो सकता है, बेचारे वैज्ञानिक के पास विवाह करने भर को भी पैसे न रहे हों; हो सकता है, वह बड़ा सादा जीवन बिताता हो। पर हो सकता है कि कुत्ता उस पर हँसता हो। किंतु वैज्ञानिक कहेगा, "भाई कुत्ते, तुम्हारा सुख केवल इंद्रियों में है; तुम उसके अतिरिक्त और कोई भी सुख नहीं जानते; पर मेरे लिए तो यही सबसे बढ़कर सुख है। और यदि तुम्हें अपने मनोनुकूल सुखान्वेषण का अधिकार है, तो मुझे भी है।" हम यही भूल करते हैं कि समस्त जगत् को अपने ही अनुसार चलाना चाहते हैं। हम अपने ही मन को सारे जगत् का मापदंड बनाना चाहते हैं। तुम्हारी दृष्टि में उन पुराने इंद्रिय-विषयों में ही सबसे अधिक सुख है, किंतु इसका यह अर्थ नहीं कि मुझे भी उन्हीं में सुख मिलेगा। और जब तुम अपने मत पर अड़ने लगते हो, तो मेरा तुमसे मतभेद हो जाता है। लौकिक उपयोगितावादी (Worldly utilitarian) के साथ धार्मिक व्यक्ति का यही प्रभेद है। वे कहते हैं—"देखो, हम कितने सुखी हैं। हमें पैसा मिलता है, पर हम तुम्हारे धर्म-तत्त्वों को लेकर माथा-पच्ची नहीं करते। वे तो अनुसंधानातीत हैं। उन सबका अन्वेषण न कर हम बड़े मजे में हैं।" यह बहुत अच्छी बात है। उपयोगितावादियों के लिए ठीक है। किंतु यह संसार बड़ा भयानक है। यदि कोई व्यक्ति अपने भाई का कोई अनिष्ट न करके सुख प्राप्त कर सके, तो ईश्वर उसकी उन्नति में सहायक हो। पर जब वह व्यक्ति आकर मुझे अपने मत के अनुसार कार्य करने का परामर्श देता है और कहता है, "यदि तुम इस तरह नहीं करते, तो तुम मूर्ख हो," तो मैं उससे कहता हूँ, "तुम गलत हो, क्योंकि तुम्हारे लिए जो सुखकर है, वह मेरे लिए बिलकुल विपरीत है। यदि मुझे सोने के चंद टुकड़ों के लिए दौड़ना पड़े तो मैं तो मर जाऊँ।" धार्मिक व्यक्ति यही उत्तर देगा। सच तो यह है कि जिसने निम्नतर भोग-वासनाओं का अंत कर लिया है, वही धर्माचरण कर सकता है। हमें अपने अनुभव प्राप्त करने होंगे; जहाँ तक हमारी दौड़ है, वहाँ तक दौड़ लेना होगा। जब इस संसार में अपनी दौड़

पूरी कर लेते हैं, तभी हमारी दृष्टि के समक्ष परलोक का द्वार खुलता है।

यह विषयभोग-वासना कभी-कभी एक अन्य रूप लेकर आती है, जो ऊपर से बड़ा रमणीय है, पर जिसमें खतरे की आशंका है। वह यह है—हम बहुत प्राचीन काल से प्रत्येक धर्म में यह धारणा पाते हैं कि एक ऐसा समय आएगा, जब संसार का समस्त दुःख समाप्त हो जाएगा, केवल सुख ही अवशिष्ट रह जाएगा और पृथ्वी स्वर्ग में परिणत हो जाएगी। पर मेरा इस बात पर विश्वास नहीं है। हमारी पृथ्वी जैसी है, वैसी ही रहेगी। यह बात कठोर तो है, किंतु इसके अतिरिक्त मैं और कोई मार्ग नहीं देखता। यह पुरानी गठिया के समान है। उसे एक स्थान से हटा देने पर वह दूसरे स्थान में चली जाती है। कुछ भी क्यों न करो, वह किसी तरह पूर्णरूपेण दूर नहीं हो सकती। दुःख भी इसी तरह है। अति प्राचीन काल में लोग जंगल में रहा करते थे और एक-दूसरे को मारकर खा लेते थे। वर्तमान काल में मनुष्य एक-दूसरे का मांस नहीं खाते, परंतु एक-दूसरे को ठगा खूब करते हैं। छल-कपट से नगर के नगर, देश के देश ध्वंस हुए जा रहे हैं। निश्चय ही यह किसी अधिक उन्नति का परिचायक नहीं है। फिर तुम लोग जिसे उन्नति कहते हो, उसे भी मैं उन्नति नहीं मानता, वह तो वासनाओं की लगातार वृद्धि मात्र है। यदि मुझे कोई बात स्पष्ट दिखती है, तो वह यही है कि वासना से केवल दुःख का आगमन होता है। वह तो याचक की अवस्था है, सर्वदा ही कुछ-न-कुछ के लिए याचना करते रहना—बस, चाहना, चाहना, चाहना! यदि वासना पूर्ण करने की शक्ति गणितीय क्रम (arithmetical progression) से बढ़े, तो वासना की शक्ति ज्यामितीय क्रम (geometrical progression) से बढ़ने दो। इस संसार के सुख-दुःख की समष्टि सर्वदा समान है। समुद्र में यदि एक तरंग कहीं पर उठती है, तो निश्चय ही कहीं पर एक गर्त उत्पन्न होगा। यदि किसी मनुष्य को सुख प्राप्त हुआ है, तो निश्चय ही किसी दूसरे मनुष्य या पशु को दुःख हुआ है। मनुष्यों की संख्या बढ़ रही है, पर कुछ प्राणियों की संख्या घट रही है। हम उनका विनाश करके उनकी भूमि छीन रहे हैं, हम उनका समस्त खाद्यद्रव्य छीन रहे हैं। तब हम किस तरह कहें कि सुख लगातार बढ़ रहा है? सबल जाति दुर्बल जाति का ग्रास कर रही है, पर क्या तुम समझते हो कि सबल जाति इससे कुछ सुखी होगी? नहीं, वे फिर एक-दूसरे का संहार करेंगी। मेरी तो समझ में नहीं आता कि व्यावहारिक दृष्टि में यह संसार कैसे स्वर्ग बन जाएगा। तथ्य उसके विरुद्ध है। सैद्धांतिक आधारों पर भी मैं देखता हूँ कि यह कभी संभव नहीं है।

पूर्णता सदैव अनंत है। हम वस्तुतः वही अनंतस्वरूप हैं—अपने उसी अनंतस्वरूप को अभिव्यक्त करने की चेष्टा कर रहे हैं। यहाँ तक तो ठीक है। पर

इससे कुछ जर्मन दार्शनिकों ने एक विचित्र दार्शनिक सिद्धांत निकाला है—वह यह कि जब तक हम पूर्ण व्यक्त नहीं हो जाते, जब तक हम सब पूर्ण पुरुष नहीं हो जाते, अनंत क्रमशः अधिकाधिक व्यक्त होता रहेगा। पूर्ण अभिव्यक्ति का क्या अर्थ है? पूर्णता का अर्थ है अनंत और अभिव्यक्ति का अर्थ है सीमा, अतः इसका यह तात्पर्य हुआ कि हम असीम रूप से ससीम होंगे। पर यह स्वतः विरुद्ध है। बाल-बुद्धि इस मत से भले ही संतुष्ट हो जाए, पर यह उसके मन में मिथ्यारूपी विष के बीज बोना है, और धर्म के लिए तो वह बड़ा ही हानिकारक है। हम जानते हैं कि जगत् और मानव ईश्वर के भ्रष्ट भाव हैं; तुम्हारी बाइबिल में भी कहा है कि आदम पहले पूर्ण मानव था, बाद में भ्रष्ट हो गया। ऐसा कोई धर्म नहीं है, जो यह न कहता हो कि मनुष्य पहले की अवस्था से आज नीचे गिर गया है। हम हीन होकर पशु हो गए हैं। अब हम फिर उन्नति के मार्ग पर चल रहे हैं, और इस बंधन से बाहर होने का प्रयत्न कर रहे हैं, पर अनंत को यहाँ पूरी तरह अभिव्यक्त करने में हम कभी समर्थ न होंगे। हम प्राणपण से चेष्टा कर सकते हैं, परंतु देखेंगे कि यह असंभव है। अंत में एक समय आएगा, जब हम देखेंगे कि जब तक हम इंद्रियों में आबद्ध हैं तब तक पूर्णता की प्राप्ति असंभव है। तब हम जिस ओर बढ़ रहे थे, उसी ओर से पीछे अपने मूल अनंत स्वरूप की ओर लौटना आरंभ करेंगे।

यही त्याग है। तब हम इस जाल में जिस प्रक्रिया द्वारा पड़ गए थे, उसको उलटकर उसमें से हमें बाहर निकल आना होगा—तभी नीति और दया-धर्म का आरंभ होगा। समस्त नीति-संहिता का मूलमंत्र क्या है? मैं नहीं, मैं नहीं; तू ही, तू ही। हमारे पीछे जो अनंत विद्यमान है, उसने अपने को बहिर्जगत् में व्यक्त करने के लिए इस 'मैं' का रूप धारण किया है। अनंत की अभिव्यक्ति की चेष्टा में इस 'मैं' -रूप फल की उत्पत्ति हुई है। अब इस 'मैं' को फिर पीछे लौटकर अपने अनंत स्वरूप में मिल जाना होगा। जितनी बार तुम कहते हो 'मैं नहीं, तू' उतनी ही बार तुम लौटने की चेष्टा करते हो, और जितनी बार तुम कहते हो 'तू नहीं, मैं', उतनी बार अनंत को यहाँ अभिव्यत करने का तुम्हारा मिथ्या प्रयास होता है। इसी से संसार में प्रतिद्वंद्विता, संघर्ष और अनिष्ट की उत्पत्ति होती है। पर अंत में त्याग—अनंत त्याग का आरंभ होगा ही। यह 'मैं' मर जाएगा। अपने जीवन के लिए तब कौन यत्न करेगा? यहाँ रहकर इस जीवन के उपभोग करने की व्यर्थ वासना और फिर इसके बाद स्वर्ग जाकर उसी तरह रहने की वासना, अर्थात् सर्वदा इंद्रिय-सुखों में लिप्त रहने की वासना ही मृत्यु को लाती है।

यदि हम पशुओं की विकसित अवस्था है, तो जिस विचार से यह सिद्धांत

उपलब्ध हुआ, उसी विचार से यह सिद्धांत भी हो सकता है कि पशु मनुष्य की भ्रष्ट अवस्था है। तुमने यह कैसे जाना कि वैसा नहीं है? तुमने देखा है कि क्रमविकासवाद का प्रमाण केवल इतना ही है—तुम्हें निम्नतम से लेकर उच्चतम प्राणी तक क्रमशः ऊर्ध्वगामी स्तर में जानेवाले शरीरों की एक श्रेणी मिलती है। किंतु उससे तुमने यह किस प्रकार सिद्धांत निकाला कि उसमें गति सदा निम्नतर से उच्चतर की ही ओर हो सकती है, उच्चतर से निम्न स्तर की ओर कभी नहीं? तर्क दोनों ही ओर समान रूप से लागू हो सकता है, और मेरा तो विश्वास है कि एक बार नीचे से ऊपर, फिर ऊपर से नीचे गति करके इस देह-श्रेणी का आवर्तन हो रहा है। क्रमसंकोचवाद स्वीकार किए बिना क्रमविकासवाद किस तरह सत्य हो सकता है? उच्चतर जीवन के निमित्त हम जो प्रयत्न करते हैं, उससे यह सिद्ध होता है कि किसी उच्च अवस्था से हमारा पतन हुआ है। ऐसा होना अनिवार्य है, केवल ब्योरों में भिन्नता हो सकती है। मैं सर्वदा उस मत को अपनाता हूँ, जिसे ईसा, बुद्ध और वेदांत ने एक स्वर से घोषित किया है कि समय आने पर हम सभी पूर्णता प्राप्त कर लेंगे, किंतु इस अपूर्णता को त्याग देने के बाद ही। यह जगत् कुछ भी नहीं है—अधिक-से-अधिक, उस सत्य का एक विकृत चित्र, उसकी एक छाया मात्र है। हमें उस सत्य तक पहुँचना ही होगा। और त्याग ही हमें सत्य तक पहुँचाएगा। नीति का अर्थ ही त्याग है। हमारे प्रकृत जीवन का प्रत्येक अंश त्याग है। हम वास्तव में जीवन के उन्हीं क्षणों में साधुता से युक्त होते हैं और प्रकृत जीवन का भोग करते हैं, जब हम 'मैं' की चिंता से विरत होते हैं। इस तुच्छ पृथक् अहंता का नाश होना ही चाहिए। तभी हम देखेंगे कि हम सत्य में है, वह सत्य ही ईश्वर है, वही हमारा प्रकृत स्वरूप है—वह सर्वदा हमारे साथ रहता है, वह हममें रहता है। उसी में सर्वदा वास करो, उसी में स्थित रहो। वही एकमात्र आनंदपूर्ण अवस्था है। आत्मसंस्थ जीवन ही केवल जीवन है। आओ, हम सब उस आत्मोपलब्धि के लिए प्रयास करें।

❑

बहुत्व में एकत्व

(3 नवंबर, 1896 को लंदन में दिया हुआ भाषण)

''स्वयंभू ने इंद्रियों को बहिर्मुख होने का विधान बनाया है, इसीलिए मनुष्य सामने की ओर (विषयों की ओर) देखता है, अंतरात्मा को नहीं देखता। अमृतत्व-प्राप्ति की इच्छा रखनेवाले किसी-किसी ज्ञानी ने विषयों से दृष्टि फेरकर अंतरस्थ आत्मा का दर्शन किया है।'' हम देख चुके हैं कि वेदों में हमें जगत् के तत्त्व का जो पहला अनुसंधान मिलता है, वह बाह्य विषयों को लेकर है। उसके बाद इस नवीन विचार का उदय हुआ कि वस्तु का वास्तविक स्वरूप बहिर्जगत् के अनुसंधान द्वारा नहीं, वरन् बाहर की ओर से दृष्टि फिराकर अर्थात् भीतर की ओर दृष्टि डालकर जाना जा सकता है। और यहाँ पर आत्मा का विशेषणस्वरूप जो 'प्रत्यक्' शब्द प्रयुक्त हुआ है, वह भी एक विशेष भाव का द्योतक है। प्रत्यक् अर्थात् जो भीतर की ओर गया है—हमारी अंतरतम वस्तु, हृदय-केंद्र; वह परम वस्तु, जिससे मानो सबकुछ बाहर आया है; वह मध्यवर्ती सूर्य, जिसकी बाह्य किरणें हैं मन, शरीर, इंद्रियाँ और हमारा सबकुछ।

''बालबुद्धि मनुष्य बाहरी काम्य वस्तुओं के पीछे दौड़ते फिरते हैं। इसीलिए सब ओर व्याप्त मृत्यु के पाश में बँध जाते हैं, किंतु ज्ञानी पुरुष अमृतत्व को जानकर अनित्य वस्तुओं में नित्य वस्तु की खोज नहीं करते।'' यहाँ पर भी यही भाव प्रकट होता है कि सीमित वस्तुओं से पूर्ण बाह्य जगत् में असीम और अनंत वस्तु की खोज व्यर्थ है—अनंत की खोज अनंत में ही करनी होगी, और हमारी अंतर्वर्ती आत्मा ही एकमात्र अनंतवस्तु है। शरीर, मन आदि जो जगत्प्रपंच हम देखते हैं अथवा जो हमारी चिंताएँ या विचार हैं, उनमें कोई भी अनंत नहीं हो सकता। जो द्रष्टा, साक्षी पुरुष इन सबको देख रहा है, अर्थात् मनुष्य की आत्मा जो सदा जाग्रत् है, वही एकमात्र अनंत है; इस जगत् के अनंत आदिकारण की खोज में हमें अनंत में ही

जाना पड़ेगा। "जो यहाँ है वही वहाँ भी है; जो वहाँ है, वही यहाँ भी है। जो यहाँ नाना रूप देखते हैं, वे बारंबार मृत्यु को प्राप्त होते हैं।" हम देखते हैं कि पहले आर्यों में स्वर्ग जाने की विशेष रूप से इच्छा रहती थी। जब वे जगत्प्रंच से असंतुष्ट हुए, तो स्वभावत: ही उनके मन में एक ऐसे स्थान में जाने की इच्छा हुई, जहाँ दु:ख बिलकुल न हो—केवल सुख-ही-सुख हो। ऐसे स्थानों का ही नाम उन्होंने स्वर्ग रखा—जहाँ केवल आनंद होगा, जहाँ शरीर अजर-अमर हो जाएगा, मन भी वैसा ही हो जाएगा और जहाँ वे पितृगणों के साथ सदा वास करेंगे। किंतु दार्शनिक विचारों की उत्पत्ति होने के बाद इस प्रकार के स्वर्ग की धारणा असंगत और असंभव मालूम पड़ने लगी। 'अनंत किसी एक देश में है,' यह वाक्य ही स्वविरोधी है। किसी भी स्थानविशेष की उत्पत्ति और नाश काल में ही होते हैं। अत: उन्हें स्वर्गविषयक धारणा का त्याग कर देना पड़ा। वे धीरे-धीरे समझ गए कि ये सब स्वर्ग में रहनेवाले देवता एक समय इसी जगत् के मनुष्य थे, बाद में किसी सत्कर्म के फलस्वरूप वे देवता बन गए, अत: वह देवत्व विभिन्न पदों का नाम मात्र है। वेद का कोई भी देवता चिरंतन व्यक्ति नहीं है।

इंद्र या वरुण किसी व्यक्ति के नाम नहीं हैं। ये सब शासक के रूप में विभिन्न पदों के नाम हैं। जो पहले इंद्र था, वह अब इंद्र नहीं है, उसका इंद्रत्व अब नहीं है, एक अन्य व्यक्ति यहाँ से जाकर उस पद पर आरूढ़ हो गया है। सभी देवताओं के संबंध में इसी प्रकार समझना चाहिए। जो लोग कर्म के बल से देवत्व-प्राप्ति के योग्य हो चुके हैं, वे ही इन पदों पर समय-समय पर प्रतिष्ठित होते हैं। पर इनका भी विनाश होता है। प्राचीन ऋग्वेद में देवताओं के संबंध में हम इस 'अमरत्व' शब्द का व्यवहार देखते तो हैं, पर बाद में इसका एकदम परित्याग कर दिया गया है; क्योंकि उन्होंने देखा कि यह अमरत्व देश-काल से अतीत होने के कारण किसी भौतिक वस्तु के संबंध में प्रयुत नहीं हो सकता, चाहे वह वस्तु लेनी ही सूक्ष्म क्यों न हो। वह कितनी ही सूक्ष्म क्यों न हो, उसकी उत्पत्ति देश-काल में ही है, क्योंकि आकार की उत्पत्ति का प्रधान उपादान है देश। देश को छोड़कर आकार की कल्पना करके देखो, यह असंभव है। देश आकार के निर्माण का एक विशिष्ट उपादान है—इस आकार का निरंतर परिवर्तन हो रहा है। देश और काल माया के भीतर हैं। यह भाव उपनिषदों के निम्नलिखित श्लोकांश में व्यक्त किया गया है—'यदेवेह तदमुत्र यदमुत्र तदन्विह'—'जो कुछ यहाँ है, वह वहाँ है—जो कुछ वहाँ है, वही यहाँ भी है।' यदि ये देवता हैं, तो जो नियम यहाँ है, वही वहाँ भी लागू होगा। और सभी नियमों में विनाश और बाद में फिर नए-नए रूप धारण करना निहित है। इस नियम

के द्वारा सभी जड़ पदार्थ विभिन्न रूपों में परिवर्तित हो रहे हैं, और टूटकर, चूर-चूर होकर फिर उन्हीं जड़ कणों में परिणत हो रहे हैं। जिस किसी वस्तु की उत्पत्ति है, उसका विनाश होता ही है। अतएव यदि स्वर्ग है, तो वह भी इसी नियम के अधीन होगा।

हम देखते हैं कि इस संसार में सब प्रकार के सुख के पीछे, उसकी छाया के रूप में दुःख रहता है। जीवन के पीछे, उसकी छाया के रूप में मृत्यु रहती है। वे दोनों सदा एक साथ ही रहते हैं। कारण, वे परस्पर विरोधी नहीं हैं, वे पृथक् सत्ताएँ नहीं हैं, वे एक ही वस्तु के दो विभिन्न रूप हैं, वह एक ही वस्तु जीवन-मृत्यु, सुख-दुःख, अच्छे-बुरे आदि रूप में व्यक्त हो रही है। यह धारणा कि शुभ और अशुभ ये दोनों पृथक् वस्तुएँ हैं और अनंत काल से चले आ रहे हैं, नितांत असंगत है। वे वास्तव में एक ही वस्तु के विभिन्न रूप हैं—वह कभी अच्छे रूप में और कभी बुरे रूप में भासित हो रही है। यह विभिन्नता प्रकारगत नहीं, परिमाणगत है। उनका भेद वास्तव में मात्रा के तारतम्य में है।

हम देखते हैं कि एक ही स्नायु-प्रणाली अच्छे-बुरे दोनों प्रकार के प्रवाह ले जाती है। किंतु यदि स्नायु-मंडली किसी तरह बिगड़ जाए, तो फिर किसी प्रकार की अनुभूति न होगी। मान लो, एक स्नायु में पक्षाघात हो गया; तब उसमें से होकर जो सुखकर अनुभूति आती थी, वह अब नहीं आएगी और दुःखकर अनुभूति भी नहीं आएगी। ये कभी भी दो नहीं होते, वे एक ही हैं। फिर एक ही वस्तु जीवन में कभी सुख, तो कभी दुःख उत्पन्न करती है। एक ही वस्तु किसी को सुख, तो किसी को दुःख देती है। मांसाहारी को मांस खाने से अवश्य सुख मिलता है, पर जिसका मांस खाया जाता है, उसके लिए तो भयानक कष्ट है। ऐसा कोई विषय नहीं, जो सब को समान रूप से सुख देता हो। कुछ लोग सुखी हो रहे हैं और कुछ दुःखी। यह इसी प्रकार चलता रहेगा। अतः यह स्पष्ट है कि यह द्वैतभाव वास्तव में मिथ्या है। इससे क्या निष्कर्ष प्राप्त होता है? मैं पहले व्याख्यान में कह चुका हूँ कि जगत् में ऐसी अवस्था कभी आ नहीं सकती, जब सभी कुछ अच्छा हो जाए और बुरा कुछ भी न रहे। हो सकता है, इससे अनेक व्यक्तियों की चिर-पोषित आशा चूर्ण हो जाए, अनेक भयभीत भी हो उठें, पर इसे स्वीकार करने के अतिरिक्त मैं अन्य कोई उपाय नहीं देखता। हाँ, यदि मुझे कोई समझा दे कि वह सत्य है, तो मैं समझने को तैयार हूँ, पर जब तक बात मेरी समझ में नहीं आती तब तक कैसे मान सकता हूँ?

मेरे इस कथन के विरुद्ध ऊपर से युक्तियुक्त मालूम पड़नेवाला एक सामान्य तर्क यह है कि क्रमविकास की प्रक्रिया में अशुभ का क्रमशः निराकरण होता जा

रहा है, और यदि यह निराकरण करोड़ों वर्ष तक चलता रहे, तो एक ऐसा समय आएगा, जब वह समस्त नष्ट होकर केवल शुभ-ही-शुभ शेष रह जाएगा। ऊपर से देखने पर यह युक्ति एकदम अकाट्य मालूम पड़ती है। भगवान् करते, यह बात सत्य होती! पर इस युक्ति में एक दोष है। वह यह कि वह शुभ और अशुभ को चिरंतन निर्दिष्ट सत्ताओं के रूप में लेती है। वह मान लेती है कि एक निर्दिष्ट परिमाण में अशुभ है—मान लो कि वह 100 है, इसी प्रकार निर्दिष्ट परिमाण में शुभ भी है, और यह अशुभ क्रमशः कम होता जा रहा है और केवल शुभ बचता जा रहा है। किंतु क्या वास्तव में ऐसा ही है? दुनिया का इतिहास इस बात का साक्षी है कि शुभ के समान अशुभ भी क्रमशः बढ़ ही रहा है। समाज के अत्यंत निम्न स्तर के व्यक्ति को लो। वह जंगल में रहता है, उसके भोग-सुख अल्प हैं, इसलिए उसके दुःख भी कम हैं। उसके दुःख केवल इंद्रिय-विषयों तक ही सीमित हैं। यदि उसे पर्याप्त मात्रा में भोजन न मिले, तो वह दुःखी हो जाता है। उसे खूब भोजन दो, उसे स्वच्छंद होकर घूमने-फिरने और शिकार करने दो, तो वह पूरी तरह सुखी हो जाएगा। उसका सुख-दुःख केवल इंद्रियों में आबद्ध है।

मान लो कि उसका ज्ञान बढ़ने लगा। उसका सुख बढ़ रहा है, उसकी बुद्धि विकसित हो रही है, वह जो सुख पहले इंद्रियों में पाता था, अब वही सुख वह बुद्धि की वृत्तियों को चलाने में पाता है। अब वह एक सुंदर कविता पाठ करके अपूर्व सुख का स्वाद लेता है। गणित की कोई समस्या उसे अपूर्व सुख देती है। पर इसके साथ-साथ उसकी सूक्ष्मतर नाड़ियाँ उन मानसिक पीड़ाओं के प्रति ग्रहणक्षम होती जाती हैं, जिनकी कल्पना भी जंगली व्यक्ति नहीं कर पाता। एक साधारण सा उदाहरण लो। तिब्बत में विवाह नहीं होता, अतः वहाँ प्रेमजनित ईर्ष्या भी नहीं पाई जाती, फिर भी हम जानते हैं कि विवाह अपेक्षाकृत उन्नत अवस्था है। तिब्बती लोग पवित्रता के अत्युच्च सुख को, पतिव्रता पत्नी, पत्नीव्रती पति के विशुद्ध दांपत्य-प्रेम के सुख को नहीं जानते। किंतु साथ ही सती स्त्री या संयत पुरुष की भयानक ईर्ष्या का भी वे अनुभव नहीं करते अथवा किसी पुरुष या स्त्री के पतन हो जाने से दूसरे के मन में कितना भयानक दुःख, कितना अंतर्दाह उपस्थित हो जाता है, यह भी वे नहीं जानते। एक ओर वे सुखी तो होते हैं किंतु दूसरी ओर दुःखी भी।

तुम अपने देश की ही बात लो—पृथ्वी पर इसके समान धनी और विलासी देश दूसरा नहीं है, पर दुःख-कष्ट भी यहाँ किस प्रबल रूप में विराजमान है, यह भी देखो। अन्यान्य देशों की अपेक्षा यहाँ पागलों की संख्या कितनी अधिक है। इसका कारण यह है कि यहाँ के लोगों की वासनाएँ अत्यंत तीव्र, अत्यंत प्रबल हैं।

यहाँ के लोगों को जीवन का स्तर सर्वदा ऊँचा ही रखना होता है। तुम लोग एक वर्ष में जितना खर्च कर देते हो, वह एक भारतीय के लिए जीवन भर की संपत्ति के बराबर है। फिर तुम उसे सादे जीवन का उपदेश भी नहीं दे सकते, क्योंकि यहाँ समाज उससे इतनी अपेक्षा करता है। यह सामाजिक चक्र दिन-रात घूम रहा है—वह विधवा के आसुँओं और अनाथों के आर्तनाद के निमित्त नहीं रुकता। यहाँ सर्वत्र यही अवस्था है।

तुम लोगों की भोग-संबंधी धारणा काफी विकसित है, तुम्हारा समाज भी कुछ अन्यान्य समाजों की अपेक्षा अधिक सुंदर है। तुम्हारे पास विषय-भोगों के साधन भी अधिक हैं। पर जिनके पास तुम्हारे समान भोगों की सामग्री नहीं है, उनके दु:ख भी तुम्हारी अपेक्षा कम है। इसी प्रकार तुम सर्वत्र देखोगे। तुम्हारे मन में जितना उच्च आदर्श होगा, तुमको सुख भी उतना ही अधिक मिलेगा, और उसी परिमाण में दु:ख भी। एक मानो दूसरे की छाया के समान है। अशुभ कम होता जा रहा है, यह बात सत्य हो सकती है, पर उसके साथ ही यह भी कहना पड़ेगा कि शुभ भी कम हो रहा है। किंतु क्या यह नहीं कहा जा सकता कि वास्तव में शुभ कम हो रहा है, और अशुभ की वृद्धि तीव्रगति से हो रही है? सच तो यह है कि सुख यदि गणितीय क्रम (arithmetical progression) से बढ़ रहा है, तो दु:ख ज्यामितीय क्रम (geometrical progression) से। इसी का नाम माया है! यह न आशावाद है, न निराशावाद।

वेदांत यह नहीं कहता कि संसार केवल दु:खमय है। ऐसा कहना ही भूल है। और जगत् सुख से परिपूर्ण है, यह कहना भी ठीक नहीं है। बालकों को यह शिक्षा देना भूल है कि यह जगत् केवल मधुमय है—यहाँ केवल सुख है, केवल फूल है, केवल सौंदर्य है। हम सारे जीवन इन्हीं का स्वप्न देखते रहते हैं। फिर किसी व्यक्ति ने दूसरे की अपेक्षा अधिक दु:ख भोगा है, इसीलिए सबका सब दु:खमय है, यह कहना भी भूल है। संसार बस इस द्वैतभावपूर्ण अच्छे-बुरे का खेल है। वेदांत इसके साथ ही कहता है, ''यह न सोचो कि अच्छा और बुरा दो संपूर्ण पृथक् वस्तुएँ हैं। वास्तव में वे एक ही वस्तु हैं। वह एक ही वस्तु भिन्न-भिन्न रूप से, भिन्न-भिन्न आकार में आविर्भूत हो एक ही के मन में भिन्न-भिन्न भाव उत्पन्न कर रही है।'' अतएव वेदांत का पहला कार्य है—ऊपर से भिन्न प्रतीत होनेवाले इस बाह्य जगत् में एकत्व की खोज करना।

ईरानियों के उस स्थूल पुराने मत के अनुसार दो देवताओं ने मिलकर जगत् की सृष्टि की है, शुभ देवता सारा शुभ ही करता है, और अशुभ देवता सारा अशुभ

करता है। यह स्पष्ट है कि ऐसा होना असंभव है; क्योंकि वास्तव में यदि इसी नियम से सभी कार्य होने लगें, तब हो प्रत्येक प्राकृतिक नियम के दो अंश हो जाएँगे—एक को तो एक देवता चलाएगा और जब वह चला जाएगा, तो उसकी जगह दूसरा आकर दूसरे अंश को चलाएगा। फिर यह मत स्वीकार करने में एक और कठिनाई यह है कि एक ही समय दो देवता कार्य कर रहे हैं। एक स्थान पर एक किसी का उपकार कर रहा है, और दूसरे स्थान पर दूसरा किसी का अपकार कर रहा है; फिर भी दोनों के बीच सामंजस्य बना रहता है—यह किस प्रकार संभव है? निस्संदेह, यह मत जगत् के द्वैततत्त्व को प्रकाशित करने की एक बहुत ही अविकसित प्रणाली है। अब इस सिद्धांत से कुछ अधिक उच्च और उन्नत सिद्धांत लो, यह जगत् अंशतः शुभ और अंशतः अशुभ है। उसी तर्क से यह भी असंगत है। यह एकत्व का नियम ही है, जो हमें हमारा आहार देता है तथा अनेकों को दुर्घटनाओं आदि से मार डालता है।

अतएव, हम देखते हैं कि यह जगत् न आशावादी है, न निराशावादी, वह दोनों का मिश्रण है और अंत में हम देखेंगे कि सभी दोष प्रकृति के कंधों से हटाकर हमारे अपने ऊपर रख दिया जाता है। साथ ही वेदांत हमें बाहर निकलने का मार्ग भी दिखलाता है, किंतु अमंगल को अस्वीकार करके नहीं, क्योंकि वह तथ्य जैसा है, उसका उसी रूप में विश्लेषण करता है—कुछ भी छिपाकर रखना नहीं चाहता। वह मनुष्य को एकदम निराशा के सागर में नहीं डुबो देता। फिर वह अज्ञेयवादी भी नहीं है। उसे इस सुख-दुःख का प्रतिकार मिला है, और यह प्रतिकार वह वज्र के समान दृढ़ नींव पर प्रतिष्ठित रखना चाहता है, किसी ऐसे असत्य के द्वारा बच्चे का मुँह और आँखें बाँधकर नहीं, जिसे वह कुछ दिनों में पकड़ लेगा। मुझे याद है, जब मैं छोटा था, उस समय किसी युवक के पिता मर गए, जिससे वह बड़ा असहाय हो गया और एक बड़े परिवार का भार उसके गले पड़ गया। उसने देखा कि उसके पिता के मित्रगण ही उसके प्रधान शत्रु है। एक दिन एक पादरी के साथ साक्षात् होने पर वह उनसे अपने दुःख की कहानी कहने लगा और वे उसको सांत्वना देने के लिए कहने लगे, "जो होता है, अच्छा ही होता है, जो कुछ होता है, अच्छे के लिए ही होता है।" यह तो पुराने घाव को सोने के वरक से ढक देने का पुराना ढंग है। यह हमारी अपनी दुर्बलता और अज्ञान का परिचायक है। छह मास बाद उस पादरी के घर एक संतान हुई। उसके उपलक्ष्य में जो उत्सव हुआ, उसमें वह युवक भी निमंत्रित था। पादरी महान् भगवान् की पूजा आरंभ करके बोले, "ईश्वर की कृपा के लिए उसे धन्यवाद।" तब वह युवक खड़ा हो गया और बोला, "यह क्या कह

रहे हैं? उसकी कृपा है कहाँ? यह तो घोर अभिशाप है।'' पादरी ने पूछा, ''सो कैसे?'' युवक ने उत्तर दिया, ''जब मेरे पिता की मृत्यु हुई, तब ऊपर-ऊपर अमंगल होने पर भी उसे आपने मंगल कहा था। इस समय आपकी संतान का जन्म भी यद्यपि ऊपर-ऊपर आपको मंगल सा लग रहा है, किंतु वास्तव में मुझे तो यह महान् अमंगलकारी ही मालूम होता है।'' इस प्रकार संसार के दु:ख-अमंगल को ढक रखना ही क्या संसार का दु:ख दूर करने का उपाय है? स्वयं अच्छे बनो और जो कष्ट पा रहे हैं, उनके प्रति दया-संपन्न होओ। जोड़-गाँठ करने की चेष्टा मत करो, उससे भवरोग दूर नहीं होगा। वास्तव में हमें जगत् के अतीत जाना पड़ेगा।

यह जगत् सदा ही भले और बुरे का मिश्रण है। जहाँ भलाई देखो, समझ लो कि उसके पीछे बुराई भी छिपी है। किंतु इन सब व्यक्त भावों के पीछे--इन सब विरोधी भावों के पीछे—वेदांत उस एकत्व को ही देखता है। वेदांत कहता है—बुराई छोड़ो और भलाई भी छोड़ो। ऐसा होने पर फिर शेष क्या रहा? अच्छे-बुरे के पीछे एक ऐसी वस्तु है, जो वास्तव में तुम्हारी अपनी है, जो वास्तव में तुम्हीं हो, जो सब प्रकार के शुभ और सब प्रकार के अशुभ के अतीत हैं—और वह वस्तु ही शुभ और अशुभ के रूप से प्रकाशित हो रही है। पहले इसको जान लो, तभी तुम पूर्ण आशावादी हो सकते हो, इसके पूर्व नहीं। ऐसा होने पर ही तुम सब पर विजय प्राप्त कर सकोगे। इन आपातप्रतीयमान व्यक्त भावों को अपने अधीन कर लो, तब तुम उस सत्य वस्तु को अपनी इच्छानुसार व्यक्त कर सकोगे। पर पहले तुम्हें स्वयं अपना ही प्रभु बनना पड़ेगा। उठो, अपने को मुक्त करो, समस्त नियमों के राज्य के बाहर चले जाओ, क्योंकि ये नियम निरपेक्ष रूप से तुम पर शासन नहीं करते, वे तुम्हारी सत्ता के अंश मात्र हैं। पहले समझ लो कि तुम प्रकृति के दास नहीं हो, न कभी थे और न कभी होगे—प्रकृति भले ही अनंत मालूम पड़े, पर वास्तव में वह ससीम है। वह समुद्र का एक बिंदु मात्र है, और तुम्हीं वास्तव में समुद्रस्वरूप हो, तुम चंद्र, सूर्य, तारे—सभी के अतीत हो। तुषार अनंत स्वरूप की तुलना में वे केवल बुदबुदों के समान हैं। यह जान लेने या तुम अच्छे और बुरे दोनों पर विजय पा लोगे। तब तुम्हारी सारी दृष्टि एकदम परिवर्तित हो जाएगी। और तुम खड़े होकर कह सकोगे, ''मंगल कितना सुंदर है और अमंगल कितना अद्‌भुत!''

यही वेदांत की शिक्षा है। वेदांत यह नहीं कहता कि स्वर्णपत्र से घाव को ढाँके रखो और घाव जितना ही पकता जाए, उसे और भी स्वर्ण पत्रों से मढ़ दो। यह जीवन एक कठोर सत्य है, इसमें संदेह नहीं। यद्यपि यह वज्र के समान दुर्भेद्य प्रतीत होता है, फिर भी प्राणपण से इसके बाहर जाने का प्रयत्न करो; आत्मा इसकी अपेक्षा अनंत

गुनी शक्तिमान है! वेदांत तुम्हारे कर्म-फल के लिए क्षुद्र देवताओं को उत्तरदायी नहीं बनाता; वह कहता है, तुम स्वयं ही अपने भाग्य के निर्माता हो। तुम अपने ही कर्म से अच्छे और बुरे दोनों प्रकार के फल भोग रहे हो, तुम अपने ही हाथों से अपनी आँखें मूँदकर कहते हो—अंधकार है। हाथ हटा लो, प्रकाश दीख पड़ेगा। तुम ज्योतिस्वरूप हो, तुम पहले से ही सिद्ध हो। अब हम समझते हैं कि 'जो यहाँ नानात्व देखता है, वह बारंबार मृत्यु को प्राप्त होता है,' इस श्रुतिवाक्य का क्या अर्थ है। उस एक को देखो और मुक्त हो जाओ।

हम किस प्रकार इस तत्त्व को जान सकते हैं? यह मन जो इतना भ्रांत और दुर्बल है, जो थोड़े में ही विभिन्न दिशाओं में दौड़ जाता है, इस मन को भी इतना सबल किया जा सकता है, जिससे वह उस ज्ञान का, उस एकत्व का आभास पा सके, जो पुनः-पुनः मृत्यु के हाथों से हमारी रक्षा करता है। "जल उच्च दुर्गम भूमि में बरसकर जिस प्रकार पर्वतों में बह जाता है, उसी प्रकार जो व्यक्ति गुणों को पृथक् करके देखता है, वह उन्हीं का अनुवर्तन करता है।" वास्तविक शक्ति एक है, केवल माया में पड़कर अनेक हो गई है। अनेक के पीछे मत दौड़ो उसी एक की ओर अग्रसर होओ। "वह वही आत्मा आकाश सूर्य, अंतरिक्षवासी वायु, वेदिवासी अग्नि और कलशवासी सोमरस है। वही मनुष्य, देवता यज्ञ और आकाश में है, वही जल में, पृथ्वी पर, यज्ञ में और पर्वत पर उत्पन्न होता है; वह सत्य है, वह महान् है।" "जिस प्रकार एक ही अग्नि जगत् में प्रविष्ट होकर बाह्य वस्तु के रूप-भेद से भिन्न-भिन्न रूप धारण करता, उसी प्रकार सब भूतों की वह एक अंतरात्मा नाना वस्तुओं के भेद से उस-उस वस्तु का रूप धारण किए हुए है, और सब के बाहर भी है। जिस प्रकार एक ही वायु जगत् में प्रविष्ट होकर नाना वस्तुओं के भेद से तत्तद्रूप हो गई है, उसी प्रकार सब भूतों की वही एक अंतरात्मा नाना वस्तुओं के भेद से उस-उस रूप की हो गई है और उनके बाहर भी है।" जब तुम इस एकत्व की उपलब्धि करोगे, तभी यह अवस्था आएगी, उससे पूर्व नहीं। यही वास्तविक आशावाद है—सभी जगह उसके दर्शन करना।

अब प्रश्न यह है कि यदि यह सत्य हो, यदि वह शुद्धस्वरूप, अनंत आत्मा इन सब के भीतर प्रवेश करके विद्यमान हो, तो फिर वह क्यों सुख-दुःख भोगती है, क्यों वह अपवित्र होकर दुःख-भोग करती है? उपनिषद् कहते हैं कि वह दुःख का अनुभव नहीं करती। "सभी लोगों का चक्षुस्वरूप सूर्य जिस प्रकार चक्षु-ग्राह्य बाह्य अपवित्र वस्तु के साथ लिप्त नहीं होता, उसी प्रकार सब प्राणियों की एकमात्र अंतरात्मा जगत्संबंधी दुःख के साथ लिप्त नहीं होती।" क्योंकि फिर वह जगत् के अतीत भी

है। पीलिया हो जाने पर हमें सभी कुछ पीले रंग का दिखाई पड़ता है, पर इससे सूर्य पर कोई प्रभाव नहीं पड़ता। "जो एक है, जो सबका नियंता और सब प्राणियों की अंतरात्मा है, जो अपने एक रूप को अनेक प्रकार का कर लेता है, उसका दर्शन जो ज्ञानी पुरुष अपने में करते हैं, वे ही नित्य सुखी हैं, अन्य नहीं।" "जो अनित्य वस्तुओं में नित्य है, जो चेतनावालों में चेतन है, जो अकेले ही अनेकों की काम्य वस्तुओं का विधान करता है, उसका जो ज्ञानी लोग अपने अंदर दर्शन करते हैं, उन्हीं को नित्य शांति मिलती है, औरों को नहीं।" बाह्य जगत् में वह कहाँ मिल सकता है? सूर्य, चंद्र अथवा तारे उसको कैसे पा सकते हैं? "वहाँ सूर्य प्रकाश नहीं पाता, चंद्र, तारे आदि नहीं चमकते, ये बिजलियाँ भी नहीं चमकतीं, फिर अग्नि पर क्या बात? सभी वस्तुएँ उस प्रकाशमान से ही प्रकाशित होती हैं, उसी की दीप्ति से सब दीप्त होते हैं।" यहाँ पर और एक सुंदर रूपक है। तुम लोगों में जो भारत हो आए हैं और देखा है कि कैसे अश्वत्थ वृक्ष एक मूल से उद्‌गत् होता है और काफी दूर तक फैल जाता है, वे इसे समझ सकेंगे।" ऊपर की ओर जिसका मूल और नीचे की ओर जिसकी शाखाएँ हैं, ऐसा यह चिरंतन अश्वत्थ वृक्ष (संसार-वृक्ष) है। वही उज्ज्वल है, वही ब्रह्म है, उसी को अमृत कहते हैं। समस्त संसार उसी में आश्रित है। कोई उसका अतिक्रम नहीं कर सकता। यही वह आत्मा है।"

वेद के ब्राह्मण भाग में नाना प्रकार के स्वर्गों की बातें हैं। किंतु उपनिषद् स्वर्ग जाने की इस वासना को निराकृत कर देते हैं। सुख इस या उस स्वर्ग में नहीं है, वरन् इस आत्मा में है, स्थानों का कोई अर्थ नहीं है। "जिस प्रकार दर्पण में लोग अपना प्रतिबिंब स्पष्ट रूप से देखते हैं, उसी प्रकार आत्मा में ब्रह्म का दर्शन होता है। जिस प्रकार स्वयं में हम अपने को अस्पष्ट रूप से अनुभव करते हैं, उसी प्रकार पितृलोक में ब्रह्मदर्शन होता है। जिस प्रकार जल में लोग अपना रूप देखते हैं, उसी प्रकार गंधर्वलोक में ब्रह्मदर्शन होता है। जिस प्रकार प्रकाश और छाया परस्पर पृथक् हैं, उसी प्रकार ब्रह्मलोक में ब्रह्म और जगत् स्पष्ट रूप से पृथक् मालूम पड़ते हैं।" किंतु फिर भी पूर्ण रूप से ब्रह्मदर्शन नहीं होता। अतएव वेदांत कहता है कि हमारी अपनी आत्मा ही सर्वोच्च स्वर्ग है, मानवात्मा ही पूजा के लिए सर्वश्रेष्ठ मंदिर है, वह सभी स्वर्गों से श्रेष्ठ है। कारण, इस आत्मा में उस सत्य का जैसा स्पष्ट अनुभव होता है, वैसा और कहीं भी नहीं होता। एक स्थान से अन्य स्थान में जाने से ही आत्मदर्शन में कुछ विशेष सहायता नहीं मिलती। मैं जब भारतवर्ष में था, तो सोचता था कि किसी गुफा में बैठने पर शायद खूब स्पष्ट रूप से ब्रह्म की अनुकूलित होती होगी, परंतु उसके बाद देखा कि बात वैसी नहीं है। फिर सोचा, जंगल में जाकर

बैठने से शायद सुविधा होगी। काशी की बात भी मन में आई। असल बात यह है कि सभी स्थान एक प्रकार के हैं, क्योंकि हम स्वयं अपना जगत् रच लेते हैं। यदि मैं बुरा हूँ तो सारा जगत् मुझे बुरा दीख पड़ेगा। उपनिषद् यही कहते हैं। सर्वत्र एक ही नियम लागू होता है। यदि मेरी यहाँ मृत्यु हो जाए और मैं स्वर्ग चला जाऊँ, तो वहाँ भी मैं सबकुछ यहीं के समान देखूँगा। जब तक तुम पवित्र नहीं हो जाते, तब तक गुफा, जंगल, काशी अथवा स्वर्ग जाने से कोई विशेष लाभ नहीं। और यदि तुम अपने चित्तरूपी दर्पण को निर्मल कर सको, तब तुम चाहे कहीं भी रहो, तुम यथार्थ सत्य का अनुभव करोगे। अतएव इधर-उधर भटकना शक्ति का व्यर्थ ही क्षय करना मात्र है। उसी शक्ति को यदि चित्त-दर्पण को निर्मल बनाने में लगाया जाए, तो कितना अच्छा हो! निम्नलिखित मंत्र में इसी भाव का वर्णन है—

"उसका रूप देखने की वस्तु नहीं। कोई उसको आँख से नहीं देख सकता। हृदय, संशयरहित बुद्धि एवं मनन के द्वारा वह प्रकाशित होता है। जो इस आत्मा को जानते हैं, वे अमर हो जाते हैं।"

जिन लोगों ने राजयोग संबंधी मेरे व्याख्यान पिछली गरमियों में सुने हैं, उनसे मैं कहता हूँ कि वह योग ज्ञानयोग से कुछ भिन्न प्रकार का है। जिस योग पर हम अब विचार कर रहे हैं, वह मुख्यतया इंद्रिय-नियंत्रण का है।

"जब सारी इंद्रियाँ संयत हो जाती हैं, जब मनुष्य उनको अपना दास बनाकर रखता है, जब वे मन को चंचल नहीं कर सकतीं, तभी योगी चरम गति को प्राप्त होता है।"

"जो सब कामनाएँ मर्त्य जीव के हृदय का आश्रय लेकर रहती हैं, वे जब नष्ट हो जाती हैं, तब मनुष्य अमर हो जाता और यहीं ब्रह्म को प्राप्त हो जाता है। जब इस संसार में हृदय की सारी ग्रंथियाँ कट जाती हैं, तब मनुष्य अमर हो जाता है। यही उपदेश है।" यहीं, इसी पृथ्वी पर, कही अन्यत्र नहीं।

यहाँ कुछ और कहना आवश्यक है। साधारणत: लोग कहते हैं कि वेदांत, दर्शन और धर्म इस जगत् और उसके सारे सुखों एवं संघर्षों को छोड़कर इसके बाहर जाने का उपदेश देते हैं। पर यह धारणा एकदम गलत है। केवल ऐसे अज्ञानी व्यक्ति ही, जो प्राच्य चिंतन के विषय में कुछ नहीं जानते, और जिसमें उसकी यथार्थ शिक्षा समझने योग्य बुद्धि ही नहीं है, इस प्रकार की बातें कहते हैं। प्रत्युत हम अपने शास्त्रों में पढ़ते हैं कि वे अन्य किसी लोक में जाना नहीं चाहते। वे उन लोकों की यह कहकर निंदा करते हैं कि कुछ क्षणों तक वहाँ रो और हँसकर लोग मर जाते हैं। जब तक हम दुर्बल रहेंगे, तब तक हमें स्वर्ग-नरक आदि में घूमना

पड़ेगा। जो कुछ सत्य है, यहीं है और वह है मनुष्य की आत्मा। वे यह भी कहते हैं कि आत्महत्या द्वारा जन्म-मृत्यु के इस अपरिहार्य प्रवाह को पार नहीं किया जा सकता। हाँ, सच्चा मार्ग पाना अत्यंत कठिन अवश्य है। पाश्चात्य लोगों के समान हिंदू भी कार्यकुशल हैं, पर दोनों की जीवनदृष्टि भिन्न है। पश्चिमी लोग कहते हैं, एक अच्छा सा मकान बनाओ, उत्तम भोजन करो, उत्तम वस्त्र पहनो, विज्ञान की चर्चा करो, बुद्धि की उन्नति करो। इन सब में वे बड़े व्यावहारिक हैं। किंतु हिंदू लोग कहते हैं, आत्मज्ञान ही जगत् का ज्ञान है। वे उसी आत्मज्ञान के आनंद में विभोर होकर रहना चाहते हैं। अमेरिका में एक प्रसिद्ध अज्ञेयवादी वक्ता (इंगरसोल) हैं—वे एक अत्यंत सज्जन पुरुष है और एक बड़े सुंदर वक्ता भी। उन्होंने धर्म के संबंध में एक व्याख्यान दिया। उन्होंने उसमें कहा कि धर्म की कोई आवश्यकता नहीं, परलोक को लेकर अपना मस्तिष्क खराब करने की हमें तनिक भी आवश्यकता नहीं।

अपने मत को समझाने के लिए उन्होंने एक उदाहरण देते हुए कहा, "संसार मानो एक संतरा है और हम उसका सब रस बाहर निकाल लेना चाहते हैं।" मेरी एक बार उनसे भेंट हुई। मैंने उनसे कहा, "मैं आपके साथ सहमत हूँ, मेरे पास भी फल है, मैं भी इसका सब रस निकाल लेना चाहता हूँ। पर आपसे मेरा मतभेद है, केवल इस फल को लेकर। आप चाहते हैं संतरा और मैं चाहता हूँ आम। आप समझते हैं कि संसार में आकर खूब खा-पी लेने और कुछ वैज्ञानिक तथ्य जान लेने से ही बस पर्याप्त हो गया; पर आपको यह कहने का कोई अधिकार नहीं है कि इसे छोड़कर मनुष्य का और कोई कर्तव्य ही नहीं है। मेरे लिए तो यह धारणा बिलकुल तुच्छ है। यदि जीवन का एकमात्र कार्य यह जानना ही हो कि सेब किस प्रकार भूमि पर गिरता है अथवा विद्युत् का प्रवाह किस प्रकार स्नायुओं को उत्तेजित करता है, तब तो मैं इसी क्षण आत्महत्या कर लूँ! मेरा संकल्प है कि मैं सभी वस्तुओं के मर्म की खोज करूँगा—जीवन का वास्तविक रहस्य क्या है, यह जानूँगा। आप केवल प्राण की विभिन्न अभिव्यक्तियों की चर्चा करते हैं, पर मैं तो प्राण का स्वरूप ही जान लेना चाहता हूँ। मैं इस जीवन में ही समस्त रस सोख लेना चाहता हूँ। मेरा दर्शन कहता है कि जगत् और जीवन का समस्त रहस्य जान लेना होगा, स्वर्ग-नरक आदि का सारा अंधविश्वास छोड़ देना होगा, यद्यपि उनका अस्तित्व उसी अर्थ में है, जिस अर्थ में इस पृथ्वी का अस्तित्व है। मैं इस जीवन की अंतरात्मा को जानूँगा, उसका वास्तविक स्वरूप जानूँगा, वह क्या है, यह जानूँगा; वह किस प्रकार कार्य करती है और उसका प्रकाश क्या है, केवल इतना जानकर मेरी तृप्ति नहीं

होगी। मैं सभी वस्तुओं का 'क्यों' जानना चाहता हूँ—'कैसे होता है' यह खोज बालक करते रहें। विज्ञान और है क्या?

आपके ही किसी बड़े आदमी ने कहा है, 'सिगरेट पीते समय जो-जो होता है, वह सब यदि मैं लिखकर रखूँ, तो वही सिगरेट का विज्ञान हो जाएगा।' वैज्ञानिक होना अवश्य अच्छा है और गौरव की बात है—ईश्वर उनके अनुसंधान में सहायता करे, उन्हें आशीर्वाद दे; पर जब कोई कहता है कि यह विज्ञान-चर्चा ही सर्वस्व है, इसके अतिरिक्त जीवन का और कोई उद्देश्य नहीं, तब समझ लेना चाहिए कि वह मूर्खोचित बात कर रहा है। उसने जीवन के मूल रहस्य को जानने की कभी चेष्टा नहीं की; प्रकृत वस्तु क्या है, इस संबंध में उसने कभी आलोचना नहीं की। मैं सहज ही तर्क द्वारा यह समझा दे सकता हूँ कि आपका सारा ज्ञान अर्थहीन और आधारहीन है। आप प्राण की विभिन्न अभिव्यक्तियों को लेकर चर्चा कर रहे हैं, पर जब मैं आपसे पूछता हूँ कि प्राण क्या है, तो आप कहते हैं, 'मैं नहीं जानता'। ठीक है, आपको जो अच्छा लगे, करें, मुझे अपने ही भाव में रहने दें।''

मैं अपने ढंग से पूर्णरूपेण व्यवहार-कुशल हूँ। अतएव तुम्हारी इस बात में कोई अर्थ नहीं कि केवल पश्चिम ही व्यवहार-कुशल है। तुम एक ढंग से व्यवहार-कुशल हो, तो मैं दूसरे ढंग से। इस संसार में विभिन्न प्रकार की प्रकृतिवाले मनुष्य हैं। यदि प्राच्य देश के किसी व्यक्ति से कहा जाए कि सारा जीवन एक पैर पर खड़ा रहने से वह सत्य को पा सकेगा, तो वह सारा जीवन एक पैर पर ही खड़ा रहेगा। यदि पाश्चात्य देशों में लोग सुनें कि किसी बर्बर देश में कहीं पर सोने की खदान है, तो हजारों लोग सोना पाने की आशा में अपने प्राणों की बाजी लगा देंगे—और शायद उनमें से एक ही कृतकार्य होगा। इस दूसरे प्रकार के मनुष्यों ने भी सुना है कि आत्मा नाम की कोई चीज है, पर वे उसकी मीमांसा का भार चर्च पर डालकर निश्चिंत हो जाते हैं। पर पहले प्रकार का मनुष्य सोना पाने के लिए बर्बरों के देश में जाने को राजी न होगा; कहेगा, 'नहीं, उसमें खतरे की आशंका है।' पर यदि उससे कहा जाए कि एक ऊँचे पर्वत के शिखर पर एक अद्भुत साधु रहते हैं, जो उसे आत्मज्ञान दे सकते हैं, तो वह तुरंत उस शिखर पर चढ़ने को उद्यत हो जाएगा—फिर इस प्रयत्न में उसके प्राण ही क्यों न चले जाएँ। दोनों ही प्रकार के व्यक्ति व्यवहार-कुशल हैं, पर भूल यहाँ पर है कि तुम लोग इस परिदृश्यमान संसार को ही सबकुछ समझ बैठते हो। तुम्हारा जीवन क्षणस्थायी इंद्रिय-भोग मात्र है—उसमें कुछ भी नित्यता नहीं है, प्रत्युत उससे दुःख क्रमशः बढ़ता ही जाता है। हमारे मार्ग में अनंत शांति है और तुम्हारे मार्ग में अनंत दुःख।

मैं यह नहीं कहता कि तुम्हारा दृष्टिकोण गलत है। तुमने जैसा समझा है, वैसा करो। उससे परम मंगल होगा, लोगों का बड़ा हित होगा, पर इसी कारण मेरे दृष्टिकोण पर दोषारोपण मत करो। मेरा मार्ग भी अपने ढंग से मेरे लिए व्यावहारिक है। आओ, हम सब अपने-अपने ढंग से कार्य करें। भगवान् करते, हम दोनों ही ओर समान रूप से कार्य-कुशल हो सकते। मैंने ऐसे अनेक वैज्ञानिक देखे हैं, जो विज्ञान और अध्यात्म-तत्त्व दोनों में समान रूप से व्यावहारिक हैं, और मैं आशा करता हूँ कि एक समय आएगा, जब समस्त मानवजाति इसी प्रकार व्यवहार-कुशल हो जाएगी। मान लो, एक पतीली में जल गरम होकर उबलने आ रहा है—उस समय क्या होता है, इस बात की ओर यदि तुम ध्यान दो, तो देखोगे कि एक कोने में एक बुद्बुद उठ रहा है, दूसरे कोने में एक और उठ रहा है। ये बुद्बुद क्रमश: बढ़ते जाते हैं और अंत में सब मिलकर एक प्रबल हलचल उत्पन्न कर देते हैं। यह संसार भी ऐसा ही है। प्रत्येक व्यक्ति मानो एक बुद्बुद है, और विभिन्न राष्ट्र मानो कुछ बुद्बुदों की समष्टि हैं। क्रमश: राष्ट्रों में परस्पर मेल होता जा रहा है, और मेरी यह दृढ़ धारणा है कि एक दिन ऐसा आएगा, जब राष्ट्र नामक कोई वस्तु नहीं रह जाएगी, राष्ट्र राष्ट्र का भेद दूर हो जाएगा।

हम चाहे इच्छा करें या न करें, हम जिस एकत्व की ओर अग्रसर हो जा रहे हैं, वह एक दिन प्रकट होगा ही। वास्तव में हम सब के बीच भ्रातृसंबंध स्वाभाविक ही है, पर हम सब इस समय पृथक् हो गए हैं। ऐसा समय अवश्य आएगा, जब ये सब भेदभाव लुप्त हो जाएँगे—प्रत्येक व्यक्ति वैज्ञानिक विषय के ही समान आध्यात्मिक विषय में भी तीव्र रूप से व्यवहार-कुशल हो जाएगा, और तब वह एकत्व, वह समन्वय समस्त जगत् में व्याप्त हो जाएगा। तब सारी मानवता जीवन्मुक्त हो जाएगी। अपनी ईर्ष्या, घृणा, मेल और विरोध में से होते हुए हम उसी एक की ओर संघर्ष कर रहे हैं। हम सब को लेती हुई एक वेगवती नदी समुद्र की ओर बही जा रही है। छोटे-छोटे कागज के टुकड़े, तिनके आदि की भाँति हम इसमें बहे जा रहे हैं। हम भले ही इधर-उधर जाने की चेष्टा करें, पर अंत में हम भी जीवन और आनंद के उस अनंत समुद्र में अवश्य पहुँच जाएँगे।

❑

आत्मा का मुक्त स्वभाव

(5 नवंबर, 1896 को लंदन में दिया गया भाषण)

हम जिस कठोपनिषद् की चर्चा कर रहे थे, वह छांदोग्योपनिषद् के, जिसकी हम अब चर्चा करेंगे, बहुत समय बाद रचा गया था। कठोपनिषद् की भाषा अपेक्षाकृत आधुनिक है, उसकी चिंतन-शैली भी सबसे अधिक प्रणालीबद्ध है। प्राचीनतर उपनिषदों की भाषा कुछ अन्य प्रकार की है। वह अति प्राचीन एवं बहुत कुछ वेद के संहिता-भाग की तरह है, और कभी-कभी तो सार तत्त्व में पहुँचने के लिए बहुत ही अनावश्यक बातों में से होकर जाना पड़ता है। इस प्राचीन उपनिषद् पर वेद के कर्मकांड का, जिसके विषय में मैं तुमको बतला चुका हूँ और जो वेदों का दूसरा खंड है, काफी प्रभाव पड़ा है। इसीलिए इसका अधिकांश अब भी कर्मकांडात्मक है। तो भी, अति प्राचीन उपनिषदों के अध्ययन से एक बड़ा लाभ होता है। वह यह है कि उससे आध्यात्मिक भावों का ऐतिहासिक विकास जाना जा सकता है। अपेक्षाकृत आधुनिक उपनिषदों में ये आध्यात्मिक तत्त्व एकत्र संगृहीत एवं सज्जित पाए जाते हैं। उदाहरणार्थ, भगवद्गीता में, जिसे अंतिम उपनिषद् कहा जा सकता है, कर्मकांड का लेशमात्र भी नहीं है।

गीता उपनिषदों से संगृहीत अनेक पुष्पों से निर्मित एक सुंदर गुच्छे जैसी है। किंतु उसमें इन सब तत्त्वों का क्रमविकास देखने में नहीं आता, उनका स्रोत नहीं जाना जा सकता। आध्यात्मिक तत्त्वों के इस क्रमविकास को जानने के लिए हमें वेदों का अध्ययन करना होगा। वेदो को अत्यंत पवित्र मानने के कारण संसार के अन्यान्य धर्मशास्त्रों की भाँति उनका अंग-भंग नहीं होने पाया। उनमें उच्चतम और निम्नतम दोनों प्रकार के विचारों को वैसे का वैसा ही रखा गया है—सार-असार, अति उन्नत विचार और साथ ही सामान्य छोटी-छोटी बातें, दोनों ही उनमें सुरक्षित हैं। क्योंकि किसी ने उनका स्पर्श करने का साहस नहीं किया। भाष्यकारों ने उनको

सुसंगत बनाने और प्राचीन विषयों में से अद्‌भुत नए भावों को निकालने की चेष्टा की। उन्होंने अत्यंत साधारण बातों में भी आध्यात्मिक तत्त्व देखने का प्रयास किया। किंतु मूल जैसे का तैसा ही रहा, और इसीलिए वे ऐतिहासिक अध्ययन के लिए अनुपम विषय है।

हम सभी जानते हैं कि प्रत्येक धर्म के शास्त्रों में परवर्ती काल की विकासमान आध्यात्मिकता के अनुरूप परिवर्तन किए गए—इधर-उधर एक शब्द बदल दिया या जोड़ दिया गया। पर वैदिक साहित्य में संभवत: ऐसा नहीं किया गया है। और यदि हुआ भी हो तो उसका पता ही नहीं चलता। हमें इससे यह लाभ है कि हम विचार के मूल उत्पत्तिस्थान में पहुँच सकते हैं और देख सकते हैं कि किस प्रकार क्रमश: उच्च से उच्चतर विचारों का—स्थूल आधिभौतिक धारणाओं से सूक्ष्मतर आध्यात्मिक धारणाओं का—विकास हुआ है और अंत में किस प्रकार वेदांत में उन सभी की चरम परिणति हुई है। वैदिक साहित्य में अनेक प्राचीन आचार-व्यवहारों का भी आभास पाया जाता है। पर उपनिषदो में उनका अधिक वर्णन नहीं है। वे एक ऐसी भाषा में लिखे गए हैं, जो अत्यंत संक्षिप्त है और सरलता से याद रखी जा सकती है।

इनके लेखकों ने इन पंक्तियों को, कुछ ऐसे तथ्यों को स्मरण रखने में सहायता देने के निमित्त लिख लिया है, जो उनकी समझ में सभी को ज्ञात थे। इससे एक बड़ी कठिनाई यह होती है कि हम उपनिषदों की किसी भी कथा का वास्तविक तात्पर्य मुश्किल से ग्रहण कर पाते, क्योंकि परंपरा लगभग नष्ट हो चुकी है, और जो थोड़ी सी अवशिष्ट है, वह बड़ी अतिरंजित रूप में है। उनकी अनेक नई-नई व्याख्याएँ की गई हैं, यहाँ तक कि जब हम उनको पुराणों में पढ़ते हैं, तो देखते हैं कि वे गीति-काव्य बन गई हैं।

जिस प्रकार पाश्चात्य देशों में, पाश्चात्य जातियों के राजनीतिक विकास के संबंध में हम यह महत्त्वपूर्ण सत्य पाते हैं कि वे किसी का निरंकुश शासन नहीं सहन कर सकती, किसी एक मनुष्य के द्वारा अपने ऊपर शासन होने का वे सतत विरोध करती रही हैं, और जनतंत्र-प्रणाली एवं शारीरिक स्वाधीनता की उत्तरोत्तर उच्च धारणाओं की ओर बढ़ रही हैं, उसी प्रकार भारतीय दर्शन में भी आध्यात्मिक जीवन के विकास में ठीक वही बात घटती है। अनेक देवता देवताओं का स्थान एक ईश्वर ने लिया और उपनिषदों में तो इस एक ईश्वर के विरुद्ध भी विद्रोह हुआ है। इस जगत् के अनेक शासनकर्ता उनके भाग्य को नियंत्रित कर रहे हैं। केवल यही धारणा उन्हें असह्य नहीं हुई, बल्कि कोई एक व्यक्ति भी इस विश्व का

शासक हो—यह धारणा भी उन्हें सह्य न हो सकी। यही बात सबसे पहले हमारे सामने आती है। यह धारणा धीरे-धीरे विकसित होती हुई अंत में अपनी चरम परिणति पर पहुँचती है। प्राय: सभी उपनिषदों में अंत में हम यही परिणति पाते हैं और वह है—विश्व के ईश्वर को सिंहासन-च्युत करना। ईश्वर की सगुणता विलीन हो जाती है और निर्गुण धारणा उपस्थित होती है। तब ईश्वर एक व्यक्ति अथवा एक अनंत गुण-सभन्न मानव के रूप में जगत् का शासक नहीं रह जाता, प्रत्युत यह भूतमात्र में, विश्व भर में, व्याप्त एक तत्त्व मात्र रह जाता है। ईश्वर का सगुण धारणा से निर्गुण धारणा में पहुँचने पर, तब मनुष्य का सगुण-व्यक्ति रह जाना तर्क की दृष्टि से असंगत होता। अतएव सगुण मनुष्य भी उड़ गया—मनुष्य भी एक तत्त्व के रूप में प्रतिष्ठित हुआ। सगुण व्यक्ति केवल एक गोचर बाह्य तथ्य है, प्रकृत तत्त्व उसके अंतर्देश में है। इस तरह दोनों ओर से क्रमश: सगुणत्व चला जाता है और निर्गुणत्व का आविर्भाव होता रहना है। सगुण ईश्वर की क्रमश: निर्गुण धारणा हो जाती है और सगुण मनुष्य का भी निर्गुण भाव आ जाता है। तब निर्गुण ईश्वर और निर्गुण मनुष्य की इन दो आगे बढ़ती धाराओं के क्रमिक मिलन की क्रमागत अवस्थाएँ आती हैं। ये दो धाराएँ जिन अवस्थाओं को पार करके अंतत: मिल जाती हैं, उनके वर्णन उपनिषदों में संगृहीत हैं एवं प्रत्येक उपनिषद् की अंतिम बात है—'तत्त्वमसि'। नित्य-आनंदमय तत्त्व एक ही है, और वही एक जगत् रूप में अनेक प्रकार से प्रकाशित हुआ है।

अब दार्शनिक आए। उपनिषदों का कार्य यहीं पर समाप्त हुआ प्रतीत होता है; उसके बाद का कार्य दार्शनिकों ने हाथ में लिया। उपनिषदों ने उन्हें मख्य ढाँचा प्रदान किया और उनका कार्य था उसे ब्योरों से पूर्ण करना। अतएव बहुत से प्रश्नों का उठना स्वाभाविक था। यदि यह स्वीकार किया जाए कि एक निर्गुण तत्त्व ही परिदृश्यमान नाना रूपों से व्यक्त हो रहा है, तो यह जिज्ञासा होती है कि एक क्यों अनेक हुआ? यह उसी प्राचीन प्रश्न को नए ढंग से पूछना है, जो अपने अमार्जित रूप में मानव हृदय में उत्पन्न होता है, और जगत् में दु:ख व अशुभ का कारण जानना चाहता है। उस प्रश्न ने स्थूल भाव त्यागकर सूक्ष्म, अमूर्त रूप धारण कर लिया है। अब हमारी इंद्रियसीमित दृष्टि से नहीं, बल्कि दार्शनिक दृष्टि से यह प्रश्न किया जा रहा है कि हम दु:खी क्यों हैं, क्यों वह एक तत्त्व अनेक हुआ? इसका उत्तर सर्वोत्तम उत्तर भारत में मिला। वह है मायावाद, जो कहता है कि वास्तव में वह अनेक नहीं हुआ, वास्तव में उसके प्रकृत स्वरूप की लेशमात्र भी हानि नहीं हुई। यह अनेकत्व केवल आभासिक है। मनुष्य केवल ऊपरी दृष्टि से व्यक्ति के

रूप में प्रतीत हो रहा है, किंतु वास्तव में वह निर्गुण पुरुष है। ईश्वर भी आपाततः ही सगुण या व्यक्ति के रूप में प्रतीत हो रहा है, वास्तव में वह निर्गुण पुरुष है।

इस उत्तर के लिए भी विभिन्न सोपानों में से जाना पड़ा, दार्शनिकों में मतभेद हुए। मायावाद भारत के सभी दार्शनिकों को मान्य नहीं था। संभवतः उनमें से अधिकांश दार्शनिकों ने इस मत को स्वीकार नहीं किया। एक अपरिमार्जित द्वैतवाद में विश्वास करनेवाले कुछ द्वैतवादी हैं, जो इस प्रश्न को उठने ही नहीं देते; इसके उदित होते ही वे इसे दबा देते हैं। वे कहते हैं, ''तुमको ऐसा प्रश्न करने का अधिकार नहीं है। 'क्यों इस तरह हुआ', इसकी व्याख्या पूछने का तुम्हें कोई अधिकार नहीं। वह तो ईश्वर की इच्छा है, और हमें शांत भाव से उसे सिर-आँखों पर लेना होगा। जीवात्मा को कुछ भी स्वाधीनता नहीं है। सबकुछ पहले से ही निर्दिष्ट है। हम क्या-क्या करेंगे, हमें क्या-क्या अधिकार हैं, हम क्या-क्या सुख-दुःख भोगेंगे—सबकुछ पहले से ही निर्दिष्ट है। जब दुःख आए, तो धैर्य से उन सबका भोग करते जाना ही हमारा कर्तव्य है। यदि हम ऐसा न करें तो और भी अधिक कष्ट पाएँगे। हमने यह कैसे जाना?—क्योंकि वेद ऐसा कहते हैं।'' फिर उनके अपने ग्रंथ हैं एवं ग्रंथों की अपनी व्याख्या है और वे उनका उपदेश करते हैं।

फिर ऐसे भी दार्शनिक हैं, जो मायावाद तो स्वीकार नहीं करते, पर जिनकी स्थिति मध्य में है। वे कहते हैं कि यह समस्त ब्रह्मांड ईश्वर के शरीर जैसा ईश्वर, सभी आत्माओं की आत्मा और विश्व की आत्मा है, जीवात्माओं का संकोचन असत्-कर्मों से होता है। प्रत्येक जीवात्मा के इस संकोच का कारण है, जब मनुष्य कुछ असत्-कर्म करता है तो उसकी आत्मा संकुचित होने लगता है, और उसकी शक्ति तब तक घटती जाती है, जब तक कि वह फिर से सत्कर्म आरंभ नहीं करता। तब पुनः उसका विकास होने लगता है। सभी भारतीय मतों में और मेरे विचार में, संसार के सभी मतों में एक सर्वसाधारण भाव दिखाई देता है—चाहे वे उसे जानते हों या न जानते हों—और उसे मैं 'मनुष्य का देवत्व' या ईश्वरत्व कहना चाहता हूँ। संसार में ऐसा कोई मत नहीं है, यथार्थ धर्म नाम के, योग्य ऐसा कोई धर्म नहीं है, जो किसी-न-किसी तरह; चाहे पौराणिक या रूपक भाव से हो अथवा दर्शनों की परिमार्जित स्पष्ट भाषा में, यह भाव प्रकाशित न करता हो कि जीवात्मा चाहे जो हो, ईश्वर के साथ उसका चाहे जो संबंध हो, पर स्वरूपतः वह शुद्ध स्वभाव एवं पूर्ण है। पूर्णानंद और शक्ति ही उसका स्वभाव है, दुःख या दुर्बलता नहीं। यह दुःख किसी तरह उसमें आ गया है। अमार्जित मत इसे मूर्तिमान अशुभ, शैतान या अर्हिमन नाम देकर अशुभ के अस्तित्व की व्याख्या करते हैं। कुछ मतों में एक ही आधार में

ईश्वर और शैतान दोनों का भाव आरोपित किया जाता है, जो अकारण ही चाहे जिसे सुखी या दु:खी करता है। फिर कुछ अधिक चिंतनशील व्यक्ति मायावाद आदि के द्वारा अशुभ की व्याख्या करने की चेष्टा करते हैं। किंतु एक बात सभी मतों में अत्यंत स्पष्ट है और वही हमारा प्रास्ताविक विषय है। ये समस्त दार्शनिक मत और प्रणालियाँ अंततः केवल मन के व्यायाम और बुद्धि की कसरत हैं। जो एक महान् उज्ज्वल भाव मुझे प्रत्येक देश और प्रत्येक धर्म के अंधविश्वासों के बीच स्पष्ट रूप से दिखाई पड़ता है, वह यह है कि मनुष्य दिव्य है, यह दिव्यता ही हमारा स्वरूप है।

अन्य जो कुछ है, वह जैसा वेदांत कहता है, अध्यास, आरोप मात्र है। कुछ उसके आरोपित कर दिया गया है, पर उसके दिव्य स्वरूप का कभी भी नाश नहीं होता। यह जिस प्रकार अतिशय साधु-प्रकृति व्यक्ति में है, वैसे ही एक अत्यंत पतित व्यक्ति में भी है। इस देव-स्वभाव का आह्वान करना होगा, और वह अपने स्वयं को ही प्रकट कर देगा। हम उसे पुकारेंगे और वह जग जाएगा। पहले के लोग जानते थे कि चकमक पत्थर और सूखी लकड़ी में आग रहती है, पर उस आग को बाहर निकालने के लिए घर्षण आवश्यक था। इसी प्रकार यह मुक्तभाव और पवित्रता रूपी अग्नि प्रत्येक आत्मा का स्वभाव है, आत्मा का गुण नहीं, क्योंकि गुण तो उपार्जित किया जा सकता है, इसलिए वह नष्ट हो सकता है। आत्मा मुक्त भाव से अभिन्न है, सत् या अस्तित्व और ज्ञान से अभिन्न है। यह सत्-चित्-आनंद आत्मा का स्वभाव है, आत्मा का जन्मसिद्ध अधिकार है, और यह सब व्यक्त भाव, जो हम देख रहे हैं, उसी की धुँधली और उज्ज्वल अभिव्यक्तियाँ हैं। यहाँ तक कि मृत्यु भी उस प्रकृत सत्ता की एक अभिव्यक्ति है। जन्म-मृत्यु, क्षय-वृद्धि, उन्नति-अवनति, सबकुछ उस एक अखंड सत्ता की ही विभिन्न अभिव्यक्तियाँ हैं। इसी प्रकार हमारा साधारण ज्ञान भी, वह चाहे विद्या अथवा अविद्या किसी भी रूप में प्रकाशित क्यों न हो, उसी चित् का, उसी ज्ञानस्वरूप का प्रकाश है, विभिन्नता प्रकारगत नहीं है, अपितु परिमाणगत है। नीचे धरती पर रेंगनेवाला क्षुद्र कीड़ा और स्वर्ग का श्रेष्ठतम देवता इन दोनों के ज्ञान का भेद प्रकारगत नहीं, परिमाणगत है। इसी कारण वेदांती मनीषी निर्भय होकर कहते हैं कि हमारे जीवन के सारे सुखोपभोग, यहाँ तक कि नितांत गर्हित आनंद भी उसी आनंदस्वरूप आत्मा का प्रकाश है।

यही वेदांत का सर्वप्रधान भाव ज्ञात होता है, और जैसा मैंने पहले कहा है, मुझे मालूम होता है कि सभी धर्मों, का यही मत है। मैं ऐसा कोई धर्म नहीं जानता, जिसके मूल में यह मत न हो। सभी धर्मों में यह सार्वभौमिक भाव विद्यमान है।

उदाहरण के लिए बाइबिल ही को ले लो। उसमें यह रूपक है कि आदि-मानव आदम अत्यंत पवित्र था, अंत में उसके असत्कार्यों से उसकी पवित्रता नष्ट हो गई। इस रूपक से यह प्रमाणित होता है कि वे विश्वास करते थे कि आदिम मानव का स्वभाव पूर्ण था। हमें जो तरह-तरह की दुर्बलताएँ और अपवित्रता दिखाई देती हैं, वह सब उस पूर्ण स्वभाव पर आरोपित आवरण या उपाधि मात्र है। फिर ईसाई धर्म का परवर्ती इतिहास यह भी बतलाता है कि उसके अनुयायी उस पूर्व-अवस्था की पुनर्प्राप्ति की केवल संभावना में ही नहीं, वरन् उसकी निश्चितता में भी विश्वास करते हैं। यही समस्त बाइबिल का—प्राचीन तथा नव व्यवस्थान का—इतिहास है। मुसलमानों के संबंध में भी ऐसा ही है। वे भी आदम तथा उसकी जन्मजात पवित्रता पर विश्वास करते हैं। और उनकी यह धारणा है कि हजरत मुहम्मद के आगमन से उस लुप्त पवित्रता के पुनरुद्धार का उपाय प्राप्त हो गया है। बौद्धों के विषय में भी यही है। वे भी निर्वाण नामक अवस्था विशेष में विश्वास रखते हैं। यह अवस्था द्वैत-जगत् से अतीत की अवस्था है। वेदांती लोग जिसे ब्रह्म कहते हैं, यह निर्वाण भी ठीक वही है। और बौद्ध धर्म के सारे उपदेशों का यही मर्म है कि उस खोई हुई निर्वाण-अवस्था को फिर से प्राप्त करना होगा। इस तरह हम देखते हैं कि सभी धर्मों में यह एक तत्त्व पाया जाता है कि जो तुम्हारा पहले से ही नहीं है, उसे तुम कभी नहीं पा सकते। इस विश्व-ब्रह्मांड में तुम किसी के भी प्रति ऋणी नहीं हो। तुम्हें अपने जन्मसिद्ध अधिकार का ही दावा करना है। यह भाव एक प्रसिद्ध वेदांताचार्य ने अपने एक ग्रंथ के नाम में ही बड़े सुंदर भाव से प्रकट किया है। ग्रंथ का नाम है 'स्वराज्यसिद्धि' अर्थात् हमारे अपने खोए हुए राज्य की पुनः प्राप्ति। वह राज्य हमारा है, हमने उसे खो दिया है, फिर से हमें उसे प्राप्त करना होगा। पर मायावादी कहते हैं—राज्य का यह खोना केवल भ्रम था, तुमने कभी उसे खोया नहीं। बस यही अंतर है।

यद्यपि इस विषय में सभी धर्म-प्रणालियाँ एकमत हैं कि हमारा जो राज्य था, उसे हमने खो दिया है, पर वे उसे फिर से पाने के विविध उपाय बतलाती हैं। कोई कहती है—कुछ विशिष्ट क्रिया-कलाप एवं प्रतिमा आदि की पूजा-अर्चना करने से और स्वयं कुछ विशेष नियमानुसार जीवनयापन करने से यह साम्राज्य पुनः मिल सकता है। अन्य कोई कहती है—यदि तुम प्रकृति से अतीत पुरुष के समुख अपने को नत कर रोते-रोते उससे क्षमा चाहो, तो पुनः उस राज्य को प्राप्त कर लोगे। दूसरी कोई कहती है—यदि तुम इस पुरुष से पूरे हृदय से प्रेम कर सको, तो तुम फिर से इस राज्य को प्राप्त कर लोगे। उपनिषदों में ये सभी उपदेश पाए जाते हैं।

क्रमशः हम यह देखेंगे। किंतु अंतिम और सर्वश्रेष्ठ उपदेश तो यह है कि तुम्हें रोने की कोई आवश्यकता नहीं। तुम्हें इन सब क्रिया-कलापों और बाह्य अनुष्ठानों की किंचिन्मात्र भी आवश्यकता नहीं। क्या-क्या करने से राज्य की पुनः प्राप्ति होगी, इस सोच-विचार की तुम्हें कोई जरूरत नहीं, क्योंकि तुमने राज्य कभी खोया ही नहीं। जिसे तुमने कभी खोया नहीं, उसे पाने के लिए इस प्रकार की चेष्टा की आवश्यकता ही क्या? तुम स्वभावतः मुक्त हो, तुम स्वभावतः शुद्धस्वभाव हो। यदि तुम अपने को मुक्त समझ सको, तो तुम इसी क्षण मुक्त हो जाओगे, और यदि तुम अपने को बद्ध समझो, तो तुम बद्ध ही रहोगे। यह बड़ी निर्भीक उक्ति है, और जैसा मैंने तुमसे पहले कहा ही है कि मुझे तुमसे बड़ी निर्भयतापूर्वक कहना होगा। यह अभी तुमको शायद भयभीत कर दे, पर तुम जब इस पर चिंतन करोगे और अपने हृदय में इसे अनुभव करोगे, तब तुम देखोगे कि मेरी बात सत्य है। कारण, यदि मुक्त भाव तुम्हारा स्वभाव-सिद्ध न हो, तब तो किसी प्रकार तुम मुक्त न हो सकोगे। यदि तुम मुक्त थे और इसी समय किसी कारण से उस मुक्त स्वभाव को खोकर बद्ध हो गए हो, तो इससे प्रमाणित होता है कि तुम आरंभ में ही मुक्त नहीं थे। यदि मुक्त थे, तो किसने तुमको बद्ध किया? जो स्वतंत्र है, वह कभी भी परतंत्र नहीं हो सकता; और यदि वह परतंत्र था, तो उसकी स्वतंत्रता भ्रम थी।

अब तुम इन दो पक्षों में से कौन सा पक्ष ग्रहण करोगे? दोनों पक्षों की युक्ति-परंपरा को स्पष्ट करने पर निम्नलिखित बातें दिखाई देती हैं। यदि कहो कि आत्मा स्वभावतः शुद्धस्वरूप एवं मुक्त है, तो अवश्यमेव यह मानना होगा कि जगत् में ऐसी कोई वस्तु नहीं है, जो उसे बद्ध या सीमित कर सके। किंतु जगत् में यदि इस प्रकार की कोई वस्तु हो, जिससे उसे बद्ध किया जा सके, तो फिर निश्चय ही आत्मा मुक्त नहीं थी, और तुम जो उसे मुक्त कह रहे हो, वह तुम्हारा भ्रम मात्र है। अतः यदि हमारी मुक्ति संभव हो, तो फिर यह स्वीकार करना अपरिहार्य होगा कि आत्मा स्वभाव से ही मुक्त है, इसके विपरीत हो ही नहीं सकती। मुक्ति का अर्थ है—किसी बाह्य वस्तु के अधीन न होना, अर्थात् उस पर किसी दूसरी वस्तु का कार्य न होना। आत्मा कार्य-कारण-संबंध से अतीत है, और इसी से आत्मा के संबंध में हमारी ये उच्च-उच्च धारणाएँ उत्पन्न हुई हैं। यदि यह अस्वीकार किया जाए कि आत्मा स्वभावतः मुक्त है, अर्थात् बाहर की कोई भी वस्तु उस पर कार्य नहीं कर सकती, तो आत्मा के अमरत्व की कोई धारणा प्रस्थापित नहीं की जा सकती; क्योंकि मृत्यु हमारे बाहर की किसी वस्तु के द्वारा किया हुआ कार्य है। इससे ज्ञात होता है कि हमारे शरीर पर बाहरी कोई दूसरा पदार्थ कार्य कर सकता

है। मान लो, मैंने विष खाया और मेरी मृत्यु हो गई, तो इससे प्रमाणित होता है कि हमारे शरीर पर विष नामक एक बाहरी पदार्थ कार्य कर सकता है। यदि आत्मा के संबंध में यह सत्य हो कि वह मुक्त है, तो यह भी स्वभावत: ज्ञात होता है कि बाहरी कोई भी पदार्थ उस पर कार्य नहीं कर सकता। अत: आत्मा कभी मर नहीं सकती। आत्मा का मुक्त स्वभाव, उसका अमरत्व एवं उसका आनंद-स्वभाव, सभी इस बात पर निर्भर है कि आत्मा कार्य-कारण संबंध अर्थात् इस माया से अतीत है। अब इन दो पक्षों में से कौन सा पक्ष लोगे? या तो आत्मा के मुक्त स्वभाव को भ्रांति कहो या फिर उसके बद्ध भाव को भ्रांति कहकर स्वीकार करो। मैं तो निश्चय ही उसके बद्ध भाव को भ्रांति कहूँगा। यही मेरी समस्त भावनाओं और महदाकाक्षाओं के साथ मेल खाता है। मैं अच्छी तरह जानता हूँ कि मैं स्वभावत: मुक्त हूँ। मैं यह कभी नहीं मान सकता कि यह बद्ध भाव सत्य है और मेरा मुक्त भाव मिथ्या।

सभी दर्शनों में किसी-न-किसी रूप में यह विवाद चल रहा है, यहाँ तक कि, बिलकुल आधुनिक दर्शनों में भी उसने स्थान पा लिया है। दो दल हैं। एक दल कहता है कि आत्मा नामक कोई वस्तु नहीं है, वह केवल भ्रांति है। इस भ्रांति का कारण है, जड़-कणों का बारंबार स्थान-परिवर्तन, जिससे यह समवाय, जिसे तुम शरीर, मस्तिष्क आदि नामों से पुकारते हो, उत्पन्न होता है। इन जड़कणों के ही स्पंदन से, उनकी गतिविशेष और उनके लगातार स्थान-परिवर्तन से यह मुक्त स्वभाव की धारणा आती है। कुछ बौद्ध संप्रदाय भी इसका अनुमोदन करते थे; वे उदाहरण देते थे कि एक जलती मशाल लो, और उसे जोर से गोल-गोल घुमाओ, तो एक वर्तुलाकार प्रकाश दिखाई पड़ेगा। वस्तुत: प्रकाश के इस चक्र का कोई अस्तित्व नहीं है, क्योंकि यह मशाल प्रत्येक क्षण स्थान-परिवर्तन कर रही है। उसी तरह हम भी छोटे-छोटे परमाणुओं की समष्टि मात्र हैं, इन परमाणुओं के जोर से घूमने से यह 'अहं' भ्रांति उत्पन्न होती है। अतएव एक मत यह हुआ कि शरीर सत्य है, आत्मा का कोई अस्तित्व नहीं है। दूसरा दल कहता है कि विचारशक्ति के द्रुत स्पंदन से जड़-रूप भ्रांति की उत्पत्ति होती है, वस्तुत: जड़ का कोई अस्तित्व नहीं है। यह तर्क आज तक चल रहा है—एक दल कहता है, आत्मा हम है और दूसरा जड़ को भ्रम कहता है। तुम कौन सा मत अपनाओगे? हम तो निश्चय ही आत्मा के अस्तित्व को स्वीकार कर जड़ को भ्रमात्मक कहेंगे। युक्ति दोनों ओर बराबर है। केवल आत्मा के निरपेक्ष अस्तित्व को प्रमाणित करनेवाली युक्ति अपेक्षाकृत प्रबल है; क्योंकि जड़ क्या है, यह किसी ने देखा नहीं। हम केवल स्वयं को

अनुभव कर सकते हैं।

मैंने ऐसा मनुष्य नहीं देखा, जिसने स्वयं के बाहर जाकर जड़ का अनुभव किया हो। अभी तक कोई भी कूदकर अपनी आत्मा के बाहर नहीं जा सका। अतएव आत्मा के पक्ष में युक्ति कुछ दृढ़तर हुई। द्वितीयतः आत्मवाद जगत् की सुंदर व्याख्या कर सकता है, पर जड़वाद नहीं। अतएव जड़वाद के द्वारा जगत् की व्याख्या अयौक्तिक है। पहले आत्मा के स्वाभाविक मुक्त और बद्ध भाव-संबंधी जो विचार का प्रसंग उठा था, जड़वाद और आत्मवाद का तर्क उसी का स्थूल रूप है। दर्शनों का सूक्ष्म रूप से विश्लेषण करने पर तुम देखोगे कि उनको भी इन दो मतों में से किसी-न-किसी में परिणत किया जा सकता है। अतएव यहाँ भी एक दार्शनिक तथा जटिल रूप में हमें स्वाभाविक पवित्रता और मुक्ति का वही प्रश्न मिलता है। एक दल कहता है कि मनुष्य का तथाकथित पवित्र और मुक्त स्वभाव भ्रम है, और दूसरा बद्ध-भाव को भ्रमात्मक मानता है। यहाँ भी हम दूसरे दल से सहमत हैं—हमारा बद्ध-भाव ही भ्रमात्मक है।

वेदांत का उत्तर यह है कि हम बद्ध नहीं वरन् नित्यमुक्त हैं। यही नहीं बल्कि अपने को बद्ध सोचना भी अनिष्टकर है; वह तो भ्रम है—आत्म-सम्मोहन है। ज्यों ही तुमने कहा कि मैं बद्ध हूँ, दुर्बल हूँ, असहाय हूँ, त्यों ही तुम्हारा दुर्भाग्य आरंभ हो गया, तुमने अपने पैरों में एक और बेड़ी डाल ली। इसलिए ऐसी बात कभी न कहना और न इस प्रकार कभी सोचना ही। मैंने एक व्यक्ति की बात सुनी है, वे वन में रहते थे और उनके अधरों पर दिन-रात 'शिवोऽहं, शिवोऽहं' की वाणी रहा करती थी। एक दिन एक बाघ ने उन पर आक्रमण किया और उन्हें पकड़कर ले चला। नदी के दूसरे तट पर कुछ लोग यह दृश्य देख रहे थे और उनके मुख से लगातार निकलती हुई 'शिवोऽहं, शिवोऽहं' की ध्वनि सुन रहे थे। जब तक उनमें बोलने की शक्ति रही, बाघ के मुँह में पड़कर भी वे 'शिवोऽहं, शिवोऽहं' कहते रहे। इसी प्रकार और भी अनेक व्यक्तियों की बात सुनी गई है। कुछ ऐसे व्यक्ति हो गए हैं, जिनके शत्रुओं ने उनके टुकड़े-टुकड़े कर डाले, पर वे उन्हें आशीर्वाद ही देते रहे। सोऽहं, सोऽहं-मैं ही वह हूँ, मैं ही वह हूँ, और तुम भी वही हो। मैं पूर्णस्वरूप हूँ, और मेरे शत्रु भी पूर्णस्वरूप हैं। तुम भी वही हो, और मैं भी वही हूँ। यही वीर की अवस्था है।

फिर भी द्वैतवादियों के धर्म में अनेक उत्तम-उत्तम भाव हैं। प्रकृति से पृथक् हमारे एक उपास्य और प्रेमास्पद ईश्वर हैं—ऐसा सगुण ईश्वरवाद अपूर्व है। इससे प्राणों में शीतलता आती है। पर वेदांत कहता है, प्राणों की यह शीतलता अफीम

खानेवालों के नशे के समान अस्वाभाविक है। इससे दुर्बलता आती है और आज संसार में बल-संचार की जितनी आवश्यकता है, उतनी और कभी नहीं थी। वेदांत कहता है—दुर्बलता ही संसार में समस्त दु:ख का कारण है, इसी से सारे दु:ख-कष्ट पैदा होते हैं। हम दुर्बल हैं, इसीलिए इतना दु:ख भोगते हैं। हम दुर्बलता के कारण ही चोरी-डकैती, झूठ-ठगी तथा इसी प्रकार के अनेकानेक दुष्कर्म करते हैं। दुर्बल होने के कारण ही हम मृत्यु के मुख में गिरते हैं। जहाँ हमें दुर्बल बनानेवाला कोई नहीं है, वहीं न मृत्यु है, न दु:ख। हम लोग केवल भ्रांतिवश दु:ख भोगते हैं। इस भ्रांति को दूर कर दो, सभी दु:ख चले जाएँगे। यह तो बहुत सरल बात है। इन सब दार्शनिक विचारों और कठोर मानसिक आयाम में से होकर अब हम संसार के सबसे सहज और सरल आध्यातिक सिद्धांत पर आते हैं।

अद्वैत-वेदांत ही आध्यात्मिक सत्य का सबसे सहज और सरल रूप है। भारत और अन्य सभी स्थानों में द्वैतवाद की शिक्षा देना एक बहुत बड़ी भूल थी, क्योंकि उससे लोग चरम तत्त्वों की ओर ध्यान न देकर केवल प्रणाली से ही उलझे रहे और वह प्रणाली सचमुच बड़ी जटिल थी। अधिकांश लोगों के लिए ये प्रकांड दार्शनिक एवं न्यायिक प्रक्रियाएँ भयावह थीं। उनकी समझ में इन सब को सार्वजनिक नहीं बनाया जा सकता और न उनका पालन ही प्रतिदिन के जीवन में संभव है। उनको यह भी भय था कि इस प्रकार के दर्शन की आड़ में जीवन में बड़ी शिथिलता आ जाएगी।

पर मैं तो यह बिलकुल नहीं मानता कि संसार में अद्वैत-तत्त्व के प्रचार से दुर्नीति या दुर्बलता बढ़ेगी। बल्कि मुझे इस बात पर अधिक विश्वास है कि दुर्नीति और दुर्बलता के निवारण की वही एकमात्र ओषधि है। यही यदि सत्य है, तो लोगों को गँदला पानी क्यों पीने दिया जाए, जब पास ही अमृत-स्त्रोत बह रहा है? यदि यही सत्य है कि सभी शुद्धस्वरूप हैं, तो इसी क्षण सारे संसार को इसकी शिक्षा क्यों न दी जाए? साधु-असाधु, स्त्री-पुरुष, बालक-बालिका, छोटे-बड़े, सिंहासनासीन राजा और रास्ते में झाड़ू लगानेवाले भंगी—सभी को डंके की चोट पर यह शिक्षा क्यों न दी जाए?

अब यह एक बहुत कठिन कार्य मालूम पड़ता है, बहुतों के लिए तो यह बड़ा विस्मयजनक है, पर अंधविश्वास के सिवा इसका और दूसरा कोई कारण नहीं। सभी प्रकार के कुखाद्य और दुष्पाच्य अन्न खाकर अथवा निरंतर उपवास करके हमने अपने को सुखाद्य के अनुपयुक्त बना रखा है। हमने बचपन से ही दुर्बलता की बातें सुनी हैं। लोग कहते हैं कि मैं भूत-बूत नहीं मानता, पर ऐसे बहुत कम लोग

मिलेंगे, जिनका शरीर अँधेरे में थोड़ा सिहर न उठे। यह केवल अंधविश्वास है। इसी प्रकार सभी धार्मिक अंधविश्वासों के संबंध में है। इस देश (इंग्लैंड) में ऐसे अनेक व्यक्ति हैं, जिनसे मैं यदि कहूँ कि 'शैतान' नामक कुछ भी नहीं है, तो वे समझेंगे कि धर्म का सत्यानाश हो गया। मुझसे कई लोगों ने कहा है, 'शैतान के न रहने से धर्म किस तरह कायम रह सकता है?' हम पर अंकुश लगानेवाला कोई न रहे, तो धर्म कैसा? बिना किसी के द्वारा शासित हुए हम कैसे रह सकते हैं?

सच बात तो यह है कि हम इसके अभ्यस्त हो गए हैं। हमें जब तक यह अनुभव नहीं होता कि कोई हम पर रोज हुकूमत चला रहा है, हमें चैन नहीं पड़ता। वही अंधविश्वास है! वही कुसंस्कार है! पर इस समय यह कितना भी भीषण क्यों न प्रतीत होता हो, एक समय ऐसा अवश्य आएगा, जब हममें से प्रत्येक अतीत की ओर नजर डालेगा और उन अंधविश्वासों पर हँसेगा, जो शुद्ध और नित्य आत्मा को ढाँके हुए थे, एवं मुदित मन से सत्यता और दृढ़ता के साथ बारंबार कहेगा, मैं 'वही' हूँ, चिरकाल 'वही' था और सदैव 'वही' रहूँगा। यह अद्वैत-भाव हमें वेदांत से मिलेगा और यही एक भाव है, जो टिकने के योग्य है। शास्त्र-ग्रंथ चाहे तो कल ही नष्ट हो जा सकते हैं, यह तत्त्व सबसे पहले का! हिब्रुओं के मस्तिष्क में उदित हुआ हो, चाहे उत्तरी-ध्रुववासियों के मस्तिष्क, पर इससे कुछ बनता-बिगड़ता नहीं। कारण, यही सत्य है, और जो सत्य है, वह सनातन है तथा सत्य ही यह शिक्षा देता है कि वह किसी व्यक्ति विशेष की संपत्ति नहीं है। मनुष्य, पशु, देवता सभी इस सत्य के अधिकारी हैं। उन्हें यही सिखाओ। जीवन को दुःखमय बनाने की क्या आवश्यकता? लोगों को अनेक प्रकार के अंधविश्वासों में क्यों पड़ने दो? केवल यही (इंग्लैंड में) नहीं, वरन् इस तत्त्व की जन्मभूमि में भी यदि तुम इस तत्त्व का उपदेश करो, तो वहाँ के लोग भी भयभीत हो उठेंगे। कहेंगे—"ये बातें तो संन्यासियों के लिए हैं, जो संसार को त्यागकर जंगल में रहते हैं। पर हम लोग तो सामान्य गृहस्थ है, धर्मकार्य के लिए हमें किसी-न-किसी प्रकार के भय या क्रियाकांड की आवश्यकता रहती ही है," इत्यादि।

द्वैतवाद ने संसार पर बहुत दिनों तक शासन किया है और यह उसी का फल है। तो आज हम नया प्रयोग क्यों न आरंभ करें? संभव है, सभी मनुष्यों हो इस अद्वैत-तत्त्व की धारणा करने में लाखों वर्ष लग जाएँ, पर इसी समय से क्यों न आरंभ कर दें? यदि हम अपने जीवन में बीस मनुष्यों को भी यह बात बतला सके, तो समझो कि हमने बहुत बड़ा काम किया।

इसके विरुद्ध जो एक बात उठाई जाती है, वह यह है, "मैं शुद्ध हूँ? आनंदस्वरूप

हूँ," इस प्रकार मौखिक कहना तो ठीक है, पर जीवन में तो मैं इसे सर्वदा नहीं दिखला सकता। हम इस बात को स्वीकार करते हैं। आदर्श सदैव अत्यंत कठिन होता है। प्रत्येक बालक आकाश को अपने सिर से बहुत ऊँचाई पर देखता है, पर इस कारण क्या हम आकाश की ओर देखने की चेष्टा भी न करें? अंधविश्वास की ओर जाने से ही क्या सब अच्छा हो जाएगा? यदि हम अमृत न पा सकें, तो क्या विष पान करने से ही कल्याण होगा? हम यदि अभी सत्य का अनुभव न कर सकते हों, तो क्या अंधकार, दुर्बलता और अंधविश्वास की ओर जाने से ही कल्याण होगा?

द्वैतवाद के कई प्रकारों के संबंध में मुझे कोई आपत्ति नहीं है, किंतु जो कोई उपदेश दुर्बलता की शिक्षा देता है, उस पर मुझे विशेष आपत्ति है। सभी पुरुष, बालक-बालिका जिस समय दैहिक, मानसिक अथवा आध्यात्मिक शिक्षा पाते हैं, उस समय मैं उनसे यही एक प्रश्न करता हूँ—"क्या तुम्हें इससे बल प्राप्त होता है?" क्योंकि मैं जानता हूँ, एकमात्र सत्य ही बल प्रदान करता है। मैं जानता हूँ, एकमात्र सत्य ही प्राणप्रद है। सत्य की ओर गए बिना हम अन्य किसी भी उपाय से वीर्यवान् नहीं हो सकते, और वीर्यवान् हुए बिना हम सत्य के समीप नहीं पहुँच सकते। इसीलिए जो मत, जो शिक्षाप्रणाली मन और मस्तिष्क को दुर्बल कर दे और मनुष्य को कुसंस्कार से भर दे, जिससे वह अंधकार में टटोलता रहे, खयाली पुलाव पकाता रहे और सब प्रकार की अजीगोरीब तथा अंधविश्वासपूर्ण बातों की तह छानता रहे, उस मत या प्रणाली को मैं पसंद नहीं करता, क्योंकि मनुष्य पर इसका परिणाम बड़ा भयानक होता है। ऐसी प्रणालियों से कभी कोई उपकार नहीं होता; प्रत्युत वे तो मन में विकृति ला देती हैं, उसे दुर्बल बना देती हैं—इतना दुर्बल कि कालांतर में मन सत्य को ग्रहण करने और उसके अनुसार जीवन-गठन करने में सर्वथा असमर्थ हो जाता है। अत: बल ही एक आवश्यक बात है। बल ही भवरोग की दवा है। धनिकों द्वारा रौंदे जानेवाले निर्धनों के लिए बल ही एकमात्र दवा है। विद्वानों द्वारा दबाए जानेवाले पापियों के लिए बल ही एक मात्र दवा है और अन्य पापियों द्वारा सताए जानेवाले पापियों के लिए भी वही एकमात्र दवा है। और अद्वैतवाद हमें जैसा बल देता है, वैसा और कोई नहीं देता। अद्वैतवाद हमें जिस प्रकार नीतिपरायण बनाता है, वैसा और कोई भी नहीं बनाता। जब सारा दायित्व हमारे अपने कंधों पर डाल दिया जाता है, उस समय हम जितनी अच्छी तरह से कार्य करते हैं, उतनी और किसी भी अवस्था में नहीं करते। मैं तुम लोगों से पूछता हूँ, यदि एक नन्हे बच्चे को तुम्हारे हाथ सौंप दूँ, तो तुम उसके प्रति कैसा व्यवहार करोगे? उस क्षण के लिए तुम्हारा सारा जीवन बदल जाएगा। तुम्हारा स्वभाव कैसा

भी क्यों न हो, कम-से-कम उन क्षणों के लिए तुम संपूर्णतः निस्स्वार्थ बन जाओगे। यदि तुम पर उत्तरदायित्व डाल दिया जाए, तो तुम्हारी सारी पापवृत्तियाँ दूर हो जाएँगी, तुम्हारा सारा चरित्र बदल जाएगा। इसी प्रकार जब सारे उत्तरदायित्व का बोझ हम पर डाल दिया जाता है, तब हम अपने सर्वोच्च भाव में आरोहण करते हैं। जब हमारे सारे दोष और किसी के मत्थे नहीं मढ़े जाते, जब शैतान या भगवान् किसी को भी हम अपने दोषों के लिए उत्तरदायी नहीं ठहराते, तभी हम सर्वोच्च भाव में पहुँचते हैं। अपने भाग्य के लिए मैं स्वयं उत्तरदायी हूँ। मैं स्वयं अपने शुभाशुभ दोनों का कर्ता हूँ, पर मेरा स्वरूप शुद्ध और आनंद-मात्र है। इससे विपरीत जो विचार है, उनको त्याग देना चाहिए।

'मेरी मृत्यु नहीं है, शंका भी नहीं; मेरी कोई जाति नहीं है, न कोई मत ही; मेरे पिता या माता या भ्राता या मित्र या शत्रु भी नहीं है, क्योंकि मैं सच्चिदानंद-स्वरूप शिव हूँ। मैं पाप से या पुण्य से, सुख से या दुःख से बद्ध नहीं हूँ। तीर्थ, ग्रंथ और नियमादि मुझे बंधन में नहीं डाल सकते। मैं क्षुधा-पिपासा से रहित हूँ। यह देह मेरी नहीं है, न मैं देह के अंतर्गत विकार और अंधविश्वासों के अधीन ही हूँ। मैं तो सच्चिदानंद-स्वरूप हूँ, मैं शिव हूँ, मैं शिव हूँ।'

वेदांत कहता है कि केवल यही स्तवन हमारी प्रार्थना हो सकता है। उस अंतिम लक्ष्य पर पहुँचने का यही एकमात्र उपाय है—अपने से और सबसे यही कहना कि हम ब्रह्मस्वरूप हैं। हम ज्यों-ज्यों इसकी आवृत्ति करते हैं, त्यों-त्यों हममें बल आता जाता है। 'शिवोऽहं' रूपी यह अभयवाणी क्रमशः अधिकाधिक गंभीर हो हमारे हृदय में, हमारे शरीर के प्रत्येक भावों में भिदती जाती है और अंत में हमारी नस-नस में, हमारे शरीर के प्रत्येक भाग में समा जाती है। ज्ञानसूर्य की किरणें जितनी उज्ज्वल होने लगती हैं, मोह उतना ही दूर भागता जाता है, अज्ञानराशि ध्वंस होती जाती है, और अंत में एक समय आता है, जब सारा अज्ञान बिलकुल लुप्त हो जाता है और केवल ज्ञानसूर्य ही अवशिष्ट रह जाता है।

❑

विश्व–बृहत् ब्रह्मांड

(11 जनवरी, 1896 को न्यूयॉर्क में दिया हुआ व्याख्यान)

सर्वत्र विद्यमान फूल सुंदर है, प्रभात के सूर्य का उदय सुंदर है, प्रकृति के विविध रंग और वर्णावली सुंदर है। समस्त जगत् सुंदर है, और मनुष्य जब से पृथ्वी पर आया है, तभी से इस सौंदर्य का उपभोग कर रहा है। पर्वतमालाएँ—गंभीर भावव्यंजक एवं भय उत्पन्न करनेवाली हैं, प्रबल वेग से समुद्र की ओर बहनेवाली नदियाँ, पदचिह्न रहित मरुदेश, अनंत सागर, तारों से भरा आकाश—ये सभी उदात्त, भयोद्दीपक और सुंदर हैं। 'प्रकृति' शब्द से कही जानेवाली सबी सत्ताएँ अति प्राचीन, स्मृति-पथ के अतीत काल से मनुष्य के मन पर कार्य कर रही हैं, वे मनुष्य की विचारधारा पर क्रमशः प्रभाव फैला रही हैं और इस प्रभाव की प्रतिक्रिया के फलस्वरूप मनुष्य के हृदय में लगातार यह प्रश्न उठ रहा है कि यह सब क्या है और इसकी उत्पत्ति कहाँ से हुई? अति प्राचीन मानव-रचना वेद के प्राचीन भाग में भी इसी प्रश्न की जिज्ञासा हम देखते हैं। यह सब कहाँ से आया? जिस समय सत्- असत् कुछ भी नहीं था, जब अंधकार अंधकार से ढका हुआ था, तब किसने इस जगत् का सृजन किया? कैसे किया? कौन इस रहस्य को जानता है? आज तक यही प्रश्न चला आ रहा है। लाखों बार इसका उत्तर देने की चेष्टा की गई है, किंतु फिर भी लाखों बार उसका फिर से उत्तर देना पड़ेगा। ऐसी बात नहीं कि ये सभी उत्तर भ्रमपूर्ण हों। प्रत्येक उत्तर में कुछ-न-कुछ सत्य है—कालचक्र के साथ-साथ यह सत्य भी क्रमशः बल संग्रह करता जाएगा। मैंने भारत के प्राचीन दार्शनिकों से इस प्रश्न का जो उत्तर पाया है, उसको, वर्तमान मानव-ज्ञान से समन्वित करके तुम्हारे सामने रखने की चेष्टा करूँगा।

हम देखते हैं कि इस प्राचीनतम प्रश्न के कई अंगों का उत्तर पहले से ही उपलब्ध था। प्रथम तो—"जब सत् और असत् कुछ भी नहीं था," इस प्राचीन

वैदिक वाक्य से प्रमाणित होता है कि एक समय ऐसा था, जब जगत् नहीं था, जब ये ग्रह-नक्षत्र, हमारी धरती माता, सागर, महासागर, नदी, शैलमाला, नगर, ग्राम, मानवजाति, अन्य प्राणी, उद्‌भिद, पक्षी, यह अनंत प्रकार की सृष्टि, यह सब कुछ भी नहीं था—यह बात पहले से ही मालूम थी। क्या हम इस विषय में निःसंदेह हैं? यह सिद्धांत किस प्रकार प्राप्त हुआ, यह समझने की हम चेष्टा करेंगे। मनुष्य अपने चारों ओर क्या देखता है? एक छोटे से उद्‌भिद को ही लो। मनुष्य देखता है कि उद्‌भिद धीरे-धीरे मिट्टी को फोड़कर उठता है, अंत में बढ़ते-बढ़ते एक विशाल वृक्ष हो जाता है, फिर वह नष्ट हो जाता है—केवल बीज छोड़ जाता है। वह मानो घूम-फिरकर एक वृत्त पूरा करता है। बीज से ही वह निकलता है, फिर वृक्ष हो जाता है और उसके बाद फिर बीज में ही परिणत हो जाता है। पक्षी को देखो, किस प्रकार वह अंडे में से निकलता है, सुंदर पक्षी का रूप धारण करता है, कुछ दिन जीवित रहता है, अंत में मर जाता है, और छोड़ जाता है अन्य कई अंडे अर्थात् भावी पक्षियों के बीज।

तिर्यग्जातियों के संबंध में भी इसी प्रकार होता है और मनुष्य के संबंध में भी। प्रत्येक पदार्थ मानो किसी बीज से, किसी मूल उपादान से, किसी सूक्ष्म आकार से आरंभ होता है और स्थूल से स्थूलतर होता जाता है। कुछ समय तक ऐसा ही चलता है, और अंत में फिर से उसी सूक्ष्म रूम में उसका लय हो जाता है। वृष्टि की एक बूँद, जिसमें अभी सुंदर सूर्य-किरणें खेल रही हैं, सागर से वाष्प के रूप में निकलकर ऐसे क्षेत्र में पहुँचती है, जहाँ वह पानी में परिणत हो जाती है, और फिर वाष्प के रूप में पुनः परिणत होने के लिए समुद्र में पानी के रूप में आ गिरती है। हमारे चारों ओर स्थित प्रकृति की सारी वस्तुओं के संबंध में भी यही नियम है। हम जानते हैं कि आज बर्फ की चट्टानें और नदियाँ बड़े-बड़े पर्वतों पर कार्य कर रही हैं और उन्हें धीरे-धीरे, परंतु निश्चित रूप से, चूर-चूर कर रही हैं, चूर-चूर कर उन्हें बालू कर रही हैं। फिर वही बालू बहकर समुद्र में जाती है—समुद्र में स्तर पर स्तर जमती जाती है और अंत में पहाड़ की भाँति कड़ी होकर भविष्य में पर्वत बन जाती है। वह पर्वत फिर से पिसकर बालू बन जाएगा, बस यही क्रम है। बालुका से इन पर्वतमालाओं की उत्पत्ति है और बालुका में ही इनकी परिणति है। यही मनुष्य का, प्रकृति का, जीवन का पूरा इतिहास है।

यदि यह सत्य हो कि प्रकृति अपने सभी कार्यों में एकरूप है, यदि यह सत्य हो—और आज तक किसी ने इसका खंडन नहीं किया कि एक या छोटा सा बालू का कण जिस प्रणाली और नियम से सृष्ट होता है, प्रकांड सूर्य, तारे, यहाँ तक

कि संपूर्ण जगत्-ब्रह्मांड की सृष्टि में भी वही प्रणाली, वही एक नियम है, यदि यह सत्य हो कि एक परमाणु जिस ढंग से बनता है, सारा जगत् भी उसी ढंग से बनता है; यदि यह सत्य हो कि एक ही नियम समस्त जगत् में व्याप्त है, तो प्राचीन वैदिक भाषा में हम कह सकते हैं, ''एक मिट्‌टी के ढेले को जान लेने पर हम जगत्-ब्रह्मांड में जितनी मिट्‌टी है, उस सबको जान सकते हैं।'' एक छोटे से उद्‌भिद को लेकर उसके जीवन-चरित की आलोचना करके हम जगत् ब्रह्मांड का स्वरूप जान सकते हैं। बालू के एक कण की गति का पर्यवेक्षण करके, हम समस्त जगत् का रहस्य जान लेंगे। अतएव जगत्-ब्रह्मांड पर अपनी दूर आलोचना के फल का प्रयोग करने पर हम यही देखते हैं कि सभी वस्तुओं का आदि और अंत प्राय: एक सा होता है। पर्वत की उत्पत्ति बालुका से है और बालुका में ही उसका अंत है; वाष्प से नदी बनती है और नदी फिर वाष्प हो जाती है; बीज से उद्‌भिद होता है और उद्‌भिद फिर बीज बन जाता है; मानवजीवन मनुष्य के बीजाणु से आता है और फिर से बीजाणु में ही चला जाता है। नक्षत्रपुंज, नदी, ग्रह, उपग्रह—सबकुछ नीहारिकामय अवस्था से आते हैं और फिर से उसी अवस्था में लौट जाते हैं। इससे हम क्या सीखते हैं? यही कि व्यक्त अर्थात् स्थूल अवस्था कार्य है और सूक्ष्म भाव उसका कारण है।

समस्त दर्शनों के जनकस्वरूप महर्षि कपिल बहुत काल पहले प्रमाणित कर चुके हैं—'नाश: कारणलय:'—'नाश का अर्थ है, कारण में लय हो जाना।' यदि इस मेज का नाश हो जाए, तो यह केवल अपने कारण रूप में लौट जाएगी, फिर वह सूक्ष्म रूप भी उन परमाणुओं में बदल जाएगा, जिनके मिश्रण से यह मेज नामक पदार्थ बना था। मनुष्य जब मर जाता है, तो जिन पंचभूतों से उसके शरीर का निर्माण हुआ था, उन्हीं में उसका लय हो जाता है। इस पृथ्वी का जब ध्वंस हो जाएगा तब जिन भूतों के योग से इसका निर्माण हुआ था, उन्हीं में वह फिर परिणत हो जाएगी। इसी को नाश अर्थात् कारणलय कहते हैं। अतएव हमने सीखा कि कार्य और कारण अभिन्न हैं—भिन्न नहीं; कारण ही एक विशेष रूप धारण करने पर कार्य कहलाता है। जिन उपादानों से इस मेज की उत्पत्ति हुई, वे कारण हैं और मेज कार्य; और वे ही कारण यहाँ पर मेज के रूप में वर्तमान हैं। यह गिलास एक कार्य है—इसके कुछ कारण थे, वे ही कारण अभी इस कार्य में वर्तमान हैं। काँच नामक कुछ पदार्थ भी। उसके साथ-साथ बनानेवाले के हाथों की शक्ति, इन दो उपादान और निमित्त कारणों के मेल से गिलास नामक यह आकार बना है। इसमें वे दोनों कारण वर्तमान हैं। जो शक्ति किसी बनानेवाले के

हाथों में थी, वह संयोजक (adhesive) शक्ति के रूप में वर्तमान है—उसके न रहने पर गिलास के छोटे-छोटे खंड पृथक् होकर बिखर जाएँगे। फिर यह 'काँच' रूप उपादान भी वर्तमान है। 'गिलास' केवल इन सूक्ष्म कारणों की एक भिन्न रूप में अभिव्यक्ति मात्र है। यह गिलास यदि तोड़कर फेंक दिया जाए, तो जो शक्ति संहति (adhesive power) के रूप में इसमें वर्तमान थी, वह लौटकर फिर अपने उपादान में मिल जाएगी और गिलास के छोटे-छोटे कण पुनः अपना पूर्व रूप धारण कर लेंगे और तब तत्त्व उसी रूप में रहेंगे, जब तक वे पुनः एक नया रूप धारण नहीं कर लेते।

अतएव हमने देखा कि कार्य कभी कारण से भिन्न नहीं होता। वह तो उसी कारण का स्थूलतर रूप में पुनः आविर्भाव मात्र है। उसके बाद हमने सीखा कि ये सब विशेष विशेष रूप, जिन्हें हम उर्द्भिद अथवा तिर्यग्जाति अथवा मानवजाति कहते हैं, अनंत काल से उठते-गिरते, घूमते-फिरते आ रहे हैं। बीज से वृक्ष होता है और वृक्ष पुनः बीज में चला जाता है—बस इसी प्रकार चल रहा है, इसका कहीं अंत नहीं है। जल की बूँदें पहाड़ पर गिरकर समुद्र में जाती हैं, फिर वाष्प होकर उठती है—पहाड़ पर पहुँचती है और नदी में लौट आती है। बस, इस प्रकार उठते-गिरते हुए युगचक्र चल रहा है। समस्त जीवन का यही नियम है—समस्त अस्तित्व, जो हम देखते, सोचते, सुनते और कल्पना करते हैं, जो कुछ हमारे ज्ञान की सीमा के भीतर है, वह सब इसी प्रकार चल रहा है, ठीक जैसे मनुष्य के शरीर में श्वास-प्रश्वास। अतएव समस्त सृष्टि इसी प्रकार चल रही है। एक तरंग उठती है, एक गिरती है, फिर उठकर पुनः गिरती है। प्रत्येक उठती हुई तरंग के साथ एक पतन है, प्रत्येक पतन के साथ एक उठती तरंग है। समस्त ब्रह्मांड एकरूप होने के कारण सर्वत्र एक ही नियम लागू होगा। अतएव हम देखते हैं कि समस्त ब्रह्मांड एक समय अपने कारण में लय होने को बाध्य है; सूर्य, चंद्र, ग्रह, तारे, पृथ्वी, मन, शरीर, जो कुछ इस ब्रह्मांड में है, 'सबका सब अपने सूक्ष्म कारण में लीन अथवा तिरोभूत हो जाएगा, आपाततः विनष्ट हो जाएगा। पर वास्तव में वे सब अपने कारण में सूक्ष्म रूप से रहेंगे। इन सूक्ष्म रूपों से वे पुनः बाहर निकलेंगे और पुनः पृथ्वी, चंद्र, सूर्य, यहाँ तक कि समस्य जगत् की सृष्टि होगी।

इस उत्थान और पतन के संबंध में और भी एक विषय जानने का है। वृक्ष से बीज होता है, किंतु वह उसी समय फिर वृक्ष नहीं हो जाता। उसको कुछ विश्राम अथवा अति सूक्ष्म अव्यक्त कार्य के समय की आवश्यकता होती है। बीज को कुछ दिन तक मिट्टी के नीचे रहकर कार्य करना पड़ता है। उसे अपने आपको

खंड-खंड कर देना होता है, मानो अपने को कुछ अवनत करना पड़ता है और इसी अवनति से उसकी फिर उन्नति होती है। इसी प्रकार इस समस्त ब्रह्मांड को भी कुछ समय तक, अदृश्य, अव्यक्त भाव से सूक्ष्म रूप से कार्य करना होता है, जिसे प्रलय अथवा सृष्टि के पूर्व की अवस्था कहते हैं, उसके बाद फिर से सृष्टि होती है। जगत्-प्रवाह के एक बार अभिव्यक्त होने को—अर्थात् उसकी सूक्ष्म रूप में परिणति, कुछ दिन तक उसी अवस्था में स्थिति और फिर से उसके आविर्भाव को एक कल्प कहते हैं। समस्त ब्रह्मांड इसी प्रकार कल्पों से चला आ रहा है। बृहत्तम ब्रह्मांड से लेकर उसके अंतर्गत प्रत्येक परमाणु तक सभी वस्तुएँ इसी प्रकार तरंगाकार में चलती रहती हैं।

अब एक अत्यंत महत्त्वपूर्ण प्रश्न उपस्थित होता है, विशेषत: वर्तमान काल के लिए हम देखते हैं कि सूक्ष्मतर रूप धीरे-धीरे व्यक्त हो रहे हैं, क्रमश: स्थूल से स्थूलतर होते जा रहे हैं। हम देख चुके हैं कि कारण और कार्य अभिन्न है—कार्य केवल कारण का रूपांतर मात्र है। अतएव यह समस्त ब्रह्मांड शून्य में से उत्पन्न नहीं हो सकता। बिना किसी कारण के वह नहीं आ सकता; इतना ही नहीं, कारण ही कार्य के भीतर सूक्ष्म रूप से वर्तमान है। तब यह ब्रह्मांड किस वस्तु से उत्पन्न हुआ है? पूर्ववर्ती सूक्ष्म रूप से। वृक्ष कहाँ से आया? बीज से। समूचा वृक्ष बीज में वर्तमान था—वह केवल व्यक्त हो गया है। अतएव यह जगत्—ब्रह्मांड अपनी ही सूक्ष्मावस्था से उत्पन्न हुआ है। अब वह व्यक्त मात्र हो गया है। वह फिर से अपने वृक्ष रूप में चला जाएगा, फिर से व्यक्त होगा। इस प्रकार हम देखते हैं कि सूक्ष्म रूप व्यक्त होकर स्थूल से स्थूलतर होता जाता है, जब तक कि वह स्थूलता की चरम सीमा तक नहीं पहुँच जाता; चरम सीमा पर पहुँचकर वह फिर उलटकर सूक्ष्म से सूक्ष्मतर होने लगता है। यह सूक्ष्म से आविर्भाव, क्रमश: स्थूल से स्थूलतर में परिणति मानो केवल उसके अंशों का अवस्था-परिवर्तन है। बस इसी को आजकल 'क्रमविकासवाद' कहते हैं। यह बिलकुल सत्य है—संपूर्ण रूप से सत्य है; हम अपने जीवन में यह देख रहे हैं। इन क्रमविकासवादियों के साथ किसी भी विचारशील व्यक्ति के विवाद की संभावना नहीं। पर हमें और भी एक बात जाननी पड़ेगी—वह यह कि प्रत्येक क्रमविकास के पूर्व एक क्रमसंकोच की प्रक्रिया वर्तमान रहती है।

बीज वृक्ष का जनक अवश्य है, परंतु एक ओर वृक्ष उस बीज का जनक है। बीज ही वह सूक्ष्म रूप है, जिसमें से बृहत् वृक्ष निकलता है, और एक दूसरा प्रकांड वृक्ष था, जो इस बीज में क्रमसंकुचित रूप में वर्तमान है। संपूर्ण वृक्ष इसी

बीज में विद्यमान है। शून्य में से कोई वृक्ष उत्पन्न नहीं हो सकता। हम देखते हैं कि वृक्ष बीज से उत्पन्न होता है और विशेष प्रकार के बीज से विशेष प्रकार का ही वृक्ष उत्पन्न होता है, दूसरा वृक्ष नहीं होता। इससे सिद्ध होता है कि उस वृक्ष का कारण यह बीज है—केवल यही बीज; और इस बीज में संपूर्ण वृक्ष रहता है। समूचा मनुष्य इस एक बीजाणु के भीतर है, और यह बीजाणु धीरे-धीरे अभिव्यक्त होकर मानवाकार में परिणत हो जाता है। सारा ब्रह्मांड सूक्ष्म ब्रह्मांड में रहता है। सभी कुछ अपने कारण में, अपने सूक्ष्म रूप में रहता है। अतएव क्रमविकासवाद—स्थूल से स्थूलतर रूप में क्रमाभिव्यक्ति—बिलकुल सत्य है। पर इसके साथ ही यह भी समझना होगा कि प्रत्येक क्रमविकास के पूर्व क्रमसंकोच की एक प्रक्रिया रहती है; अतएव जो क्षुद्र अणु बाद में महापुरुष हुआ, वह वास्तव में उसी की क्रमसंकुचित अवस्था है। वही बाद में महापुरुष रूप में क्रमविकसित हो जाता है। यदि यह सत्य हो, तो फिर क्रमविकासवादियों के साथ हमारा कोई विवाद नहीं, क्योंकि हम क्रमशः देखेंगे कि यदि वे लोग इस क्रमसंकोच की प्रक्रिया को स्वीकार कर लें, तो वे धर्म के नाशक न हो, उसके प्रबल सहायक हो जाएँगे।

अब तक हमने देखा कि शून्य से किसी भी वस्तु की उत्पत्ति नहीं हो सकती। सभी वस्तुएँ अनंत काल से हैं और अनंत काल तक रहेंगी। केवल तरंगों की भाँति वे एक बार उठती हैं, फिर गिरती हैं। एक बार सूक्ष्म, अव्यक्त रूप में जाना, फिर स्थूल, व्यक्त रूप में आना—सारी प्रकृति में यह क्रमसंकोच और क्रमविकास की क्रिया चल रही है। जीवन की निम्नतम अभिव्यक्ति से लेकर पूर्णतम मनुष्य में उसकी सर्वोच्च अभिव्यक्ति की श्रेणी किसी अन्य वस्तु का क्रमसंकोच अवश्य रही है। अब प्रश्न है—वह किसका क्रमसंकोच होगी? कौन सा पदार्थ क्रमसंकुचित हुआ था?—ईश्वर। क्रमविकासवादी लोग कहेंगे कि तुम्हारी ईश्वर-संबंधी धारणा भूल है। कारण, तुम लोग कहते हो कि ईश्वर बुद्धियुक्त है, पर हम तो प्रतिदिन देखते हैं कि बुद्धि बहुत बाद में आती है। मनुष्य अथवा उच्चतर जंतुओं में ही हम बुद्धि देखते हैं, पर इस बुद्धि का जन्म होने से पूर्व इस जगत् में लाखों वर्ष बीत चुके हैं। जो भी हो, तुम इन क्रमविकासवादियों की बातों से डरो मत, तुमने अभी जिस नियम की खोज की है, उसका प्रयोग करके देखो—क्या सिद्धांत निकलता है? तुमने देखा है कि बीज से ही वृक्ष का उद्भव है और बीज में ही उसकी परिणति। इसलिए आरंभ और अंत समान हुए।

पृथ्वी की उत्पत्ति उसके कारण से है और उस कारण में ही उसका विलय है। सभी वस्तुओं के संबंध में यही बात है—हम देखते हैं कि आदि और अंत दोनों

समान हैं। इस शृंखला का अंत कहाँ है? हम जानते हैं कि आरंभ जान लेने पर हम अंत भी जान सकते हैं। इसी प्रकार अंत जान लेने पर आदि भी जाना का सकता है। इस समस्त 'क्रमविकासशील' जीवनप्रवाह की शृंखला को, जिसका एक छोर जीविसार है और दूसरा पूर्ण-मानव, एक ही वस्तु के रूप में लो। यह संपूर्ण श्रेणी एक ही जीवन है। इस श्रेणी के अंत में हम पूर्ण-मानव को देखते हैं, अतएव आदि में भी वह होगा ही—यह निश्चित है। अतएव यह जीविसार अवश्य उच्चतम बुद्धि की क्रमसंकुचित अवस्था है। तुम इसको स्पष्ट रूप से भले ही न देख सको, पर वास्तव में वह क्रमसंकुचित बुद्धि ही अपने को व्यक्त कर रही है और इसी प्रकार अपने को व्यक्त करती रहेगी, जब तक वह पूर्णतम मानव के रूप में व्यक्त नहीं हो जाएगी। यह तत्त्व गणित के द्वारा निश्रित रूप से प्रमाणित किया जा सकता है।

यदि ऊर्जासंधारणवाद (law of conservation of energy) सत्य हो, तो यह अवश्य मानना पड़ेगा कि यदि तुम किसी मशीन में पहले कुछ न डालो, तो उससे तुम कोई शक्ति प्राप्त न कर सकोगे। इंजन में पानी और कोयले के रूप में जितनी शक्ति डालोगे, ठीक उसी परिमाण में तुम्हें उसमें से शक्ति मिल सकती है, उससे थोड़ी सी भी कम या अधिक नहीं। मैंने अपनी देह में वायु, खाद्य और अन्यान्य पदार्थों के रूप में जितनी शक्ति का प्रयोग किया है, बस उतने ही परिमाण में मैं कार्य करने में समर्थ होऊँगा। ये शक्तियाँ अपना रूप मात्र बदल लेती हैं। इस विश्व-ब्रह्मांड में हम जड़ तत्त्व का एक परमाणु या शक्ति का एक क्षुद्र अंश भी घटा-बढ़ा नहीं सकते। यदि ऐसा हो, तो फिर यह बुद्धि है क्या चीज? यदि वह जीविसार में वर्तमान न हो, तो यह मानना पड़ेगा कि उसकी उत्पत्ति अवश्य आकस्मिक है—तब तो, साथ ही हमें यह भी स्वीकार करना होगा कि असत् (कुछ नहीं) से सत् (कुछ) की उत्पत्ति होती है। पर यह बिलकुल असंभव है। अतएव यह बात निस्संदिग्ध-रूप से प्रमाणित होती है कि जैसा हम अन्यान्य विषयों में देखते हैं—जहाँ से आरंभ होता है, अंत भी वहीं होता है; पर हाँ, कभी वह अव्यक्त रहता है और कभी व्यक्त। बस, इसी प्रकार वह पूर्ण-मानव, मुक्त-पुरुष, देव-मानव जो प्रकृति के नियमों से बाहर चला गया है, जो सब के अतीत हो गया है, जिसे इस जन्म-मृत्यु के चक्र में पुनः नहीं घूमना पड़ता, जिसे ईसाई ईसा-मानव, बौद्ध बुद्ध-मानव और योगी मुक्त-पुरुष कहते हैं—इस शृंखला का एक छोर है और वही क्रमसंकुचित होकर उसके दूसरे छोर में जीविसार के रूप में वर्तमान है।

इस सिद्धांत को समग्र जगत् पर लागू करने से हम देखते हैं कि बुद्धि ही सृष्टि की प्रभु है, जगत् के विषय में मानव की चरम धारणा क्या हो सकती है? वह है बुद्धि, बुद्धि की अभिव्यक्ति जगत् के एक भाग का दूसरे भाग से समायोजन। प्राचीन सृष्टि-रचनावाद (design theory) इसी की अभिव्यक्ति का एक प्रयास है। हम जड़वादियों के साथ यह मानने को तैयार हैं कि बुद्धि ही जगत् की अंतिम वस्तु है—सृष्टिक्रम में यही अंतिम विकास है, पर साथ ही हम यह भी कह सकते हैं कि यदि यह अंतिम विकास हो, तो आरंभ में भी यही वर्तमान थी। जड़वादी कह सकते हैं, 'अच्छा, ठीक है, पर मनुष्य के जन्म के पहले तो लाखों वर्ष व्यतीत हो चुके हैं, उस समय तो बुद्धि का कोई अस्तित्व न था।' इस पर हमारा उत्तर है—हाँ, व्यक्त रूप में बुद्धि नहीं थी, लेकिन अव्यक्त रूप में यह अवश्य विद्यमान थी, और यह तो एक मानी हुई बात है कि पूर्ण-मानव रूप में प्रकाशित बुद्धि ही सृष्टि का अंत है। तो फिर आदि क्या होगा? आदि भी बुद्धि ही होगी। पहले वह बुद्धि क्रमसंकुचित होती है, अंत में वही फिर क्रमविकसित होती है। अतएव इस जगत्-ब्रह्मांड में जो बुद्धि अब अभिव्यक्त हो रही है, उसकी समष्टि अवश्य उस क्रमसंकुचित, सर्वव्यापी बुद्धि की ही अभिव्यक्ति है। इसी सर्वव्यापी, विश्वजनीन बुद्धि का नाम है ईश्वर। उसको फिर किसी भी नाम से क्यों न पुकारो, इतना तो निश्चित है कि आदि में वही अनंत विश्वव्यापी बुद्धि थी। वह विश्वजनीन बुद्धि क्रमसंकुचित हुई थी, और वही अपने को क्रमशः अभिव्यत कर रही है, जब तक कि वह पूर्ण-मानव या ईसा-मानव या बुद्ध-मानव में परिणत नहीं हो जाती। तब वह फिर से अपने उत्पत्ति-स्थान में लौट जाएगी। इसीलिए सभी शास्त्र कहते हैं, ''हम उनमें जीवित हैं, उनमें ही रहकर चलते हैं, उन्हीं में हमारी सत्ता है।'' इसीलिए सभी शास्त्र घोषणा करते हैं, ''हम ईश्वर से आए हैं, फिर उन्हीं में लौट जाएँगे।'' विभिन्न धार्मिक परिभाषाओं से मत डरो, यदि परिभाषा से ही डरने लगे, तो फिर तुम दार्शनिक न बन सकोगे। ब्रह्मवादी इस विश्वव्यापी बुद्धि को ही ईश्वर कहते हैं।

मुझसे अनेक बार पूछा गया है, ''आप क्यों इस पुराने 'ईश्वर' (God) शब्द का व्यवहार करते हैं?'' तो इसका उत्तर यह है कि पूर्वोक्त विश्वव्यापी बुद्धि को समझाने के लिए यही सर्वोत्तम है। इससे अच्छा और कोई शब्द नहीं मिल सकता, क्योंकि मनुष्य की सारी आशाएँ और सुख इसी एक शब्द में केंद्रित है। अब इस शब्द को बदलना असंभव है। इस प्रकार के शब्द पहले-पहल बड़े-बड़े साधु-महात्माओं द्वारा गढ़े गए थे और वे इन शब्दों का तात्पर्य अच्छी तरह समझते थे।

धीरे-धीरे जब समाज में उन शब्दों का प्रचार होने लगा, तब अज्ञ लोग भी उन शब्दों का व्यवहार करने लगे। इसका परिणाम यह हुआ कि शब्दों की महिमा घटने लगी। स्मरणातीत काल से 'ईश्वर' शब्द का व्यवहार होता आया है। सर्वव्यापी बुद्धि का भाव तथा जो कुछ महान् और पवित्र है, सब इसी शब्द में निहित है। यदि कोई मूर्ख इस शब्द का व्यवहार करने में आपत्ति करता हो, तो क्या इसलिए हमें इस शब्द को त्याग देना होगा? एक दूसरा व्यक्ति भी आकर कह सकता है—'मेरे इस शब्द को लो।' फिर तीसरा भी अपना एक शब्द लेकर आएगा। यदि यही क्रम चलता रहा, तो ऐसे व्यर्थ शब्दों का कोई अंत न होगा। इसलिए मैं कहता हूँ कि उस पुराने शब्द का ही व्यवहार करो; मन से अंधविश्वासों को दूर कर, इस महान् प्राचीन शब्द के अर्थ को ठीक तरह से समझकर, उसका और भी उत्तम रूप से व्यवहार करो। यदि तुम लोग समझते हो कि भाव-साहचर्य-विधान (law of association of ideas) किसे कहते हैं, तो तुमको पता चलेगा कि इस शब्द के साथ कितने ही महान् ओजस्वी भावों का संयोग है, लाखों मनुष्यों ने इस शब्द का व्यवहार किया है, करोड़ों आदमियों ने इस शब्द की पूजा की है और जो कुछ सर्वोच्च एवं सुंदरतम है, जो कुछ युक्तियुत, प्रेमास्पद और मानवी भावों में महान् एवं सुंदर है, वह समस्त इस शब्द से संबंधित है। अतएव यह इन सब साहचर्य-भावों का संकेत देनेवाला कारण है, इसलिए इसका त्याग नहीं किया जा सकता। जो भी हो, यदि मैं तुम लोगों को केवल यह कहकर समझाने की चेष्टा करता कि ईश्वर ने जगत् की सृष्टि की है, तो तुम लोगों के निकट उसका कोई अर्थ न होता। फिर भी इस सब विचार आदि के बाद हम उस प्राचीन पुरुष के ही पास पहुँचे।

अतः हम देखते हैं कि जड़, शक्ति, मन, बुद्धि या अन्य दूसरे नामों से परिचित विभिन्न जागतिक शक्तियाँ उस विश्वव्यापी बुद्धि की ही अभिव्यक्ति हैं, जो कुछ तुम देखते हो, सुनते हो या अनुभव करते हो, सब उसी की सृष्टि है—ठीक कहें, तो उसी का प्रक्षेप है; और भी ठीक कहें, तो सबकुछ स्वयं प्रभु ही है। सूर्य और ताराओं के रूप में वही उज्ज्वल भाव से विराज रहा है, वही धरतीमाता है, वही समुद्र है। वही बादलों के रूप में बरसता है, वही मृदु पवन है, जिससे हम साँस लेते हैं, वही शक्ति बनकर हमारे शरीर में कार्य कर रहा है। वही भाषण है, भाषणदाता है, फिर सुननेवाला भी वही है। वही यह मंच है, जिस पर मैं खड़ा हूँ, वही यह आलोक है, जिससे मैं तुम्हें देख पा रहा हूँ; यह समस्त वही है। वह जगत् का उपादान और निमित्त कारण है, क्रमसंकुचित होकर वही अणु का रूप धारण करता है, फिर वही क्रमविकसित होकर पुनः ईश्वर बन जाता

है। वही धीरे-धीरे अवनत होकर क्षुद्रतम परमाणु हो जाता है, फिर वही धीरे-धीरे अपना स्वरूप प्रकाशित करता हुआ अंत में पुनः अपने साथ युक्त हो जाता है, बस यही जगत् का रहस्य है। ''तुम्हीं पुरुष हो, तुम्हीं स्त्री हो, यौवन के गर्व से भरे हुए भ्रमणशील नवयुवक भी तुम्हीं हो, फिर तुम्हीं बुढ़ापे में लाठी के सहारे लड़खड़ाते हुए मनुष्य हो, तुम्ही समस्त वस्तुओं में हो। हे प्रभो! तुम्हीं सबकुछ हो।'' जगत्-प्रपंच की केवल इसी व्याख्या से मानव-युक्ति—मानव-बुद्धि परितृप्त होती है। सारांश यह कि हम उसी से जन्म लेते हैं, उसी में जीवित रहते हैं और उसी में लौट जाते हैं।

❑

विश्व–सूक्ष्म ब्रह्मांड

(26 जनवरी, 1896 को न्यूयॉर्क में दिया हुआ व्याख्यान)

स्वभाव से ही मनुष्य का मन बाहर की ओर प्रवृत्त होता है, मानो वह इंद्रियों के द्वारा शरीर के बाहर झाँकना चाहता हो। आँखें अवश्य देखेंगी, कान अवश्य सुनेंगे, इंद्रियाँ अवश्य बाहरी जगत् को प्रत्यक्ष करेंगी। इसीलिए स्वभावत: प्रकृति का सौंदर्य और महिमा मनुष्य की दृष्टि को एकदम आकृष्ट करती है। मनुष्य ने पहले-पहल बहिर्जगत् के बारे में प्रश्न उठाया था—आकाश, नक्षत्रपुंज, नभोमंडल के अन्यान्य पदार्थसमूह, पृथ्वी, नदी, पर्वत, समुद्र आदि वस्तुओं के विषय में प्रश्न किए गए थे। प्रत्येक प्राचीन धर्म में हमें कुछ-न-कुछ ऐसा परिचय मिलता ही है कि पहले-पहल मानव-मन अंधकार में टटोलता हुआ बाह्य जगत् में जो कुछ देख पाता था, उसी को पकड़ने की चेष्टा करता था। इसी तरह उसने नदी का एक अधिलाता देवता, आकाश का अन्य अधिलाता देवता, मेघ तथा वर्षा का दूसरा अधिष्ठाता देवता मान लिया। जिनको हम प्रकृति की शक्ति के नाम से जानते हैं, वे ही सचेतन पदार्थ में परिणत हो गईं। किंतु इस प्रश्न की जितनी अधिक गहराई से खोज होने लगी, इन बाह्य देवताओं से मानव के मन को उतनी ही अतृप्ति होने लगी। तब मानव की सारी शक्ति उसके अपने अंदर प्रवाहित होने लगी—उसकी अपनी आत्मा के संबंध में प्रश्न होने लगे। बहिर्जगत् से यह प्रश्न अंतर्जगत् में आ पहुँचा। बहिर्जगत् का विश्लेषण हो जाने पर मनुष्य ने अंतर्जगत् का विश्लेषण करना शुरू किया। यह अंत:स्थ मनुष्य के संबंध में प्रश्न उच्चतर सभ्यता से आता है, प्रकृति के विषय में गंभीर अंतर्दृष्टि से आता है, विकास के उच्चतम सोपान पर आरूढ़ होने से आता है।

यह अंतर्मानव ही आज हमारी आलोचना का विषय है। अंतर्मानव-संबंधी यह प्रश्न मनुष्य को जितना प्रिय है तथा उसके हृदय के जितना निकट है, उतना

और कुछ नहीं। कितनी बार, कितने देशों में यह प्रश्न पूछा गया है। संन्यासी या सम्राट्, अमीर या गरीब, साधु या पापी—सभी नर-नारियों के मन में यह प्रश्न एक बार अवश्य उठा है कि इस क्षणभंगुर मानव-जीवन में क्या कुछ भी शाश्वत नहीं है? इस शरीर का अंत होने पर क्या ऐसा कुछ नहीं है, जो नहीं मरता? जब यह देह धूल में मिल जाती है, तब क्या ऐसा कुछ नहीं रहता। जीवित रहता हो? अग्नि से शरीर भस्मसात् हो जाने पर क्या कुछ भी शेष नहीं रहता? यदि रहता है, तो उसकी नियति क्या है? वह जाता कहाँ है? कहाँ से वह आया था? ये प्रश्न बार-बार पूछे गए हैं और जब तक यह सृष्टि रहेगी, जब तक मानव-मस्तिष्क की चिंतन-क्रिया बंद नहीं होगी, तब तक यह प्रश्न पूछा ही जाएगा। इससे तुम लोग यह न समझो कि इसका उत्तर कभी मिला ही नहीं, जब कभी यह प्रश्न पूछा गया, तभी इसका उत्तर मिला है, और जैसे-जैसे समय बीतता जाएगा, वैसे-वैसे इसका उत्तर अधिकाधिक बल संग्रह करता जाएगा। वास्तव में तो हजारों वर्ष पहले ही इस प्रश्न का निश्चित उत्तर दे दिया गया था। और तब से अब तक वही उत्तर दुहराया जा रहा है, उसी को विशद और स्पष्ट करके हमारी बुद्धि के समक्ष उज्ज्वलतर रूप से रखा भर जा रहा है। अतएव हमें उस उत्तर को फिर से एक बार दुहरा भर देना है। हम इन सर्वग्रासी समस्याओं पर एक नया आलोक डालने का दंभ नहीं भरते। हम तो चाहते हैं कि वर्तमान युग की भाषा में हम उस सनातन, महान् सत्य को प्रकाशित करें, प्राचीन लोगों के विचार हम आधुनिकों की भाषा में व्यक्त करें, दार्शनिकों के विचार लौकिक भाषा में प्रकट करें, देवताओं के विचार मनुष्यों की भाषा में कहें, ईश्वर के विचार मानव की दुर्बल भाषा में अभिव्यक्त करें, ताकि लोग उन्हें समझ सकें। क्योंकि हम बाद में देखेंगे कि जिस ईश्वरीय सत्ता से ये सब भाव निकले हैं, वह मनुष्य में भी वर्तमान है—जिस सत्ता ने इन विचारों की सृष्टि की है, वही मनुष्य में प्रकाशित होकर स्वयं इन्हें समझेगी।

मैं तुम लोगों को देख रहा हूँ। इस दर्शन-क्रिया के लिए किन-किन बातों की आवश्यकता होती है? पहले तो आँखें—आँखें रहनी ही चाहिए। मेरी अन्यान्य इंद्रियाँ भले ही अच्छी रहें, पर यदि मेरी आँखें न हों, तो मैं तुम लोगों हो न देख सकूँगा। अतएव पहले मेरी आँखें अवश्य रहनी चाहिए। दूसरे, आँखों के पीछे और कुछ रहने की आवश्यकता है, और वही असल में दर्शनेंद्रिय है। यह यदि हममें न हो, तो दर्शन-क्रिया असंभव है। वस्तुतः आँखें इंद्रिय नहीं हैं, वे तो दृष्टि की यंत्र मात्र हैं। यथार्थ इंद्रिय चक्षु के पीछे है—वह मस्तिष्क में अवस्थित नाड़ीकेंद्र है। यदि यह केंद्र किसी प्रकार नष्ट हो जाए तो स्वच्छ चक्षुद्वय रहते हुए भी मनुष्य कुछ

देख न सकेगा। अतएव दर्शन–क्रिया के लिए इस असली इंद्रिय का अस्तित्व नितांत आवश्यक है। हमारी अन्यान्य इंद्रियों के बारे में भी ठीक ऐसा ही है। बाहर के कान ध्वनि–कंम को भीतर ले जाने के यंत्र मात्र हैं, उसको मस्तिष्क में स्थित केंद्र में पहुँचना चाहिए। पर इतने से ही श्रवण–क्रिया पूर्ण नहीं हो जाती। कभी–कभी ऐसा होता है कि पुस्तकालय में बैठकर तुम ध्यान से कोई पुस्तक पढ़ रहे हो, घड़ी में बारह बजता है, पर तुम्हें वह ध्वनि सुनाई नहीं देती। क्यों? वहाँ ध्वनि तो है, वायु–स्पंदन है, कान केंद्र भी वहाँ है और कान के माध्यम से केंद्र तक स्पंदन पहुँच भी गए हैं, पर तो भी तुम नहीं सुन पाते। किस चीज की कमी थी? इस इंद्रिय के साथ मन का योग नहीं था। अतएव हम देखते हैं कि मन का रहना भी नितांत आवश्यक है। पहले चाहिए बहिर्यंत्र, यह बहिर्यंत्र मानो विषय को वहन कर इंद्रिय के निकट ले जाता है; फिर उस इंद्रिय के साथ मन को युक्त रहना चाहिए। जब मस्तिष्क में अवस्थित इंद्रिय से मन का योग नहीं रहता, तब कर्ण–यंत्र और मस्तिष्क के केंद्र पर भले ही कोई विषय आकर टकराए, पर हमें उसका अनुभव न होगा। मन भी केवल वाहक है, वह इस विषय की संवेदना को और भी आगे ले जाकर बुद्धि को ग्रहण कराता है। बुद्धि उसके संबंध में निश्चय करती है, पर इतने से ही नहीं हुआ। बुद्धि को उसे फिर और भी भीतर ले जाकर शरीर के राजा आत्मा के पास पहुँचाना पड़ता है। उसके पास पहुँचने पर आत्मा आदेश देती है, 'हाँ, यह करो' या 'मत करो'। तब जिस क्रम से वह विषय–संवेदना केंद्र में गई थी, ठीक उसी क्रम से वह बहिर्यंत्र में आती है—पहले बुद्धि में, उसके बाद मन में, फिर मस्तिष्क–केंद्र में और अंत में बहिर्यंत्र में; तभी विषय–ज्ञान की क्रिया पूरी होती है।

ये सब यंत्र मनुष्य की स्थूल देह में अवस्थित है, पर मन और बुद्धि नहीं। मन और बुद्धि तो उसमें हैं, जिसे हिंदू–शास्त्र सूक्ष्म शरीर कहते हैं और ईसाई–शास्त्र आध्यात्मिक शरीर। वह इस स्थूल शरीर से अवश्य बहुत ही सूक्ष्म है, परंतु फिर भी वह आत्मा नहीं है। आत्मा इन सब के अतीत है। कुछ ही दिनों में स्थूल शरीर का अंत हो जाता है—किसी मामूली कारण से ही उसमें क्षोभ पैदा हो जाता है और वह नष्ट हो जा सकता है। पर सूक्ष्म शरीर इतनी आसानी से नष्ट नहीं होता, फिर भी वह कभी सबल और कभी दुर्बल होता रहता है। हम देखते हैं कि बूढ़े लोगों के मन में उतना जोर नहीं रहता। फिर शरीर में बल रहने से मन भी सबल रहता है; विविध ओषधियाँ मन पर अपना प्रभाव डालती हैं। बाहर की वस्तुएँ उस पर अपना प्रभाव डालती हैं, और वह भी बाह्य जगत् पर अपना प्रभाव डालता है। जैसे शरीर में उन्नति और अवनति होती है, वैसे ही मन भी कभी सबल और कभी निर्बल हो

जाता है; अतः मन आत्मा नहीं है; क्योंकि आत्मा कभी जीर्ण या क्षयग्रस्त नहीं होती। यह हम कैसे जान सकते हैं? हम कैसे जान सकते हैं कि मन के पीछे और भी कुछ है? चूँकि ज्ञान स्वप्रकाश और बुद्धि का आधार है, अतः वह कभी जड़ का धर्म नहीं हो सकता। ऐसी कोई जड़ वस्तु दिखाई नहीं देती, जिसमें स्वरूपतः ज्ञान है। जड़ भूत स्वयं ही अपने को कभी प्रकाशित नहीं कर सकता। बुद्धि ही समस्त जड़ को प्रकाशित करती है। यह जो सामने हाल देख रहे हो, बुद्धि को ही इसका मूल कहना पड़ेगा, क्योंकि बिना किसी बुद्धि के सहारे हम उसका अस्तित्व अनुभव नहीं कर सकते थे। यह शरीर स्वप्रकाश नहीं है—यदि वैसा होता, तो फिर मृत-शरीर भी स्वप्रकाश होता। मन अथवा आध्यात्मिक शरीर भी स्वप्रकाश नहीं हो सकता। वे ज्ञानस्वरूप नहीं हैं। जो स्वप्रकाश है, उसका कभी क्षय नहीं होता। जो दूसरे के आलोक से आलोकित है, उसका आलोक कभी रहता है और कभी नहीं। पर जो स्वयं आलोकस्वरूप है, उसके आलोक का आविर्भाव-तिरोभाव, ह्रास या वृद्धि कैसी? हम देखते हैं कि चंद्रमा का क्षय होता है, फिर उसकी कला बढ़ती जाती है—क्योंकि वह सूर्य के आलोक से आलोकित है। यदि लोहे का गोला आग में डाल दिया जाए और लाल होने तक गरम किया जाए, तो उससे आलोक निकलता रहेगा; पर वह दूसरे का आलोक है, इसलिए वह शीघ्र ही लुप्त हो जाएगा। अतएव उसी आलोक का क्षय होता है, जो स्वप्रकाश न हो, जो दूसरे से उधार लिया हुआ हो।

अब हमने देखा कि यह स्थूल देह स्वप्रकाश नहीं है, वह स्वयं अपने को नहीं जान सकती। मन भी स्वयं को नहीं जान सकता। क्यों? इसलिए कि मन ही शक्ति में ह्रास-वृद्धि होती रहती है—कभी वह सबल रहता है, तो कभी वह दुर्बल हो जाता है। कारण, सभी प्रकार की बाह्य वस्तुएँ उस पर अपना-अपना प्रभाव डालकर उसे शक्तिशाली भी बना सकती हैं और शक्तिहीन भी। अतएव मन के माध्यम से जो आलोक आ रहा है, वह उसका निजी आलोक नहीं है। तब पह किसका है? वह अवश्य ऐसा आलोक है, जो किसी दूसरे से उधार नहीं लिया जा सकता, जो किसी दूसरे आलोक का प्रतिबिंब भी नहीं है, पर जो स्वयं आलोकस्वरूप है। अतएव वह आलोक या ज्ञान, उस पुरुष का स्वरूप होने के कारण, कभी नष्ट या क्षीण नहीं होता—वह न तो बलवान हो सकता है, न कमजोर। वह स्वप्रकाश है—वह आलोकस्वरूप है। यह बात नहीं कि 'आत्मा को ज्ञान होता है', वरन् वह तो ज्ञानस्वरूप है। यह नहीं कि आत्मा का अस्तित्व है, वरन् वह स्वयं अस्तित्वस्वरूप है। आत्मा सुखी है ऐसी बात नहीं, आत्मा तो सुखस्वरूप है। जो सुखी होता है, वह

उस सुख को किसी दूसरे से प्राप्त करता है—वह अन्य किसी का प्रतिबिंब है। जिसको ज्ञान है, उसने अवश्य उस ज्ञान को किसी दूसरे से प्राप्त किया है, वह ज्ञान प्रतिबिंबस्वरूप है। जिसका अस्तित्व सापेक्ष है, उसका वह अस्तित्व दूसरे किसी के अस्तित्व पर निर्भर करता है। जहाँ कहीं गुण हो, वहाँ समझना चाहिए कि वे गुण गुणी में प्रतिबिंबित हुए हैं। पर ज्ञान, अस्तित्व या आनंद—ये आत्मा के गुण या धर्म नहीं हैं, वे तो आत्मा के स्वरूप हैं।

फिर यह प्रश्न पूछा जा सकता है कि हम इस बात को क्यों स्वीकार कर लें? हम यह क्यों स्वीकार कर लें कि आनंद, अस्तित्व और स्वप्रकाशत्व आत्मा के स्वरूप हैं, आत्मा के उधार लिये गुण नहीं? किंतु प्रश्न पूछा जा सकता है—यह क्यों नहीं मान लेते कि आत्मा का प्रकाश, उसका ज्ञान और आनंद भी उसी तरह दूसरे से लिये हुए हैं, जैसे शरीर का प्रकाशत्व मन से ही लिया हुआ है। इस तरह मान लेने से दोष यह होगा कि ऐसी स्वीकृति का फिर कहीं अंत न होगा—पुनः प्रश्न उठेगा कि इस आत्मा को फिर कहाँ से आलोक मिला? यदि कहो कि दूसरी किसी आत्मा से मिला, तो फिर इस दूसरी आत्मा ने भी वह आलोक कहाँ से प्राप्त किया? अतएव अंत में हमें ऐसे एक स्थान पर रुकना होगा, जिसका आलोक दूसरे से नहीं आया है। इसलिए इस विषय में न्यायसंगत सिद्धांत यही है कि जहाँ पहले ही स्वप्रकाशत्व दिखाई दे, बस वहीं रुक जाना, और अधिक आगे न बढ़ना।

अतएव हमने देखा कि पहले मनुष्य की यह स्थूल देह है, उसके पीछे मन, बुद्धि, अहंकार से निर्मित सूक्ष्म शरीर है और उसके भी पश्चात् मनुष्य का प्रकृत स्वरूप-आत्मा—विद्यमान है। हमने देखा कि स्थूल देह की सारी शक्तियाँ मन से प्राप्त होती हैं और मन या सूक्ष्म शरीर आत्मा के आलोक से आलोकित है। अब आत्मा के स्वरूप के बारे में विविध प्रश्न उठते हैं। आत्मा स्वप्रकाश है, सच्चिदानंद ही आत्मा का स्वरूप है, इस युक्ति से यदि आत्मा का अस्तित्व मान लिया जाए, तो स्वभावत: ही यह प्रमाणित होता है कि उसकी सृष्टि नहीं होती। जो स्वप्रकाश है, जो अन्य-वस्तु-निरपेक्ष है, वह कभी किसी का कार्य नहीं हो सकता। अतएव सर्वदा ही उसका अस्तित्व था। ऐसा समय कभी न था, जब उसका अस्तित्व न था; क्योंकि यदि तुम कहो कि एक समय आत्मा का अस्तित्व नहीं था, तो प्रश्न यह है कि उस समय फिर काल कहाँ अवस्थित था? काल तो आत्मा में ही अवस्थित है।

जब मन में आत्मा की शक्ति प्रतिबिंबित होती है और मन चिंतनकार्य में लग जाता है, तभी काल की उत्पत्ति होती है। जब आत्मा नहीं थी, तो विचार भी नहीं था, और विचार न रहने से काल भी नहीं रह सकता। अतएव जब काल आत्मा में

अवस्थित है, तब भला हम कैसे कह सकते हैं कि आत्मा काल में अवस्थित है? उसका न तो जन्म है, न मृत्यु, वह केवल विभिन्न स्तरों में से होती हुई आगे बढ़ रही है—धीरे-धीरे अपने को निम्नावस्था से उच्च-उच्च भावो में प्रकाशित कर रही है। मन के माध्यम से शरीर पर कार्य करके वह अपनी महिमा का विकास कर रही है, और शरीर से बहिर्जगत् का ग्रहण तथा अनुभव कर रही है। वह एक शरीर ग्रहण कर उसका उपयोग करती है; और जब उस शरीर के द्वारा और कोई कार्य होने की संभावना नहीं रहती, तब वह दूसरा शरीर ग्रहण कर लेती है; और इसी प्रकार क्रम आगे चलता रहता है।

अब आत्मा के पुनर्जन्म का रोचक प्रश्न आता है। पुनर्जन्म के नाम से लोग कभी-कभी डर जाते हैं और अंधविश्वास ने उनमें इस तरह अपनी जड़ें जमा रखी हैं कि विचारशील व्यक्ति भी विश्वास कर लेते हैं कि वे शून्य से पैदा हुए हैं, और फिर महायुक्ति के साथ यह सिद्धांत स्थापित करने का प्रयत्न करते हैं कि यद्यपि हम शून्य से आए हैं, फिर भी हम चिरकाल तक रहेंगे। जो शून्य से आया है, वह अवश्य शून्य में ही मिल जाएगा। हममें से कोई भी शून्य से नहीं आया, इसलिए हम शून्य में नहीं मिल जाएँगे। हम अनंत काल से विद्यमान हैं और रहेंगे तथा विश्वब्रह्मांड में ऐसी कोई शक्ति नहीं है, जो हम लोगों का अस्तित्व मिटा सके। इस पुनर्जन्मवाद से हमें किसी तरह डरना नहीं चाहिए, क्योंकि वही तो मानव की नैतिक उन्नति का प्रधान सहायक है। चिंतनशील व्यक्तियों का यही न्यायसंगत सिद्धांत है: यदि भविष्य में चिरकाल के लिए तुम्हारा अस्तित्व रहना संभव हो, तो यह भी सच है कि अनादि काल से तुम्हारा अस्तित्व था; इसके अतिरिक्त और कुछ हो ही नहीं सकता। इस मत के विरुद्ध कई आपत्तियाँ उठाई गई हैं, मैं उनका निराकरण करने की चेष्टा करूँगा। यद्यपि तुममें से अनेक इन आपत्तियों को साधारण सी समझेंगे, फिर भी हमें इनका उत्तर देना होगा, क्योंकि हम देखते हैं कि बड़े-बड़े चिंतनशील व्यक्ति भी कभी-कभी बिलकुल बच्चों की सी बातें किया करते हैं।

लोग जो कहते हैं कि 'इतना असंगत कोई मत नहीं, जिसके समर्थन के लिए कोई दार्शनिक न मिले', यह बिलकुल सच है। पहली शंका यह है कि हमें अपने जन्म-जन्मांतर की बातें क्यों याद नहीं रहतीं? इस पर यह पूछा जा सकता है कि क्या इसी जन्म की सब बीती घटनाओं को हम याद रख सकते हैं। तुममें से कितनों को बचपन की घटनाएँ स्मरण हैं? किसी को नहीं। अतएव यदि अस्तित्व स्मृतिशक्ति पर निर्भर रहता हो, तब तो कहना पड़ेगा कि शिशुरूप में तुम्हारा अस्तित्व ही नहीं था, क्योंकि उस समय की कोई बात तुमको याद नहीं है। अतः यह कहना निरी

मूर्खता है कि हम अपने पूर्वजन्म का अस्तित्व तभी स्वीकार करेंगे, जब हम उसे स्मरण कर सकें। पूर्वजन्म की बातें भला क्यों हमारी स्मृति में रहें? उस समय का मस्तिष्क अब नहीं है—वह बिलकुल नष्ट हो गया है और एक नए मस्तिष्क की रचना हुई है। अतीत काल के संस्कारों का जो समष्टिभूत फल है, वही हमारे मस्तिष्क में आया है—उसी को लेकर मन हमारे इस नए शरीर में अवस्थित है।

मैं अभी जो कुछ हूँ, वह मेरे अनंत अतीत काल के कर्मों का फल है और भला मैं उस सारे अतीत का स्मरण क्यों करूँ? जब हम सुनते हैं कि प्राचीन काल के किसी साधु, पैगंबर या ऋषि ने सत्य को प्रत्यक्ष करके कुछ कहा है, तो हम कह देते हैं कि वह मूर्ख है; परंतु यदि कोई कहे कि यह हक्स्ले का मत है या यह टिंडाल ने बताया है, तो वह अवश्य ही सत्य होना चाहिए, और उसे हम स्वयंसिद्ध मान लेते हैं। प्राचीन अंधविश्वासों की जगह हम आधुनिक अंधविश्वास ले आए हैं, धर्म के प्राचीन पोपों के बदले हमने विज्ञान के आधुनिक पोपों को बिठा दिया है। अतएव हमने देखा कि स्मृतिसंबंधी यह शंका खोखली है। और पुनर्जन्म के बारे में जो सब आपत्तियाँ उठाई जाती हैं, उनमें यही एकमात्र ऐसी है, जिस पर विज्ञ लोग चर्चा कर सकते हैं। यद्यपि हमने देखा कि पुनर्जन्मवाद सिद्ध करने के लिए यह प्रमाणित करने की कोई आवश्यकता नहीं कि साथ ही स्मृति भी रहनी चाहिए, फिर भी हम दावे के साथ कह सकते हैं कि अनेक दृष्टांत ऐसे हैं, जिनमें ऐसी स्मृति प्राप्त हुई है और जिस जन्म में तुम लोगों को मुक्तिलाभ होगा, उस जन्म में तुम लोग भी ऐसी स्मृति के अधिकारी बन जाओगे। तभी तुमको मालूम होगा कि जगत् स्वप्न सा है, तभी तुम हृदय के अंतस्तल से अनुभव करोगे कि तुम इस जगत् में नट मात्र हो और यह जगत् एक रंगभूमि है, तभी प्रचंड अनासक्ति का भाव तुम्हारे भीतर उदित होगा, तभी सारी भोग-वासनाएँ—जीवन के प्रति यह प्रगाढ़ ममता—यह संसार—चिरकाल के लिए लुप्त हो जाएगा। तब तुम स्पष्ट देख पाओगे कि जगत् में तुम कितनी बार आए, कितने लाखों बार तुमने माता, पिता, पुत्र, कन्या, पति, पत्नी, बंधु, ऐश्वर्य, शक्ति आदि लेकर जीवन बिताया। यह सब कितनी बार आया और कितनी बार गया। कितनी बार तुम संसार-तरंग के सर्वोच्च शिखर पर चढ़े और कितनी बार नैराश्य के अतल गर्त में समा गए। जब स्मृति यह सब तुम्हारे मन में ला देगी, तभी तुम वीर से खड़े हो सकोगे और संसार के कटाक्षों को हँसकर उड़ा दे सकोगे। तभी वीर की भाँति खड़े होकर तुम कह सकोगे, ''मृत्यु, तुझसे भी मैं नहीं डरता, क्यों तू व्यर्थ मुझे डराने की चेष्टा कर रही है?'' और कालांतर में सभी इस मृत्युंजय अवस्था की प्राप्ति करेंगे।

आत्मा के पुनर्जन्म के संबंध में क्या कोई युक्तियुक्त प्रमाण है? अब तक हम शंका का समाधान कर रहे थे, दिखा रहे थे कि पुनर्जन्मवाद के विरोध में जो दलीलें दी जाती हैं, वे खोखली हैं। अब पुनर्जन्मवाद के पक्ष में जो युक्तियाँ हैं, उनकी हम आलोचना करेंगे। पुनर्जन्मवाद के बिना ज्ञान असंभव है। मान लो, मैंने रास्ते में एक कुत्ता देखा। मैंने कैसे जाना कि वह कुत्ता ही है? ज्यों ही मेरे मन में उसकी छाप पड़ी, त्योंही उसे मैं अपने मन के पूर्व-संस्कारों के साथ मिलाने लगा। मैंने देखा कि वहाँ मेरे समस्त पूर्व-संस्कार स्तर-स्तर में सजे हुए हैं। ज्योंही कोई नया विषय आया, त्योंही मैं प्राचीन संस्कारों के साथ उसे मिलाने लगा। और जब मैंने अनुभव किया कि हाँ, उसी की भाँति और भी कई संस्कार वहाँ विद्यमान हैं, तो बस मैं तृप्त हो गया। मैंने तब जाना कि उसे कुत्ता कहते हैं, क्योंकि पहले के कई संस्कारों के साथ वह मिल गया। जब हम उस प्रकार का कोई संस्कार अपने भीतर नहीं देख पाते, तब हममें असंतोष पैदा होता है। इसी को 'अज्ञान' कहते हैं, और संतोष मिल जाना ही 'ज्ञान' कहलाता है। जब एक सेब गिरा, तो मनुष्य को असंतोष हुआ। इसके बाद मनुष्य ने क्रमशः इसी प्रकार कई-कई घटनाएँ देखी—श्रृंखला की तरह ये घटनाएँ एक दूसरे से बँधी हुई थीं। यह श्रृंखला क्या थी? वह श्रृंखला यह थी कि सभी सेब गिरते हैं, और इसको उसने 'गुरुत्वाकर्षण' नाम दे दिया। अतएव हमने देखा कि पहले की अनुभूतियाँ न रहने से कोई नई अनुभूति से प्राप्त करना असंभव है, क्योंकि उस नई अनुभूति से तुलना करने के लिए कुछ भी नहीं मिल सकेगा।

अतएव यदि कुछ यूरोपीय दार्शनिकों का यह मत कि पैदा होते समय बच्चा संस्कारशून्य मन लेकर आता है, सच हो तो फिर वह बौद्धिक शक्ति अर्जित ही नहीं कर सकेगा, क्योंकि नई अनुभूति मिलाने के लिए उसमें कोई संस्कार ही नहीं है। हम यह भी जानते हैं कि हर व्यक्ति की ज्ञानार्जन की क्षमता भिन्न होती है। इससे सिद्ध होता है कि हम सब अपने पृथक् ज्ञान-भांडार के साथ आते हैं। ज्ञान केवल अनुभव से प्राप्त होता है, जानने का और कोई दूसरा उपाय नहीं है। हम मृत्यु का भय सर्वत्र देख पाते हैं, पर क्यों? अभी पैदा हुआ मुरगी का बच्चा चील को आते देख अपनी माँ के पास भाग जाता है। उसने कहाँ से तथा कैसे सीखा कि चील मुरगी के बच्चों को खा जाती है? इसकी एक पुरानी व्याख्या है, पर उसे व्याख्या कहा नहीं जा सकता। उसे लोग जन्मजात-प्रवृत्ति या सहज-प्रेरणा (instinct) कहते हैं। मुरगी वे उस छोटे से बच्चे में मरने का डर कहाँ से आया? अंडे से अभी-अभी निकली बतख पानी के निकट आते ही क्यों कूद पड़ती है और तैरने लगती है? वह तो पहले कभी तैरना नहीं जानती थी, और न पहले उसने किसी को तैरते ही देखा

है। लोग कहते हैं कि वह 'जन्मजात-प्रवृत्ति' है क्या?

यह तो हमने एक लंबा चौड़ा शब्दप्रयोग किया अवश्य, पर उससे हमें कोई नई बात नहीं मिलती। अब आलोचना की जाए कि यह जन्मजात-प्रवृत्ति है क्या? हमारे भीतर अनेक प्रकार की जन्मजात-प्रवृत्तियाँ वर्तमान हैं। मान लो, एक बच्चे ने पियानो बजाना सीखना शुरू किया। पहले उसे प्रत्येक परदे की ओर नजर रखते हुए अंगुलियों को चलाना पड़ता है, पर कुछ महीने, कुछ साल अभ्यास करते करते अंगुलियाँ अपने आप ठीक-ठीक स्थानों पर चलने लगती हैं, वह स्वाभाविक हो जाता है। एक समय जिसमें ज्ञानपूर्वक इच्छा को लगाना पड़ता था, उसमें जब उस प्रकार करने की आवश्यकता नहीं रह जाती, अर्थात् जब ज्ञानपूर्वक इच्छा लगाए बिना ही वह संपन्न होने लगता है, तो उसी को स्वाभाविक-ज्ञान या सहज-प्रेरणा कहते हैं। पतन वह इच्छा के साथ होता था, बाद में उसमें इच्छा का कोई प्रयोजन न रहा। जन्मजात-प्रवृत्ति का तत्त्व अब भी पूरा नहीं हुआ, अभी आधा रह गया है। यह कि जो सब कार्य हमारे लिए स्वाभाविक है, लगभग उन सभी को हम अपनी इच्छा के वश में ला सकते हैं। शरीर की प्रत्येक पेशी को हम अपने वश में न कर सकते हैं। आजकल यह विषय हम सभी को अच्छी तरह से ज्ञात है। अतएव अन्वय और व्यतिरेक इन दोनों उपायों से यह प्रमाणित कर दिया गया कि जिसे हम जन्मजात-प्रवृत्ति कहते हैं, वह इच्छा से किए गए कार्य का भ्रष्ट भाव मात्र है। अतएव जब सारी प्रकृति में एक ही नियम का राज्य है, तो समग्र सृष्टि में 'उपमान' प्रमाण का प्रयोग करके हम इस सिद्धांत पर पहुँच सकते हैं कि तिर्यक्जाति और मनुष्य में जो जन्मजात-प्रवृत्ति है, वह इच्छा का ही भ्रष्ट भाव मात्र है।

बहिर्जगत् में हमें जो नियम मिला था कि 'प्रत्येक क्रमविकास-प्रक्रिया के पहले एक क्रमसंकोच-प्रक्रिया रहती है और क्रमसंकोच के साथ-साथ क्रमविकास भी रहता है,' उसका प्रयोग करने पर हमें जन्मजात प्रवृत्ति की कौन सी व्याख्या मिलती है? यही कि जन्मजात प्रवृत्ति विचारपूर्वक कार्य का क्रमसंकुचित भाव है। अतएव मनुष्य अथवा पशु में जिसे हम जन्मजात-प्रवृत्ति कहते हैं, वह अवश्य पूर्ववर्ती इच्छाकृत कार्य का क्रमसंकोच-भाव होगा। और 'इच्छाकृत कार्य' कहने से ही स्वीकृत हो जाता है कि पहले हमने अभिज्ञता या अनुभव प्राप्त किया था। पूर्वकृत कार्य से यह संस्कार आया था और यह अब भी विद्यमान है। मरने का भय, जन्म से ही तैरने लगना तथा मनुष्य में जितने भी अनिच्छाकृत, सहज कार्य पाए जाते हैं, वे सभी पूर्व-कार्य, पूर्व-अनुभूति के फल हैं—वे ही अब सहज-प्रेरणा के रूप में परिणत हो गए हैं। अब तक तो हम विचार में आसानी से आगे बढ़ते रहे

और यहाँ तक आधुनिक विज्ञान भी हमारा सहायक रहा। आधुनिक वैज्ञानिक धीरे-धीरे प्राचीन ऋषियों से सहमत हो रहे हैं और जहाँ तक उन्होंने ऐसा किया है, वहाँ तक पूर्ण सहमति है। वैज्ञानिक मानते हैं कि प्रत्येक मनुष्य और प्रत्येक प्राणी कुछ अनुभूतियाँ की समष्टि लेकर जन्म लेता है; वे यह भी मानते हैं कि मन के ये सबकार्य पूर्वानुभूति के फल हैं।

पर यहाँ पर वे और एक शंका उठाते हैं। वे कहते हैं कि यह कहने की क्या आवश्यकता है कि ये अनुभूतियाँ आत्मा की हैं? वे सब शरीर और केवल शरीर के ही धर्म हैं, यह क्यों न का 'उसे आनुवंशिक-संक्रमण (hereditary transmission) क्यों न कहें? यही अंतिम प्रश्न है। जिन सब संस्कारों को लेकर मैंने जन्म लिया है, वे मेरे पूर्वजों के संचित संस्कार हैं, ऐसा हम क्यों न कहें? छोटे जीवाणु से लेकर सर्वश्रेष्ठ मनुष्य तक सभी के कर्म-संस्कार मुझमें हैं, पर वे सब आनुवंशिक-संक्रमण के कारण ही मुझमें आए हैं, ऐसा कहने में अड़चन कौन सी है? यह प्रश्न बहुत ही सूक्ष्म है। इस आनुवंशिक-संक्रमण को कुछ अंश तक हम मानते भी हैं। लेकिन बस यहीं तक मानते हैं कि इससे आत्मा को रहने लायक एक स्थान मिल जाता है। हम अपने पूर्व-कर्मों के द्वारा एक शरीरविशेष का आश्रय लेते हैं। और उस शरीरविशेष का उपयुक्त उपादान आत्मा उन्हीं लोगों से ग्रहण करती है, जिन्होंने उस आत्मा को संतान के रूप में प्राप्त करने के लिए स्वयं को उपयुक्त बना लिया है।

आनुवंशिक संक्रमणवाद (doctrine of heredity) बिना किसी प्रमाण के ही एक अद्‌भुत बात मान लेता है कि अनुभवों का आलेखन जड़ द्रव्य में हो सकता है, और ये अनुभव जड़ द्रव्य में संकुचित हो जाते हैं। मन के संस्कारों की छाप जड़ तत्त्व में रह सकती है। जब मैं तुम्हारी ओर देखता हूँ, तब मेरे चित्त-सरोवर में एक तरंग उठ जाती है। यह तरंग थोड़े समय बाद लुप्त हो जाती है, पर सूक्ष्म रूप में वर्तमान रहती है। हम यह समझ सकते हैं। हम यह भी समझ सकते हैं कि भौतिक संस्कार शरीर में रह सकते हैं। किंतु इसका क्या प्रमाण है कि मानसिक संस्कार शरीर में रहते हैं, क्योंकि शरीर तो नष्ट हो जाता है। किसके द्वारा ये संस्कार संचारित होते हैं? अच्छा, माना कि मन के प्रत्येक संस्कार का शरीर में रहना संभव है; यह भी माना कि आनुवंशिकता के अनुसार आदिम मनुष्य से लेकर समस्त पूर्वजों के संस्कार मेरे पिता के शरीर में वर्तमान हैं; पर पूछता हूँ कि वे सब संस्कार मेरे शरीर में कैसे आए? तुम शायद कहो—जीवाणुकोष (bioplasmic cell) के द्वारा। किंतु यह कैसे संभव है, क्योंकि पिता का शरीर तो संतान में संपूर्ण रूप से

नहीं आता। एक ही माता-पिता की कई संतानें हो सकती हैं। अत: यह आनुवंशिक-संक्रमणवाद मान लेने पर तो हमें यह भी अवश्य स्वीकार करना पड़ेगा कि प्रत्येक संतान के जन्म के साथ ही साथ माता-पिता को अपने निजी संस्कारों का कुछ अंश खोना पड़ेगा (चूँकि उन लोगों के मत से संचारक और जिसमें संचार होता हो, वह एक अर्थात् भौतिक हैं), और यदि तुम कहो कि उनके सारे संस्कार ही संप्रेषित होते हैं, तब तो यही कहना पड़ेगा कि प्रथम संतान के जन्म के बाद ही उन लोगों का मन पूर्ण रूप से शून्य हो जाएगा।

फिर, यदि जीवाणुकोष में चिरकाल की अनंत संस्कार-समष्टि रहती हो, तो प्रश्न यह है कि वह है कहाँ और किस प्रकार है? यह सिद्धांत बिलकुल असंभव है। और जब तक ये जड़वादी यह प्रमाणित नहीं कर सकते कि ये संस्कार कैसे और कहाँ पर उस कोष में रहते हैं, जब तक यह नहीं समझा सकते कि 'भौतिक कोष में संस्कारों के सुप्त रहने' का क्या तात्पर्य है, तब तक उनका सिद्धांत माना नहीं जा सकता। इतना तो हम अच्छी तरह समझ सकते हैं कि ये संस्कार मन में ही वास करते हैं, मन बार-बार जन्म ग्रहण करता रहता है, मन ही अपने उपयोगी उपादान ग्रहण करता है, और इस मन ने जिस शरीरविशेष की प्राप्ति के लायक कर्म किए हैं, उसके निर्माणोपयोगी उपादान जब तक वह नहीं पाता, तब तक उसे राह देखनी पड़ेगी। यह हम समझ सकते हैं। अतएव आत्मा के लिए देहगठनोपयोगी उपादान प्रस्तुत करने तक ही आनुवंशिक-संक्रमणवाद स्वीकृत किया जा सकता है। परंतु आत्मा देह के बाद देह ग्रहण करती जाती है—एक शरीर के बाद दूसरा शरीर प्रस्तुत करती जाती है; और हम जो कुछ विचार करते हैं, जो कुछ कार्य करते हैं, वह सूक्ष्म भाव में रह जाता है तथा समय आने पर वही स्थूल रूप धारण कर प्रकट हो जाता है।

मैं अपना अभिप्राय तुम्हें और भी अधिक स्पष्ट रूप से कह दूँ। जब कभी मैं तुम लोगों की ओर देखता हूँ, तो मेरे मन में एक तरंग उठ जाती है। वह मानो मेरे चित्त-सरोवर में डूब जाती है, सूक्ष्म से सूक्ष्मतर होती जाती है, पर बिलकुल नष्ट नहीं हो जाती। वह मन में ही रहती है और किसी भी समय स्मृति-तरंग के रूप में प्रकट होने को प्रस्तुत रहती है। इसी तरह यह समस्त संस्कार-समष्टि मेरे मन में ही विद्यमान है, और मृत्यु के समय उन सारे संस्कारों की समष्टि मेरे साथ ही बाहर चली जाती है। मान लो, इस कमरे में एक गेंद है और हम सब एक-एक छड़ी से सब ओर से उसे मारने लगें; गेंद कमरे के एक कोने से दूसरे कोने में दौड़ने लगी और दरवाजे के नजदीक जाते ही वह बाहर चली गई। अब बताओ, वह किस

शक्ति से बाहर गई? जितनी छड़ियाँ उसे मारी गई थीं, उनकी सम्मिलित शक्ति से। किस ओर उसकी गति होगी, यह भी इन सभी के समवेत फल से निर्णीत होगा।

इसी प्रकार, शरीर का त्याग होने पर आत्मा की गति का निर्णायक क्या होगा? उसने जो-जो कर्म किए हैं, जो-जो विचार सोचें हैं, वे ही उसे किसी विशेष दिशा मैं परिचालित करेंगे। अपने भीतर उन सभी की छाप लेकर वह आत्मा अपने गंतव्य की ओर अग्रसर होगी। यदि समवेत कर्मफल इस प्रकार का हो कि भोग के लिए उसे पुनः एक नया शरीर गढ़ना पड़े, तो वह ऐसे माता-पिता के पास जाएगी, जिनसे वह उस शरीर-गठन के उपयुक्त उपादान प्राप्त कर सके, और वह उपादानों को लेकर एक नया शरीर गढ़ लेगी। इसी तरह वह आत्मा एक देह से दूसरी देह में जाती रहती है; कभी स्वर्ग में जाती है, तो कभी पृथ्वी पर आकर मानव-देह धारण कर लेती है; अथवा अन्य कोई उच्चतर या निम्नतर जीवशरीर धारण कर लेती है। इस प्रकार वह तब तक आगे बढ़ती रहती है, जब तक उसका भोग समाप्त होकर वह अपने निजी स्थान पर लौट नहीं आती। और तब वह अपना स्वरूप जान लेती है, यह समझ जाती है कि वह यथार्थतः क्या है। तब सारा अज्ञान दूर हो जाता है और उसकी सारी शक्तियाँ प्रकाशित हो जाती हैं। तब वह सिद्ध हो जाती है, पूर्णता प्राप्त कर लेती है, तब उसके लिए स्थूल शरीर की सहायता से कार्य करने की कोई आवश्यकता नहीं रह जाती—सूक्ष्म शरीर के माध्यम से भी कार्य करने की आवश्यकता नहीं रहती। तब वह स्वयंज्योति और मुक्त हो जाती है, उसका फिर जन्म या मृत्यु कुछ भी नहीं होता।

अब इस विषय के अन्य ब्योरो में हम नहीं जाएँगे। पुनर्जन्म के बारे में केवल एक और बात की ओर तुम लोगों का ध्यान आकर्षित कर मैं यह चर्चा समाप्त करूँगा। यह पुनर्जन्मवाद ही एक ऐसा मत है, जो जीवात्मा की स्वाधीनता की घोषणा करता है। यही एक ऐसा मत है, जो हमारी सारी दुर्बलताओं का दोष फिसी दूसरे के मत्थे नहीं मढ़ता। अपने निज के दोष दूसरे के मत्थे मढ़ना मनुष्य ही स्वाभाविक दुर्बलता है। हम अपने दोष नहीं देखते। आँखें अपने को कभी नहीं देखतीं, पर वे अन्य सब की आँखें देखा करती है। हम मनुष्य अपनी दुर्बलताएँ, अपनी गलतियाँ मानने को राजी नहीं होते। साधारणतः मनुष्य अपने दोषों और पूलों को पड़ोसियों पर लादना चाहता है; यह न जमा, तो उन सब को ईश्वर के मत्थे मढ़ना चाहता है; और इसमें भी यदि सफल न हुआ, तो फिर 'भाग्य' नामक एक भूत की कल्पना करता है और उसी को उन सब के लिए उत्तरदायी बनाकर निश्चिंत हो जाता है।

पर प्रश्न यह है कि 'भाग्य' नामक यह वस्तु है क्या और रहती कहाँ है? हम तो जो कुछ बोते हैं, बस वही काटते हैं। हम स्वयं अपने भाग्य के विधाता हैं। हमारा भाग्य यदि खोटा हो, तो भी कोई दूसरा दोषी नहीं, और यदि हमारे भाग्य अच्छे हों, तो भी कोई दूसरा प्रशंसा का पात्र नहीं। वायु सर्वदा बह रही है। जिन-जिन जहाजों के पाल खुले रहते हैं, वायु उन्हीं का साथ देती है और वे आगे बढ़ जाते हैं। पर जिनके पाल नहीं खुले रहते, उन पर वायु नहीं लगती। तो क्या वह वायु का दोष है? हममें कोई सुखी है, तो कोई दुःखी, यह क्या उन करुणामय पिता का दोष है, जिनकी कृपावायु दिन- रात बह रही है, जिनकी दया का अंत नहीं है? हम स्वयं अपने भाग्य के निर्माता हैं। उनका सूर्य दुर्बल-बलवान सब के लिए उगता है। साधु, पापी सभी के लिए उनकी वायु बह रही है। वे सब के प्रभु हैं, पिता हैं, दयामय और समदर्शी हैं। क्या तुम सोचते हो कि हम छोटी-छोटी चीजों को जिस दृष्टि से देखते हैं, वे भी उसी दृष्टि से देखते हैं? भगवान् के संबंध में यह कितनी भ्रष्ट धारणा! कुत्ते के पिल्ले की तरह हम यहाँ पर नाना विषयों के लिए प्राणपण से चेष्टा कर रहे हैं और मूर्ख की तरह समझते हैं कि भगवान् भी उन विषयों को ठीक उसी तरह सत्य समझकर ग्रहण करेंगे। इन पिल्लों के इस खेल का क्या अर्थ है, भगवान् अच्छी तरह जानते हैं। उन पर सब दोष लाद देना या यह कहना कि वे ही दंड-पुरस्कार देने के मालिक हैं, मूर्खता की बातें हैं। वे किसी को न दंड देते हैं, न पुरस्कार। प्रत्येक देश में, प्रत्येक काल में, प्रत्येक अवस्था में हर एक जीव को उनकी अनंत दया प्राप्त करने का अधिकार है। उसका किस प्रकार उपयोग किया जाए, यह हम पर निर्भर करता है। मनुष्य, ईश्वर या और किसी पर दोष लादने की चेष्टा न करो। जब तुम कष्ट पाते हो, तो अपने को ही उसके लिए दोषी समझो और जिससे अपना कल्याण हो सके, उसी की चेष्टा करो।

पूर्वोक्त समस्या का यही समाधान है। जो लोग अपने दुःखों या कष्टों के लिए दूसरों को दोषी ठहराते हैं (और दुःख की बात तो यह है कि ऐसे लोगों की संख्या दिनोदिन बढ़ती जा रही है), वे साधारणतया अभागे और दुर्बल-मस्तिष्क हैं। अपने ही कर्मदोष से वे ऐसी परिस्थिति में आ पड़े हैं, और अब वे दूसरों को इसके लिए दोषी ठहरा रहे हैं। पर इससे उनकी दशा में तनिक भी परिवर्तन नहीं होता, उनका कोई उपकार नहीं होता, वरन् दूसरों पर दोष लादने की चेष्टा करने के कारण वे और भी दुर्बल बन जाते हैं। अतएव अपने दोष के लिए तुम किसी को उत्तरदायी न समझो, अपने ही पैरों पर खड़े होने का प्रयत्न करो, सब कौमों के लिए अपने को ही उत्तरदायी समझो। कहो कि जिन कष्टों को हम अभी झेल रहे हैं, वे

हमारे ही किए हुए कर्मों के फल हैं। यदि यह मान लिया जाए, तो यह भी प्रमाणित हो जाता है कि वे फिर हमारे द्वारा नष्ट भी किए जा सकते हैं। जो कुछ हमने पैदा किया है, उसका हम ध्वंस भी कर सकते हैं; जो कुछ दूसरों ने किया है, उसका नाश हमसे कभी नहीं हो सकता। अतएव उठो, साहसी बनो, वीर्यवान् होओ। सब उत्तरदायित्व अपने कंधे पर लो—यह याद रखो कि तुम स्वयं अपने भाग्य के निर्माता हो। तुम जो कुछ बल या सहायता चाहो, सब तुम्हारे ही भीतर विद्यमान है। अतएव इस ज्ञानरूप शक्ति के सहारे तुम बल प्राप्त करो और अपने हाथों अपना भविष्य गढ़ डालो। 'गतस्य शोचना नास्ति'—अब तो सारा भविष्य तुम्हारे सामने पड़ा हुआ है। तुम सदैव यह बात स्मरण रखो कि तुम्हारा प्रत्येक विचार, प्रत्येक कार्य संचित रहेगा, और यह भी याद रखो कि जिस प्रकार तुम्हारे असत्-विचार और असत्-कार्य शेरों की तरह तुम पर कूद पड़ने की ताक में हैं, उसी प्रकार तुम्हारे सत्-विचार और सत्-कार्य भी हजारों देवताओं की शक्ति लेकर सर्वदा तुम्हारी रक्षा के लिए तैयार हैं।

❑

अमरत्व

(अमेरिका में दिया हुआ भाषण)

जीवात्मा के अमरत्व के प्रश्न के सिवा अन्य कौन सा प्रश्न अधिक पूछा गया है, अन्य किस तत्त्व के रहस्य का उद्‌घाटन करने के लिए मनुष्य ने जगत् की इतनी अधिक खोज की है, अन्य कौन सा प्रश्न मानव-हृदय को इतना प्रिय और उसके इतना निकट है, अन्य कौन सा प्रश्न हमारे अस्तित्व के साथ इतने अच्छेद्य भाव से संबंधित है? यह कवियों की कल्पना का विषय रहा—साधु, महात्मा, ज्ञानी सभी के गंभीर चिंतन का विषय रहा है; सिंहासन पर बैठे हुए राजाओं ने इस पर विचार किया है, पथ के भिखारियों ने भी इसका स्वप्न देखा है। श्रेष्ठतम मानवों ने इसका उत्तर पाया है, और अति निकृष्ट मनुष्यों ने इसकी आशा की है। इस विषय में लोगों की रुचि अभी तक बनी हुई है, और जब तक मानव-प्रकृति विद्यमान है, तब तक वह बनी रहेगी। विभिन्न लोगों ने इसके विभिन्न उत्तर दिए हैं। और यह भी देखा जाता है कि इतिहास के प्रत्येक युग में हजारों व्यक्तियों ने इस प्रश्न को बिलकुल अनावश्यक कहकर छोड़ दिया है, फिर भी यह प्रश्न ज्यों का त्यों नवीन ही बना हुआ है। जीवन-संग्राम के कोलाहल में हम प्राय: इस प्रश्न को भूल से जाते हैं, परंतु जब अचानक कोई मर जाता है—एक ऐसा व्यक्ति, जिससे हम प्रेम करते हैं, जो हमारे हृदय के अति निकट और अत्यंत प्रिय है, अचानक हमसे छिन जाता है, तब हमारे चारों ओर का संघर्ष और कोलाहल क्षण भर के लिए मानो रुक सा जाता है, सबकुछ मानो नि:स्तब्ध हो जाता है और हमारी आत्मा के गंभीरतम प्रदेश से वही प्राचीन प्रश्न उठता कि इसके बाद क्या है? देहांत के बाद आत्मा की क्या गति होती है?

समस्त मानव ज्ञान अनुभव से उत्पन्न होता है, अनुभव के अतिरिक्त अन्य किसी प्रकार से हम कुछ भी जान नहीं सकते। हमारा सारा तर्क सामान्यीकृत

अनुभव पर आधारित है, हमारा सारा ज्ञान अनुभवों का समन्वय है। हम अपने चारों ओर क्या देखते हैं? सतत परिवर्तन। बीज से वृक्ष होता है और चक्र पूरा करके वह फिर बीजरूप में परिणत हो जाता है। एक जीव उत्पन्न हुआ, कुछ दिन जीवित रहा, फिर मर गया, इस प्रकार मानो एक वृत्त पूरा हो गया। मनुष्य के संबंध में भी यही बात है। और तो और, पर्वत भी धीरे-धीरे, परंतु निश्चिंत रूप से चूर-चूर होते जाते हैं, नदियाँ धीरे-धीरे पर निश्चित रूप से सूखती जाती हैं; समुद्र से बादल उठते हैं और वर्षा करके फिर समुद्र में ही मिल जाते हैं। सर्वत्र ही एक-एक वृत्त पूरा हो रहा है—जन्म, वृद्धि और क्षय मानो गणितीय अपरिहार्यता के साथ ठीक एक के बाद एक आते रहते हैं। यह हमारा प्रतिदिन का अनुभव है। फिर भी इस सब के अंदर, क्षुद्रतम परमाणु से लेकर उच्चतम सिद्ध पुरुष तक लाखों प्रकार की, विभिन्न नाम-रूप युक्त वस्तुओं के अंतराल में हम एक अखंड भाव, एक एकत्व देखते हैं। हम प्रतिदिन देखते हैं कि वह दुर्भेद्य दीवार, जो एक वस्तु को दूसरी वस्तु से पृथक् करती प्रतीत होती थी, गिरती जा रही है और आधुनिक विज्ञान समस्त भूतों को एक ही पदार्थ मानने लगा है—मानो वही एक प्राणशक्ति नाना रूपों में नाना प्रकार से प्रकाशित हो रही है। मानो वह सब को जोड़नेवाली एक शृंखला के समान है, और ये सब विभिन्न रूप मानो इस शृंखला की ही एक एक कड़ी हैं—अनंत रूप से विस्तृत, किंतु फिर भी उसी एक शृंखला के अंश।

इसी को क्रमविकासवाद कहते हैं। यह एक अत्यंत प्राचीन धारणा है—उतनी ही प्राचीन, जितना कि मानव-समाज। केवल वह मानवी ज्ञान की वृद्धि और उन्नति के साथ-साथ मानो हमारी आँखों के सम्मुख अधिकाधिक उज्ज्वल रूप से प्रतीत होती जा रही है। एक बात और है, जो प्राचीन लोगों ने विशेष रूप से समझी थी, परंतु जिसे आधुनिक विचारकों ने अभी तक ठीक-ठीक नहीं समझा है, और वह है क्रमसंकोच। बीज का ही वृक्ष होता है, बालू के कण का नहीं। पिता ही पुत्र में परिणत होता है, मिट्टी का ढेला नहीं। अब प्रश्न है कि यह क्रमविकास किससे होता है? बीज पहले क्या था? वह उस पक्षरूप में ही था। भविष्य में होनेवाले वृक्ष की सभी संभावनाएँ बीज में निहित हैं। किसी भी प्रकार के भावी जीवन की समस्त संभावनाएँ बीजाणु में विद्यमान हैं। इसका तात्पर्य क्या है? भारतवर्ष के प्राचीन दार्शनिक इसी को 'क्रमसंकोच' कहते थे। इस प्रकार हम देखते हैं कि प्रत्येक क्रमविकास के पहले क्रमसंकोच का होना अनिवार्य है। किसी ऐसी वस्तु का क्रमविकास नहीं हो सकता, जो पूर्व से ही वर्तमान नहीं है। यहाँ पर फिर आधुनिक विज्ञान हमें सहायता देता है।

गणितशास्त्र के तर्क से तुम जानते हो कि जगत् में दृश्यमान शक्ति का समष्टि-योग (sum-total) सदा समान रहता है। तुम जड़तत्त्व का एक भी परमाणु अथवा शक्ति की एक भी इकाई घटा या बढ़ा नहीं सकते। अतएव क्रमविकास कभी शून्य से नहीं होता। तब फिर वह हुआ कहाँ से? इसके पूर्व के क्रमसंकोच से। बालक क्रमसंकुचित या अव्यक्त मनुष्य है और मनुष्य क्रमविकसित बालक है। क्रमसंकुचित वृक्ष ही बीज है और क्रमविकसित बीज ही वृक्ष। जीवन की सभी संभावनाएँ उसके बीजाणु में हैं। अब समस्या कुछ अधिक स्पष्ट हो जाती है। इसके साथ जीवन के सातत्य की पिछली धारणा जोड़ दो। निम्नतम जीविसार से लेकर पूर्णतम मानव पर्यंत वस्तुत: एक ही सत्ता है, एक ही जीवन है। जिस प्रकार एक ही जीवन में हम शैशव, यौवन, वार्धक्य आदि विविध अवस्थाएँ देखते हैं, उसी प्रकार जीविसार से लेकर पूर्णतम मानव पर्यंत एक ही अविच्छिन्न जीवन, एक ही शृंखला जीवन विद्यमान है। इसी को क्रमविकास कहते हैं और यह हम पहले ही देख चुके हैं कि प्रत्येक क्रमविकास के पूर्व एक क्रमसंकोच रहता है।

यह समग्र जीवन, जो क्रमश: व्यक्त होता है, अपने को जीविसार से लेकर पूर्णतम मानव अथवा धरती पर आविर्भूत ईश्वरावतार के रूप में क्रमविकसित करता है, एक शृंखला या श्रेणी है और यह संपूर्ण अभिव्यक्ति उसी जीविसार में संकुचित रही होगी। यह समस्त जीवन, मर्त्य लोक में अवतीर्ण यह ईश्वर तक उसमें निहित था; बस धीरे-धीरे—बहुत धीरे क्रमश: उस सबकी अभिव्यक्ति मात्र हुई है। जो सर्वोच्च, चरम अभिव्यक्ति है, वह भी अवश्य बीज भाव से सूक्ष्माकार में उसके अंदर विद्यमान रही होगी। अतएव यह शक्ति, यह संपूर्ण शृंखला उस सर्वव्यापी विश्वजीवन का क्रमसंकोच है। बुद्धि की यह एक राशि ही जीविसार से पूर्णतम मनुष्य तक अपने को व्यक्त कर रही है। ऐसी बात नहीं कि वह थोड़ा-थोड़ा करके बढ़ रही हो। बढ़ने की भावना को मन से एकदम निकाल दो। वृद्धि कहने से ही मालूम होता है कि बाहर से कुछ आ रहा है, कुछ बाहर है, और इससे यह सत्य झूठा हो जाएगा कि हर जीवन में अव्यक्त असीम किसी भी बाह्य परिस्थिति पर निर्भर नहीं है। उसमें वृद्धि नहीं हो सकती, उसका अस्तित्व सदा रहता है, वह केवल अपने को व्यक्त कर देता है।

कार्य कारण का व्यक्त रूप है। कार्य और कारण में कोई मौलिक भेद नहीं होता। उदाहरण के लिए, यह एक गिलास है। यह अपने उपादानों और अपने निर्माता की इच्छा के सहयोग से बना है। ये दोनों उसके कारण हैं और उसमें वर्तमान हैं। निर्माता की इच्छाशक्ति अभी उसमें किसी रूप में विद्यमान है? संहति-

शक्ति (adhesion) के रूप में। यह शक्ति यदि न रहती, तो इसके परमाणु अलग-अलग हो जाते। तो अब कार्य क्या हुआ? वह कारण के साथ अभिन्न है, केवल उसने एक दूसरा रूप धारण कर लिया है। हमें यह स्मरण रखना चाहिए। इसी तत्त्व को अपनी जीवन-संबंधी धारणा पर प्रयुक्त करने पर हम देखते हैं कि जीविसार से लेकर पूर्णतम मानव-पर्यंत संपूर्ण श्रेणी अवश्य उस विश्वव्यापी जीवन के साथ अभिन्न है। पहले वह संकुचित और सूक्ष्मतर हुआ; और इस सूक्ष्मतर कारण से वह अपने को विकसित और व्यक्त करता तथा स्थूलतर होता रहा है।

किंतु अमृतत्व के संबंध में जो प्रश्न था, वह अब भी नहीं सुलझा। हमने देखा कि जगत् के किसी भी पदार्थ का नाश नहीं होता। नूतन कुछ भी नहीं है और होगा भी नहीं। अभिव्यक्ति की एक ही शृंखला चक्र की भाँति बारंबार उपस्थित होती रहती है। जगत् में जितनी गति है, वह समस्त तरंग के आकार में एक बार उठती है, फिर गिरती है। विविध ब्रह्मांड सूक्ष्मतर रूपों से प्रसूत हो रहे हैं—स्थूल रूप धारण कर रहे हैं। फिर लीन होकर सूक्ष्म भाव में जा रहे हैं। वे फिर से इस सूक्ष्म भाव से स्थूल भाव में आते हैं—कुछ समय तक उसी अवस्था में रहते हैं और पुनः धीरे-धीरे उस कारण में चले जाते हैं। ऐसा ही जीवन के संबंध में मन है। जावन की प्रत्येक अभिव्यक्ति आती है और फिर चली जाती है तो फिर क्या होता है? केवल रूप—आकृति। वह रूप नष्ट हो जाता है, किंतु फिर आता है। एक अर्थ में तो सभी शरीर और सभी रूप नित्य हैं। कैसे? मान लो, मैं पासा खेल रहा हूँ और वे 6-5-3-4 के अनुपात से पड़े। मैं और खेलने लगा। खेलते-खेलते एक समय ऐसा अवश्य आएगा, जब वही संख्याएँ फिर से पड़ेंगी। और खेलो, वही संयोग पुनः अवश्य आएगा। मैं इस जगत् के प्रत्येक कण, प्रत्येक परमाणु की एक-एक पासे से तुलना करता हूँ। उन्हीं को बार-बार फेंका जा रहा है और वे बार-बार नाना प्रकार से गिरते हैं। तुम्हारे सम्मुख जो सारे पदार्थ हैं, वे परमाणुओं के एक विशिष्ट प्रकार के संघात से उत्पन्न हुए हैं। यह गिलास, यह मेज, यह सुराही तथा अन्य सभी वस्तुएँ भी ठीक अपने-अपने स्थान पर रहेंगी और ठीक इसी विषय की आलोचना होगी। अनंत बार इस प्रकार हुआ है और अनंत बार इसकी आवृत्ति होगी। तो फिर हमने स्थूल, बाह्य वस्तुओं की आलोचना से क्या तत्त्व पाया? यही कि इन भौतिक रूपों के विभिन्न समवायों की पुनरावृत्ति अनंत काल होती रहती।

इस परिकल्पना से जो एक अन्यतम मनोरंजक निष्कर्ष निकलता है, वह है इस प्रकार के तथ्यों की व्याख्या; शायद तुममें में कुछ लोगों ने ऐसा व्यक्ति देखा होगा, जो मनुष्य के अतीत एवं भविष्य की सारी बातें बतला देता है। यदि भविष्य किसी

नियम के अधीन न हो तो फिर किम प्रकार भविष्य के संबंध बताया जा सकता है? अतीत के कार्य भविष्य में घटित होंगे, और हम देखते हैं कि ऐसा होता है। हिंडोले का उदाहरण लो। वह लगातार घूमता रहता है। लोग आते हैं और उसके एक-एक पालने में बैठ जाते हैं। हिंडोला घूमकर फिर नीचे आता है। वे उतर जाते हैं, तो दूसरा दल और बैठता है। क्षुद्रतम जंतु से लेकर उच्चतम मानव तक प्रकृति की प्रत्येक अभिव्यक्ति मानो ऐसा एक-एक दल है, और प्रकृति हिंडोले के चक्रसदृश है तथा प्रत्येक शरीर या रूप इस हिंडोले के एक-एक पालने जैसा है। नई आत्माओं का एक-एक दल उन पर चढ़ता है और ऊँचे-से-ऊँचे जाता रहता है, जब तक उसमें से प्रत्येक पूर्णता प्राप्त कर हिंडोले से बाहर नहीं आ जाती। पर हिंडोला निरंतर चलता रहता है—हमेशा दूसरे लोगों को ग्रहण करने के लिए तैयार है। और जब तक शरीर इस चक्र के भीतर अवस्थित है, तब तक निश्चित रूप से, गणित के हिसाब से, यह भविष्यवाणी की जा सकती है कि अब वह किस ओर जाएगा। किंतु आत्मा के बारे में यह नहीं कहा जा सकता। अतएव प्रकृति के भूत और भविष्य निश्चित रूप से, गणित की तरह ठीक-ठीक बतलाना असंभव नहीं है।

अत: हम देखते हैं कि उन्हीं भौतिक घटनाओं की पुनरावृत्ति निश्चित समयों पर होती रहती है, और वही संयोजन चिरंतन काल से होते चले आ रहे हैं। किंतु यह आत्मा का अमरत्व नहीं है। किसी भी शक्ति का नाश नहीं होता, कोई भी जड़ वस्तु शून्य में पर्यवसित नहीं की जा सकती। तो फिर उनका क्या होता है? उनके आगे और पीछे परिणाम होते रहते हैं और अंत में जहाँ से उनकी उत्पत्ति हुई थी, वहीं वे लौट जाते हैं। सीधी रेखा में कोई गति नहीं होती। प्रत्येक वस्तु घूम-फिरकर अपने पूर्व स्थान पर लौट आती है, क्योंकि सीधी रेखा अनंत भाव से बढ़ा दी जाने पर वृत्त में परिणत हो जाती है। यदि ऐसा ही हो, तो फिर अनंत काल तक किसी भी आत्मा का अध:पतन नहीं हो सकता—वैसा हो नहीं सकता। इस जगत् में प्रत्येक वस्तु, शीघ्र हो या विलंब से, अपनी-अपनी वर्तुलाकार गति को पूरा कर फिर अपनी उत्पत्ति स्थान पर पहुँच जाती है।

तुम, मैं अथवा ये सब आत्माएँ क्या हैं? पहले क्रमसंकोच तथा क्रमविकास-तत्त्व की आलोचना करते हुए हमने देखा है कि तुम, हम उसी विराट् विश्वव्यापी चैतन्य या प्राण या मन के अंशविशेष हैं, जो हममें संकुचित या अव्यक्त हुआ है, और हम घूमकर, क्रमविकास की प्रक्रिया के अनुसार उस विश्वव्यापी चैतन्य में लौट जाएँगे—और यह विश्वव्यापी चैतन्य ही ईश्वर है। लोग उसी विश्व्यापी चैतन्य को प्रभु, भगवान्, ईसा, बुद्ध या ब्रह्म कहते हैं—जड़वादी उसी की शक्ति के रूप में

उपलब्धि करते हैं एवं अज्ञेयवादी उसी की उस अनंत अनिर्वचनीय सर्वातीत पदार्थ के रूप में धारणा करते हैं और हम सब उसी के अंश हैं।

यह दूसरा तथ्य हुआ, फिर भी अनेक शंकाएँ की जा सकती हैं। किसी शक्ति का नाश नहीं है, यह बात सुनने में तो बड़ी अच्छी लगती है, पर हम जितनी भी शक्तियाँ और रूप देखते हैं, सभी मिश्रण है। हमारे सम्मुख यह रूप अनेक खंडों का समन्वय है, इसी प्रकार प्रत्येक शक्ति अनेक शक्तियों का समवाय है। यदि तुम शक्ति के संबंध में विज्ञान का मत ग्रहण कर उसे कतिपय शक्तियों की समष्टि मात्र मानते हो, तो फिर तुम्हारे 'मैं-पन', व्यक्तित्व का क्या होता है? जो कुछ समवाय या संघात है, वह शीघ्र अथवा विलंब से अपने कारणीभूत पदार्थ में लीन हो जाता है। इस विश्व में जो भी जड़ अथवा शक्ति के समवाय से उत्पन्न है, वह अपने अंशों में पर्यवसित हो जाता है। शीघ्र या विलंब से, वह अवश्य विश्लिष्ट हो जाएगा, भग्न हो जाएगा और अपने कारणीभूत अंशों में परिणत हो जाएगा। आत्मा भौतिक शक्ति अथवा विचारशक्ति नहीं है। वह तो विचारशक्ति की स्रष्टा है, स्वयं विचारशक्ति नहीं। वह शरीर की रचयित्री है, किंतु वह स्वयं शरीर नहीं है। क्यो? शरीर कभी आत्मा नहीं हो सकता, क्योंकि वह बुद्धियुक्त नहीं है। शव अथवा कसाई की दूकान का मांस का टुकड़ा कभी बुद्धियुक्त नहीं है। हम 'बुद्धि' शब्द से क्या समझते हैं? प्रतिक्रिया-शक्ति। थोड़े और गंभीर भाव से इस तत्त्व की आलोचना करो। मैं अपने सम्मुख यह सुराही देख रहा हूँ। यहाँ पर क्या हो रहा है? इस सुराही से कुछ प्रकाश-किरणें निकलकर मेरी आँख में प्रवेश करती हैं। वे मेरे नेत्रपटल (retina) पर एक चित्र अंकित करती हैं। और यह चित्र जाकर मेरे मस्तिष्क में पहुँचता है। शरीर-वैज्ञानिक जिसको संवेदक नाड़ी (sensory nerves) कहते हैं, उन्हीं के द्वारा यह चित्र भीतर मस्तिष्क में ले जाया जाता है। किंतु तब भी देखने की क्रिया पूरी नहीं होती, क्योंकि अभी तक भीतर की ओर से कोई प्रतिक्रिया नहीं हुई। मस्तिष्क में स्थित जो स्नायु-केंद्र है, वह इस चित्र को मन के पास ले जाएगा, और मन उस पर प्रातक्रिया करेगा। इस प्रतिक्रिया के होते ही सुराही मेरे सम्मुख प्रकाशित हो जाएगी।

एक और अधिक सरल उदाहरण लो। मान लो, तुम खूब एकाग्र होकर मेरी बात सुन रहे हो और इसी समय एक मच्छर तुम्हारी नाक पर काटता है, किंतु तुम मेरी बातें सुनने में इतने तन्मय हो कि उसका काटना तुमको अनुभव नहीं होता। ऐसा क्यों? मच्छर तुम्हारे चमड़े को काट रहा है, उस स्थान पर कितनी ही नाड़ियाँ हैं, और वे इस संवाद को मस्तिष्क के पास पहुँचा भी रही हैं, इसका त्चित्र भी

मस्तिष्क में मौजूद है, किंतु मन दूसरी ओर लगा है, इसलिए वह प्रतिक्रिया नहीं करता, अतएव तुम उसके काटने का अनुभव नहीं करते। हमारे सामने कोई नया चित्र आने पर यदि मन प्रतिक्रिया न करे, तो हम उसके संबंध में कुछ जान ही न सकेंगे। किंतु प्रतिक्रिया होते ही उसका ज्ञान होगा और तभी हम देखने, सुनने और अनुभव आदि करने में समर्थ होंगे। इस प्रतिक्रिया के साथ-साथ ही, जैसा सांख्यवादी कहते हैं, ज्ञान का प्रकाश होता है। अतएव हम देखते हैं कि शरीर कभी ज्ञान का प्रकाश नहीं कर सकता, क्योंकि जिस समय मनोयोग नहीं रहता, उस समय हम अनुभव नहीं कर पाते। ऐसी घटनाएँ सुनी गई हैं कि किसी-किसी विशेष अवस्था में एक व्यक्ति ऐसी भाषा बोलने में समर्थ हुआ है, जो उसने कभी नहीं सीखी। बाद में खोजने पर पता लगता है कि वह व्यक्ति बचपन में ऐसी जाति में रहा है, जो वह भाषा बोलती थी, और वही संस्कार उसके मस्तिष्क में रह गया। वह सब वहाँ पर संचित था, बाद में किसी कारण से उसके मन में प्रतिक्रिया हुई और त्योंही ज्ञान आ गया और वह व्यक्ति वह भाषा बोलने में समर्थ हुआ। इससे मालूम पड़ता है कि केवल मन ही पर्याप्त नहीं है, मन भी किसी के हाथ में यंत्र मात्र है, उस व्यक्ति की बाल्यावस्था में उसके मन में वह भाषा गूढ़ रूप से निहित थी, किंतु वह उसे नहीं जानता था, पर बाद में एक ऐसा समय आया, जब वह उसे जान सका।

इससे यही प्रमाणित होता है कि मन के अतिरिक्त और भी कोई है—उस व्यक्ति के बाल्यकाल में इस 'और कोई' ने उस शक्ति का उपयोग नहीं किया, किंतु जब वह बड़ा हुआ, तब उसने उस शक्ति का उपयोग किया। पहले है यह शरीर, उसके बाद है मन अर्थात् विचार का यंत्र, और फिर है इस मन के पीछे विद्यमान वह आत्मा। आधुनिक दार्शनिक लोग विचार को मस्तिष्क में स्थित परमाणुओं के विभिन्न प्रकार के परिवर्तन के साथ अभिन्न मानते हैं, अतएव वे ऊपर कही हुई घटनावली की व्याख्या नहीं कर पाते, इसीलिए वे साधारणत: इन सब बातों को बिलकुल अस्वीकार कर देते हैं। जो हो, मन के साथ मस्तिष्क का विशेष संबंध है और शरीर का विनाश होने पर वह नष्ट हा जाता है। आत्मा ही एकमात्र प्रकाशक है—मन उसके हाथों यंत्र के समान है और इस यंत्र के माध्यम से आत्मा बाह्य साधन पर अधिकार जमा लेती है। इसी प्रकार प्रत्यक्ष बोध होता है। बाह्य चक्षु आदि साधनों में विषय का संस्कार पड़ता है, और वे उसको भीतर मस्तिष्क-केंद्र में ले जाते हैं—कारण, तुमको यह याद रखना चाहिए कि चक्षु आदि केवल इन संस्कारों के ग्रहण करनेवाले हैं, अंतरिंद्रिय अर्थात् मस्तिष्क के केंद्र ही कार्य करते हैं। संस्कृत भाषा में मस्तिष्क के इन सब केंद्रों को इंद्रिय कहते हैं—ये इंद्रियाँ इन

चित्रों को लेकर मन को अर्पित कर देती हैं, फिर मन इनको बुद्धि के निकट और बुद्धि उन्हें अपने सिंहासन पर विराजमान महामहिमाशाली राजराजेश्वर आत्मा को प्रदान करती है। तब आत्मा उन्हें देखकर आवश्यक आदेश देती है। फिर मन तुरंत इन मस्तिष्क-केंद्रों अर्थात् इंद्रियों पर कार्य करता है। और ये इंद्रियाँ स्थूल शरीर पर। मनुष्य की आत्मा ही इन सब की वास्तविक अनुभवकर्ता, शास्ता, स्रष्टा, सबकुछ है।

हमने देखा कि आत्मा शरीर भी नहीं है, मन भी नहीं। आत्मा कोई यौगिक पदार्थ (Compound) भी नहीं हो सकती। क्यों नहीं? इसलिए कि हर कुछ यौगिक पदार्थ हमोर दर्शन या कल्पना का विषय होता है। जिस विषय का हम दर्शन या कल्पना कुछ भी नहीं कर सकते, जिसे हम पकड़ नहीं सकते, जो न भूत है, न शक्ति, जो कार्य, कारण अथवा कार्य-कारण-संबंध कुछ भी नहीं है, वह यौगिक अथवा मिश्र नहीं हो सकता। यौगिक पदार्थों का क्षेत्र मनोजगत्-विचार-जगत् तक सीमित है। इसके परे वे संभव नहीं हैं। सभी यौगिक पदार्थ नियम के राज्य के अंतर्गत हैं। नियम के परे यदि कोई वस्तु हो, तो वह कदापि यौगिक नहीं हो सकती। फूँक मनुष्य की आत्मा कार्य-कारण-भाव के परे है, अतः वह यौगिक नहीं है। यह सदा मुक्त है और नियमों के अंतर्गत सभी वस्तुओं का नियमन करती है। उसका कभी विनाश नहीं हो सकता, क्योंकि विनाश का अर्थ है किसी यौगिक पदार्थ का अपने उपादानों में परिणत हो जाना। और जो कभी यौगिक नहीं है, उसका विनाश कभी नहीं हो सकता। उसकी मृत्यु होती है या विनाश होता है, ऐसा कहना केवल कोरी मूर्खता है।

अब हम सूक्ष्म से सूक्ष्मतर क्षेत्र में आ उपस्थित हुए हैं। संभव है, तुममें से कुछ लोग भयभीत भी हो जाएँ। हमने देखा कि यह आत्मा भूत, शक्ति एवं विचार-रूप क्षुद्र जगत् के अतीत एक मौलिक (Simple) पदार्थ है, अतः इसका विनाश असंभव है। इसी प्रकार उसका जीवन भी असंभव है। कारण, जिसका विनाश नहीं, उसका जीवन भी कैसे हो सकता है? मृत्यु क्या है? मृत्यु एक पहलू है, और जीवन उसी का एक दूसरा पहलू है। मृत्यु का और एक नाम है जीवन तथा जीवन का और एक नाम है मृत्यु। अभिव्यक्ति के एक रूपविशेष को हम जीवन कहते हैं, और उसी के अन्य रूप विशेष को मृत्यु। जब तरंग ऊपर की ओर उठती है, तो मानो जीवन है और फिर जब वह गिर जाती है, तो मृत्यु है। जो वस्तु मृत्यु के अतीत है, वह निश्चय ही जन्म के भी अतीत है। मैं तुमको फिर उस प्रथम सिद्धांत की याद दिलाता हूँ कि मानवात्मा उस सर्वव्यापी जगन्मयी शक्ति अथवा ईश्वर का अंशमात्र

है। तो हम देखते हैं कि वह जीवन और मृत्यु दोनों से परे है। तुम न कभी उत्पन्न हुए थे, न कभी मरोगे। हमारे चारों ओर जो जन्म और मृत्यु दिखते हैं, वे फिर क्या हैं? वे तो केवल शरीर के हैं, क्योंकि आत्मा तो सदा-सर्वदा वर्तमान है। तुम कहोगे, ''यह कैसे? हम इतने लोग यहाँ पर बैठे हुए हैं और आप कहते हैं, आत्मा सर्वव्यापी है!''

मैं पूछता हूँ, जो पदार्थ नियम के, कार्य-कारण-संबंध के बाहर है, उसे सीमित करने की शक्ति किसमें है? यह गिलास एक सीमित पदार्थ है—यह सर्वव्यापक नहीं है। क्योंकि इसके चारों ओर की जड़राशि इसको इसी रूप मैं रहने को बाध्य करती है—इसे सर्वव्यापी नहीं होने देती। यह अपने आस-पास के प्रत्येक पदार्थ के द्वारा नियंत्रित है, अतएव यह सीमित है। किंतु जो वस्तु नियम के बाहर है, जिस पर कार्य करनेवाला कोई पदार्थ नहीं, वह कैसे सीमित हो सकती है? वह सर्वव्यापक होगी ही। तुम सर्वत्र विद्यमान हो, फिर 'मैंने जन्म लिया है, मैं मरनेवाला हूँ।'—ये सब भाव क्या हैं? वे सब अज्ञान की बातें, मन का भ्रम है। तुम्हारा न कभी जन्म हुआ था, न तुम कभी मरोगे। तुम्हारा जन्म भी नहीं हुआ, न कभी पुनर्जन्म होगा। आवागमन का क्या अर्थ है? कुछ नहीं। यह सब मूर्खता है। तुम सब जगह मौजूद हो। आवागमन जिसे कहते हैं? वह इस सूक्ष्म शरीर अर्थात् मन के परिवर्तन के कारण उत्पन्न हुई एक मृगमरीचिका मात्र है। यह बराबर चल रहा है। यह आकाश पर तैरते हुए बादल के एक टुकड़े के समान है। जब वह चलता रहता है, तो प्रतीत होता है कि आकाश ही चल रहा है। कभी-कभी जब चंद्रमा के ऊपर से बादल हो निकलते हैं, तो भ्रम होता है कि चंद्रमा ही चल रहा है। जब तुम गाड़ी में बैठे रहते हो तो मालूम होता है कि पृथ्वी चल रही है, और नाव पर बैठनेवाले को पानी चलता हुआ सा मालूम होता है। वास्तव में न तुम जा रहे हो, न आ रहे हो, न तुमने जन्म लिया है, न फिर जन्म लोगे। तुम अनंत हो, सर्वव्यापी हो? सभी कार्य-कारण-संबंध से अतीत, नित्यमुक्त, अज और अविनाशी। जन्म और मृत्यु का प्रश्न ही गलत है, महामूर्खतापूर्ण है। मृत्यु हो ही कैसे सकती है, जब जन्म ही नहीं हुआ?

किंतु निर्दोष, तर्कसंगत सिद्धांत पर पहुँचने के लिए हमें एक कदम और बढ़ना होगा। मार्ग के बीच में रुकना नहीं है। तुम दार्शनिक हो, तुम्हारे लिए बीच में रुकना शोभा नहीं देता। हाँ, तो यदि हम नियम के बाहर हैं, तो निश्चय ही हम सर्वज्ञ हैं, नित्यानंदस्वरूप हैं, निश्चय ही सभी ज्ञान, सभी शक्ति और सर्वविध कल्याण हमारे अंदर ही है। अवश्य, तुम सभी सर्वज्ञ और सर्वव्यापी हो। परंतु इस

प्रकार की सत्ता या पुरुष क्या एक से अधिक हो सकते हैं? क्या लाखों-करोड़ों पुरुष सर्वव्यापक हो सकते हैं? कभी नहीं। तब फिर हम सबका क्या होगा? वास्तव में केवल एक ही है, एक ही आत्मा है और तुम सब वह एक आत्मा ही हो। इस तुच्छ प्रकृति के पीछे वह आत्मा ही विराजमान है। एक ही पुरुष है—वही सत्ता है, वह सदानंदस्वरूप सर्वव्यापक, सर्वज्ञ, जन्मरहित और मृत्युहीन है। "उसी की आज्ञा से आकाश फैला हुआ है, उसी की आज्ञा से वायु बह रही है, सूर्य चमक रहा है, सब जीवित है। वही प्रकृति का आधारस्वरूप है, प्रकृति उस सत्यस्वरूप पर प्रतिष्ठित होने के कारण ही सत्य प्रतीत होती है। वह तुम्हारी आत्मा की भी आत्मा है। यही नहीं, तुम स्वयं ही वह हो, तुम और वह एक ही है।" जहाँ कहीं भी दो हैं, वही भय है, खतरा है, वहीं द्वंद्व और संघर्ष है। जब सब एक ही है, तो किससे घृणा, किससे संघर्ष? जब सबकुछ वही है, तो तुम किससे लड़ोगे? जीवन-समस्या की वास्तविक मीमांसा यही है, इसी से वस्तु के स्वरूप की व्याख्या होती है। यही सिद्धि या पूर्णत्व है और यही ईश्वर है। तब तक तुम अनेक देखते हो, तब तक तुम अज्ञान में हो। "इस बहुत्वपूर्ण जगत् में जो उस एक को, इस परिवर्तनशील जगत् में जो गुम अपरिवर्तनशील को अपने आत्मा की आत्मा के रूप में देखता है, अपना स्वरूप समझता है, वही मुक्त है, वही आनंदमय है, उसी ने लक्ष्य की प्राप्ति का है।" अतएव जान लो कि तुम्हीं वह हो, तुम्ही जगत् के ईश्वर हो—'तत्त्वमसि'। ये धारणाएँ कि में पुरुष हूँ, स्त्री हूँ, रोगी हूँ, स्वस्थ हूँ, बलवान हूँ, निर्बल हूँ अथवा यह कि मैं घृणा करता हूँ, मैं प्रेम करता हूँ, अथवा मेरे पास इतनी शक्ति है—सब भ्रम मात्र है। इनको छोड़ो। तुम्हें कौन दुर्बल बना सकता है? तुम्हें कौन भयभीत कर मकना है 'जगत् में तुम्हीं तो एकमात्र सत्ता हो। तुम्हें किसका भय है? अतएव उठो, मुक्त हो जाओ। जान लो कि जो कोई विचार या शब्द तुम्हें दुर्बल बनाता है, एकमात्र वही अशुभ है। मनुष्य को दुर्बल और भयभीत बनानेवाला संसार में जो कुछ है, वही पाप है और उसी से बचना चाहिए। तुम्हें कौन भयभीत कर सकता है? यदि सैकड़ों सूर्य पृथ्वी पर गिर पड़ें, सैकड़ों चंद्र चूर-चूर हो जाएँ, एक के बाद एक ब्रह्मांड विनष्ट होते चले जाएँ, तो भी तुम्हारे लिए क्या? पर्वत की भाँति अटल रहो, तुम अविनाशी हो। तुम आत्मा हो, तुम्हीं जगत् के ईश्वर हो। कहो 'शिवोऽहं, शिवोऽहं—मैं पूर्ण सच्चिदानंद हूँ।' पिंजड़े को तोड़ डालनेवाले सिंह की भाँति तुम अपने बंधन तोड़कर सदा के लिए मुक्त हो जाओ। तुम्हें किसका भय है, तुम्हें कौन बाँधकर रख सकता है?—केवल अज्ञान और भ्रम; अन्य कुछ भी तुम्हें बाँध नहीं सकता। तुम शुद्धस्वरूप हो, नित्यानंदमय हो।

यह मूर्खों का उपदेश है कि 'तुम पापी हो, अतएव एक कोने में बैठकर हाय-हाय करते रहो।' यह उपदेश देना मूर्खता ही नहीं, दुष्टता भी है, कोरी बदमाशी है। तुम सभी ईश्वर हो। तुम ईश्वर को नहीं देखते और उसी को मनुष्य कहते हो! 'अतएव यदि तुममें साहस है, तो इस विश्वास पर खड़े हो जाओ और उसके अनुसार अपना जीवन गढ़ डालो। यदि कोई व्यक्ति तुम्हारा गला काटे तो उसे मना मत करना, क्योंकि तुम तो स्वयं अपना गला काट रहे हो। किसी गरीब का यदि कुछ उपकार करो, तो उसके लिए तनिक भी अहंकार मत लाना। वह तो तुम्हारे लिए उपासना मात्र है, उसमें अहंकार की कौन सी बात? क्या तुम्हीं समस्त जगत् नहीं हो? कहीं ऐसी कोई वस्तु है, जो तुम नहीं हो? तुम जगत् की आत्मा हो। तुम्हीं सूर्य, चंद्र, तारा हो, तुम्हीं सर्वत्र चमक रहे हो। समस्त जगत् तुम्हीं हो। किससे घृणा करोगे और किससे झगड़ा करोगे? अतएव जान लो कि तुम वही हो, और इसी साँचे में अपना जीवन ढालो। जो व्यक्ति इस तत्त्व को जानकर अपना सारा जीवन उसके अनुसार गठित करता है, वह फिर कभी अंधकार में मारा-मारा नहीं फिरता।

❑

आत्मा

(अमेरिका में दिया गया व्याख्यान)

तुममें से बहुतों ने मैक्समूलर की सुप्रसिद्ध पुस्तक 'वेदांत दर्शन पर तीन व्याख्यान' (Three Lectures on the Vedanta Philosophy) को पढ़ा होगा, और शायद कुछ लोगों ने इसी विषय पर प्रोफेसर डॉयसन की जर्मन भाषा में लिखित पुस्तक भी पढ़ी हो। ऐसा लगता है कि पाश्चात्य देशों में भारतीय धार्मिक चिंतन के बारे में जो कुछ लिखा या पढ़ाया जा रहा है, उसमें भारतीय दर्शन की अद्वैतवाद नामक शाखा प्रमुख स्थान रखती है। यह भारतीय धर्म का अद्वैतवादवाला पक्ष है, और कभी-कभी ऐसा भी सोचा जाता है कि वेदों की सारी शिक्षाएँ इस दर्शन में सन्निहित हैं। खैर, भारतीय चिंतन धारा के बहुत सारे पक्ष हैं और यह अद्वैतवाद तो अन्य वादों की तुलना में सबसे कम लोगों द्वारा माना जाता है। अत्यंत प्राचीन काल से ही भारत में अनेकानेक चिंतन-धाराओं की परंपरा रही है, और चूँकि शाखाविशेष के अनुयायियों द्वारा अंगीकार किए जानेवाले मतों को निर्धारित करनेवाला कोई सुसंघटित या स्वीकृत धर्मसंघ अथवा कतिपय व्यक्तियों के समूह वहाँ कभी नहीं रहे, इसलिए लोगों को सदा से ही अपने मन के अनुरूप धर्म चुनने, अपने दर्शन को चलाने तथा अपने संप्रदायों को स्थापित करने की स्वतंत्रता रही। फलस्वरूप हम पाते हैं कि चिरकाल से ही भारत में मत-मतांतरों की बहुतायत रही है। आज भी हम कह नहीं सकते कि कितने सौ धर्म वहाँ फल रहे हैं और कितने नए धर्म हर साल उत्पन्न होते हैं। ऐसा लगता है कि उस राष्ट्र की धामिक उर्वरता असीम है।

भारत में प्रचलित इन विभिन्न मतों को मोटे तौर पर दो भागों में विभक्त किया जा सकता है—आस्तिक और नास्तिक। जो मत हिंदू धर्मग्रंथ वेदों को सत्य का शाश्वत प्रकाश मानते हैं, उन्हें आस्तिक कहते हैं, और जो वेदों को न मानकर अन्य प्रमाणों पर आधारित हैं, उन्हें भारत में नास्तिक कहते हैं। आधुनिक नास्तिक

हिंदू मतों में दो प्रमुख हैं—बौद्ध और जैन। आस्तिक मतावलंबी कोई-कोई कहते हैं कि शास्त्र हमारी बुद्धि से अधिक प्रामाणिक हैं, जबकि दूसरे मानते हैं कि शास्त्रों के केवल बुद्धिसम्मत अंश को ही स्वीकार करना चाहिए, शेष को छोड़ देना चाहिए।

आस्तिक मतों की भी फिर तीन शाखाएँ हैं—सांख्य, न्याय और मीमांसा। इनमें से पहली दो शाखाएँ किसी संप्रदाय की स्थापना करने में सफल न हो सकीं, यद्यपि दर्शन के रूप में उनका अस्तित्व अभी भी है। एकमात्र संप्रदाय, जो अभी भारत में प्राय सर्वत्र प्रचलित है, वह है उत्तरमीमांसा अथवा वेदांत। इस दर्शन को 'वेदांत' कहते हैं। भारतीय दर्शन की समस्त शाखाएँ वेदांत, यानी उपानिषदों से ही निकली है, किंतु अद्वैतवादियों ने यह नाम खासकर अपने लिए रख लिया, क्योंकि वे अपने संपूर्ण धर्मज्ञान तथा दर्शन को एकमात्र वेदांत पर ही आधारित करना चाहते थे। आगे चलकर वेदांत ने प्राधान्य प्राप्त किया। और भारत में अब जो अनेकानेक संप्रदाय हैं, वे किसी-न-किमी रूप में उसी की शाखाएँ हैं। फिर भी ये विभिन्न शाखाएँ अपने विचारों में एकमत नहीं हैं।

हम देखते हैं कि वेदांतियों के तीन प्रमुख भेद हैं। पर एक विषय पर सभा सहमत है, वह यह कि ईश्वर के अस्तित्व में सभी विश्वास करते हैं। सभी वेदांती यह भी मानते हैं कि वेद शाश्वत आप्तवाक्य हैं, यद्यपि उनका ऐसा मानना उस तरह का नहीं, जिस तरह ईसाई अथवा मुसलमान लोग अपने-अपने धर्मग्रंथों के बारे में मानते हैं। वे अपने ढंग से ऐसा मानते हैं। उनका कहना है कि वेदों में ईश्वर संबंधी ज्ञान सन्निहित है और चूँकि ईश्वर चिरंतन है, अत: उसका ज्ञान भी शाश्वत रूप से उसके साथ है। अत: वेद भी शाश्वत हैं। दूसरी बात जो सभी वेदांती मानते हैं, वह है सृष्टिसंबंधी चक्रीय सिद्धांत। सब यह मानते हैं कि सृष्टि चक्रों या कल्पों में होती है। संपूर्ण सृष्टि का आगम और विलय होता है। आरंभ होने के बाद सृष्टि क्रमश: स्थूलतर रूप लेती जाती है, और एक अपरिमेय अवधि के पश्चात् पुन: सूक्ष्मतर रूप में बदलना शुरू करती है तथा अंत में विघटित होकर विलीन हो जाती है। इसके बाद विराम का समय आता है। सृष्टि का फिर उद्‌भव होता है और फिर इसी क्रम की आवृत्ति होती है। ये लोग दो तत्त्वों को स्वत: प्रमाणित मानते हैं—एक को 'आकाश' कहते हैं, जो वैज्ञानिकों के 'इथर' से मिलता-जुलता है और दूसरे को 'प्राण' कहते हैं, जो एक प्रकार की शक्ति है। 'प्राण' के विषय में इनका कहना है कि इसके कंपन से विश्व की उत्पत्ति होती है।

जब सृष्टिचक्र का विराम होता है, तो व्यक्त प्रकृति क्रमश: सूक्ष्मतर होते-

होते आकाश तत्त्व के रूप में विघटित हो जाती है, जिसे हम न देख सकते हैं और न अनुभव ही कर सकते हैं; किंतु इसी से पुनः समस्त वस्तुएँ उत्पन्न होती हैं। प्रकृति में हम जितनी शक्तियाँ देखते हैं, जैसे गुरुत्वाकर्षण, आकर्षण, विकर्षण अथवा विचार, भावना एवं स्नायविक गति, सभी अंततोगत्वा विघटित होकर प्राण में परिवर्तित हो जाती हैं और प्राण का स्पंदन रुक जाता है। इस स्थिति में वह तब तक रहता है, जब तक सृष्टि का कार्य पुनः प्रारंभ नहीं हो जाता। उसके प्रारंभ होते ही 'प्राण' में पुनः कंपन होने लगते हैं। इस कंपन का 'भाव ' 'आकाश' पर पड़ता है और तब सभी रूप और आकार एक निश्चित क्रम में बाहर प्रक्षिप्त होते हैं।

सबसे पहले जिस दर्शन की चर्चा मैं तुमसे करूँगा, वह 'द्वैतवाद' के नाम से प्रसिद्ध है। द्वैतवादी यह मानते हैं कि विश्व का स्रष्टा और शासक ईश्वर शाश्वत रूप में प्रकृति एवं जीवात्मा से पृथक् है। ईश्वर नित्य है, प्रकृति नित्य है तथा सभी आत्माएँ भी नित्य हैं। प्रकृति तथा आत्माओं की अभिव्यक्ति होती है एवं उनमें परिवर्तन होते हैं, परंतु ईश्वर ज्यों-का-त्यों रहता है। द्वैतवादियों के अनुसार ईश्वर सगुण है; उसके शरीर नहीं है, पर उसमें गुण है। मानवीय गुण उसमें विद्यमान है; जैसे वह दयावान् है, वह न्यायी है, वह सर्वशक्तिमान है, वह बलवान् है, उसके पास पहुँचा जा सकता है, उससे प्रार्थना की जा सकती है, उससे प्रेम किय जा सकता है, प्रेम का वह प्रतिदान देता है, आदि-आदि। संक्षेप में वह मानवी? ईश्वर है—अंतर इतना है कि वह मनुष्य से अनंत गुना बड़ा है, तथा मनुष्य में जो दोष हैं, वह उनसे परे है। 'वह अनंत शुभ गुणों का भंडार है'—ईश्वर की यही परिभाषा लोगों ने दी है। वह उपादानों के बिना सृष्टि नहीं कर सकता। प्रकृति ही वह उपादान है, जिससे वह समस्त विश्व की रचना करता है।

कुछ वेदांतेतर द्वैतवादी—जिन्हें 'परमाणुवादी' कहते हैं, यह मानते हैं कि प्रकृति असंख्य परमाणुओं के सिवा और कुछ नहीं है और ईश्वर की इच्छा-शक्ति इन परमाणुओं में सक्रिय होकर सृष्टि करती है। वेदांती लोग इस परमाणु-सिद्धांत को नहीं मानते। उनका कहना है कि यह नितांत तर्कहीन है। अविभाज्य परमाण रेखागणित के बिंदुओं की तरह हैं, खंड और परिमाण रहित। किंतु ऐसी खंड और परिमाण रहित वस्तु को अगर असंख्य बार गुणित किया जाए, तो भी वह ज्यों-की-त्यों रहेगी। फिर कोई वस्तु, जिसके अवयव नहीं, ऐसी वस्तु का निर्माण नहीं कर सकता, जिसके विभिन्न अवयव हों। चाहे जितने भी शून्य इकट्ठे किए जाएँ. उनसे कोई पूर्ण संख्या नहीं बन सकती। इसलिए अगर ये परमाणु अविभाज्य हैं तथा परिमाण रहित हैं, तो इनसे विश्व की सृष्टि सर्वथा असंभव है। अतएव वेदांती

द्वैतवादी अविश्लिष्ट एवं अविभेद्य प्रकृति में विश्वास करते हैं, जिससे ईश्वर सृष्टि की रचना करता है। भारत में अधिकांश लोग द्वैतवादी हैं, मानव–प्रकृति सामान्यत: इससे अधिक उच्च कल्पना नहीं कर सकती।

हम देखते हैं कि संसार में धर्म में विश्वास रखनेवालो में नब्बे प्रतिशत लोग द्वैतवादी ही हैं। यूरोप तथा एशिया के सभी धर्म द्वैतवादी हैं, वैसा होने के लिए वे विवश हैं। कारण, सामान्य मनुष्य उस वस्तु की कल्पना नहीं कर सकता, जो मूर्त न हो। इसलिए स्वभावत: वह उस वस्तु से चिपकना चाहता है, जो उसकी बुद्धि की पकड़ में आती है। तात्पर्य यह कि वह उच्च आध्यात्मिक भावनाओं को तभी समझ सकता है, जब वे उसके स्तर पर नीचे उतर आएँ। वह सूक्ष्म भावों को स्थूल रूप में ही ग्रहण कर सकता है। संपूर्ण विश्व में सर्वसाधारण का यही धर्म है; वे एक ऐसे ईश्वर में विश्वास करते हैं, जो उनसे पूर्णतया पृथक्, मानो एक बड़ा राजा, एक अत्यंत बलिष्ठ सम्राट् हों। साथ ही वे उसे पृथ्वी पर के राजाओं की अपेक्षा अधिक पवित्र बना देते हैं। उसे समस्त दुर्गुणों से रहित और समस्त सद्‌गुणों का आधार बना देते हैं। जैसे कहीं अशुभ के बिना शुभ और अंधकार के बिना प्रकाश संभव हो!

सभी द्वैतवादी सिद्धांतों के साथ पहली कठिनाई यह है कि असंख्य सद्‌गुणों के भांडार, न्यायी तथा दयालु ईश्वर के राज्य में इतने कष्ट कैसे हो सकते हैं? यह प्रश्न हर द्वैतवादी धर्म के समक्ष है, पर हिंदुओं ने कभी भी इसे सुलझाने के लिए शैतान की कल्पना नहीं की। हिंदुओं ने एकमत होकर स्वयं मनुष्य को ही दोषी माना और उनके लिए ऐसा मानना आसान भी था। क्यों? इसलिए कि जैसा मैंने तुमसे अभी कहा, उन्होंने नहीं माना कि आत्मा की सृष्टि शून्य से हुई। इस जीवन में हम देखते हैं कि हम अपने भविष्य का निर्माण कर सकते हैं; हममें से प्रत्येक हर रोज अगले दिन के निर्माण में लगा रहता है। आज हम कल के भाग्य को निश्चित करते हैं, कल परसों का, और इसी तरह यह क्रम चलता रहता है। इसलिए इस तर्क को हम यदि पीछे की ओर ले चलें, तो भी यह पूर्णत: युक्तिसंगत होगा। अगर हम अपने ही कर्मों से भविष्य को निश्चित करते हैं, तो यही तर्क हम अतीत के लिए भी क्यों न लागू करें? अगर किसी अनंत शृंखला की कुछ कड़ियों की पुनरावृत्ति होते हम बारंबार देखें तो कड़ियों के इन समूहों के आधार पर हम समूची शृंखला की भी व्याख्या कर सकते हैं। इसी तरह इस अनंत काल के कुछ भाग को लेकर अगर हम उसकी व्याख्या कर सकें और समझ सकें, तो यही व्याख्या समय की समूची अनंत शृंखला के लिए भी सत्य होगी।

यदि यह सत्य हो कि प्रकृति सर्वत्र एकरूप है तो काल की संपूर्ण शृंखला पर

यही व्याख्या लागू होगी। अगर यह सत्य है कि इस छोटी सी अवधि में हम अपने भविष्य का निर्माण करते हैं, और अगर यह सत्य है कि हर कार्य के लिए कारण अपेक्षित है, तो यह भी सत्य है कि हमारा वर्तमान हमारे संपूर्ण अतीत का परिणाम है। इसलिए यह सिद्ध होता है कि मनुष्य के भाग्य के निर्माण के लिए मनुष्य के सिवा और किसी की जरूरत नहीं है। यहाँ जो कुछ भी अशुभ दीखता है, उसके कारण तो हम ही हैं। हम लोग ही सारे पापों की जड़ है। और जिस तरह हम यह देखते हैं कि पापों का परिणाम दुःखप्रद होता है, उसी तरह यह भी अनुमान किया जा सकता है कि आज जितने कष्ट देखने को मिलते हैं, उन सबके मूल में वे पाप हैं, जिन्हें मनुष्य ने अतीत में किया है। इसलिए इस सिद्धांत के अनुसार मनुष्य ही उत्तरदायी है; ईश्वर पर दोष नहीं लगाया जा सकता। वह जो चिरंतन परम दयालु पिता है, उसे दोषी नहीं माना जा सकता। 'हम जो बोते हैं, वही काटते हैं।'

द्वैतवादियों का एक दूसरा विचित्र सिद्धांत यह है कि सभी आत्माएँ कभी-न-कभी मोक्ष को प्राप्त कर ही लेंगी; कोई भी छूटेगी नहीं। नाना प्रकार के उत्थान-पतन तथा सुख-दुःख के भोग के उपरांत अंत में ये सभी आत्माएँ मुक्त हो जाएँगी। आखिर मुक्त किससे होंगी? सभी हिंदू संप्रदायों का मत है कि इस संसार से मुक्त हो जाना है। न तो यह संसार, जिसे हम देखते तथा अनुभव करते हैं, और न वह जो काल्पनिक है, अच्छा और वास्तविक हो सकता है, क्योंकि दोनों ही शुभ और अशुभ से भरे पड़े हैं। द्वैतवादियों के अनुसार इस संसार से परे एक ऐसा स्थान है, जहाँ केवल सुख और केवल शुभ ही है; जब हम उस स्थान पर पहुँच जाते हैं, तो जन्म-मरण के पाश से मुक्त हो जाते हैं। कहना न होगा कि यह कल्पना उन्हें कितनी प्रिय है, वहाँ न तो कोई व्याधि होगी और न मृत्यु; वहाँ शाश्वत सुख होगा और सदा वे ईश्वर के समक्ष रहते हुए परमानंद का अनुभव करते रहेंगे। उनका विश्वास है कि सभी प्राणी-कीट से लेकर देवदूत और देवता तक-कभी-न-कभी उस लोक में पहुचेंगे ही, जहाँ दुःख का लेश भी नहीं होगा। किंतु अपने इस जगत् का कभी अंत नहीं होगा; तरंग की भाँति यह सतत चलता रहेगा। निरंतर परिवर्तित होते रहने के बावजूद इसका कभी अंत नहीं होता।

मोक्ष प्राप्त करनेवाली आत्माओं की संख्या अपरिमित है। उनमें से कुछ तो पौधों में है, कुछ पशुओं में, कुछ मनुष्यों में तथा कुछ देवताओं में है। पर सबके सब—उच्चतम देवता भी—अपूर्ण है, बंधन में हैं। यह बंधन क्या है? जन्म और मरण की अपरिहार्यता। उच्चतम देवों को भी मरना पड़ता है। देवता क्या है? वे विशिष्ट अवस्थाओं या पदों के प्रतीक हैं। उदाहरणस्वरूप, इंद्र जो देवताओं के

राजा हैं, एक पद-विशेष के प्रतीक हैं। कोई अत्यंत उच्च आत्मा इस कल्प में उस पद पर विराजमान है और इस कल्प के बाद वह पुन: मनुष्य के रूप में पृथ्वी पर अवतरित होगी और इस कल्प में जो दूसरी उच्चतम आत्मा होगी, वह इस पद पर जाकर आसीन होगी। ठीक यही बात अन्य सभी देवताओं के बारे में भी है। वे विशिष्ट पदों के प्रतीक हैं, जिन पर एक के बाद एक, करोड़ों आत्माओं ने काम किया है, और वहाँ से उतरकर मनुष्य का जन्म लिया है। जो मनुष्य फल की आकांक्षा से इस लोक में परोपकार तथा अच्छे काम करते हैं, और स्वर्ग अथवा यशप्राप्ति की आशा करते हैं; वे मरने पर देवता बनकर अपने किए का फल भोगते हैं। किंतु यह मोक्ष नहीं है। मोक्ष फल की आशा रखने से नहीं मिलता। मनुष्य जिस किसी भी चीज की आकांक्षा करता है, ईश्वर उसे वह देता ई। आदमी शक्ति चाहता है, पद चाहता है, देवताओं की भाँति सुख चाहता है; उसकी इच्छाएँ तो पूरी हो जाती है, पर उसके कर्म का कोई शाश्वत फल नहीं होता। एक निश्चित अवधि के बाद उसके पुण्य का प्रभाव समाप्त हो जाता है—चाहे वह अवधि कितनी ही लंबी क्यों न हो। उसके समाप्त होने पर उसका प्रभाव समाप्त हो जाएगा और तब वे देवता पुन: मनुष्य हो जाएँगे और उन्हें मोक्ष-प्राप्ति का दूसरा अवसर मिलेगा।

निम्न कोटि के पशु क्रमश: मनुष्यत्व की ओर बढ़ेंगे, फिर देवत्व की ओर; और तब शायद पुन: मनुष्य बनेंगे, अथवा पशु हो जाएँगे। यह क्रम तब तक चलता रहेगा, जब तक वे वासना से रहित नहीं हो जाते, जीवन की तृष्णा को छोड़ नहीं देते और 'मैं और मेरा' के मोह से मुक्त नहीं हो जाते। यह 'मैं और मेरा' ही संसार में सारे पापों का मूल है। अगर तुम किसी द्वैतवादी से पूछो कि क्या तुम्हारा बच्चा तुम्हारा है, तो फौरन वह कहेगा—"यह तो ईश्वर का है; मेरी संपत्ति मेरी नहीं, बल्कि ईश्वर की है।" सबकुछ ईश्वर का है—ऐसा ही मानना चाहिए।

भारत में ये द्वैतवादी पक्के निरामिष तथा अहिंसावादी हैं। किंतु उनके ये विचार बौद्ध लोगों के विचारों से भिन्न हैं। अगर तुम किसी बौद्ध से पूछो, "आप क्यों अहिंसा का उपदेश देते हैं?" तो वह उत्तर देगा—"हमें किसी के प्राण लेने का अधिकार नहीं है।" किंतु अगर तुम किसी द्वैतवादी से पूछो—"आप जीवहिंसा क्यों नहीं करते?" तो वह कहेगा—"क्योंकि सभी जीव तो ईश्वर के हैं।" इस तरह द्वैतवादी मानते हैं कि 'मैं और मेरा' का प्रयोग केवल ईश्वर के संबंध में ही करना चाहिए। 'मैं' का संबोधन केवल वही कर सकता है, और सारी चीजें भी उसी की हैं। जब मनुष्य इस स्तर पर पहुँच जाए कि 'मैं और मेरा' का भाव उसमें न रहे, सारी चीजों को ईश्वरीय मानने लगे, हर प्राणी से प्रेम करने लगे, और किसी

पशु के लिए भी अपना जीवन देने के लिए तैयार रहे—और ये सारे भाव बिना किसी प्रतिफल की आकांक्षा से हों, तो उसका हृदय स्वत: पवित्र हो जाएगा, तथा उस पवित्र हृदय में ईश्वर के प्रति प्रेम उत्पन्न होगा। ईश्वर ही सभी आत्माओं के आकर्षण का केंद्र है। द्वैतवादी कहते हैं—"अगर कोई सुई मिट्टी से ढकी हो, तो उस पर चुंबक का प्रभाव न होगा; पर ज्योंही उस पर से मिट्टी को हटा दिया जाएगा, त्योंही वह चुंबक की ओर आकृष्ट हो जाएगी।" ईश्वर चुंबक है और मनुष्य की आत्मा सुई; पापरूपी मल इसको ढके रहता है। जैसे ही कोई आत्मा इस मल से रहित हो जाती है, वैसे ही प्राकृतिक आकर्षण से वह ईश्वर के पास चली आती है; और सनातन रूप से उसके साथ रहने लगती है, यद्यपि उसका ईश्वर से कभी तादात्म नहीं होता। पूर्ण आत्मा अपनी इच्छा के अनुरूप कोई भी रूप ग्रहण कर सकती है, अगर वह चाहे, तो सैकड़ों शरीर धारण कर सकती है, और चाहे तो एक भी नहीं; वह लगभग सर्वशक्तिमान हो जाती है, अंतर केवल इतना रहता है कि वह सृष्टि नहीं कर सकती। सृष्टि करने की शक्ति केवल ईश्वर ही की है। चाहे कोई कितना भी पूर्ण क्यों न हो, वह विश्वनियंता नहीं हो सकता; यह काम केवल ईश्वर ही कर सकता है। किंतु जो आत्माएँ पूर्ण हो जाती हैं, वे सभी सदा आनंद से ईश्वर के साथ रहती हैं। द्वैतवादी लोगों की यही धारणा है।

ये द्वैतवादी और भी मत का प्रचार करते हैं। "प्रभु मुझे यह दो, मुझे वह दो"—ईश्वर से इस तरह की प्रार्थना करने पर इन लोगों को आपत्ति है। ये समझते हैं कि ऐसा नहीं करना चाहिए। अगर किसी मनुष्य को जागतिक कोई वस्तु माँगनी ही है तो वह ईश्वर से निम्नतर जीवों से—इन देवताओं, देवदूतों अथवा पूर्ण आत्माओं में से किसी से माँगे। ईश्वर केवल प्रेम के लिए है। यह तो निंदनीय बात है कि हम ईश्वर से भी 'मुझे यह दो, वह दो' ऐसा निवेदन करते हैं। इसलिए द्वैतवादी कहते हैं कि मनुष्य अपनी वासनाओं की पूर्ति तो निम्न कोटि के देवताओं को प्रसन्न करके कर ले, पर अगर वह मोक्ष चाहता है, तो उसे ईश्वर की पूजा करनी होगी। भारतवर्ष में सर्वसाधारण का यही धर्म है।

असली वेदांतदर्शन विशिष्टाद्वैत से प्रारंभ होता है। इस संप्रदाय का कहना है कि कार्य कभी कारण से भिन्न नहीं होता। कारण ही परिवर्तित रूप में कार्य बनकर आता है। अगर सृष्टि कार्य है और ईश्वर कारण, तो ईश्वर और सृष्टि दो नहीं है। वे अपना तर्क इस तरह आरंभ करते हैं कि ईश्वर ही जगत् का निमित्त तथा उपादान कारण है। अर्थात् इस सृष्टि का ईश्वर ही स्वयं कर्ता है और वही स्वयं इसका उपादान भी है, जिससे संपूर्ण प्रकृति प्रक्षिप्त हुई है। तुम्हारी भाषा में जो 'क्रिएशन'

(creation) शब्द है, वस्तुत: संस्कृत में उसका समानार्थक शब्द नहीं है, क्योंकि भारत में ऐसा कोई संप्रदाय नहीं, जो पाश्चात्य लोगों की तरह यह मानता हो कि प्रकृति की स्थापना शून्य से हुई है। हो सकता है कि आरंभ में कुछ लोग ऐसा मानते भी रहे हो, पर शीघ्र ही उन्हें निरुत्तर कर दिया गया होगा। मेरी जानकारी में आज कोई ऐसा संप्रदाय नहीं है, जो इस धारणा में विश्वास करता हो। सृष्टि से हम लोगों का तात्पर्य है, किसी ऐसी वस्तु का प्रक्षेपण, जो पहले से ही हो। इस संप्रदाय के अनुसार तो सारा विश्व स्वयं ईश्वर ही है। विश्व के लिए वही उपादान है। वेदों में हम पढ़ते हैं, 'जिस तरह ऊर्णनाभि (मकड़ी) अपने ही शरीर से तंतुओं को निकालता है, उसी तरह यह सारा विश्व भी ईश्वर से प्रादुर्भूत हुआ है।'

अब अगर कार्य कारण का ही दूसरा रूप है, तो प्रश्न उठता है कि ईश्वर, जो चेतन और शाश्वत ज्ञानस्वरूप है, किस तरह इस भौतिक, स्थूल और अचेतन जगत् का कारण हो सकता है? अगर कारण परम शुद्ध और पूर्ण हो, तो कार्य अन्यथा कैसे हो सकता है? ये विशिष्टाद्वैतवादी क्या कहते हैं? उनका एक विचित्र सिद्धांत है। उनका कहना है कि ईश्वर, प्रकृति एवं आत्मा एक हैं। ईश्वर मानो जीव है और प्रकृति तथा आत्मा उसके शरीर हैं। जिस तरह मेरा एक शरीर है तथा एक आत्मा है, ठीक उसी तरह संपूर्ण विश्व एवं सारी आत्माएँ ईश्वर के शरीर हैं और ईश्वर सारी आत्माओं की आत्मा है। इस तरह ईश्वर विश्व का उपादान कारण है। शरीर परिवर्तित हो सकता है—तरुण या वृद्ध, सबल या दुर्बल हो सकता है, किंतु इससे आत्मा पर कोई प्रभाव नहीं पड़ता। एक ही शाश्वत सत्ता शरीर के माध्यम से सदा अभिव्यत होती है। शरीर आता-जाता रहता है, पर आत्मा कभी परिवर्तित नहीं होती। ठीक इसी तरह समस्त जगत् ईश्वर का शरीर है और इस दृष्टि से वह ईश्वर ही है; किंतु जगत् मैं जो परिवर्तन होते हैं, उनसे ईश्वर प्रभावित नहीं होता जगद्रूपी उपादान से वह सृष्टि करता है और हर कल्प के अंत में उसका शरीर सूक्ष्म होता है, वह संकुचित होता है; फिर परवर्ती कल्प के प्रारंभ में वह विस्तृत होने लगता है और उससे विभिन्न जगत् निकलते हैं।

फिर द्वैतवादी एवं विशिष्टाद्वैतवादी, दोनों यह मानते हैं कि आत्मा स्वभावत: पवित्र है, किंतु अपने कर्मों से यह अपने को अपवित्र बना लेती है विशिष्टाद्वैतवादी इसको द्वैतवादियों की अपेक्षा अधिक सुंदर ढंग से कहते हैं। उनका कहना है कि आत्मा की पवित्रता एवं पूर्णता कभी संकुचित हो जाती है, पर फिर ज्यों-की-त्यों हो जाती है। और हमारा प्रयास यह है कि उसकी अवस्था को बदलकर पुन: उसकी पूर्णता, पवित्रता एवं शीत की स्वाभाविक स्थिति में ले आएँ। आत्मा के

अनेक गुण हैं, पर उसमें सर्वशक्तिमत्ता या सर्वज्ञता नहीं है। हर पापकर्म उसकी प्रकृति को संकुचित कर देता है और पुण्य कर्म विस्तीर्ण। जिस तरह किसी प्रज्वलित अग्नि से उसी जैसे करोड़ों स्फुलिंग निकलते हैं, उसी तरह इस अपरिमेय सत्ता (ईश्वर) से सभी आत्माएँ निकली हैं। सबका उद्देश्य एक ही है। विशिष्टाद्वैतवादियों का ईश्वर भी साकार है। अशेष गुणों का आकर है, वह विश्व की हर चीज में व्याप्त है। वह विश्व की हर वस्तु में, हर जगह अंत:प्रविष्ट है। जब शास्त्र कहते हैं कि ईश्वर सबकुछ है, तो उनका तात्पर्य यही रहता है कि ईश्वर सब में व्याप्त है। उदाहरणत: ईश्वर दीवाल नहीं हो जाता, बल्कि वह दीवाल मैं व्याप्त है। विश्व में कोई ऐसा कण नहीं, ऐसा अणु नहीं, जिसमें वह न हो। आत्माएँ सीमित हैं; वे सर्वव्यापी नहीं हैं। जब उनकी शक्तियों का विस्तार होता है और वे पूर्ण हो जाती हैं, तो जरा-मरण के चक्र से मुक्ति पा जाती हैं और सदा के लिए ईश्वर में ही वास करती हैं।

अब हम अद्वैतवाद पर आते हैं। मेरे विचार में अब तक विश्व के किसी भी देश में दर्शन एवं धर्म के क्षेत्र में जो प्रगति हुई है, उसका चरमतम विकास एवं सुंदरतम पुष्प अद्वैतवाद में है। यहाँ मानव-विचार अपनी अभिव्यक्ति की पराकाष्ठा प्राप्त कर लेता है और अभेद्य प्रतीत होनेवाले रहस्य के भी पार चला ताता है। यह है वेदांत का अद्वैतवाद। अपनी दुरूहता और अतिशय उत्कृष्टता के कारण यह जनसमुदाय का धर्म नहीं बन पाया। पिछले तीन हजार वर्षों से जहाँ इसका एकच्छत्र शासन रहा है, जो इसका जन्मस्थान है, उस भारत में भी यह सर्वसाधारण तक पहुँचने में असमर्थ ही रहा। आगे चलकर हम देखेंगे कि संसार के श्रेष्ठ विचारशील व्यक्तियों को भी इसको समझने में कठिनाई होती रही है। हमने अपने आप को इतना दुर्बल बना लिया है, इतना नीचे गिरा लिया है। हम बातें चाहे जितनी बड़ी-बड़ी करें, पर सत्य तो यह है कि स्वभावत: हम किसी दूसरे का सहारा चाहते हैं। हमारी दशा उन छोटे और कमजोर पौधो की है, जो किसी सहारे के बिना नहीं रह सकते। कितनी बार लोगों ने मुझसे 'एक सुखकर धर्म' की माँग की। कुछ ही लोग हैं, जो सत्य की जिज्ञासा करते हैं, उससे भी कम सत्य को जानने का साहस करते हैं, और सबसे कम सत्य को जानकर हर प्रकार से उसको कार्यरूप में परिणत करते हैं। यह उनका दोष नहीं, बल्कि उनके मस्तिष्क का दोष है। हर नया विचार, खासकर उच्च कोटि का, लोगों को अस्तव्यस्त कर देता है, उनके मस्तिष्क में नया मार्ग बनाने लगता है और उनके संतुलन को नष्ट कर देता है। साधारणत: लोग अपने इर्द-गिर्द के वातावरण में रमे रहते हैं, और इससे ऊपर उठने के लिए उन्हें

प्राचीन अंधविश्वासों, वंशानुगत अंधविश्वासों, वर्ग, नगर, देश के अंधविश्वासों तथा इन सबकी पृष्ठभूमि में स्थित मानव-प्रकृति में सन्निहित अंधविश्वासों की विशाल राशि पर विजय प्राप्त करनी होती है। फिर भी कुछ तो ऐसे वीर लोग संसार में हैं ही, जो सत्य को जानने का साहस करते हैं, जो उसे धारण करने तथा अंत तक उसका पालन करने का साहस करते हैं।

अद्वैतवादी लोगों का क्या कहना है? उनका कहना है कि अगर ईश्वर है तो वह सृष्टि का निमित्त तथा उपादान कारण, दोनों है। वह केवल स्रष्टा नहीं, अपितु सृष्टि भी है। वह स्वयं ही विश्व है। पर यह कैसे संभव है? शुद्ध, चित्तस्वरूप ईश्वर विश्व में कैसे परिणत हुआ है? हाँ, ऐसा ही प्रतीत होता है, जिसे अज्ञानी लोग विश्व कहते हैं, वस्तुतः उसका अस्तित्व है ही नहीं। तब तुम और मैं और ये सारी चीजें, जिन्हें हम देखते हैं, क्या हैं? मात्र आत्मसम्मोहन। सत्ता केवल एक है और वह अनादि, अनंत और शाश्वत शिवस्वरूप है। उस सत्ता में ही हम ये सारे सपने देखते हैं। एक आत्मा ही है, जो इन सारी चीजों से परे है, जो अपरिमेय है, जो ज्ञात से तथा गेय से परे है। हम उसी में तथा उसी के माध्यम से विश्व को देखते हैं। एकमात्र सत्य वही है। वही यह मेज है, वही दर्शक है, वही दीवाल है, वही सबकुछ है, पर नाम और रूप से रहित। मेज में से नाम और रूप को हटा दो, जो बचेगा, वही वह सत्ता है। वेदांती उस सत्ता में लिंग-भेद नहीं मानते, लिंग तो मानव-मस्तिष्क से उत्पन्न एक कल्पना, एक भ्रम है—आत्मा का कोई लिंग नहीं। जो लोग भ्रम में हैं, जो पशु के सदृश हो गए हैं, वे पुरुष या स्त्री को देखते हैं; किंतु जो जीते-जागते देवता हैं, वे नर या नारी में अंतर नहीं जानते। जो सारी चीजों से ऊपर उठ चुके हैं, उसके लिए नर-नारी में भेद की भावना कैसे रह सकती है? हर व्यक्ति, हर वस्तु शुद्ध आत्मा है, जो पवित्र है, लिंगहीन है तथा शाश्वत शिव है। नाम, रूप और शरीर ही, जो भौतिक है, सारी भिन्नताओं के मूल हैं। अगर तुम नाम और रूप के अंतर को हटा दो, तो सारा विश्व एक है; दो की सत्ता नहीं है, बल्कि सर्वत्र एक ही है। तुम और मैं एक है। न तो प्रकृति है, न ईश्वर और न विश्व—बस, एक ही अपरिमेय सत्ता है, जिससे नाम और रूप के आधार पर ये तीनों बने हैं।

ज्ञाता को कैसे जाना जा सकता है? वह नहीं जाना जा सकता। तुम अपने आपको कैसे देख सकते हो? तुम अपने को प्रतिबिंबित भर कर सकते हो। इस तरह यह सारा विश्व एक शाश्वत सत्ता, आत्मा की प्रतिच्छाया मात्र है। और चूँकि प्रतिच्छाया अच्छे या बुरे प्रतिफलक पर पड़ती है, इसलिए तदनुरूप अच्छे या बुरे

बिंब बनते हैं। अगर कोई व्यक्ति हत्यारा है, तो उसमें प्रतिफलक बुरा है, न कि आत्मा। दूसरी ओर अगर कोई साधु है, तो उसमें प्रतिफलक शुद्ध है। आत्मा तो स्वरूपतः शुद्ध है। एक वहीं सत्ता है, जो कीट से लेकर पूर्णतया विकसित प्राणी तक में प्रतिबिंबित है? इस तरह यह संपूर्ण विश्व एक एकत्व, एक सत्ता है; भौतिक, मानसिक, नैतिक, आध्यात्मिक—हर दृष्टि से। इस एक सत्ता को ही हम विभिन्न रूपों में देखते हैं, अपने मन से अनेक बिंब इस पर अध्यस्त करते हैं। जिस प्राणी ने अपने को मनुष्यत्व तक ही सीमित रख लिया है, उसे ऐसा लगता है कि यह संसार मनुष्यों का है, किंतु जो चेतना के उच्चतर स्तर पर है, उसे यह संसार मर्ग-सा दीखता है। वस्तुतः एक ही सत्ता या आत्मा अखिल ब्रह्मांड में व्याप्त है। इसका न तो आना होता है, न जाना। न यह पैदा होती है, न मरती है और न पुनः अवतरित होती है। आखिर यह मर भी कैसे सकती है? यह जाए, तो कहाँ जाए? संसार और स्वर्ग आदि सारे स्थानों की व्यर्थ कल्पना तो हमने कर रखी है। न तो वे कभी रहे हैं न अभी हैं और न भविष्य में कभी होंगे।

मैं सर्वव्यापी हूँ, शाश्वत हूँ। मैं जा ही कहाँ सकता हूँ? मैं कहाँ नहीं हूँ? मैं तो प्रकृति की पुस्तक को पढ़ रहा हूँ। पृष्ठ पर पृष्ठ उलटता जा रहा हूँ और जीवन का एक-एक स्वप्न समाप्त होता जा रहा है। एक पन्ना पढ़ता हूँ, एक स्वप्न समाप्त होता है; और इसी तरह यह क्रम जारी है। जब सारी पुस्तक पढ़ डालूँगा तो उसे लेकर एक किनारे रख दूँगा—यही मेरे खेल का अंत होगा। आखिर वेदांतियों के इन सारे कथनों का तात्पर्य क्या है? आत्मा का श्रेष्ठत्व। संसार में जो देवता कभी पूजे जाते थे या पूजे जाएँगे, उन्हें निकाल बाहर कर वेदांतियों ने उनके स्थान पर मनुष्य की आत्मा को आसीन किया वही आत्मा, जो चंद्र, सूर्य और स्वर्ग की तो बात ही क्या, अखिल ब्रह्मांड से भी श्रेष्ठ है। संपूर्ण शास्त्र एवं विज्ञान मनुष्य के रूप में प्रकट होनेवाली इस आत्मा की महिमा की कल्पना भी नहीं कर सकते। वह समस्त ईश्वरों में श्रेष्ठ है, एकमात्र वही ईश्वर है, जिसकी सत्ता सदैव थी, सदैव है और सदैव रहेगी। इसलिए मैं किसी अन्य की नहीं, बल्कि अपनी ही पूजा करूँगा। 'मैं अपनी आत्मा की पूजा करता हूँ'—यही वेदांती कहता है। मैं किसे नमन करूँ? स्वयं को? मैं सहायता माँगूँ भी, तो किससे? कौन मुझ एकमात्र अपरिमेय सत्ता को सहायता देनेवाला है? ये सब केवल भ्रम और स्वप्न हैं। कब, किसने, किसकी सहायता की है? कभी नहीं।

अगर तुम द्वैतवाद में विश्वास करनेवाले किसी कमजोर प्राणी को गिड़गिड़ाते और स्वर्ग से सहायता की भीख माँगते देखो, तो यही समझो कि वह व्यक्ति नहीं

जानता कि स्वर्ग उसके भीतर ही है। यह ठीक है कि उसकी याचना सार्थक भी होती है, उसे सहायता मिलती है, पर वह सहायता स्वर्ग से नहीं, अपितु उसके अंदर से ही आती है। भ्रमवश वह समझ लेता है कि वह बाहर से आती है। एक उदाहरण लो। कोई रोगी है। उसे किवाड़ खटखटाने की आवाज सुनाई पड़ती है, वह जाकर किवाड़ खोलता है, पर उसे कोई नहीं दीखता। वह लौटकर आ जाता है। पर फिर खटखटाहट होती है और वह जाकर दरवाजा खोलता है। पर फिर कोई नहीं दीखता। इस बार वह आकर सोता है, तो पाता है कि वह खटखटाहट स्वयं उसके हृदय की धड़कन है। इसी तरह आदमी भ्रमवश अपने से बाहर विभिन्न देवताओं की तलाश में रहता है, पर जब उसके अज्ञान का चक्कर समाप्त होता है, तो वह पुनः लौटकर अपनी आत्मा पर आ टिकता है। जिस ईश्वर का खोज में वह दर-दर भटकता रहा, वन-प्रांतर तथा मंदिर-मसजिद को छानता रहा, जिसे वह स्वर्ग में बैठकर संसार पर शासन करनेवाला मानता रहा, वह कोई अन्य नहीं, बल्कि उसकी अपनी ही आत्मा है। वह मैं है, और मैं वह। मैं ही (जो आत्मा हूँ) ब्रह्म हूँ, मेरे इस तुच्छ 'मैं' का कभी अस्तित्व नहीं रहा।

तथापि किस प्रकार वह पूर्ण ब्रह्म भ्रमित हुआ है? वह भ्रमित नहीं हुआ। किस प्रकार पूर्ण ब्रह्म स्वप्न देख सकता है? उसने कभी स्वप्न नहीं देखा। सत्य कभी स्वप्न नहीं देखता। यह प्रश्न ही कि आत्मा को भ्रम कैसे हुआ, बेतुका है। भ्रम से भ्रम की उत्पत्ति होती है। पर जैसे ही सत्य का दर्शन होता है, भ्रम दूर हो जाता है। भ्रम सदा भ्रम पर आधारित रहता है; सत्य, ईश्वर तथा आत्मा कभी उसके आधार नहीं हो सकते। तुम कदापि भ्रम में नहीं हो; वही भ्रम है, जो तुममें तुम्हारे सम्मुख है। एक बादल है दूसरा आता है और उसे हटा देता है और उसका स्थान ले लेता है। फिर दूसरा आता है और पहले को हटा देता है। जैसे अनंत नीले आकाश में रंगारंग बादल आते हैं, क्षण भर ठहरते हैं, और अंतर्हित हो जाते हैं। पर आकाश ज्यों-का-त्यों शाश्वत नील रूप से विद्यमान रहता है, वैसे ही तुम भी, शाश्वत पूर्णता और शुद्धता के साथ विद्यमान हो, यद्यपि भ्रम के बादल आते-जाते रहते हैं। तुम्ही वास्तविक विश्वदेवता हो, यही नहीं, दो की भावना ही अयथार्थ है—एक ही तो सत्ता है। 'तुम और मैं' कहना ही गलत है, केवल 'मैं' कहो। मैं ही तो करोड़ों मुँह से खा रहा हूँ; फिर मैं भूखा कैसे रह सकता हूँ? मैं ही तो करोड़ों करों से काम कर रहा हूँ; फिर मैं निष्क्रिय कैसे हो सकता हूँ? मैं ही समस्त विश्व का जीवन जी रहा हूँ; मेरे लिए मृत्यु कहाँ है? मैं जीवन और मृत्यु के परे हूँ। मैं मुक्ति की खोज कहाँ करूँ? मैं तो स्वभाव से ही मुक्त हूँ। मुझे—इस विश्व के ईश्वर को—बाँध

कौन सकता है? संसार के धर्मतंत्र मानो छोटे-छोटे नक्शे हैं, जो मेरी महिमा को, मुझ अनंत विस्तारी सत्ता को चित्रित करने का प्रयास करते हैं। ये पुस्तकें मेरे लिए क्या है? अद्वैतवादी इस प्रकार कहते हैं।

'सत्य को जान लो और क्षण भर में मुक्त हो जाओ।' सारा अज्ञान भाग जाएगा। जब एक बार मनुष्य विश्व की अनंत सत्ता से अपने को एकीभूत कर लेता है, जब विश्व की सारी पृथक्ता विनष्ट हो जाती है, जब सारे देवता और देवदूत, नर-नारी, पशु और पौधे उस 'एकत्व' में विलीन हो जाते हैं, तब कोई भय नहीं रह जाता। क्या मैं अपने आपको चोट पहुँचा सकता हूँ? अपने को मार सकता हूँ? क्या मैं अपने को आघात पहुँचा सकता हूँ? डरना किससे? अपने आपसे डर कैसा? जब ऐसा भाव आ जाएगा, तब समस्त दुःखी का अंत हो जाएगा। मेरे दुःख का कारण क्या हो सकता है? मैं ही तो समस्त विश्व की एकमात्र सत्ता हूँ। तब किसी से ईर्ष्या नहीं रह जाएगी; क्योंकि ईर्ष्या किससे? स्वयं से? तब समस्त अशुभ भावनाएँ समाप्त हो जाएँगी। किसके विपक्ष में मैं अशुभ भावना रख सकता हूँ? स्वयं के विरुद्ध? विश्व में मेरे सिवा और है कौन और वेदांती कहता है कि ज्ञानप्राप्ति का यही एकमात्र मार्ग है। विभेद के भाप को विनष्ट कर डालो, यह अंधविश्वास कि विविधता का अस्तित्व है, समाप्त कर डालो। "जो अनेकता में एकता का दर्शन करता है, जो इस अचेतन जड़ पिंड में एक ही चेतना का अनुभव करता है एवं जो छायाओं के जगत् में 'सत्य' को ग्रहण कर पाता है, केवल उसी मनुष्य को शाश्वत शांति मिल सकती है, और किसी को नहीं, और किसी को नहीं।"

ईश्वर के संबंध में भारतीय दर्शन ने जो तीन कदम उठाए, उनकी ये ही प्रमुख विशेषताएँ हैं। हमने देखा कि इसका प्रारंभ ऐसे ईश्वर की कल्पना से हुआ, जो सगुण व्यक्ति है तथा विश्व से परे है। यह दर्शन बृहत् ब्रह्मांड से सूक्ष्म ब्रह्मांड-ईश्वर तक आया, जिसे विश्व में अंतर्व्याप्त माना गया। और अंत में आत्मा ही को परमात्मा मानकर संपूर्ण विश्व में एक सत्ता की अभिव्यक्ति को स्वीकार किया गया। वेदों की यही चरम शिक्षा है। इस तरह यह दर्शन द्वैतवाद से प्रारंभ होकर विशिष्टाद्वैत से होता हुआ शुद्ध अद्वैतवाद में विकसित होता है। हम जानते हैं कि संसार में बहुत कम लोग ही इस अंतिम अवस्था तक आ सकते हैं या इसमें विश्वास करने का साहस रख सकते हैं, और इसे व्यवहार में लानेवाले तो उनसे भी विरल हैं। फिर भी इतना तो स्पष्ट है कि संपूर्ण नीतिशास्त्र और आध्यात्मिकता का रहस्य यही है। क्यों सब लोग कहते हैं—"दूसरे की भलाई करो?" इसका कारण

कहाँ है? क्यों सभी महान् व्यक्ति मानवजाति में विश्वबंधुत्व की शिक्षा देते हैं और महत्तर व्यक्ति समस्त प्राणियों में कारण यह है कि चाहे वे जानें या न जानें, पर उनकी हर धारणा, उनके हर तर्कहीन एवं वैयक्तिक अंधविश्वास के मूल में निहित एक आत्मा का शाश्वत प्रकाश बार-बार अपनी अनंत व्यापकता को प्रकट करता है, अनेक रूपों में विद्यमान अपनी एक सत्ता का प्रतिपादन करता है।

फिर भारतीय दर्शन अपनी चरमावस्था पर पहुँचकर विश्व की यों व्याख्या करता है—विश्व एक ही है, पर इंद्रियों को यह भौतिक लगता है, बद्धि को आत्माओं का संग्रह दीखता हैं और आध्यात्मिक दृष्टि से ईश्वर के रूप में प्रकट होता है। उस व्यक्ति को, जो अपने ऊपर पापों का परदा डाले रहता है, यह गर्हित लगेगा; किंतु जो सतत आनंद की खोज में है, उसे यह स्वर्ग सा लगेगा और जो आध्यात्मिक रूप से पूर्णत: विकसित है, उसके लिए यह सब अंतर्हित हो जाएगा, उसे केवल अपनी ही आत्मा का विस्तार प्रतीत होगा।

अभी वर्तमान समय में समाज की जैसी स्थिति है, उसमें दर्शन की इन तीनों अवस्थाओं की नितांत आवश्यकता है; ये अवस्थाएँ परस्पर-विरोधी नहीं, बल्कि एक दूसरे की पूरक हैं। अद्वैतवादी अथवा विशिष्टाद्वैतवादी यह नहीं कहते कि द्वैतवाद गलत है। वे कहते हैं कि द्वैतवाद भी ठीक ही है, पर कुछ निम्न स्तर का। यह भी सत्य ही की ओर ले जाता है। इसलिए हर व्यक्ति को अपना-अपना जीवनदर्शन अपने विचारों के अनुसार निश्चित करने की स्वतंत्रता है। तुम किसी को आघात मत पहुँचाओ, किसी की स्थिति को अस्वीकार मत करो; जिस स्थिति में वह है, स्वीकार करो और यदि तुम कर सकते हो, तो उसे अपने हाथों का सहारा दो और उसे एक उच्चतर स्तर पर ले जाओ, पर उसे हानि न पहुँचाओ और उसे विनष्ट मत करो। अंत में तो सब को सत्य को पाना ही है। "जब सारी वासनाओं का अंत हो जाएगा, तब वह नश्वर मानव ही अमर बनेगा", तब यह मानव ही ईश्वर बन जाएगा।

❑

आत्मा : उसके बंधन तथा मुक्ति

(अमेरिका में दिया गया व्याख्यान)

अद्वैत दर्शन के अनुसार विश्व में केवल एक ही वस्तु सत्य है, और वह है ब्रह्म। ब्रह्मेतर समस्त वस्तुएँ मिथ्या हैं, ब्रह्म ही उन्हें माया के योग से बनाता एवं अभिव्यक्त करता है। उस ब्रह्म की पुन-प्राप्ति ही हमारा उद्‌देश्य है। हम, हममें से प्रत्येक वही ब्रह्म है, वही परम तत्त्व है, पर माया से युक्त। अगर हम इस माया अथवा अज्ञान से मुक्त हो सके, तो हम अपने असली स्वरूप को पहचान लेंगे। इस दर्शन के अनुसार, प्रत्येक व्यक्ति तीन तत्त्वों से बना है—देह, अंतरिंद्रिय अथवा मन, और आत्मा, जो इन सब के पीछे है। शरीर आत्मा का बाहरी आवरण है और मन भीतरी। यह आत्मा ही वस्तुत: द्रष्टा और भोक्ता है तथा यही शरीर में बैठी हुई मन के द्वारा शरीर को संचालित करती रहती है।

मानव-शरीर में आत्मा का ही एकमात्र अस्तित्व है और यह आत्मा चेतन है। चूँकि यह चेतन है, इसलिए यह यौगिक नहीं हो सकती। और चूँकि यह यौगिक नहीं है, इसलिए इस पर कार्य-कारण का नियम नहीं लागू हो सकता। अत: यह अमर है। जो अमर है, उसका कोई आदि नहीं हो सकता, क्योंकि जिस वस्तु का आदि होता है, उसका अंत भी संभव है। इससे यह भी सिद्ध होता है कि उसका कोई रूपाकार नहीं है, कोई रूप भौतिक द्रव्यों के बिना संभव नहीं। जिस वस्तु का कोई रूपाकार होगा, उसका आदि और अंत भी होगा ही। हम लोगों में से किसी ने कभी ऐसी वस्तु नहीं देखी, जिसका आकार तो हो, पर आदि और अंत न हो। रूपाकार की सृष्टि शक्ति एवं भौतिक द्रव्य के संयोग से होती है। इस कुरसी का एक विशिष्ट आकार है, अर्थात् एक निश्चित परिमाणवाले भौतिक द्रव्य पर कुछ शक्तियों ने इस प्रकार काम किया कि इसका यह रूप बन गया है। आकार, शक्ति एवं भौतिक द्रव्य के संयोग का परिणाम है। पर कोई भी संयोग अनंत नहीं होता।

कभी-न-कभी उसका विघटन होता ही है। इस तरह यह सिद्ध होता है कि हर रूप का आदि और अंत है। हम जानते हैं कि हमारा यह शरीर एक न एक दिन नष्ट होगा। इसका जन्म हुआ है, इसलिए मरण भी होगा ही। किंतु आत्मा का कोई रूप नहीं है, इसलिए वह आदि और अंत से परे है। इसका अस्तित्व अनादि काल से है। जैसे काल शाश्वत है, वैसे ही मत की आत्मा शाश्वत है। फिर यह अवश्य ही सर्वव्यापक होगी। केवल उन्हीं वस्तुओं का विस्तार सीमित होता है, जिनका कोई रूप होता है। जिसका कोई रूप ही नहीं, उसके विस्तार की क्या सीमा है? इसलिए अद्वैत वेदांत के अनुसार आत्मा, जो मुझमें, तुममें, सब में है, सर्वव्यापक है। और जब ऐसी ही बात है, तब तो सूर्य में, पृथ्वी पर, अमेरिका में, इंग्लैंड में हर जगह तुम सामान्य रूप से वर्तमान हो। किंतु आत्मा शरीर और मन के माध्यम से ही काम करती है। अत: जहाँ शरीर और मन है, वहीं उसका कार्य दृष्टिगोचर होता है।

हमारा हर कार्य, जो हम करते हैं, हर विचार, जो हम सोचते हैं, मन पर एक छाप छोड़ जाता है, जिसे संस्कृत में 'संस्कार' कहते हैं। ये सभी संस्कार मिल-जुलकर एक ऐसी महती शक्ति का रूप लेते हैं, जिसे 'चरित्र' कहते हैं। उसने अपने आप के लिए जिसका निर्माण किया है, वही उस मनुष्य का चरित्र है, यह मानसिक एवं दैहिक क्रियाओं का परिणाम है, जिन्हें उसने-अपने जीवन में किया है। संस्कारों की समष्टि वह शक्ति है, जिससे यह निश्चित होता है कि मृत्यु के बाद मनुष्य किस दिशा में जाएगा। मनुष्य के मरने पर उसका शरीर तत्त्वों में मिल जाता है। किंतु संस्कार मन में संलग्न रहते हैं और चूँकि मन शरीर की अपेक्षा अधिक सूक्ष्म तत्त्वों से बना होता है, इसलिए विघटित नहीं होता। क्योंकि भौतिक द्रव्य जितना ही सूक्ष्मतर होता है, उतना ही दृढ़तर होता है। अंततोगत्वा मन भी विघटित होता है। हम सभी उसी विघटन की स्थिति के लिए प्रयत्न कर रहे हैं। इस संबंध में सबसे अच्छा उदाहरण, जो मेरे मन में अभी आ रहा है, चक्रवात का है। विभिन्न वायु-तरंगें विभिन्न दिशाओं से आकर मिलती है और एकाकार होकर मिलन-बिंदु में वे संघटित हो जाती हैं तथा चक्राकार स्थिति में वे धूलिकण, कागज के टुकड़े आदि नाना पदार्थों का एक रूप बना लेती हैं, जिन्हें बाद में गिराकर वे पुन: किसी दूसरे स्थान पर जाकर यही क्रम फिर रचती हैं। ठीक इसी प्रकार वे शक्तियाँ, जिन्हें संस्कृत में 'प्राण' कहते हैं, परस्पर मिलकर भौतिक पदार्थों के संयोग से मन तथा शरीर की रचना करती है। चक्रवात की तरह ही वे कुछ समय में इन पदार्थों को गिराकर अन्यत्र यही कार्य पुन: करती हुई आगे बढ़ती जाती हैं। किंतु पदार्थ के बिना शक्ति की कोई गति नहीं, इसलिए जब शरीर छूट जाता है, मनस्तत्व

रह जाता है, और इसमें संस्कारों के रूप में प्राण कार्य करते हैं। किसी दूसरे बिंदु पर जाकर ये पुनः नए पदार्थों का चक्र खड़ा करते हैं। इस तरह ये तब तक भ्रमण करते रहते हैं, जब तक संस्काररूपी शक्तियों का पूर्णतः क्षय नहीं हो जाता। संपूर्ण संस्कारों के साथ जब मन का पूर्णतः क्षय हो जाएगा, तब हम मुक्त हो जाएँगे। इसके पहले हम बंधन में हैं। हमारी आत्मा मन के चक्रवात से ढकी रहती है और सोचती है कि वह एक स्थान से दूसरे स्थान में ले जाई जाती है। जब चक्रवात समाप्त हो जाता है, तब वह अपने को सर्वत्र व्याप्त पाती है। उसे तब अनुभव होता है कि वह तो स्वेच्छा से कहीं भी जा सकती है, वह पूर्णतः स्वतंत्र है और चाहे तो अनेकानेक शरीर और मन की रचना कर सकती है। किंतु जब तक चक्रवात की समाप्ति नहीं होती, उसे उसके साथ ही चलना पड़ेगा। हम सभी इस चक्रवात से मुक्ति के लक्ष्य की ओर बढ़ रहे हैं।

मान लो कि इस कमरे में एक गेंद है और हम सब के हाथ में एक-एक बल्ला है। सैकड़ों बार हम उसे मारते हुए इधर-से-उधर करते रहते हैं, जब तक कि वह कमरे से बाहर नहीं चला जाता। किस वेग से एवं किस दिशा में वह बाहर जाएगा? यह इस बात पर निर्भर करेगा कि जब वह कमरे में था, तो उस पर कितनी शक्तियाँ कार्य कर रही थीं। उसके ऊपर जितनी शक्तियों का प्रयोग किया गया, उन सबका प्रभाव उस पर पड़ेगा। हमारी मानसिक और शारीरिक क्रियाएँ ऐसे ही आघात हैं। मानव-मन वह गेंद है, जिस पर आघात दिया जाता है। यह संसार मानो एक कमरा है, जिसमें मनरूपी गेंद के ऊपर हमारे नाना कार्य-कलापों का प्रभाव पड़ता है एवं इसके बाहर जाने की दिशा एवं गति इन सारी शक्तियों के ऊपर निर्भर होती है। इस तरह इस संसार में हम जो भी कार्य करते हैं, उन्हीं के आधार पर हमारा भावी जीवन निश्चित होता है। इसलिए हमारा वर्तमान जीवन हमारे विगत जीवन का परिणाम है।

एक उदाहरण लो, मान लो, मैं तुमको एक ऐसी शृंखला देता हूँ, जिसका आदि-अंत नहीं है। उस शृंखला में हर सफेद पीढ़ी के बाद एक काली कड़ी है। और वह भी आदि-अंतहीन है। अब मैं तुमसे पूछता हूँ कि वह शृंखला किस प्रकृति की है? पहले तो, इसकी प्रकृति बतलाने में तुमको कठिनाई होगी, क्योंकि यह शृंखला तो अनंत है। पर शीघ्र ही तुमको पता चलेगा कि यह तो एक ऐसी शृंखला है, जिसकी रचना काली और सफेद कड़ियों को पूर्वापर क्रम में जोड़ने से हुई है। और इतना भर जान लेने से ही तुमको संपूर्ण शृंखला की प्रकृति का ज्ञान हो जाता है, क्योंकि यह एक पूर्ण आकृति है। बार-बार जन्म लेकर हम एक ऐसी ही

अनंत श्रृंखला की रचना करते हैं, जिसमें हर जीवन एक कड़ी है। और इस कड़ी का आदि है जन्म, और अंत है मरण। अभी जो हम हैं, और जो हम करते हैं, किंचित् परिवर्तन के साथ उसी की आवृत्ति बार-बार होती रहती है। इस तरह अगर हम जन्म और मरण इन दो कड़ियों को समझ लें, तो हम उस संपूर्ण मार्ग को समझ ले सकते हैं, जिससे होकर हमें गुजरना है। हम देखते हैं कि हमारे वर्तमान जीवन को तो हमारे पूर्व जीवन के कार्य-कलापों ने ही निश्चित कर दिया था। जिस प्रकार हमारे वर्तमान जीवन के कार्य-कलापों का प्रभाव आनेवाले जीवन पर पड़ेगा, उसी प्रकार हमारे पूर्व जीवन के कर्मों का प्रभाव भी हमारे वर्तमान जीवन पर पड़ रहा है। कौन हमें ले आता है? हमारे प्रारब्ध कर्म। कौन हमें ले जाता है? हमारे क्रियमाण कर्म। और इसी प्रकार हम आते और जाते हैं। जैसे लार्वा अपने ही भीतर के पदार्थों से बने तंतुओं को मुँह से निकाल-निकालकर, अपने चारों तरफ कोया बना लेता है और उसमें अपने को बाँध लेता है, वैसे ही हम भी अपने ही कर्मों के जाल में स्वयं बद्ध हो जाते हैं। कार्य-कारण-नियम के इस जाल में हम एक बार उलझ क्या जाते हैं कि इससे बाहर निकलना मुश्किल हो जाता है। एक बार हमने यह चक्र चला दिया और अब इसी में पिस रहे हैं। इस तरह यह दर्शन बतलाता है कि मनुष्य अपने अच्छे-बुरे कर्मों से बँधता चला जाता है।

आत्मा न कभी आती है, न जाती है; यह न तो कभी जन्म लेती है और न कभी मरती है। प्रकृति ही आत्मा के समुख गतिशील है और इस गति की छाया आत्मा पर पड़ती रहती है। भ्रमवश आत्मा सोचती है कि प्रकृति नहीं, बल्कि वही गतिशील है। जब तक आत्मा ऐसा सोचती रहती है, तब तक वह बंधन में रहती है; किंतु जब उसे यह पता चल जाता है कि वह सर्वव्यापक है, तो वह मुक्ति का अनुभव करती है। जब तक आत्म बंधन में रहती है, तब तक उसे जीव कहते हैं। इस तरह तुमने देखा कि समझने की सुविधा के लिए ही हम ऐसा कहते हैं कि आत्मा आती है और जाती है, ठीक वैसे ही, जैसे खगोलशास्त्र में सुविधा के लिए यह कल्पना करने के लिए कहा जाता है कि सूर्य पृथ्वी के चारों तरफ घूमता है, यद्यपि वस्तुतः बात वैसी नहीं है। तो जीव, अर्थात् आत्मा, ऊँचे या नीचे स्तर पर आता-जाता रहता है। यही सुप्रसिद्ध पुनर्जन्मवाद का नियम हैं, सृष्टि इसी नियम से बद्ध है।

इस देश में लोगों को यह बात विचित्र लगती है कि आदमी पशु के स्तर से आया है। क्यों? अगर ऐसा नहीं, तो इन करोड़ों पशुओं की क्या गति होगी? क्या उनका कोई अस्तित्व नहीं है? अगर हमारे अंदर आत्मा का निवास है, तो उनके अंदर भी है और अगर उनके अंदर नहीं है, तो हमारे अंदर भी नहीं है। यह कहना

कि केवल मनुष्यों में ही आत्मा होती है, पशुओं में नहीं, बिलकुल बेतुका है। मैंने पशु से भी गए-गुजरे मनुष्यों को देखा है।

मानवात्मा ने ऊँचे तथा नीचे, विभिन्न स्तरों पर निवास किया है। संस्कारों के चलते यह एक से दूसरा रूप बदलती रहती है। किंतु जब यह मनुष्य के रूप में उच्चतम स्तर पर रहती है, तभी मुक्ति उसे मिल पाती है। इस तरह मनुष्यत्व का स्तर सबसे उन्नत स्तर है; देवत्व से भी उन्नत। क्योंकि मनुष्यत्व के स्तर पर ही आत्मा को मुक्ति मिल सकती है।

यह संपूर्ण विश्व कभी ब्रह्म में ही था। ब्रह्म से यह मानो निकल आया है और तब से सतत भ्रमण करता हुआ यह पुनः अपने उद्गम-स्थान पर वापस जाना चाहता है। यह सारा क्रम कुछ ऐसा ही है, जैसे डाइनेमो से बिजली का निकलना और विभिन्न धाराओं से चक्कर काटकर पुनः उसी में चली जाना आत्मा ब्रह्म से प्रक्षेपित होकर विभिन्न रूपों—वनस्पति तथा पशु-लोकों—से होती हुई मनुष्य के रूप में आविर्भूत होती है। मनुष्य ब्रह्म के सबसे अधिक समीप है। वस्तुतः जीवन का सारा संशय इसीलिए है कि पुनः आत्मा ब्रह्म में मिल जाए। लोग इस बात को समझते हैं या नहीं—यह उतना महत्त्व नहीं रखता। विश्व भर में द्रव्यों, वनस्पतियों अथवा पशुओ में जो कुछ भी गति दीख पड़ती है, वह इसीलिए है कि आत्मा अपने मौलिक केंद्र पर चली जाए और शांतिलाभ करे। प्रारंभ में साम्यावस्था रही, पर वह नष्ट हो गई; और अब सारे अणु-परमाणु इसी प्रयास में हैं कि पुनः वह साम्यावस्था आ जाए। इस प्रयास में ये अनेक बार एक-दूसरे से मिलते और नए-नए रूप धारण करते हैं, जिसके परिणामस्वरूप प्रकृति में विभिन्न दृश्य देखने को मिलते हैं। वनस्पतियों में, पशुओं में तथा सर्वत्र ही जो प्रतिद्वंद्विता, जो संग्राम, जो सामाजिक तनाव और युद्ध होते हैं, वे सभी उसी शाश्वत संगाम की अभिव्यक्तियाँ हैं, जो मौलिक साम्यावस्था की प्राप्ति के लिए हो रही हैं।

जन्म से मृत्यु तक की इस यात्रा को संस्कृत में 'संसार' कहते हैं, जिसका शाब्दिक अर्थ है, जन्म-मरण का चक्र। इस चक्र से गुजरती हुई सारी सृष्टि ही कभी-न-कभी मोक्ष को प्राप्त करेगी। अब प्रश्न हो सकता है कि जब सब को मोक्ष-प्राप्ति होगी ही, तब 'प्रयास' की क्या आवश्यकता है? जब सब लोग मुक्त हो ही जाएँगे, तो क्यों न हम चुपचाप बैठकर इसकी प्रतीक्षा करें? इतना तो सत्य अवश्य है कि कभी-न-कभी सभी जीव मुक्त हो जाएँगे, कोई नहीं रह जाएगा। किसी का भी विनाश नहीं होगा, सबका उद्धार हो जाएगा। अगर ऐसा हो, तो प्रयत्न से क्या लाभ? पहली बात तो यह है कि प्रयत्न से ही हम मौलिक केंद्र पर पहुँच

पाएँगे; दूसरी बात यह है कि हम स्वयं नहीं जानते कि हम प्रयत्न क्यों करते हैं। हमें प्रयत्न करते रहना है बस। 'सहस्त्रों लोगों में कुछ ही लोग यह जानते हैं कि वे मुक्त हो जाएँगे।' संसार के असंख्य लोग अपने भौतिक कार्य-कलापों से ही संतुष्ट हैं। पर कुछ ऐसे लोग भी अवश्य मिलेंगे, जो जाग्रत् हैं और जो संसार-चक्र से ऊब गए हैं। वे अपनी मौलिक साम्यावस्था में पहुँचना चाहते हैं। ऐसे विशिष्ट लोग जान-बूझकर मुक्ति के लिए प्रयत्न करते हैं, जब कि आम लोग अनजाने ही उसमें रत रहते हैं।

वेदांत दर्शन का आदि-अंत है—'संसार त्याग दो'—असत्य को छोड़कर सत्य की खोज करो। जिन्हें संसार से आसक्ति है, वे पूछ सकते हैं—"क्यों हम संसार से विमुख होने का प्रयास करें? क्यों हम मौलिक केंद्र पर लोट चलने के लिए प्रयत्न करें? माना कि हम सभी ईश्वर के यहाँ से आए हैं, पर हम इस संसार को पर्याप्त आनंदप्रद पाते हैं, हम क्यों न संसार का अधिकाधिक उपभोग करें? इससे विमुख होने के लिए प्रयास ही क्यों करें?" वे कहते हैं—देखो, संसार में कितना विकास हो रहा है, आनंद के कितने साधन निकाले जा रहे हैं। यह सबकुछ तो आनंदोपभोग के लिए ही है न? हम क्यों इन सारी चीजों से मुँह मोड़कर उस वस्तु के लिए तपस्या करें, जो इन सबसे भिन्न है? इन सारा बातों के लिए जवाब यह है कि इस संसार का निश्चय ही अंत होगा, यह खंड-खंड होकर विनष्ट हो जाएगा। इन सारे आनंदों को हम कई जन्मों में भोग चुके हैं। जिन चीजों को अभी हम देख रहे हैं, उनका आविर्भाव कई बार पहले भी हो चुका है। मैं यहाँ कई बार आ चुका हूँ और कई बार तुम सबसे पहले भी बातें कर चुका हूँ। जिन शब्दों को तुम अभी सुन रहे हो, उन्हें इसके पहले भी अनेक बार सुन चुके हो और अभी और भी कितनी बार सुनोगे। हमारे शरीर बदलते रहते हैं, पर आत्माएँ तो एक ही रहती हैं। दूसरी बात यह है कि जिन चीजों को तुम अभी देख रहे हो, वे कालांतर से आती ही रहती हैं। यह इस उदाहरण से स्पष्ट हो जाएगा। मान लो कि तीन-चार पासे हैं और जब तुम उन्हें फेंकते हो, तो किसी में पाँच, किसी में चार, किसी में तीन और किसी में दो अंक निकल आते हैं। अगर तुम उन्हें बार-बार फेंकते रहो, तो निश्चय ही ये अंक दुहराए जाएँगे। हाँ, यह नहीं कहा जा सकता कि कितनी बार फेंकने से ऐसा होगा; वह तो संयोग पर निर्भर करता है। ठीक यही बात आत्माओं तथा उनसे संबद्ध वस्तुओं के संबंध में भी कही जा सकती है। एक बार जो रचनाएँ हुईं और उनके विघटन हुए, उन्हीं की आवृत्ति बार-बार होगी, चाहे इन आवृत्तियों के बीच जितना भी समय लगे। पैदा होना, खाना-पीना और फिर मर जाना—जीवन

का यह क्रम न जाने कितनी बार आता-जाता रहेगा। कुछ लोग तो ऐसे हैं, जो सांसारिक भोग से ऊपर उठ ही नहीं सकते। पर वे लोग जो ऊपर उठना चाहते हैं, यह अनुभव करते हैं कि ये आनंद पारमार्थिक नहीं हैं, वरन् नगण्य हैं।

हम ऐसा कह सकते हैं कि कीट से लेकर मनुष्य तक जितने स्वरूप दीख पड़ते हैं, सभी 'शिकागो हिंडोले' (झूले) के डिब्बों की तरह हैं, जो हमेशा घूमता रहता है, पर उसके डिब्बों में बैठनेवाले बदलते रहते हैं। कोई मनुष्य किसी डिब्बे में घुसता है, हिंडोले के साथ घूमता है और फिर बाहर निकल आता है। किंतु हिंडोला घूमता ही रहता है। इसी प्रकार कोई जीव किसी शरीर में प्रवेश करता है, उसमें कुछ समय के लिए निवास करता है, फिर उसे छोड़कर दूसरे शरीर को धारण करता है और उसे भी छोड़कर फिर अन्य शरीर में प्रवेश कर जाता है। यह चक्र तब तक चलता रहता है, जब तक जीव इस चक्र से बाहर आकर मुक्त नहीं हो जाता।

हर देश में हर समय मनुष्य के भूत-भविष्य को जान लेने की विस्मयकर शक्ति का परिचय मिलता है। किंतु इसकी व्याख्या यह है कि जब तक आत्मा कार्य-कारण की परिधि में रहती है, यद्यपि उसकी अंतर्निहित स्वतंत्रता तब भी बनी रहती है, और वह अपनी इस शक्ति का प्रयोग भी कर सकती है, जिसके द्वारा कुछ लोग आवागमन के चक्र से मुक्त हो जाते हैं, तब तक इसके क्रिया-कलापों पर कार्य-कारण-नियम का बड़ा प्रभाव रहता है, और इसी से कार्य-कारण-परंपरा को समझनेवाली अंतर्दृष्टि से संपन्न व्यक्तियों के लिए भूत-भविष्य बता देना संभव हो सकता है।

जब तक मनुष्य में वासना बनी रहेगी, तब तक उसकी अपूर्णता स्वतः प्रमाणित होती रहेगी। एक पूर्ण एवं मुक्त प्राणी कभी किसी चीज की आकांक्षा नहीं करता। ईश्वर कुछ चाहता नहीं है। अगर उसके भीतर भी इच्छाएँ जगें, तो वह ईश्वर नहीं रह जाएगा—वह अपूर्ण हो जाएगा। इसलिए यह कहना कि ईश्वर यह चाहता है, वह चाहता है, वह क्रमशः क्रुद्ध एवं प्रसन्न होता है—महज बच्चों का तर्क है, जिसका कोई अर्थ नहीं। इसलिए सभी आचार्यों ने कहा है, ''वासना को छोड़ो, कभी कोई आकांक्षा न रखो और पूर्णतः संतुष्ट रहो।''

बच्चा जब संसार में आता है, तो उसे दाँत नहीं रहते और वह घुटने के बल चलता है—जब वृद्ध होकर आदमी संसार से विदा लेने लगता है, तब भी उसके दाँत नहीं रहते और उसे भी घुटने के बल चलना पड़ता है। दोनों ही छोर एक से हैं। पर एक ओर जहाँ जीवन का कोई अनुभव नहीं रहता, वहाँ दूसरी ओर व्यक्ति जीवन के सारे अनुभवों को देख चुका होता है। इसी तरह जब ईश्वर की तरंगों के कंपन धीमे

रहते हैं, तो हम प्रकाश नहीं देखते, अंधकार रहता है। पर जब ये कंपन अत्यंत तेज हो जाते हैं, तब भी अंधकार हो जाता है। इससे तो यही सिद्ध होता है कि दो अतियों की स्थिति समान होती है, पर उनमें आकाश-पाताल का अंतर रहता है। दीवाल की कोई वासना नहीं होती और पूर्ण व्यक्ति की भी कोई वासना नहीं रहती। पर दीवाल को किसी चीज की कामना के लिए चेतना ही नहीं है, जबकि पूर्ण व्यक्ति को किसी चीज की कामना ही शेष नहीं रह जाती। ऐसे भी मूर्ख मिलेंगे ही, जो अपनी अज्ञता के कारण किसी तरह की आकांक्षा नहीं रखते, साथ ही पूर्णत्व की स्थिति में भी कोई आकांक्षा नहीं रह जाती। पर जीवन की इन स्थितियों में आकाश-पाताल का अंतर है; एक जहाँ पशुत्व के समीप है, वहाँ दूसरी ब्रह्मत्व के।

❑

मनुष्य का सत्य और आभासमय स्वरूप

(न्यूयॉर्क में दिया हुआ भाषण)

हम यहाँ खड़े हैं, परंतु हमारी दृष्टि दूर, बहुत दूर, और कभी-कभी तो कोसों दूर चली जाती है। जब से मनुष्य ने विचार करना आरंभ किया, तभी से वह ऐसा करता आ रहा है। मनुष्य सदैव आगे और दूर देखने का प्रयत्न करता है। वह जानना चाहता है कि इस शरीर के नष्ट होने के बाद वह कहाँ चला जाता है। इसकी व्याख्या करने के लिए अनेक सिद्धांतों का प्रचार हुआ, सैकड़ों मतों की स्थापना हुई। उनमें से कुछ मत खंडित करके छोड़ भी दिए गए और कुछ स्वीकार किए गए; और जब तक मनुष्य इस जगत् में रहेगा, जब तक वह विचार करता रहेगा, तब तक ऐसा ही चलेगा। इन सभी मतों में कुछ-न-कुछ सत्य है, और साथ ही उनमें बहुत सा असत्य भी है। इस संबंध में भारत में जो सब अनुसंधान हुए हैं, उन्हीं का सार, उन्हीं का फल मैं तुम्हारे सामने रखने का प्रयत्न करूँगा। भारतीय दार्शनिकों के इन सब विभिन्न मतों का समन्वय, तत्त्वचिंतकों तथा मनोवैज्ञानिकों के सिद्धांतों का समन्वय, और यदि हो सका तो, उनके साथ आधुनिक वैज्ञानिक चिंतकों के सिद्धांतों का भी समन्वय करने का प्रयत्न करूँगा।

वेदांत-दर्शन का एकमात्र विषय है—एकत्व की खोज। हिंदू मन वस्तुविशेष के लिए परवाह नहीं करता, वह तो सदैव सामान्य की, यही क्यों, सार्वभौमिक की खोज करता है। "वह क्या है, जिसके जान लेने से सब कुछ जाना जा सकता है?" यही एक विषयवस्तु है। जिस प्रकार मिट्टी? के एक ढेले को जान लेने पर मिट्टी से बनी हुई समस्त वस्तुओं को जान लिया जाता है, उसी प्रकार ऐसी कौन सी वस्तु है, जिसे जान लेने पर समस्त विश्व को जाना जा सकता है? यही एक खोज है। हिंदू दार्शनिकों के मतानुसार, समस्त जगत् का विश्लेषण करके उसे 'आकाश' में पर्यवसित किया जा सकता है। हम अपने चारों ओर जो कुछ देखते हैं, अनुभव

करते हैं, छूते हैं, आस्वादन करते हैं, वह सब इसी आकाश की विभिन्न अभिव्यक्ति मात्र है। यह आकाश सूक्ष्म और सर्वव्यापी है। ठोस, तरल और वाष्पीय सब प्रकार के पदार्थ, सब प्रकार के रूप, शरीर, पृथ्वी, सूर्य, चंद्र, तारे—सब इसी आकाश से निर्मित हैं।

किस शक्ति ने इस आकाश पर कार्य करके इसमें से जगत् की सृष्टि की? आकाश के साथ एक सर्वव्यापी शक्ति रहती है। जगत् में जितनी भी भिन्न-भिन्न शक्तियाँ हैं—आकर्षण, विकर्षण, यहाँ तक कि विचार-शक्ति भी सभी 'प्राण' नामक एक महाशक्ति की अभिव्यक्तियाँ हैं। इसी प्राण ने आकाश पर कार्य करके इस जगत्-प्रपंच की रचना की है। कल्प के प्रारंभ में यह प्राण मानो अनंत आकाश-समुद्र में प्रसुप्त रहता है। प्रारंभ में यह आकाश गतिहीन होकर अवस्थित था। बाद में प्राण के प्रभाव से इस आकाश-समुद्र में गति उत्पन्न होने लगती है। और जैसे-जैसे इस प्राण का स्पंदन या गति होने लगती है, वैसे-वैसे इस आकाश-समुद्र में से नाना ब्रह्मांड, नाना जगत्, कितने ही सूर्य, चंद्र, तारे, पृथ्वी, मनुष्य, जंतु, उद्भिद और नानाविध शक्तियाँ उत्पन्न होती रहती हैं। अतएव हिंदुओं के मत से सब प्रकार की शक्तियाँ प्राण की और सब प्रकार के भौतिक पदार्थ आकाश की विभिन्न अभिव्यक्तियाँ हैं; कल्पांत में सभी ठोस पदार्थ पिघल जाएँगे, और वह तरल पदार्थ वाष्पीय आकार में परिणत हो जाएगा। वह फिर तेज-रूप धारण करेगा। अंत में सबकुछ जिस आकाश में से उत्पन्न हुआ था, उसी में विलीन हो जाएगा। और आकर्षण, विकर्षण, गति आदि समस्त शक्तियाँ धीरे-धीरे मूल प्राण में परिणत हो जाएँगी। उसके बाद जब तक फिर से कल्पारंभ नहीं होता, तब तक यह प्राण मानो निद्रित अवस्था में रहेगा। कल्पारंभ होने पर वह जागकर पुन: नाना रूपों को प्रकाशित करेगा और कल्पांत में फिर से सबका लय हो जाएगा। बस, इसी प्रकार सृष्टि आती है और चली जाती है, वह मानो एक बार पीछे और एक बार आगे झूल रही है। आधुनिक विज्ञान की भाषा में कहेंगे कि एक समय वह स्थितिशील रहती है, फिर गतिशील हो जाती है, एक समय प्रसुप्त रहती है और फिर क्रियाशील हो जाती है। बस इसी प्रकार अनंत काल से चला आ रहा है।

पर यह विश्लेषण भी अधूरा है। इतना तो आधुनिक भौतिक विज्ञान को भी ज्ञात है। इसके परे भौतिक विज्ञान की पहुँच नहीं है। पर इस अनुसंधान का यहीं अंत नहीं हो जाता। हमने अभी तक उस वस्तु को प्राप्त नहीं किया, जिसे जान लेने पर सबकुछ जाना जा सके। हमने समस्त जगत् को भूत और शक्ति में अथवा, प्राचीन भारतीय दार्शनिकों के शब्दों में, आकाश और प्राण में पर्यवसित कर दिया।

अब आकाश और प्राण को उनके मूल-तत्त्व में पर्यवसित करना होगा। इन्हें मन नामक उच्चतर सत्ता में पर्यवसित किया जा सकता है। मन, महत् अथवा समष्टि विचार-शक्ति से प्राण और आकाश दोनों की उत्पत्ति होती है। प्राण या आकाश की अपेक्षा विचार सत्ता की ओर अधिक सूक्ष्मतर अभिव्यक्ति है। विचार ही स्वयं इन दोनों में विभक्त हो जाता है। प्रारंभ में यह सर्वव्यापी मन ही था और इसने स्वयं व्यक्त, परिवर्तित और विकसित होकर आकाश और प्राण ये दो रूप धारण किए तथा इन दोनों के सम्मिश्रण से सारा जगत् बना।

अब हम मनोविज्ञान की चर्चा करेंगे। मैं तुमको देख रहा हूँ। आँखें बाह्य संवेदनाएँ मेरे पास लाती हैं और संवेदक नाड़ियाँ उन्हें मस्तिष्क में ले जाती हैं। आँखें देखने का साधन नहीं हैं, वे उसका केवल बाहरी यंत्र हैं, क्योंकि देखने का जो वास्तविक साधन है, जो मस्तिष्क में संवेदनाएँ ले जाता है, उसको यदि नष्ट कर दिया जाए, तब बीस आँखें रहते हुए भी मैं तुममें से किसी को भी न देख सकूँगा। नेत्रपट (Retina) पर भले ही चित्र पूरा हो, फिर भी मैं तुमको न देख सकूँगा। अतएव वास्तविक दर्शनेंद्रिय इस यंत्र से भिन्न है। इस यंत्र-चक्षु के पीछे यथार्थ चक्षुरिंद्रिय है। सब प्रकार की विषयानुभूतियों के संबंध में ऐसा ही समझना चाहिए। नासिका घ्राणेंद्रिय नहीं है, वह तो यंत्र मात्र है, घ्राणेंद्रिय उसके पीछे है। प्रत्येक इंद्रिय के संबंध में समझना चाहिए कि बाह्य यंत्र इस स्थूल शरीर में अवस्थित है, और उनके पीछे, इस स्थूल शरीर में ही, इंद्रियाँ भी मौजूद हैं। पर इतना ही पर्याप्त नहीं है। मान लो मैं तुमसे कुछ कह रहा हूँ और तुम बड़े ध्यान से मेरी बात सुन रहे हो। इसी समय यहाँ एक घंटा बजता है और शायद तुम उस घंटे की ध्वनि को नहीं सुन पाते। यह शब्द-तरंगों ने तुम्हारे कान में पहुँचकर कान के परदे में आघात किया, नाड़ियों के द्वारा यह संवाद मस्तिष्क में पहुँचा, पर फिर भी तुम उसे नहीं सुन सके। ऐसा क्यों? यदि मस्तिष्क में आवेग संवाहित करने से ही सुनने की सारी क्रिया संपूर्ण हो जाती है, तो फिर तुम क्यों सुन नहीं सके? किसी अन्य घटक का अभाव था—मन इंद्रिय से युक्त नहीं था। जिस समय मन इंद्रियों से पृथक् रहता है, उस समय इंद्रियों द्वारा लाने गए किसी भी संवाद को मन ग्रहण नहीं करता। जब मन उनसे युक्त रहता है, तभी वह किसी भी संवाद को ग्रहण करने में समर्थ होता है। पर इससे भी विषयानुभूति पूर्ण नहीं हो जाती। बाहरी यंत्र भले ही बाहर से संवाद ले आएँ, इंद्रियाँ भले ही उसे भीतर ले जाएँ और मन भी इंद्रियों से संयुक्त रहे, पर तो भी विषयानुभूति पूर्ण न होगी।

एक और वस्तु आवश्यक है—भीतर से प्रतिक्रिया होनी चाहिए। प्रतिक्रिया से ज्ञान उत्पन्न होगा। बाहर की वस्तु ने मानो मेरे अंदर संवाद-प्रवाह भेजा। मेरे मन ने

उसे ले जाकर बुद्धि के निकट अर्पित कर दिया, बुद्धि ने पहले से बने हुए मन के संस्कारों के अनुसार उसे सजाया और बाहर की ओर एक प्रतिक्रिया-प्रवाह भेजा। बस, इस प्रतिक्रिया के साथ ही विषयानुभूति होती है। मन की जो स्थिति यह प्रतिक्रिया भेजती है, उसे 'बुद्धि' कहते हैं। किंतु इससे भी विषयानुभूति पूर्ण नहीं हुई। मान लो, एक कैमरा है और एक परदा। मैं इस परदे पर एक चित्र डालना चाहता हूँ। तो मुझे क्या करना होगा? मुझे उस यंत्र में से नाना प्रकार की प्रकाश-किरणों को इस परदे पर डालने का और उन्हें एक स्थान में एकत्र करने का प्रयत्न करना होगा। इसके लिए एक अचल वस्तु की आवश्यकता है, जिस पर चित्र डाला जा सके। किसी चलनशील वस्तु पर ऐसा करना असंभव है—कोई स्थिर वस्तु चाहिए; क्योंकि मैं जो प्रकाश-किरणें डालना चाहता हूँ, वे सचल हैं और इन सचल प्रकाशकिरणों को किसी अचल वस्तु पर एकत्र, एकीभूत, सम्मिलित और केंद्रित करना होगा। यही बात उन संवेदनों के विषय में भी है, जिन्हें इंद्रियाँ मन के निकट और मन-बुद्धि के निकट समर्पित करता है। जब तक ऐसी कोई वस्तु नहीं मिल जाती, जिस पर यह चित्र डाला जा सके, जिस पर ये भिन्न-भिन्न भाव एकत्रीभूत होकर मिल सकें, तब तक पह विषयानुभूति पूर्ण नहीं होती। वह कौन सी वस्तु है, जो हमारे अस्तित्व के विभिन्न परिवर्तनशील विभागों को एकत्व का भाव प्रदान करती है? वह कौन सी वस्तु है, जो विभिन्न गतियों के भीतर भी प्रतिक्षण एकत्व की रक्षा किए रहती है? वह कौन सी वस्तु है, जिस पर भिन्न-भिन्न भाव मानो एक ही जगह गुँथे रहते हैं, जिस पर विभिन्न विषय आकर मानो एक जगह वास करते हैं और एक अखंड भाव धारण करते हैं? हमने देखा है कि इस प्रकार की कोई वस्तु अवश्य चाहिए, और उस वस्तु का, शरीर और मन की तुलना में, अचल होना आवश्यक है। जिस परदे पर यह कैमरा चित्र डाल रहा है, वह इन प्रकाशकिरणों की तुलना में अचल है। यदि ऐसा न हो, तो चित्र पड़ेगा ही नहीं। अर्थात् उस वस्तु को, उस द्रष्टा को एक अखंड, अविभाज्य व्यक्ति (Individual) होना चाहिए। जिस वस्तु पर मन सब चित्रांकन करता है, जिस पर मन और बुद्धि द्वारा ले जाई गई हमारी संवेदनाएँ स्थापित, श्रेणीबद्ध और एकत्रीभूत होती हैं, बस उसी को मनुष्य की आत्मा कहते हैं।

तो हमने देखा कि समष्टि-मन या महत् आकाश और प्राण इन दो भागों में विभक्त है। और मन के पीछे है आत्मा। समष्टि-मन के पीछे जो आत्मा है, उसे ईश्वर कहते हैं। व्यष्टि में यह मनुष्य की आत्मा मात्र है। जिस प्रकार विश्व में समष्टि-मन आकाश और प्राण के रूप में परिणत हो गया है, उसी प्रकार समष्टि-आत्मा भी मन के रूप में परिणत हो गई है। अब प्रश्न उठता है—क्या इसी प्रकार

व्यष्टि-मनुष्य के संबंध में भी समझना होगा? मनुष्य का मन भी क्या उसके शरीर का स्रष्टा है और क्या उसकी आत्मा उसके मन की स्रष्टा है? अर्थात् मनुष्य का शरीर, मन और आत्मा—ये क्या तीन विभिन्न वस्तुएँ हैं, अथवा ये एक के भीतर ही तीन हैं, अथवा ये सब एक ही सत्ता की तीन विभिन्न अवस्थाएँ हैं? हम क्रमशः इसी प्रश्न का उत्तर देने का प्रयत्न करेंगे। जो भी हो, हमने अब तक यही देखा कि पहले तो यह स्थूल देह है, उसके पीछे हैं इंद्रियाँ, फिर मन, तत्पश्चात् बुद्धि और बुद्धि के भी पीछे आत्मा। तो पहली बात यह हुई कि आत्मा शरीर से पृथक् है तथा वह मन से भी पृथक् है। बस यहीं से धर्मजगत् में मतभेद देखा जाता है। द्वैतवादी कहते हैं कि आत्मा सगुण है अर्थात् भोग, सुख, दुःख आदि न सभी यथार्थ में आत्मा के धर्म हैं, पर अद्वैतवादी कहते हैं कि वह निर्गुण है, उसमें यह धर्म नहीं है।

हम पहले द्वैतवादियों के मत का—आत्मा और उसकी गति के संबंध में उनके मत का—वर्णन करके, उसके बाद उस मत का वर्णन करेंगे, जो इसका पूर्ण रूप से खंडन करता है, और अंत में अद्वैतवाद के द्वारा दोनों मतों का सामंजस्य स्थापित करने का प्रयत्न करेंगे। यह मानवात्मा शरीर और मन से पृथक् होने के कारण एवं आकाश और प्राण से गठित न होने के कारण अवश्य अमर है। क्यों? मृत्यु या विनाश का क्या अर्थ है? विघटित हो जाना, और जो वस्तु कुछ पदार्थों के संयोग से बनती है, वही विघटित होती है। जो अन्य पदार्थों के संयोग से उत्पन्न नहीं है, वह कभी विघटित नहीं होती, इसलिए उसका विनाश भी कभी नहीं हो सकता। वह अविनाशी है। वह अनंत काल से है, उसकी कभी सृष्टि नहीं हुई। सृष्टि तो संयोग अथवा संघात मात्र है। शून्य से कभी किसी ने सृष्टि नहीं देखी। सृष्टि के संबंध में हम बस इतना ही जानते हैं कि वह पहले से वर्तमान कुछ वस्तुओं का नए-नए रूपों में एकत्र मिलन मात्र है। यदि ऐसा है, तो फिर यह मानवात्मा भिन्न-भिन्न वस्तुओं के संयोग से उत्पन्न नहीं है, अतः वह अवश्य अनंत काल से है और अनंत काल तक रहेगी। इस शरीर का नाश हो जाने पर भी आत्मा रहेगी। वेदांतवादियों के मत से, जब इस शरीर का नाश हो जाता है, तब मनुष्य की इंद्रियाँ मन में लीन हो जाती हैं, मन का प्राण में लय हो जाता है, प्राण आत्मा में प्रविष्ट हो जाता है और तब मानव की वह आत्मा मानो सूक्ष्मशरीर अथवा लिंगशरीर-रूपी वस्त्र पहनकर चली जाती है। इस सूक्ष्म शरीर में ही मनुष्य के सारे संस्कार वास करते हैं।

संस्कार क्या हैं? मन मानो सरोवर के समान है और हमारा प्रत्येक विचार मानो उस सरोवर की लहर के समान है। जिस प्रकार सरोवर में लहर उठती है,

गिरती है, गिरकर अंतर्हित हो जाती है, उसी प्रकार मन में ये सब विचार-तरंगें लगातार उठती और अंतर्हित होती रहती हैं। किंतु वे एकदम अंतर्हित नहीं हो जातीं। वे क्रमशः सूक्ष्मतर होती जाती हैं, पर वर्तमान रहती ही हैं। प्रयोजन होने पर फिर उठती हैं। जिन विचारों ने सूक्ष्मतर रूप धारण कर लिया है, उन्हीं में से कुछ को फिर से तरंगाकार में लाने को ही स्मृति कहते हैं। इस प्रकार, हमने जो कुछ सोचा है, जो कुछ किया है, सारा का सारा मन में अवस्थित है। ये सब वहाँ सूक्ष्म रूप में हैं और मनुष्य के मर जाने पर भी ये संस्कार उसके मन में विद्यमान रहते हैं—वे फिर सूक्ष्म शरीर पर कार्य करते रहते हैं। आत्मा ये सब संस्कार एवं सूक्ष्मशरीर-रूपी वस्त्र पहनकर चला जाता है और विभिन्न संस्कारों की इन विभिन्न शक्तियों का समवेत फल ही आत्मा की भविष्य गति को निर्धारित करता है। उनके मत से आत्मा की तीन प्रकार की गति होती है।

जो अत्यंत धार्मिक हैं, वे मृत्यु के बाद सूर्यरश्मियों का अनुसरण करते हैं; सूर्यरश्मियों का अनुसरण करते हुए वे सूर्यलोक में जाते हैं; वहाँ से वे चंद्रलोक और चंद्रलोक से विद्युल्लोक में उपस्थित होते हैं; वहाँ एक मुक्त आत्मा से उनका साक्षात्कार होता है; वह इन जीवात्माओं को सर्वोच्च ब्रह्मलोक में ले जाती है। यहाँ उन्हें सर्वज्ञता और सर्वशक्तिमत्ता प्राप्त होती है; उनकी शक्ति और ज्ञान प्रायः ईश्वर के समान हो जाता है; और द्वैतवादियों के मत से वे अनंत काल तक वहाँ वास करते हैं; अथवा अद्वैतवादियों के अनुसार, कल्पांत में ब्रह्म के साथ एकत्व प्राप्त करते हैं। जो लोग सकाम भाव से सत्कार्य करते हैं, वे मृत्यु के बाद चंद्रलोक में जाते हैं। वहाँ नाना प्रकार के स्वर्ग हैं। वे वहाँ पर सूक्ष्मशरीर—देवशरीर—प्राप्त करते हैं। वे देवता होकर वहाँ वास करते हैं और दीर्घ काल तक स्वर्ग के सुखों का उपभोग करते हैं। इस भोग का अंत होने पर फिर उनका प्राचीन कर्म बलवान् हो जाता है; अतः फिर से उनका मर्त्यलोक में पतन हो जाता है। वे वायुलोक, मेघलोक आदि लोकों में से होते हुए अंत में वृष्टिधारा के साथ पृथ्वी पर गिर पड़ते हैं। वृष्टि के साथ गिरकर वे किसी शस्य का आश्रय लेकर रहते हैं। इसके बाद जब कोई व्यक्ति उस शस्य को खाता है, तब उसके वीर्य से वे फिर से शरीर धारण करते हैं। जो लोग अत्यंत दुष्ट हैं, वे मरने पर भूत अथवा दानव हो जाते हैं एवं चंद्रलोक और पृथ्वी के बीच किसी स्थान में वास करते हैं। उनमें से कुछ मनुष्यों को त्रस्त करते हैं और कुछ मनुष्यों से मैत्रीभाव रखते हैं। वे कुछ समय तक उस स्थान में रहकर फिर पृथ्वी पर पशु-जन्म लेते हैं। कुछ समय पशु-देह में रहकर वे फिर से मनुष्य-योनि में आते हैं—वे और एक बार मुक्तिलाभ करने की उपयुक्त अवस्था प्राप्त करते हैं।

तो इस प्रकार हमने देखा कि जो लोग मुक्ति की निकटतम सीढ़ी पर पहुँच गए हैं, जिनमें अपवित्रता बहुत कम रह गई है, वे ही सूर्यकिरणों के सहारे ब्रह्मलोक में जाते हैं। जो मध्यम-वर्ग के लोग हैं, जो स्वर्ग जाने की इच्छा से सत्कर्म करते हैं, वे चंद्रलोक में जाकर वहाँ के स्वर्गों में वास करते हैं और देवशरीर प्राप्त करते हैं, पर उन्हें मुक्ति की प्राप्ति के लिए फिर से मनुष्य-देह धारण करनी पड़ती है।

और जो अत्यंत दुष्ट हैं, वे भूत, दानव आदि रूपों में परिणत होते हैं, उसके बाद वे पशु होते, और मुक्तिलाभ के लिए उन्हें फिर से मनुष्य-जन्म ग्रहण करना पड़ता है। इस पृथ्वी को 'कर्मभूमि' कहा जाता है। अच्छा-बुरा सभी कर्म यहीं करना होता है। मनुष्य स्वर्गकाम होकर सत्कार्य करने पर स्वर्ग में जाकर देवता हो जाता है; इस अवस्था में वह कोई नया कर्म नहीं करता, वह तो बस, पृथ्वी पर किए हुए अपने सत्कर्मों के फलों का ही भोग करता है। और जब वे सत्कर्म समाप्त हो जाते हैं, तो उसी समय जो असत् या बुरे कर्म उसने पृथ्वी पर किए थे, उन सबका संचित फल वेग के साथ उस पर आ जाता है और उसे वहाँ से फिर एक बार पृथ्वी पर घसीट लाता है। इसी प्रकार जो भूत हो जाते हैं, वे उस अवस्था में कोई नूतन कर्म न करते हुए केवल अपने पूर्व कर्मों का फल भोगते रहते हैं; तत्पश्चात् पशु-जन्म ग्रहण कर वे वहाँ भी कोई नया कर्म नहीं करते। उसके बाद वे भी फिर मनुष्य हो जाते हैं। शुभ और अशुभ कर्मों द्वारा जनित पुरस्कार और दंड की अवस्थाओं में नूतन कर्मों को उत्पन्न करने की शक्ति नहीं होती, वे केवल भोगी जाती हैं। अत्यंत शुभ और अत्यंत अशुभ कर्मों का फल बहुत शीघ्र प्राप्त होता है। मान लो कि एक व्यक्ति ने जीवन भर अनेक बुरे काम किए, पर एक बहुत अच्छा काम भी किया। ऐसी दशा में उस सत्कार्य का फल उसी क्षण प्रकाशित हो जाएगा, और इस सत्कार्य का फल समाप्त होते ही बुरे कार्य भी अपना फल दिखाने लगेंगे। जिन लोगों ने कुछ अच्छे-अच्छे, बड़े-बड़े कार्य किए हैं, पर जिनके सारे जीवन की सामान्य गति अच्छी नहीं रही, वे सब देवता हो जाएँगे। देव-देह धारण कर देवताओं की शक्ति का कुछ काल तक भोग करके उन्हें फिर से मनुष्य होना पड़ेगा। जब सत्कर्मों की शक्ति का क्षय हो जाएगा, तब फिर से उन पुराने असत्कार्यों का फल होने लगेगा। जो अत्यंत बुरे कर्म करते हैं, उन्हें भूत-योनि, दानव-योनि में जाना पड़ेगा, और जब उनके बुरे कर्मों का फल समाप्त हो जाएगा, तो उस समय उनका जितना भी सत्कर्म शेष है, उसके फल से वे फिर मनुष्य हो जाएँगे। जिस मार्ग से ब्रह्मलोक में जाते हैं, जहाँ से पतन होने अथवा लौटने की संभावना नहीं रहती, उसे देवयान कहते हैं, और चंद्रलोक के मार्ग को पितृयान कहते हैं।

अतएव वेदांत-दर्शन के मत से मनुष्य ही जगत् में सर्वश्रेष्ठ प्राणी है और यह कर्मभूमि पृथ्वी ही सर्वश्रेष्ठ स्थान है, क्योंकि एकमात्र यहीं पर उसके पूर्णत्व प्राप्त करने की सर्वोत्कृष्ट और सर्वाधिक संभावना है। देवदूत या देवता आदि को भी पूर्ण होने के लिए मनुष्य-जन्म ग्रहण करना पड़ेगा। यह मानव-जीवन एक अद्भुत स्थिति और अद्भुत अवसर है।

अब हम दर्शन के एक अन्य पक्ष पर विचार करेंगे। बौद्ध लोग इस आत्मा का अस्तित्व एकदम अस्वीकार करते हैं। वे कहते हैं, हम विचारों के प्रवाह को ही क्यों न चलने दें? शरीर और मन के पीछे उनके आधार-स्वरूप आत्मा नामक कोई वस्तु मानने की क्या आवश्यकता है? इस शरीर और मनरूपी वस्तु से ही क्या यथेष्ट व्याख्या नहीं हो जाती? और एक तीसरी वस्तु से क्या लाभ? यह युक्ति है तो बड़ी प्रबल। जहाँ तक बाह्य अनुसंधान की पहुँच है, वहाँ तक तो यही प्रतीत होता है कि यह शरीर और मनरूपी यंत्र अपनी व्याख्या के लिए स्वयं ही पर्याप्त है; कम-से-कम हममें से अनेक इस तत्त्व को इसी दृष्टि से देखते हैं। तब फिर शरीर और मन से भिन्न, पर साथ ही शरीर और मन के अधिष्ठानस्वरूप आत्मा नामक एक पदार्थ के अस्तित्व की कल्पना की क्या आवश्यकता? बस शरीर और मन कहना ही तो पर्याप्त है; सतत परिणामशील जड़-प्रवाह का नाम शरीर और सतत परिणामशील विचार-प्रवाह का नाम है मन। तब यह जो एकत्व की प्रतीति हो रही है, वह कैसे होती है? बौद्ध कहते हैं कि यह एकत्व वास्तविक नहीं है। मान लो, एक जलती मशाल को घुमाया जा रहा है। तो इससे वह आग एक वृत्त सी प्रतीत होती है। वास्तव में कही कोई वृत्त नहीं है, पर मशाल के सतत घूमने से आग ने यह वृत्त-रूप धारण कर लिया है। इसी प्रकार हमारे जीवन में भी एकत्व नहीं है, जड़ की राशि लगातार चल रही है। यदि संपूर्ण जड़राशि को एक कहकर संबोधित करने की इच्छा हो, तो करो, पर उसके अतिरिक्त वास्तव में कोई एकत्व नहीं है। मन के संबंध में भी यही बात है, प्रत्येक विचार दूसरे विचारों से पृथक् है।

यह प्रबल विचार-प्रवाह ही इस भ्रमात्मक एकत्व का भाव उत्पन्न कर देता है; अतएव फिर तीसरी वस्तु की क्या आवश्यकता? जो कुछ दिखता है, यह जड़-प्रवाह और यह विचार-प्रवाह-बस, इन्हीं का अस्तित्व है; इनके पीछे और कुछ है, यह सोचने की आवश्यकता ही क्या? बहुत से आधुनिक संप्रदायों ने बौद्धों के इस मत को ग्रहण कर लिया है, पर वे सभी इसे नई तथा अपनी खोज कहकर प्रतिपादित करना चाहते हैं। अधिकतर बौद्ध दर्शनों में मुख्य बात यही है कि यह परिदृश्यमान जगत् पर्याप्त है, इसके पीछे और कुछ है या नहीं, यह अनुसंधान करने की बिलकुल

आवश्यकता नहीं। यह इंद्रियग्राह्य जगत् ही सर्वस्व है—किसी वस्तु को इस जगत् के आश्रय रूप में कल्पना करने की आवश्यकता ही क्या? सबकुछ गुणों का ही संघात है। ऐसे किसी आनुमानिक द्रव्य की कल्पना करने की क्या आवश्यकता, जिसमें वे सब गुण आश्रित हों? द्रव्य का ज्ञान आता है केवल गुणराशि के त्वरित स्थान-परिवर्तन के कारण, इसलिए नहीं कि कोई अपरिणामी वस्तु वास्तव में उनके पीछे है।

हम देखते हैं कि ये युक्तियाँ बड़ी प्रबल हैं और मानव के सामान्य अनुभव को सत्य प्रतीत होती हैं। वास्तव में एक लाख मनुष्यों में एक व्यक्ति भी इस दृश्य जगत् से अतीत किसी वस्तु की धारणा नहीं कर सकता। अधिकांश लोगों के लिए प्रकृति केवल एक परिवर्तन की राशि मात्र है—सदा परिवर्तन, परिणाम, चक्रगति, सम्मिश्रण। हममें से बहुत कम लोगों ने ही अपने पीछे स्थित उस स्थिर समुद्र का थोड़ा सा आभास पाया होगा। हमारे लिए तो वह समुद्र तरंगों से आलोडित रहता है और जगत् हमें तरंगों की चंचल राशि मात्र प्रतीत होता है। इस प्रकार हम दो मत देखते हैं। एक तो यह कि इस शरीर और मन के पीछे एक स्थिर और अपरिणामी सत्ता है; और दूसरा यह कि इस जगत् में स्थिरता और नित्यता जैसा कुछ भी नहीं है; सबकुछ परिवर्तन ही परिवर्तन है। इस मतवैभिन्न्य का समाधान हमें विचार के अगले सोपान, अद्वैत में मिलता है।

अद्वैतवादी कहते हैं, द्वैतवादियों की यह बात कि 'जगत् का एक अपरिणामी आधार या पृष्ठभूमि है', सत्य है। किसी अपरिणामी वस्तु की कल्पना किए बिना हम परिणाम की कल्पना कर ही नहीं सकते। किसी अपेक्षाकृत अल्प-परिणामी वस्तु की तुलना में ही किसी वस्तु के परिणाम की बात सोची जा सकती है, और पूर्वोक्त अल्प-परिणामी वस्तु भी अपने से कम परिणामवाली वस्तु की तुलना में अधिक परिणामशील है, और इस प्रकार का क्रम चलता ही रहेगा, जब तक न हम विवश होकर एक ऐसी वस्तु को स्वीकार कर लेते, जिसका कभी परिणाम नहीं होता। यह समस्त व्यक्त जगत्-प्रपंच निश्चय ही एक अव्यक्त, स्थिर और शांत अवस्था में था, जब वह विरोधी शक्तियों का संतुलनस्वरूप था अर्थात् जब कोई भी शक्ति क्रियाशील नहीं थी; क्योंकि साम्यावस्था भंग होने पर ही शक्ति क्रियाशील होती है। यह ब्रह्मांड फिर से उसी साम्यावस्था की प्राप्ति के लिए सदा धावमान है। यदि हमारा किसी विषय के संबंध में निश्चित ज्ञान है, तो वह यही है। द्वैतवादी जब कहते हैं कि कोई अपरिणामी वस्तु है, तब वे ठीक ही कहते हैं; पर उनका यह विश्लेषण कि एक अंतर्निहित वस्तु है, जो न शरीर है, न मन, वरन् इन दोनों से पृथक् है, भूल है। बौद्ध

लोग जो कहते हैं कि समस्त जगत् परिणामप्रवाह मात्र है, तो यह भी पूर्णतया सत्य है; क्योंकि जब तक मैं जगत् से पृथक् हूँ, जब तक मैं अपने अतिरिक्त और कुछ देखता हूँ, तब तक एक द्रष्टा है और दृश्य वस्तु है—संक्षेप में, जब तक द्वैतभाव है, यह जगत् सदैव परिणामशील ही प्रतीत होगा। पर असल बात यह है कि इस जगत् में परिणाम भी है और अपरिणाम भी।

आत्मा, मन और शरीर ये तीनों पृथक्-पृथक् वस्तुएँ नहीं हैं, बल्कि एक ही हैं, क्योंकि इन तीनों से बना हुआ यह प्राणी वस्तुतः एक है। एक ही वस्तु कभी देह, कभी मन और कभी देह और मन से अतीत आत्मा के रूप में प्रतीत होती है, किंतु वह एक ही समय में ये तीनों नहीं होतीं। जो शरीर को देखते हैं, वे मन को नहीं देख पाते; जो मन को देखते हैं, वे आत्मा को नहीं देख पाते; और जो आत्मा को देखते हैं, उनके लिए शरीर और मन दोनों न जाने कहाँ चले जाते हैं। जो लोग केवल गति देखते हैं, वे संपूर्ण स्थिर भाव को नहीं देख पाते, और जो इस संपूर्ण स्थिर भाव को देख पाते हैं, उनके लिए गति न जाने कहाँ चली जाती है। रज्जु में सर्प का भ्रम हुआ। जो व्यक्ति रज्जु में सर्प देखता है, उसके लिए रज्जु न जाने कहाँ चली जाती है, और जब भ्रांति दूर होने पर वह व्यक्ति रज्जु ही देखता है तो उसके लिए फिर सर्प नहीं रह जाता।

तो हमने देखा कि सर्वव्यापी वस्तु एक ही है और वह नाना रूपों में प्रतीत होती है। इसको चाहे आत्मा कहो या अन्य कोई द्रव्य कहो, जगत् में एकमात्र इसी का अस्तित्व है। अद्वैतवादियों की भाषा में यह आत्मा ही ब्रह्म है, जो नाम-रूप की उपाधि के कारण अनेक प्रतीत हो रहा है। समुद्र की तरंगों की ओर देखो; एक भी तरंग समुद्र से पृथक् नहीं है। फिर भी तरंग पृथक् क्यों प्रतीत होती है? नाम और रूप के कारण तरंग की आकृति और उसे हमने जो 'तरंग' नाम दिया है, बस इन दोनों ने उसे समुद्र से पृथक् किया है। नाम-रूप के नष्ट हो जाने, पर वह समुद्र की समुद्र ही रह जाती है। तरंग और समुद्र के बीच भला कौन भेद कर सकता है? अतएव यह समस्त जगत् एकस्वरूप है। जो भी पार्थक्य दिखता है, वह सब नाम-रूप के ही कारण है। जिस प्रकार सूर्य लाखों जलकणों पर प्रतिबिंबित होकर प्रत्येक जलकण में अपनी एक संपूर्ण प्रतिकृति सृष्ट कर देता है, उसी प्रकार वही एक आत्मा, वही एक सत्ता विभिन्न वस्तुओं में प्रतिबिंबित होकर नाना रूपों में दिखाई पड़ती है। किंतु वास्तव में वह एक ही है। वास्तव में 'मैं' अथवा 'तुम' कुछ नहीं है—सब एक ही है। चाहे कह लो—'सभी मैं हूँ', या कह लो—'सभी तुम हो'। यह द्वैतज्ञान बिलकुल मिथ्या है, और सारा जगत् इसी द्वैतज्ञान का फल है।

जब विवेक का उदय होने पर मनुष्य देखता है कि दो वस्तुएँ नहीं हैं, एक ही वस्तु है, तब उसे यह बोध होता है कि वह स्वयं यह अनंत ब्रह्मांडस्वरूप है। 'मैं ही यह परिवर्तनशील जगत् हूँ, और मैं ही अपरिणामी निर्गुण, नित्यपूर्ण, नित्यानंदमय हूँ।'

अतएव नित्यशुद्ध, नित्यपूर्ण, अपरिणामी, अपरिवर्तनीय एक आत्मा है; उसका कभी परिणाम नहीं होता, और ये सब विभिन्न परिणाम उस एक आत्मा में प्रतीत मात्र होते हैं।

उस पर नाम-रूप ने ये सब विभिन्न स्वप्न-चित्र अंकित कर दिए हैं। रूप ने ही तरंग को समुद्र से पृथक् किया है। मान लो कि तरंग विलीन हो गई, तो क्या यह रूप रहेगा? नहीं, वह बिलकुल चला जाएगा। तरंग का अस्तित्व पूर्ण रूप से समुद्र के अस्तित्व पर निर्भर है; पर समुद्र का अस्तित्व तरंग के अस्तित्व पर निर्भर नहीं है। जब तक तरंग रहती है, तब तक रूप भी रहता है, पर तरंग के विलीन हो जाने पर वह रूप फिर नहीं रह सकता। इस नाम-रूप को ही माया कहते हैं। यह माया ही भिन्न-भिन्न व्यक्तियों का सृजन करके उनमें आपस में पार्थक्य का बोध करा रही है। पर वास्तव में इसका अस्तित्व नहीं है। माया का अस्तित्व है, यह नहीं कहा जा सकता। रूप या आकृति का अस्तित्व है, यह नहीं कहा जा सकता, क्योंकि वह तो दूसरे के अस्तित्व पर निर्भर रहती है। और उसका अस्तित्व नहीं है, यह भी नहीं कहा जा सकता, क्योंकि उसी ने तो यह सारा भेद उत्पन्न किया है। अद्वैतवादियों के मत से, इस माया या अज्ञान या नाम-रूप अथवा यूरोपीय लोगों की भाषा में इस देश-काल-निमित्त के कारण यह एक अनंत सत्ता इस वैचित्र्यमय जगत् के रूप में दीख पड़ती है। परमार्थतः यह जगत् एक अखंडस्वरूप है, जब तक कोई दो परमार्थतः सत्य वस्तुओं की कल्पना करता है, तब तक वह भ्रम में है। जब वह जान जाता है कि सत्ता केवल एक है, तभी वह यथार्थ में जानता है। जितना ही काल बीतता जाता है, उतना ही हमारे निकट भौतिक स्तर पर, मानसिक स्तर पर और आध्यात्मिक स्तर पर भी यह सत्य प्रमाणित होता जाता है। अब प्रमाणित हो गया है कि तुम, मैं, सूर्य, चंद्र, तारे—सभी एक ही जड़समुद्र के भिन्न-भिन्न अंशों के नाम मात्र हैं। और यह जड़राशि सतत परिवर्तित होती रहती है। शक्ति का जो कण कुछ मास पहले सूर्य में था, हो सकता है, आज वह मनुष्य के भीतर आ गया हो, कल शायद वह पशु के भीतर और परसों शायद किसी उद्भिद के भीतर प्रवेश कर जाएगा। आना-जाना निरंतर हो रहा है। यह सब एक अखंड जड़राशि है—भेद है केवल नाम और रूप में। इसके एक बिंदु का नाम है सूर्य, एक का चंद्र, एक का तारा, एक का मनुष्य, एक का पशु, एक का उद्भिद आदि-आदि। और ये सारे नाम

भ्रमात्मक हैं; इसमें कोई वास्तविकता नहीं है, क्योंकि इस जड़राशि का लगातार परिवर्तन हो रहा है। इसी जगत् को एक-दूसरे दृष्टिकोण से देखने पर यह एक विशाल विचार-समुद्र के समान प्रतीत होगा, जिसका एक एक बिंदु एक-एक विशेष मन है—तुम एक मन हो, मैं एक मन हूँ, प्रत्येक व्यक्ति केवल एक एक मन है। फिर इसी जगत् को जब ज्ञान की दृष्टि से देखा जाता है, अर्थात् जब आँखों पर से मोह का आवरण हट जाता है, जब मन शुद्ध हो जाता है, तब यही नित्य शुद्ध, अपरिणामी, अविनाशी, अरखंड पूर्णस्वरूप पुरुष के रूप में प्रतीत होता है।

तब फिर द्वैतवादियों के परलोकवाद का—मनुष्य मरने के बाद स्वर्ग जाता है अथवा अमुक लोक में जाता है और बुरा आदमी भूत हो जाता है, उसके बाद पशु होता है, आदि बातों का—क्या होता है? अद्वैतव कहते हैं—'न कोई आता है, न कोई जाता है—तुम्हारे लिए आना-जाना किस प्रकार संभव है? तुम तो अनंतस्वरूप हो; तुम्हें जाने के लिए स्थान कहाँ?' किसी स्कूल में छोटे बच्चों की परीक्षा हो रही थी। परीक्षक उन छोटे-छोटे बच्चों से कठिन प्रश्न कर रहे थे। उन प्रश्नों में एक प्रश्न यह भी था, "पृथ्वी गिरती क्यों नहीं?" उन्हें आशा थी कि बच्चों से उत्तर में गुरुत्वाकर्षण का सिद्धांत या दूसरा कोई जटिल वैज्ञानिक सत्य मिले। अनेक बालक इस प्रश्न को समझ न सके और अपनी-अपनी समझ से उलटे-सीधे उत्तर देने लगे। पर एक बुद्धिमती बालिका ने एक दूसरा प्रश्न करते हुए उसका उत्तर दिया, "पृथ्वी गिरेगी कहाँ?" यह प्रश्न तो निरर्थक है। विश्व में ऊँचा-नीचा कुछ भी नहीं है। ऊँचा-नीचा तो सापेक्ष ज्ञान मात्र है। आत्मा के संबंध में भी यही बात है। इसके संबंध में जन्म-मृत्यु का प्रश्न ही निरी मूर्खता है। कौन जाता है, कौन आता है? तुम कहाँ नहीं हो? वह स्वर्ग कहाँ है, जहाँ तुम पहले से ही नहीं हो? मनुष्य की आत्मा सर्वव्यापी है। तुम कहाँ जाओगे? कहाँ नहीं जाओगे? आत्मा तो सब जगह है। अतएव यह जन्म-मृत्यु-स्वर्ग-नरक आदि-रूप बच्चों जैसा स्वप्न, बच्चों जैसा भ्रम—सबकुछ पूर्ण जीवमुक्तव्यक्ति के लिए एकदम गायब हो जाता है। जिनके भीतर कुछ अज्ञान अवशिष्ट है, उनको वह ब्रह्मलोक पर्यंत नाना प्रकार के दृश्य दिखाकर फिर अंतर्हित होता है। और जो अज्ञानी है, उनके लिए वह रह जाता है।

स्वर्ग जाएँगे, मरेंगे, पैदा होंगे—इन सब बातों पर सारा संसार विश्वास क्यों करता है? मैं एक पुस्तक पढ़ रहा हूँ? उसके पृष्ठ पर पृष्ठ पढ़े जा रहा हूँ और उन्हें उलटाते जा रहा हूँ। और एक पृष्ठ आया, वह भी उलट दिया गया। परिवर्तन किसमें हो रहा है? कौन आ-जा रहा है? मैं नहीं, इस पुस्तक के पन्ने ही उलटे

जा रहे हैं। सारी प्रकृति आत्मा के समुख रखी एक पुस्तक के समान है। उसका एक के बाद दूसरा अध्याय पढ़ा जा रहा है। फिर एक नया दृश्य सामने आता है। पढ़ने के बाद उसे भी उलट दिया जाता है। फिर एक नया अध्याय सामने आता है; पर आत्मा जैसी थी, वैसी ही रहती है—वही अनंतस्वरूप। परिणाम प्रकृति का हो रहा है, आत्मा का नहीं। आत्मा का कभी भी परिणाम नहीं होता। जन्म-मृत्यु प्रकृति में हैं, तुममें नहीं। फ़िर भी अज्ञ लोग भ्रांत होकर सोचते हैं कि हम मर रहे हैं, हम जी रहे हैं, प्रकृति नहीं। यह बात ठीक वैसी ही है, जैसे हम भ्रांतिवश समझते हैं कि सूर्य चल रहा है, पृथ्वी नहीं। अतः यह समस्त भ्रांति ही है। जैसे रेलगाड़ी के बदले हम खेत आदि को चलायमान मानते हैं, जन्म और मृत्यु की यह भ्रांति भी ठीक वैसी ही है। जब मनुष्य किसी विशेष भाव में रहता है, तब वह इसी सत्ता को पृथ्वी, सूर्य, चंद्र, तारा आदि के रूप में देखता है; और जो लोग इसी मनोभाव से युक्त हैं, वे भी ठीक ऐसा ही देखते हैं। मेरे-तुम्हारे बीच अस्तित्व के विभिन्न स्तरों पर लाखों जीव हो सकते हैं। वे हमें कभी न देख पाएँगे और हम भी उन्हें कभी नहीं। हम केवल अपने ही प्रकार के, चित्तवृत्तिसंपन्न और अपने ही स्तर के प्राणियों को देख सकते हैं।

जिन वाद्ययंत्र में एक ही प्रकार का कंपन है, उनमें से एक के बजने पर शेष सभी बज उठेंगे। मान लो, हम अभी जिस कंपन से युक्त हैं, उसे हम 'मानव-कंपन' नाम दे देते हैं। अब यदि यह कंपन बदल जाए, तो फिर मनुष्य दिखाई नहीं देंगे। संपूर्ण मानव-जगत् अदृश्य हो जाएगा और उसके बदले अन्य दृश्य हमारे सामने आ जाएगा—हो सकता है, देव-जगत् और देवता आदि आ जाएँ, अथवा दुष्ट मनुष्यों के लिए दानव और दानव-जगत् आ जाएँ। पर ये सभी एक ही जगत् के विभिन्न दृष्टिकोण हैं। यह जगत् मानव-दृष्टि से पृथ्वी, सूर्य, चंद्र, तारा आदि रूपों में दिखता है, फिर यही दानवों की दृष्टि से देखने पर नरक या दंडालय के रूप में प्रतीत होता है। और जो स्वर्ग जाना चाहते हैं, वे इसी जगत् को स्वर्ग के रूप में देखते हैं। जो व्यक्ति आजीवन यह सोचता रहा है कि मैं स्वर्ग में सिंहासन पर बैठे हुए ईश्वर के निकट जाकर सारा जीवन उनकी उपासना करूँगा, वह मृत्यु के बाद अपने उसी मनोभाव के अनुरूप देखेगा। यह जगत् ही उसके लिए एक बृहत् स्वर्ग में परिणत हो जाएगा; वह देखेगा कि नाना प्रकार की अप्सराएँ, किन्नर आदि उड़ते फिर रहे हैं और देवगण सिंहासनों पर बैठे हैं। स्वर्ग आदि सबकुछ मनुष्य के गढ़े हुए हैं। अतएव अद्वैतवादी कहते हैं—द्वैतवादियों की बात सत्य तो है, पर यह सब उनका अपना ही बनाया हुआ है। ये सब लोक, ये देव, दानव, जन्म, पुनर्जन्म आदि

सभी काल्पनिक हैं, और मानव-जीवन भी ऐसा ही है। ये सब तो काल्पनिक हों और मानव-जीवन सत्य हो, ऐसा कभी नहीं हो सकता। इसी जीवन मात्र को सत्य मानकर मनुष्य सर्वदा एक महान् भूल करता है। अन्यान्य वस्तुओं को तो—जैसे स्वर्ग, नरक आदि को काल्पनिक कहने से वह ठीक समझ लेता है पर अपने अस्तित्व को वह कभी काल्पनिक मानना नहीं चाहता। यह सारा दृश्यमान जगत् कल्पना मात्र है और सबसे बड़ा मिथ्या ज्ञान तो यह है कि हम शरीर हैं। हम कभी भी शरीर नहीं थे, और न कभी हो सकते हैं। हम केवल मनुष्य हैं, यह कहना एक भयानक असत्य है। हम तो जगत् के ईश्वर हैं।

ईश्वर की उपासना करके हमने सदा अपनी अव्यक्त आत्मा की ही उपासना की है। अपने को जन्म से ही दुष्ट और पापी सोचना—यही सबसे बड़ी मिथ्या बात है, पापी तो वह है, जो दूसरों को पापी देखता है। मान लो, यहाँ एक बच्चा है और सोने की मोहरों से भरी एक थैली तुम यहाँ मेज पर रख देते हो। मान लो, एक चोर आया और थैली ले गया। बच्चे की दृष्टि में थैली का रखा जाना और चोरी हो जाना—दोनों समान हैं। उसके भीतर चोर नहीं है, इसलिए वह बाहर भी चोर नहीं देखता। पापी और दुष्ट मनुष्य को ही बाहर में पाप दिखता है, साधु पुरुष को नहीं। अत्यंत असाधु व्यक्ति इस जगत् को नरक के रूप में देखते हैं; मध्यम श्रेणी के लोग इसे स्वर्ग के रूप में देखते हैं; और जो पूर्ण सिद्ध पुरुष हैं, वे इसे साक्षात् भगवान् के रूप में देखते हैं। बस, तभी नेत्रों पर से आवरण हट जाता है, और पवित्र एवं शुद्ध हुआ वह व्यक्ति देखता है कि उसकी दृष्टि बिलकुल बदल गई है। जो दुःस्वप्न उसे लाखों वर्षों से पीड़ित कर रहे थे, वे सब एकदम समाप्त हो जाते हैं। और जो अपने को इतने दिन मनुष्य, देवता, दानव आदि समझ रहा था, जो अपने को कभी ऊपर, कभी नीचे, कभी पृथ्वी पर, कभी स्वर्ग में, तो कभी और किसी स्थान में स्थित समझता था, वह देखता है कि वह वास्तव में सर्वव्यापी है, वह काल के अधीन नहीं है। काल ही उसके अधीन है, सारे स्वर्ग उसके भीतर हैं, वह स्वयं किसी स्वर्ग में अवस्थित नहीं है—और मनुष्य ने आज तक जितने देवताओं की उपासना की है, वे सबके सब उसके भीतर ही अवस्थित हैं, वह स्वयं किसी देवता में अवस्थित नहीं है।

वह देव, असुर, मानव, पशु, उद्‌भिद्, प्रस्तर आदि सभी का सृष्टिकर्ता है। और उस समय मनुष्य का असल स्वरूप उसके निकट इस जगत् से श्रेष्टतर, स्वर्ग से भी श्रेष्टतर, अनंत काल से भी अधिक अनंत और सर्वव्यापी आकाश से भी अधिक सर्वव्यापी रूप में प्रकाशित होता है। तभी मनुष्य निर्भय हो जाता है, तभी

वह मुक्त हो जाता है। तब सारी भ्रांति दूर हो जाती है, सारे दुःख दूर हो जाते हैं, सारा भय एकदम चिरकाल के लिए समाप्त हो जाता है। तब जन्म न जाने कहाँ चला जाता है और उसके साथ मृत्यु भी; दुःख न जाने कहाँ गायब हो जाता है और उसके साथ सुख भी। पृथ्वी उड़ जाती है और उसके साथ-साथ स्वर्ग भी उड़ जाता है; शरीर चला जाता है और उसके साथ मन भी। उस व्यक्ति की दृष्टि में यह सारा विश्व मानो अंतर्हित हो जाता है।

यह जो शक्तियों का निरंतर संग्राम, निरंतर संघर्ष है, यह सब एकदम समाप्त हो जाता है, और जो स्वयं, शक्ति और भूत के रूप में, प्रकृति के विभिन्न संघर्षों के रूप में, स्वयं प्रकृति के रूप में, स्वर्ग, पृथ्वी, उद्‌भिद पशु, मनुष्य, देवता आदि के रूप में प्रकट हो रहा था, वह समस्त एक अनंत, अच्छेद्य, अपरिणामी सत्ता के रूप में परिणत हो जाता है; और ज्ञानी पुरुष देख पाते हैं कि वे उस सत्ता से अभिन्न हैं। 'जिस प्रकार आकाश में नाना वर्ण के मेघ आकर, कुछ देर खेलकर फिर अंतर्हित हो जाते हैं', उसी प्रकार इस आत्मा के सम्मुख पृथ्वी, स्वर्ग, चंद्रलोक, देवता, सुख, दुःख आदि आते हैं, पर वे उसी अनंत, अपरिणामी, नील आकाश को हमारे सम्मुख छोड़कर अंतर्हित हो जाते हैं। आकाश में कभी परिवर्तन नहीं होता, परिवर्तन केवल मेघ में होता है। भ्रम के वश हो हम सोचते हैं कि हम अपवित्र हैं, हम सांत हैं, हम पृथक् हैं। पर असल में यथार्थ मनुष्य एक अखंड सत्तास्वरूप है।

यहाँ पर दो प्रश्न उठते हैं। पहला यह कि "क्या इसकी उपलब्धि संभव है? अब तक तो सिद्धांत और दर्शन की बात हुई; पर क्या उसकी अपरोक्षानुभूति संभव है?" हाँ, बिलकुल संभव है। ऐसे अनेक व्यक्ति संसार में इस समय भी जीवित हैं, जिनका अज्ञान सदा के लिए चला गया है। तो क्या सत्य की उपलब्धि के बाद उनकी तुरंत मृत्यु हो जाती है? उतनी जल्दी नहीं, जितनी जल्दी हम समझते हैं। मान लो, एक लकड़ी से जुड़े हुए दो पहिए साथ-साथ चल रहे हैं। अब यदि मैं एक पहिए को पकड़कर बीच की लकड़ी को काट दूँ तो जिस पहिए को मैंने पकड़ रखा है, वह तो रुक जाएगा; पर दूसरा पहिया, जिसमें पहले का वेग अभी नष्ट नहीं हुआ है, कुछ दूर चलेगा और फिर गिर पड़ेगा। पूर्ण शुद्धस्वरूप आत्मा मानो एक पहिया है, और शरीर-मनरूप भ्रांति दूसरा पहिया; ये दानों कर्मरूपी लकड़ी द्वारा जुड़े हुए हैं। ज्ञान मानो कुल्हाड़ी है, जो जोड़नेवाली इस लकड़ी को काट देता है। जब आत्मारूपी पहिया रुक जाता है, तब आत्मा यह सोचना छोड़ देनी है कि वह आ रही है, जा रही है, अथवा उसका जन्म होता है, मृत्यु होती है; तब वह इस प्रकार के सभी अज्ञानात्मक भावों का त्याग कर देती है और तब उसका यह भाव

कि वह प्रकृति के साथ संयुक्त है, उसके अभाव और वासनाएँ हैं, बिलकुल चला जाता है। तब वह देखती है कि वह पूर्ण है, वासनारहित है। पर शरीर-मनरूप पहिए में पूर्वकर्मों का वेग बचा रहता है। अत: जब तक पूर्व कर्मों का यह वेग पूरी तरह समाप्त नहीं हो जाता, तब तक शरीर और मन बने रहते हैं। यह वेग समाप्त हो जाने पर इनका भी नाश हो जाता है और तब आत्मा मुक्त हो जाती है। तब फिर स्वर्गलोक जाना या स्वर्ग से पृथ्वी पर लौटना, यहाँ तक कि ब्रह्मलोक जाना भी समाप्त हो जाता है; क्योंकि आत्मा भला कहाँ से आएगी और कहाँ जाएगी? जिन व्यक्तियों ने इस जीवन में ही इस अवस्था को प्राप्त कर लिया है, जिन्हें कम-से-कम एक मिनट के लिए भी संसार का यह साधारण दृश्य बदलकर सत्य का ज्ञान मिल गया है, उन्हें जीवनमुक्त कहते हैं। जीवित रहते हुए यह मुक्ति प्राप्त करना ही वेदांती का लक्ष्य है।

एक बार मैं पश्चिम भारत में सागर के तटवर्ती मरुस्थल में भ्रमण कर रहा था। बहुत दिन तक निरंतर पैदल भ्रमण करता रहा था। किंतु प्रतिदिन यह देखकर मुझे महान् आश्चर्य होता था कि चारों ओर सुंदर-सुंदर झीलें हैं, वे चारों ओर वृक्ष से घिरी हैं और वृक्षों की परछाईं जल में पड़ रही है। मैं अपने मन में कहने लगा, ''कैसे अद्‌भुत दृश्य हैं ये! और लोग इसे रेगिस्तान कहते हैं!'' एक मास तक वहाँ मैं घूमता रहा और प्रतिदिन मुझे वे सुंदर दृश्य दिखाई देते रहे। एक दिन मुझे बड़ी प्यास लगी। मैंने सोचा कि चलूँ, वहाँ एक झील पर जाकर प्यास बुझा लूँ। अतएव में इन सुंदर निर्मल झीलों में से एक की ओर अग्रसर हुआ। जैसे ही मैं आगे बढ़ा कि वह सब दृश्य न जाने कहाँ लुप्त हो गया! और तब मेरे मन में एकदम यह ज्ञान हुआ कि 'जीवन भर जिस मरीचिका की बात पुस्तकों में पढ़ता रहा हूँ, यह तो वही मरीचिका है।' और उसके साथ-साथ यह ज्ञान भी हुआ कि 'इस पिछले मास प्रतिदिन मैं मरीचिका ही देखता रहा, पर कभी जान न पाया कि यह मरीचिका है।' 'दूसरे दिन मैंने पुन: चलना प्रारंभ किया। फिर से वही सुंदर दृश्य दिखने लगे, पर अब साथ-साथ यह ज्ञान भी रहने लगा कि यह सचमुच की झील नहीं है, यह मरीचिका है। बस, इस जगत् के संदर्भ में भी ठीक यही बात है। हम प्रतिदिन, प्रतिमास, प्रतिवर्ष, इस जगत्‌रूपी मरुस्थल में भ्रमण कर रहे हैं, पर मरीचिका को मरीचिका नहीं समझ पा रहे हैं। एक दिन यह मरीचिका अदृश्य हो जाएगी, पर वह फिर से आ जाएगी, शरीर को पूर्व कर्मों के अधीन रहना पड़ता है, अत: यह मरीचिका फिर से लौट आएगी। जब तक हम कर्म से बँधे हुए हैं, तब तक जगत् हमारे समुख आएगा ही। नर, नारी, पशु, उद्‌भिद आसक्ति, कर्तव्य—सबकुछ आएगा,

पर वे पहले की भाँति हम पर प्रभाव न डाल सकेंगे। इस नवीन ज्ञान के प्रभाव से कर्म की शक्ति का नाश हो जाएगा, उसके विष के दाँत टूट जाएँगे; जगत् हमारे लिए एकदम बदल जाएगा; क्योंकि जैसे ही जगत् दिखाई देगा, वैसे ही उसके साथ उसका स्वरूप और सत्य तथा मरीचिका के भेद का ज्ञान भी हमारे सामने प्रकाशित हो जाएगा।

तब यह जगत् पहले का सा जगत् नहीं रह जाएगा। किंतु इसमें एक भय की आशंका है। हम देखते हैं कि प्रत्येक देश में लोग इस वेदांतमत को अपनाकर कहते हैं, "मैं धर्माधर्म से अतीत हूँ, मैं नैतिकता के किसी नियम से नहीं बँधा हूँ, अतः मेरी जो इच्छा होगी, वही करूँगा।" इस देश में आजकल देखोगे, अनेक मूर्ख कहते रहते हैं, "मैं बद्ध नहीं हूँ, मैं स्वयं ईश्वर हूँ, मेरी जो इच्छा होगी, वही करूँगा।" यह ठीक नहीं है, यद्यपि यह बात सच है कि आत्मा भौतिक, मानसिक और नैतिक सभी प्रकार के नियमों के परे हैं। नियम के अंदर बंधन है और नियम के बाहर मुक्ति। यह भी सच है कि मुक्ति आत्मा का जन्मगत स्वभाव है; यह उसका जन्मसिद्ध अधिकार है और आत्मा का यह वास्तविक मुक्त स्वभाव भौतिक आवरण के भीतर से मनुष्य की आपात-प्रतीयमान स्वतंत्रता के रूप में प्रतीत होता है। अपने जीवन के प्रत्येक क्षण हम अपने को मुक्त अनुभव करते हैं। हम अपने को मुक्त अनुभव किए बिना एक क्षण भी जीवित नहीं रह सकते, बोल नहीं सकते और श्वास-प्रश्वास भी नहीं ले सकते। किंतु फिर कुछ विचार करने पर यह भी प्रमाणित हो जाता है कि हम एक यंत्र के समान हैं, मुक्त नहीं। तब कौन सी बात सत्य मानी जाए? 'हम मुक्त हैं' यह धारणा ही क्या भ्रमात्मक है? एक पक्ष कहता है कि 'मैं मुक्त हूँ यह धारणा भ्रमात्मक है, और दूसरा पक्ष कहता है कि 'मैं बद्ध हूँ, यह धारणा भ्रमात्मक है। यह कैसे? वास्तव में मनुष्य मुक्त है; मनुष्य परमार्थतः जो है, वह मुक्त के अतिरिक्त और कुछ हो ही नहीं सकता, किंतु ज्योंही वह माया के जगत् में आता है, ज्योंही नाम-रूप के भीतर पड़ जाता है, त्योंही वह बद्ध हो जाता है।

'स्वाधीन इच्छा' कहना ही भूल है। इच्छा कभी स्वाधीन हो नहीं सकती। होगी-कैसे? जो यथार्थ मनुष्य है, वह जब बद्ध हो जाता है तभी इसकी इच्छा की उत्पत्ति होती हैं, उससे पहले नहीं। मनुष्य की इच्छा बद्ध है, किंतु जो इसका आधार है, वह तो सदा ही मुक्त है। इसीलिए बंधन की दशा में भी—चाहे मनुष्य-जीवन हो, चाहे देव-जीवन, चाहे पृथ्वी पर हो, चाहे स्वर्ग में—हममें इस स्वतंत्रता या मुक्ति की स्मृति रहती ही है, जो कि हमारा विधिप्रदत्त अधिकार है। और जाने या

अनजाने, हम सब इस मुक्ति की ही ओर अग्रसर हो रहे हैं। मनुष्य जब मुक्त हो जाता है, तब वह किस प्रकार नियम में बद्ध रह सकता है? तब विश्व का कोई भी नियम उसे बाँध नहीं सकता; क्योंकि वह विश्व-ब्रह्मांड ही उसका हो जाता है।

वह विश्व-ब्रह्मांडस्वरूप है। या तो कह लो कि वही विश्व-ब्रह्मांड है, या फिर कह लो कि उसके लिए विश्व-ब्रह्मांड का अस्तित्व ही नहीं है। तब फिर उसके लिए लिंग, देश आदि छोटे-छोटे भाव किस प्रकार संभव हैं? वह कैसे कहेगा—'मैं पुरुष हूँ, मैं स्त्री हूँ अथवा मैं बालक हूँ?' क्या ये सब मिथ्या बातें नहीं हैं? उसने जान लिया है कि यह सब मिथ्या है। तब वह भला किस तरह कहेगा—'ये ये पुरुष के अधिकार हैं और ये ये स्त्री के?' किसी का कुछ अधिकार नहीं है, किसी का स्वतंत्र अस्तित्व नहीं है। पुरुष भी नहीं है और स्त्री भी नहीं; आत्मा तो लिंगहीन है, वह नित्यशुद्ध है। मैं पुरुष या स्त्री हूँ, मैं अमुक देशवासी हूँ—यह सब कहना केवल मिथ्या है। सभी देश मेरे हैं, सारा विश्व मेरा है, क्योंकि मैंने अपने को मानो सारे विश्व से ढक लिया है, सारा विश्व ही मानो मेरा शरीर हो गया है। किंतु हम देखते हैं कि बहुत से लोग विचार करते समय ये सब बातें मुख से कहने पर भी आचरण में सभी प्रकार के अपवित्र कार्य करते रहते हैं; और यदि उनसे पूछें, 'तुम ऐसा क्यों कर रहे हो?' तो वे उत्तर देंगे, 'यह तुम्हारी समझ की भूल है। हमसे कोई अन्याान्य होना असंभव है।' इन सब लोगों को किस कसौटी पर कसे? कसौटी यह है—

यद्यपि शुभ और अशुभ दोनों एक ही आत्मा के आंशिक प्रकाश मात्र हैं, फिर भी 'अशुभ' मनुष्य के वास्तविक स्वरूप का, उसकी आत्मा का बाह्यतम आवरण है, और 'शुभ' अपेक्षाकृत निकटतर आवरण है। जब तक मनुष्य अशुभ के स्तर को छिन्न नहीं कर लेता, तब तक वह शुभ के स्तर पर नहीं पहुँच सकता, और जब तक वह शुभ और अशुभ दोनों के स्तरों को पार नहीं कर लेता, तब तक वह आत्मा तक नहीं पहुँच सकता। आत्मा की प्राप्ति होने पर उसके लिए फिर क्या रह जाता है? अत्यंत अल्प कर्म, अतीत जीवन के कर्मों का अति अल्प वेग। पर यह वेग भी शुभ कर्मों का ही वेग होता है। जब तक अशुभ-वेग एकदम समाप्त नहीं हो जाता, जब तक पहले की अपवित्रता बिलकुल दग्ध नहीं हो जाती, तब तक कोई भी सत्य का साक्षात्कार और उसकी उपलब्धि नहीं कर सकता। अतएव जिन लोगों ने आत्मा को प्राप्त कर लिया है, जिन्होंने सत्य का साक्षात्कार कर लिया है, उनके लिए अतीत जीवन के शुभ संस्कार, शुभ वेग को ही बच रहता है। शरीर में वास करते हुए भी और अविरत कर्म करते हुए भी वे केवल सत्कर्म ही करते हैं; उनके मुख से

सब के प्रति केवल आशीर्वाद ही निकलता है, उनके हाथ केवल सत्कार्य ही करते हैं, उनका मन केवल सच्चिंतन ही कर सकता है, उनकी उपस्थिति ही, चाहे वे कहीं भी रहें, सर्वत्र मानवजाति के लिए महान् आशीर्वाद होती है। वे स्वयं सजीव आशीर्वादस्वरूप हो जाते हैं। यदि वे कुछ भी न बोलें, तो भी उनका होना मात्र मानवता के लिए एक आशीषस्वरूप है। ऐसा व्यक्ति अपनी उपस्थिति मात्र से घोर दुरात्मा को भी संत बना देता है।

इस प्रकार के व्यक्ति के द्वारा क्या बुरा कार्य संभव है? याद रखो, 'प्रत्यक्षानुभूति' और 'केवल मुख से कहने' में आकाश-पाताल का अंतर है। अज्ञानी व्यक्ति भी नाना प्रकार के ज्ञान की बातें कहता है। तोता भी इस तरह बक लेता है। मुँह से कहना एक बात है और अनुभव करना दूसरी बात। दर्शन, मतामत, विचार, शास्त्र, मंदिर, संप्रदाय आदि अपने-अपने स्थान पर ठीक हैं। पर प्रत्यक्षानुभूति होने पर ये सब पीछे छूट जाते हैं। जैसे नक्शा अच्छी चीज है, पर नक्शे में अंकित देश को स्वयं देखकर आने के बाद यदि उसी नक्शे को फिर से देखो, तो कितना अंतर दिखाई पड़ेगा! अतएव जिन्होंने सत्य को प्रत्यक्ष कर लिया है, उन्हें फिर सत्य को समझने के लिए न्याय-युक्ति, तर्क-वितर्क आदि-आदि बौद्धिक व्यायामों की आवश्यकता नहीं रह जाती। उनके लिए तो सत्य जीवन का जीवन, प्रत्यक्ष से भी प्रत्यक्ष हो जाता है। वेदांतियों की भाषा में वह मानो उनके लिए करामलकवत् हो गया है। प्रत्यक्ष उपलब्धि करनेवाले लोग निःसंकोच भाव से कह सकते हैं, 'यही आत्मा है'। तुम उनके साथ कितना ही तर्क क्यों न करो, वे तुम्हारी बात पर केवल हँसेंगे, वे उसे बच्चे की अंड-बंड बकवास ही समझेंगे; और उन्हें बकने देंगे। उन्होंने सत्य का साक्षात्कार किया और पूर्ण हो गए।

मान लो, तुम एक देश देखकर आए और कोई व्यक्ति तुम्हारे पास आकर यह तर्क करने लगा कि उस देश का कहीं अस्तित्व ही नहीं है। वह फिर कितना ही तर्क क्यों न करे, पर उसके प्रति तुम्हारा भाव यही रहेगा कि यह पागलखाने में भेज देने लायक है। इसी प्रकार, जो धर्म की प्रत्यक्ष उपलब्धि कर चुके हैं, वे कहते हैं, "जगत् में धर्म संबंधी जो बातें सुनी जाती हैं, वे सब केवल बच्चों की सी बातें हैं। प्रत्यक्षानुभूति ही धर्म का सार है।" धर्म की उपलब्धि की जा सकती है। प्रश्न यह है कि क्या तुम उसके अधिकारी हो चुके हो? क्या तुम्हें धर्म की सचमुच में आवश्यकता है? यदि तुम ठीक-ठीक प्रयत्न करो, तभी तुम प्रत्यक्ष उपलब्धि होगी, और तभी तुम वास्तव में धार्मिक होंगे। जब तक यह उपलब्धि तुम्हें नहीं होती, तब तक तुममें और नास्तिक में कोई भेद नहीं। नास्तिक तो फिर भी निष्कपट होते हैं;

किंतु जो कहता है कि 'मैं धर्म में विश्वास करता हूँ, पर उसकी प्रत्यक्ष अनुभूति की चेष्टा नहीं करता,' वह निश्चय ही निष्कपट नहीं है। दूसरा प्रश्न यह है कि उपलब्धि के बाद क्या होता है? मान लो कि हमने जगत् का यह अखंड भाव—यह भाव कि हमीं एकमात्र अनंत पुरुष हैं, उपलब्ध कर लिया; मान लो, हमने जान लिया कि एकमात्र आत्मा ही विद्यमान है और वही विभिन्न रूपों में प्रकाशित हो रही है। तो अब प्रश्न यह है कि इस प्रकार जान लेने से हमारा क्या हुआ? तब क्या हम निश्चेष्ट हो एक कोने में बैठकर मर जाएँ? इससे जगत् का क्या उपकार होगा? वही प्राचीन प्रश्न फिर से घूम-फिरकर आता है।

पहले तो इससे जगत् का उपकार क्यों हो? क्यों? मैं इसका कारण जानना चाहता हूँ। लोगों को यह प्रश्न करने का अधिकार ही क्या है कि इससे जगत् का क्या भला होगा? ऐसा पूछने का अर्थ क्या? छोटे-छोटे बच्चे मिठाई पसंद करते हैं। मान लो, तुम विद्युत् के बारे में कुछ खोज कर रहे हो और बच्चा तुमसे पूछता है, 'इससे क्या मिठाई मिलेगी?' तुम कहते हो, 'नहीं'। तो वह कह उठता है, 'तो फिर इससे क्या लाभ?' किसी को तत्त्वज्ञान के अनुसंधान में रत देखकर लोग ठीक इसी प्रकार पूछते हैं, 'इससे जगत् का क्या उपकार होगा? क्या इससे हमें रुपया मिलेगा? 'नहीं'। 'तो फिर इससे क्या लाभ?' लोग उपकार का अर्थ बस इतना ही समझते हैं। तो भी, धर्म की इस प्रत्यक्ष अनुभूति से जगत् का पूरा उपकार होता है। लोगों को भय होता है कि जब वे यह अवस्था प्राप्त कर लेंगे, जब उन्हें ज्ञान हो जाएगा कि सभी एक हैं, तब उनके प्रेम का स्रोत सूख जाएगा, जीवन में जो कुछ मूल्यवान् है, वह सब चला जाएगा।

इस जीवन में और पर-जीवन में जो कुछ उन्हें प्रिय था, उसमें से कुछ भी न बच रहेगा। पर लोग यह बात एक बार भी नहीं सोच देखते कि जो व्यक्ति अपने सुख की चिंता की ओर से उदासीन हो गए हैं, वे ही जगत् में सर्वश्रेष्ठ कर्मी हुए हैं। मनुष्य तभी वास्तव में प्रेम करता है, जब वह देखता है कि उसके प्रेम का पात्र कोई क्षुद्र मर्त्य जीव नहीं है। मनुष्य तभी वास्तविक प्रेम कर सकता है, जब वह देखता है कि उसके प्रेम का पात्र एक मिट्टी का ढेला नहीं किंतु स्वयं भगवान् है। पत्नी पति से अधिक प्रेम करेगी, यदि वह समझेगी कि पति साक्षात् ब्रह्मास्वरूप है। पति भी पत्नी से अधिक प्रेम करेगा, यदि वह जानेगा कि पत्नी स्वयं ब्रह्मस्वरूप है। वे माताएँ संतान से अधिक स्नेह कर सकेंगी, जो संतान को ब्रह्मस्वरूप देखेंगी। वे ही लोग अपने महान् शत्रुओं के प्रति भी प्रेमभाव रख सकेंगे, जो जानेंगे कि ये शत्रु साक्षात् ब्रह्मस्वरूप हैं। वे ही लोग पवित्र व्यक्तियों से प्रेम करेंगे, जो समझेंगे कि

पवित्र व्यक्ति साक्षात् ब्रह्मस्वरूप हैं। वे ही लोग अत्यंत अपवित्र व्यक्तियों से प्रेम करेंगे, जो यह जान लेंगे कि इन महादुष्टों के पीछे वे ही प्रभु विराजमान हैं। जिनका क्षुद्र अहं एकदम मर चुका है और उसके स्थान पर ईश्वर ने अधिकार जमा लिया है, वे ही लोग जगत् को अपने इशारे पर चला सकते हैं। उनके लिए सारा जगत् दूसरा ही रूप धारण कर लेता है। दुखकर अथवा क्लेशकर जो कुछ भी है, वह सब उनकी दृष्टि से लुप्त हो जाता है, सभी प्रकार के द्वंद्व और संघर्ष समाप्त हो जाते हैं।

तब यह जगत्, जहाँ हम प्रतिदिन एक टुकड़ा रोटी के लिए झगड़ा और मारपीट करते हैं, उनके लिए कारागार होने के बदले एक क्रीड़ाक्षेत्र बन जाता है। तब जगत् बड़ा सुंदर रूप धारण कर लेता है। ऐसे ही व्यक्ति को यह कहने का अधिकार है कि 'यह जगत् कितना सुंदर है!' उन्हीं को यह कहने का अधिकार है कि सब मंगलस्वरूप है। इस प्रकार की प्रत्यक्ष उपलब्धि से जगत् का यह महान् हित होगा कि ये अविराम विवाद, द्वंद्व आदि सब दूर होकर जगत्-शांति का राज्य हो जाएगा। यदि जगत् के सभी मनुष्य आज इस महान् सत्य के एक भी बिंदु की उपलब्धि कर सकें, तो उनके लिए यह सारा जगत् एक दूसरा ही रूप धारण कर लेगा और यह सब झगड़ा समाप्त हो शांति का राज्य आ जाएगा। यह घिनौना उतावलापन, यह स्पर्धा, जो हमें अन्य सभी को ढकेलकर आगे बढ़ निकलने के लिए विवश करती है, इस संसार से उठ जाएगी। इसके साथ-साथ सब प्रकार की अशांति, घृणा, ईर्ष्या एवं सभी प्रकार का अशुभ सदा के लिए चला जाएगा। उस समय देवता लोग इस जगत् में वास करेंगे। उस समय यही जगत् स्वर्ग हो जाएगा। और जब देवता देवता से खेलेगा, देवता देवता से मिलकर कार्य करेगा, देवता देवता से प्रेम करेगा, तब क्या अशुभ ठहर सकता है? ईश्वर की प्रत्यक्ष उपलब्धि की यही एक बड़ी उपयोगिता है।

समाज में तुम जो कुछ भी देख रहे हो, वह सभी उस समय परिवर्तित होकर एक दिव्य रूप धारण कर लेगा। तब तुम मनुष्य बुरा नहीं समझोगे। प्रथम महालाभ है। उस समय तुम लोग किसी अन्याय करनेवाले नर-नारी की ओर घृणापूर्ण दृष्टि से नहीं देखोगे। हे महिलाओ! फिर तुम रात भर रास्ते में भटकती फिरनेवाली दुखिया स्त्री की ओर घृणा से न देखोगी, क्योंकि तुम वहाँ भी साक्षात् ईश्वर को देखोगी। तब तुममें ईर्ष्या अथवा दूसरों पर शासन करने का भाव नहीं रहेगा; वह सब चला जाएगा। तब प्रेम इतना प्रबल हो जाएगा कि मानवजाति को सत्पथ पर चलाने के लिए फिर चाबुक की आवश्यकता नहीं रह जाएगी।

यदि संसार के नर-नारियों का दश लक्षांश भी बिलकुल चुप रहकर एक क्षण

के लिए कहे, ''तुम सभी ईश्वर हो, हे मानवो, हे पशुओ, हे सब प्रकार के जीवित प्राणियो! तुम सभी एक जीवंत ईश्वर के प्रकाश हो'', तो आधे घंटे के अंदर ही सारे जगत् का परिवर्तन हो जाए। उस समय चारों ओर घृणा के बीज न बोकर, ईर्ष्या और असत् चिंता का प्रवाह न फैलाकर सभी देशों के लोग सोचेंगे कि सभी 'वह' है। जो कुछ तुम देख रहे हो या अनुभव कर रहे हो, वह सब 'वही' है। तुम्हारे भीतर अशुभ न रहने पर तुम अशुभ किस तरह देखोगे? तुम्हारे भीतर यदि चोर न हो, तो तुम किस प्रकार चोर देखोगे? तुम स्वयं यदि खूनी नहीं हो, तो किस प्रकार खूनी देखोगे? तुम साधु हो जाओ, तो असाधु भाव तुम्हारे अंदर से एकदम चला जाएगा। इस प्रकार सारे जगत् का परिवर्तन हो जाएगा। यही समाज का सबसे बड़ा लाभ है। मनुष्य के लिए यही महान् लाभ है। ये सब भाव भारत में प्राचीन काल में अनेक महात्माओं द्वारा आविष्कृत और कार्यरूप में परिणत हुए थे। पर आचार्यों की संकीर्णता और देश की पराधीनता आदि अनेकविध कारणों से ये सब भाव चारों ओर फैल न सके। फिर भी ये सब महान् सत्य हैं। जहाँ भी इन विचारों का प्रभाव पड़ा है, वहीं मनुष्य ने देवत्व प्राप्त कर लिया है।

ऐसे ही एक देवस्वभाव मनुष्य के स्पर्श द्वारा मेरा समस्त जीवन परिवर्तित हो गया है; इनके संबंध में आगामी रविवार को मैं तुमसे कहूँगा। आज इन सबका जगत् में प्रचार करने का समय आ गया है। अब मठों की चहारदीवारी में आबद्ध न रहकर, केवल पंडितों के पढ़ने की दार्शनिक पुस्तकों में आबद्ध रहकर, केवल कुछ संप्रदायों के अथवा कुछ पंडितों के एकाधिकार में न रहकर, इन भावों का समस्त जगत् में प्रचार होगा, जिससे ये साधु, पापी, आबाल-वृद्ध-वनिता, शिक्षित, अशिक्षित सभी की साधारण संपत्ति हो जाएँ। तब ये सब भाव इस जगत् के वातावरण को ओतप्रोत कर देंगे और हम श्वास-प्रश्वास द्वारा जो वायु ले रहे हैं, वह अपने प्रत्येक स्पंदन के साथ कहने लगेगी—'तत्त्वमसि'! असंख्य चंद्र-सूर्यपूर्ण यह समग्र ब्रह्मांड वाक्शक्ति युक्त प्रत्येक प्राणी के माध्यम से एक स्वर से कह उठेगा—'तत्त्वमसि'!

❑

संन्यासी का गीत

(1)

छेड़ो संन्यासी, छेड़ो, छेड़ो वह तान मनोहर,
गाओ वह गान, जगा जो अत्युच्च हिमाद्रि-शिखर पर—
सुगभीर अरण्य जहाँ हैं, पार्वत्य प्रदेश जहाँ हैं,
भव-पाप-ताप ज्वालामय करते न प्रवेश जहाँ हैं—
जो संगीत-ध्वनि-लहरी अतिशय प्रशांत लहराती
जो भेद जगत्-कोलाहल नभ-अवनी में छा जाती,
धन-लोभ, यशोलिप्सा या दुर्दांत काम की माया,
सब विधि असमर्थ हुई हैं छूने में जिसकी छाया,
सत्-चित्-आनंद-त्रिवेणी करती है जिसको पावन,
जिसमें करके अवगाहन होते कृतकृत्य सुधीजन—
छेड़ो, छेड़ो, हाँ छेड़ो वह तान दिव्य लोकोत्तर,
गाओ, गाओ संन्यासी, गाओ वह गायन सुंदर
ॐ तत् सत् ॐ

(2)

तोड़ो जंजीरें जिनसे जकड़े हैं पैर तुम्हारे—
वे सोने की हैं तो क्या कसने में तुमको हारे?
अनुराग-घृणा-संघर्षण, उत्तम वा अधम विवेचन,
इस द्वंद्व भाव को त्यागो, हैं त्याज्य उभय आलंबन।
आदर गुलाम पाए या कोड़ों की मारें खाए,
वह सदा गुलाम रहेगा कालिख का तिलक लगाए;

स्वातंत्र्य किसे कहते हैं—वह जान नहीं है पाता,
स्वाधीन सौख्य जीवन का—उसकी न समझ में आता।
त्यागो संन्यासी, त्यागो तुम द्वंद्व-भाव को सत्वर,
तोड़ो शृंखल को तोड़ो, गाओ वह गान निरंतर
ॐ तत् सत् ॐ

(3)

घन अंधकार हट जाए, मिट जाए घोर महातम,
जो मृगमरीचिका जैसा करता रहता बुद्धि-भ्रम;
मोहक भ्रामक आकर्षण अपनी है चमक दिखाता,
तम से घनतर तम में वह जीवात्मा को ले जाता।
जीवन की यह मृग-तृष्णा बढ़ती अनवरत निरंतर,
मेटो तुम इसे सदा को पीयूष ज्ञान का पीकर।
यह तम अपनी डोरी में जीवात्मा-पशु को कसकर,
खींचा करता बलपूर्वक दो जन्म-मरण छोरों पर।
जिसने अपने को जीता, उसने जय पाई सब पर—
यह तथ्य जान फंदे में पड़ना मत बुद्धि गँवाकर।
बोलो संन्यासी, बोलो, हे वीर्यवान बलशाली,
सानंद गीत यह गाओ, छेड़ो यह तान निराली
ॐ तत् सत् ॐ

(4)

'अपने-अपने कर्मों का फल-भोग जगत् में निश्चित'
कहते हैं सब, 'कारण पर है सभी कार्य अवलंबित;
फल अशुभ अशुभ कर्मों के, शुभ कर्मों के हैं शुभ फल,
किसकी सामर्थ्य बदल दे, यह नियम अटल औ अविचल?
इस मृत्युलोक में जो भी करता है तनु को धारण,
बंधन उसके अंगों का होता नैसर्गिक भूषण।'
यह सच है, किंतु परे जो गुण नाम-रूप से रहता
वह नित्य मुक्त आत्मा है, स्वच्छंद सदैव विचरता।
'तत् त्वमसि'—वही तो तुम हो, वह ज्ञान करो हृदयांकित,

फिर क्या चिंता संन्यासी, सानंद करो उद्घोषित
ॐ तत् सत् ॐ

(5)

क्या मर्म सत्य का, इसको वे कुछ भी समझ न पाते,
सुत बंधु पिता-माता के स्वप्नों में जो मदमाते।
आत्मा अतीत नातों से, वह जन्म-मरण से विरहित,
वह लिंग-भेद से ऊपर, सुख-दुःख-भावों से अविजित।
वह पिता कहाँ किसका है, किसका सुत, किसकी माता?
वह शत्रु मित्र किसका है, उसका किससे क्या नाता?
जो एक, सर्वमय शाश्वत, जिसका जोड़ा न कहीं है,
जिसके अभाव में कोई संभव अस्तित्व नहीं है,
'तत् त्वमसि'—वही तो तुम हो, समझो हे संन्यासीवर,
अतएव उठो, गाओ तुम, गाओ यह गान निरंतर
ॐ तत् सत् ॐ

(6)

चिर मुक्त विज्ञ आत्मा है, वह अद्वितीय, वह अतुलित,
अक्लेद अशोष्य निरामय, वह नाम-रूप-गुण-विरहित,
उसके आश्रय में बैठी संसार-मोहिनी माया
देखा करती है अपने मादक स्वप्नों की छाया;
साक्षीस्वरूप माया का आत्मा सदैव है सुविदित,
जीवात्मा और प्रकृति के रूपों में वही प्रकाशित;
'तत् त्वमसि'—वही तो तुम हो, समझो हे संन्यासीवर,
उच्च स्वर से यह गाओ, यह तान अलापो सुंदर —
ॐ तत् सत् ॐ

(7)

हे बंधु, मुक्ति पाने को तुम फिरते कहाँ भटकते?
इस जग या लोकांतर में तुम मुक्ति नहीं पा सकते;
अन्वेषण व्यर्थ तुम्हारा शास्त्रों, मंदिर मंदर में;

जो तुमको खींचा करती वह रज्जु तुम्हारे कर में।
दु:ख शोक त्याग दो सारा, तुम वीतशोक बस हो लो,
वह रज्जु हाथ से छोड़ो, बोलो संन्यासी, बोलो
ॐ तत् सत् ॐ

(8)

दो अभय-दान सबको तुम—'हों सभी शांतिमय सुखमय,
है प्राणिमात्र को मुझसे कुछ भी न कहीं कोई भय,
पृथ्वी पाताल गगन में मैं ही आत्मा चिर-संस्थित,
आशा भय स्वर्ग-नरक को मैंने तज दिया अशंकित।'
काटो काटो काटो तुम इस विधि माया के बंधन,
नि:शंक प्राणपण से तुम गाओ, गाओ यह गायन—
ॐ तत् सत् ॐ

(9)

चिंता मत करो तनिक भी नश्वर शरीर की गति पर,
यह देह रहे या जाए, छोड़ो तुम इसे नियति पर।
जब कार्य शेष है इसका, तब जाता है तो जाए;
प्रारब्ध कर्म फिर इसको अब चाहे जहाँ बहाए;
कोई आदर से इसको मालाएँ पहनाएगा
कोई निज घृणा जताकर पैरों से ठुकराएगा;
तुम चित्त-शांति मत तजना, आनंद-निरत नित रहना;
यश कहाँ, कहाँ अपयश है—इस धारा में मत बहना।
जब निंदक और प्रशंसक, जब निंदित और प्रशंसित,
एकात्म एक ही हैं सब, तब कौन प्रशंसित, निंदित?
यह ऐक्य ज्ञान हृदयंगम करके हे संन्यासीवर,
निर्भर आनंदित उर से गाओ यह गान मनोहर—
ॐ तत् सत् ॐ

(10)

करते निवास जिस उर में मद काम लोभ औ' मत्सर,

उनमें न कभी हो सकता आलोकित सत्य-प्रभाकर;
भार्यत्व कामिनी में जो देखा करता कामुक बन,
वह पूर्ण नहीं हो सकता, उसका न छूटता बंधन;
लोलुपता है जिस नर की स्वल्पातिस्वल्प भी धन में
वह मुक्त नहीं हो सकता, रहता अपार बंधन में;
जंजीर क्रोध की जिसको रखती है सदा जकड़कर,
वह पार नहीं कर सकता दुस्तर माया का सागर।
इन सभी वासनाओं का अतएव त्याग तुम कर दो,
सानंद वायुमंडल को बस एक गूँज से भर दो—
ॐ तत् सत् ॐ

(11)

सुख हेतु न ग्रेह बानाओ, किस घर में अमा सकोगे?
तुम हो महान्, फिर कैसे पिंजड़े के विहग बनोगे?
आकाश अनंत चँदोया, शय्या धरती तृण-शोभित
रहने के लिए तुम्हारे यह विश्वगेह है निर्मित;
जैसा भोजन मिल जाए, संतोष उसी पर करना;
सुस्वादु स्वाद-विरहित में कुछ भी मत भेद समझना;
शुद्धात्मरूप का जिसमें सद् ज्ञानालोक चमकता,
कुछ खाद्य पेय क्या उसको अपवित्र कहीं कर सकता?
उन्मुक्त स्वतंत्र प्रवाहित तुम नदी-तुल्य बन जाओ,
छेड़ो यह तान अनूठी, सानंद गीत यह गाओ—
ॐ तत् सत् ॐ

(12)

ज्ञानी विरले, अज्ञानी कर घृणा हँसेंगे तुम पर;
हे हे महान्, तुम उनको मत लखना आँख उठाकर।
स्वाधीन मुक्त तुम, जाओ, पर्यटन करो पृथ्वी पर,
अज्ञान-गर्त-पतितों का उद्धार करो तुम सत्वर;
माया-आवरण-तिमिर में जो पड़े वेदना सहते,
तुम उन्हें उबारो जाकर, जो मोह-नदी में बहते।

विचरो जन-हित-साधन को स्वच्छंद मुक्त तुम अविजित
दुख की पीड़ा से निर्भय, सुख-अन्वेषण से विरहित;
सुख-दुःख के द्वंद्व-स्थल के तुम परे महात्मन्, जाओ;
गाओ गाओ संन्यासी, उच्च स्वर से तुम गाओ—
ॐ तत् सत् ॐ

(13)

इस विधि से छीज दिनोदिन, है कर्म स्वीय बल खोता
बंधन छुटता आत्मा का फिर उसका जन्म न होता;
फिर कहाँ रह गया मैं तू, मेरा तेरा, नर ईश्वर?
मैं हूँ सबमें, मुझमें सब आनंद परम लोकोत्तर।
आनंद परम वह हो तुम, आनंदसहित अब गाओ,
हे बंधुवर्य संन्यासी, यह तान पुनीत उठाओ—
ॐ तत् सत् ॐ

❑❑❑